디자인과 언어의 컬러 북

귀여운 배색

ingectar-e

혜지원

CONTENTS

GIRLISH 16 - 31

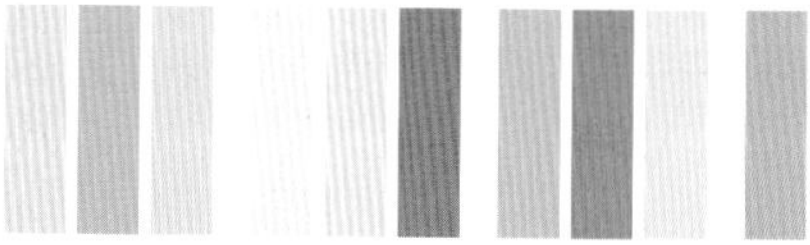

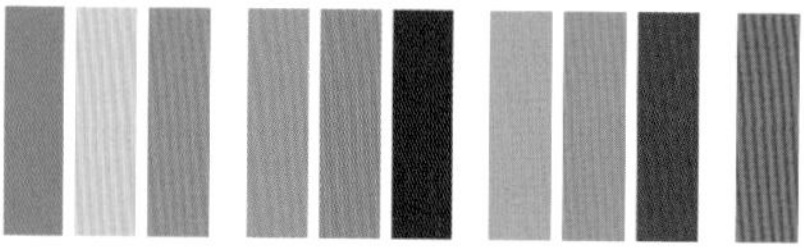

CUTE 32 - 47

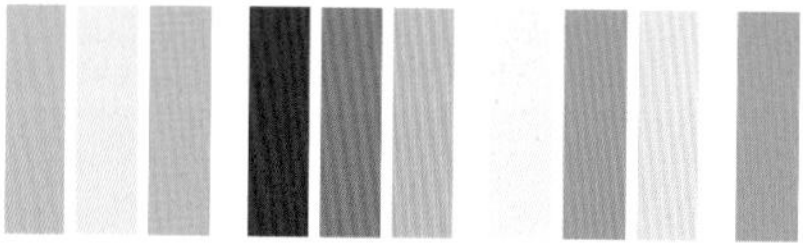

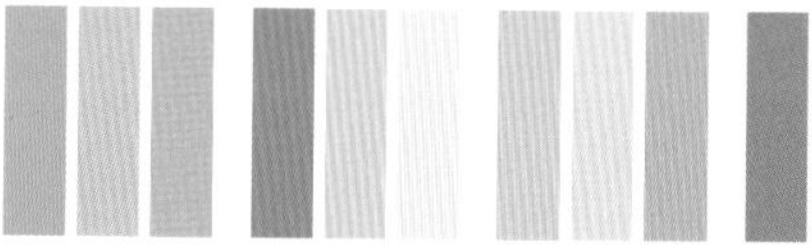

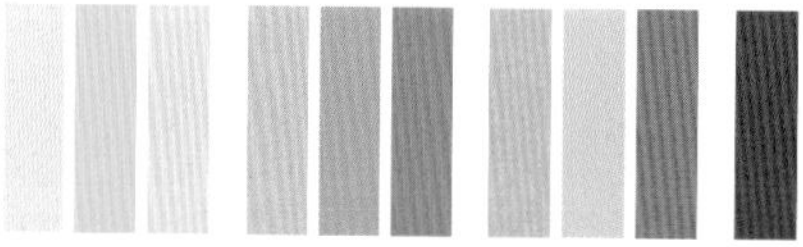

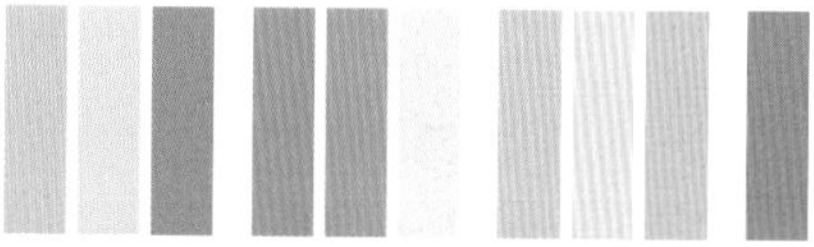

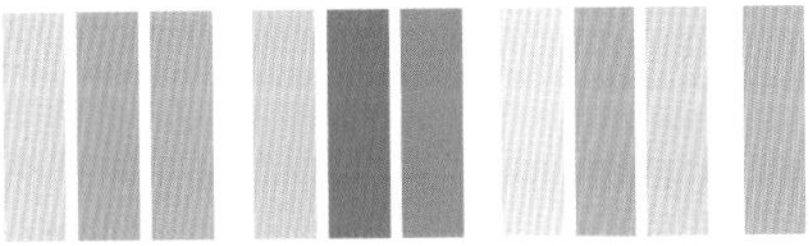

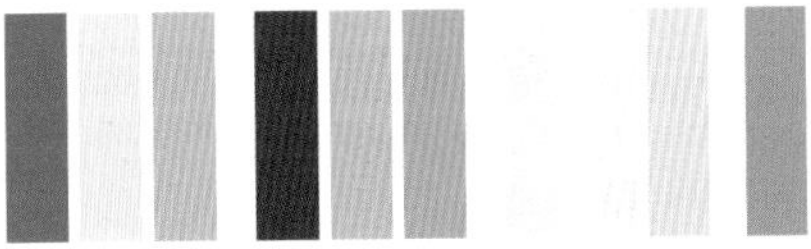

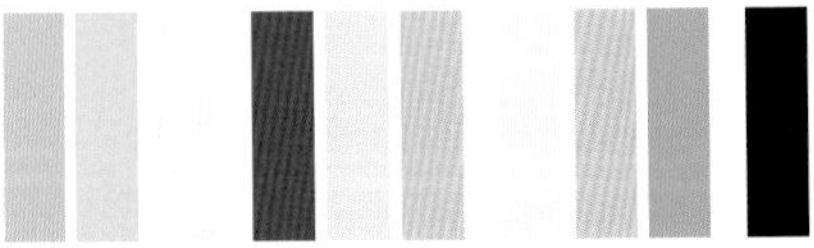

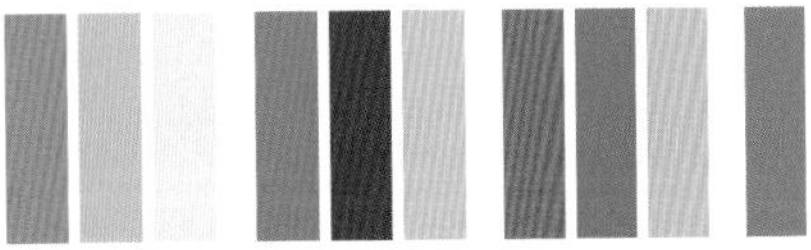

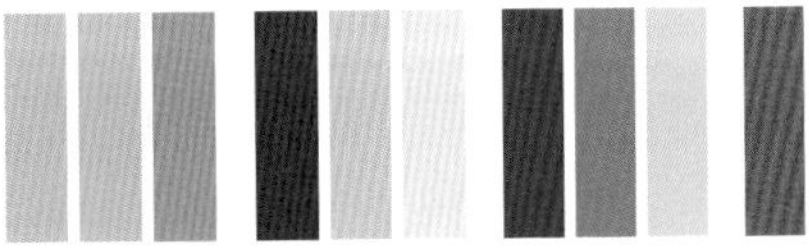

CASUAL 82 - 97

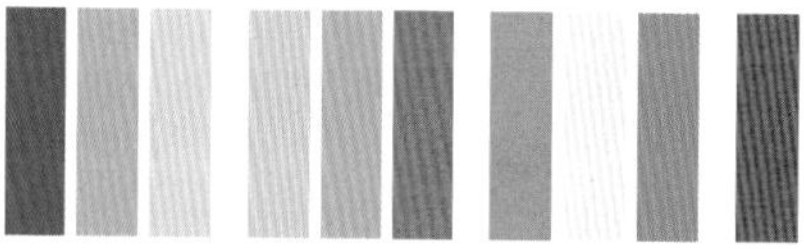

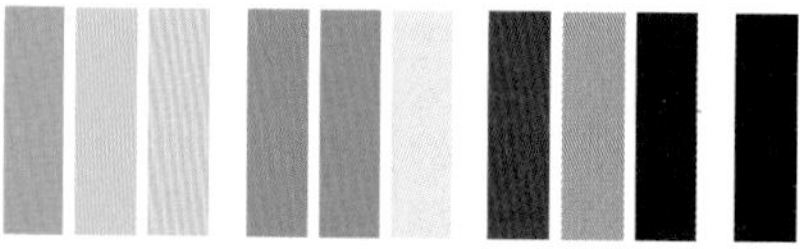

WELLNESS 98 - 113

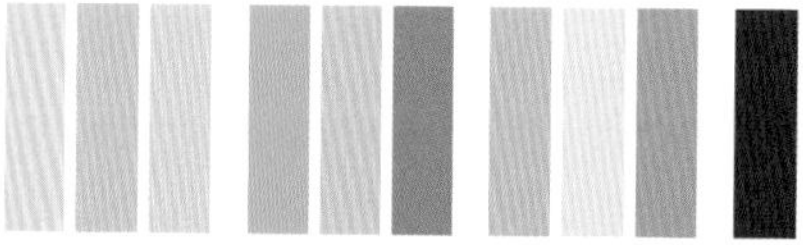

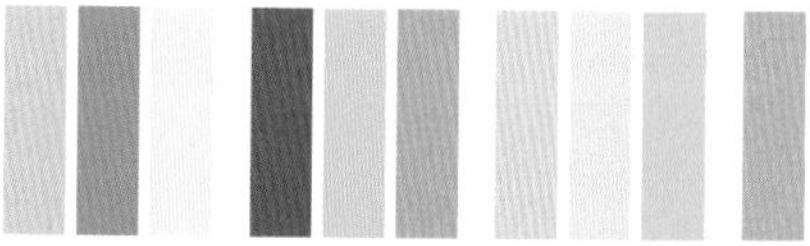

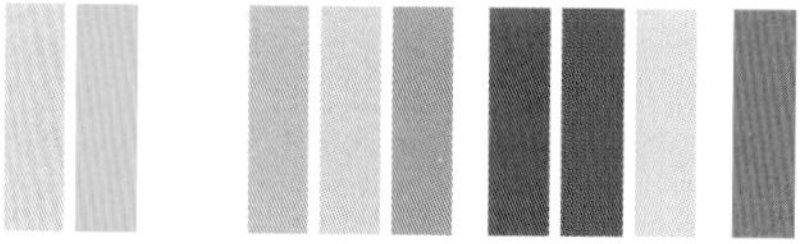

CLASSIC 148 - 163

RETRO 164 - 179

누구나 쉽게 귀여운 배색을 만들 수 있는 3단계

이 책은 목적에 맞게 귀여운 배색을 쉽게 만드는 방법을 소개합니다.

1. 우선은 그대로 흉내내기!

이 책에서는 하나의 배색 이미지를 여러 상황에서 활용할 수 있도록 10색의 배색 세트를 베이스, 우아한, 베리에이션, 포인트로 구분하였습니다. 이 팔레트에서 그대로 조합을 해도 되며, 2색, 3색, 5색과 같이 좋아하는 색을 골라 어떻게 조합해도 귀여운 색이 되도록 만들었습니다.

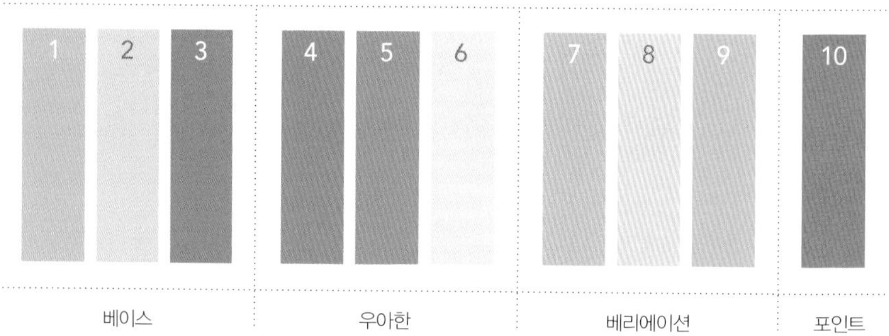

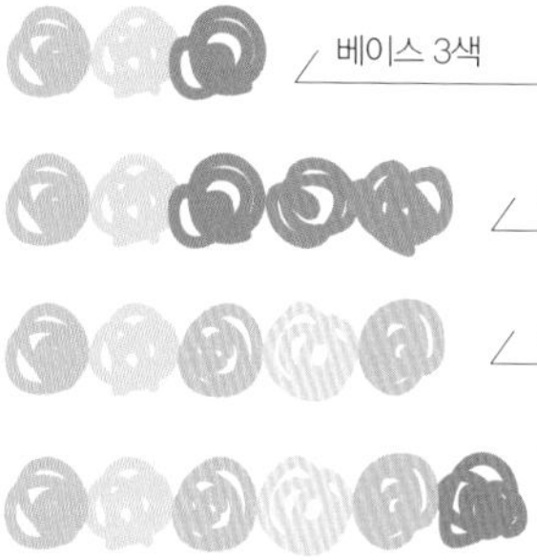

베이스 3색

베이스 3색 + 우아한 2색

베이스 2색 + 베리에이션 3색

베이스 2색 + 베리에이션 3색 + 포인트

사용하고 싶은 색의 수가 많으면 10색을 모두 써도 됩니다.

2. 팔레트에서 색상 선택!

팔레트에서 좋아하는 색을 골라 자유롭게 배색해 보세요.

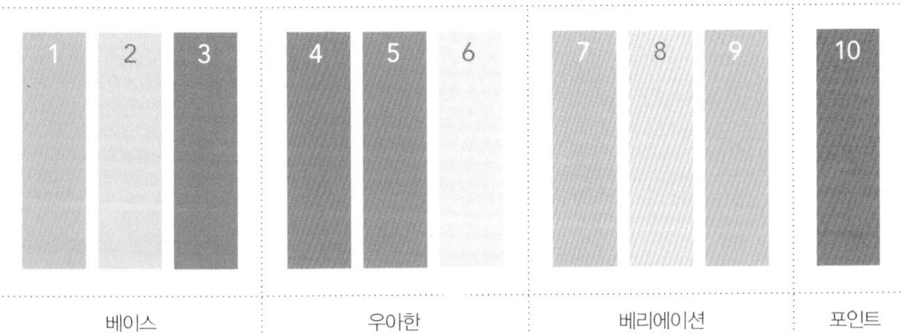

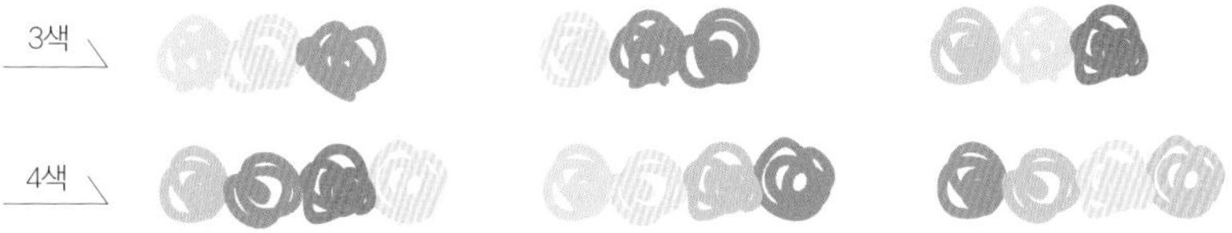

각 배색의 3, 4페이지에는 참고할 만한 견본을 많이 실었습니다. (12페이지 참조)

3. 직접 배색을 해 보세요!

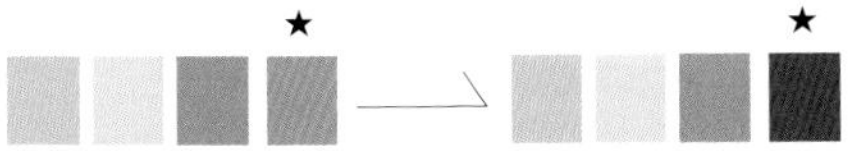

색을 다소 짙게 만들 경우

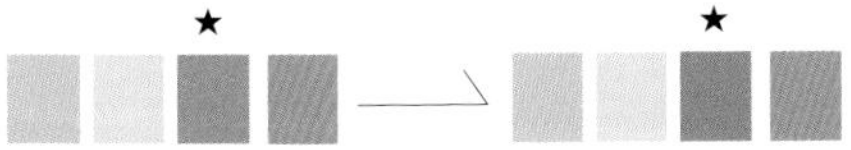

같은 톤으로 색을 변경할 경우

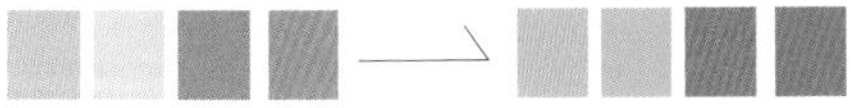

채도를 올린 경우

톤, 채색에 대해서는 다음 페이지에서 설명합니다. →

색상, 채도, 명도, 톤을 알면 더 귀여워져요!

색은 '색상 · 채도 · 명도'의 3가지 속성이 있습니다. 귀여운 색 만들기도 기초부터 시작합시다.

1. 색상

'색상'은 빨강, 파랑, 초록과 같은 색 차이를 나타내는 것으로, 색이 가지는 이미지에 깊은 관계가 있는 속성입니다. 색을 무지개 색 순으로 나열한 고리를 '색상환'이라고 하며, 색상환의 반대편에 위치하는 두 색을 '보색'이라고 합니다. 보색은 색상의 차가 가장 커서 서로의 색을 두드러지게 하는 효과가 있습니다. 보색도 귀여운 색을 만드는 데 꼭 필요한 요소입니다.

보색(숫자는 색상환 참고)

색상환

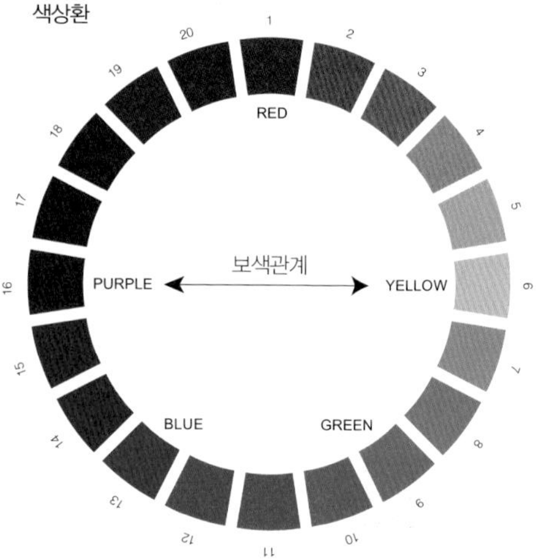

2. 채도 · 명도

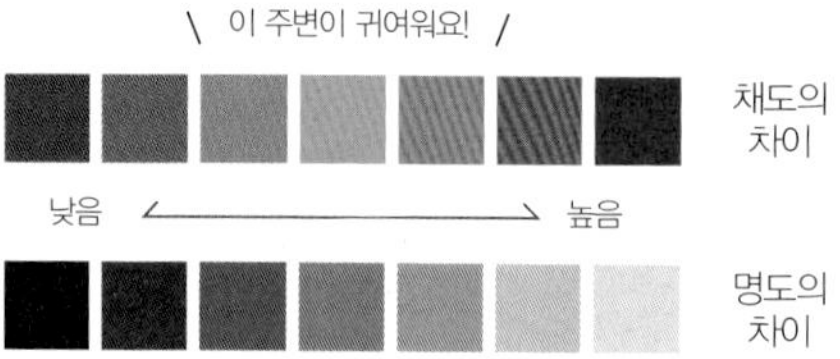

색의 선명함을 '채도', 색의 밝기를 '명도'라고 하며, 높고 낮음으로 정도를 나타냅니다.

색을 두드러지게 하고 싶을 때는 밝고 채도가 높은 색도 효과적이지만, 이 책에서는 화려하고 강렬함이 있는 색의 조합보다는 차분하고 부드러운 배색을 '귀여운 배색'으로 정의합니다. 채도와 명도를 잘 구분해서 사용하여 귀여운 색을 만들어 보세요.

채도가 낮고 명도가 높은 배색이 귀여워요!

3. 톤(TONE)

'톤'은 '색조'를 나타내는 말로, 명도와 채도의 관계에서 색의 이미지를 나타냅니다.

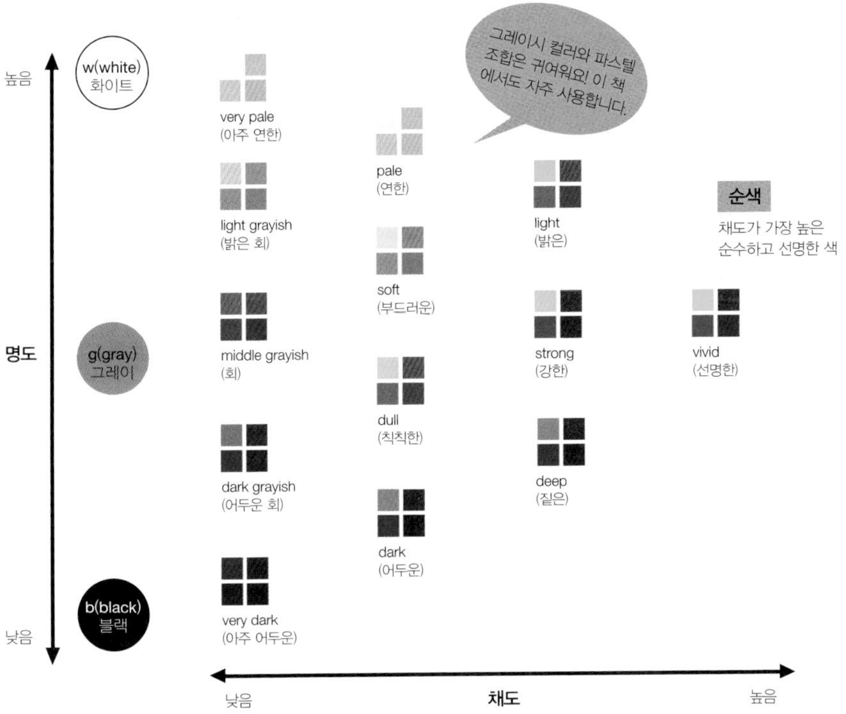

4. RGB와 CMYK

색은 크게 두 가지 방법으로 나타낼 수 있습니다. 'RGB 컬러'는 빛의 3원색이라고 하며, PC나 디지털 카메라, 텔레비전 등의 모니터 표시에 이용되는 발색 방식입니다. 'CMYK 컬러'는 색의 3원색인 CMY에 검정(K)을 추가한 것으로, 인쇄에서 쓰이는 잉크를 사용한 색의 표현 방식입니다. 이 책에서는 양쪽 모두의 설정 수치를 게재하고 있습니다.

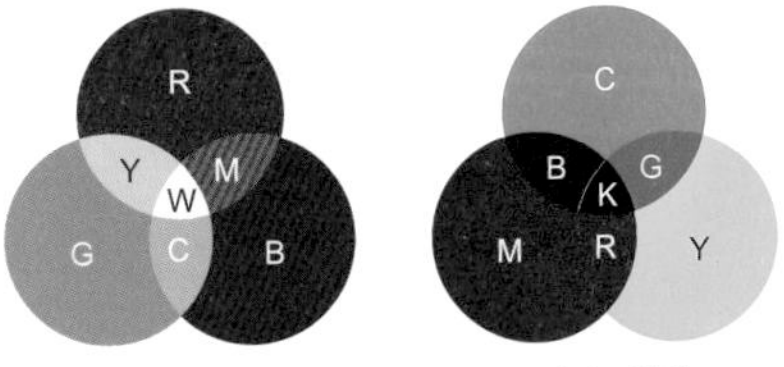

빛의 3원색

수치를 올리면 흰색이 됨

색의 3원색

수치를 올리면 검정색이 됨

이 책의 구성

이 책은 하나의 배색이 4페이지에 걸쳐 해설과 샘플로 구성되어 있습니다. 만드는 예와 해시태그로 배색을 이미지화할 수 있으며, 2~5색까지 다양한 샘플을 사용하여 쉽고 빠르게 귀여운 배색을 만들 수 있습니다.

1 페이지

컬러 칩 & 해시태그

2 페이지

배색을 사용한 예

해시태그

모든 색을 사용한 일러스트

색의 카테고리

배색의 이미지 키워드

2색을 사용한 패턴

3색을 사용한 카드

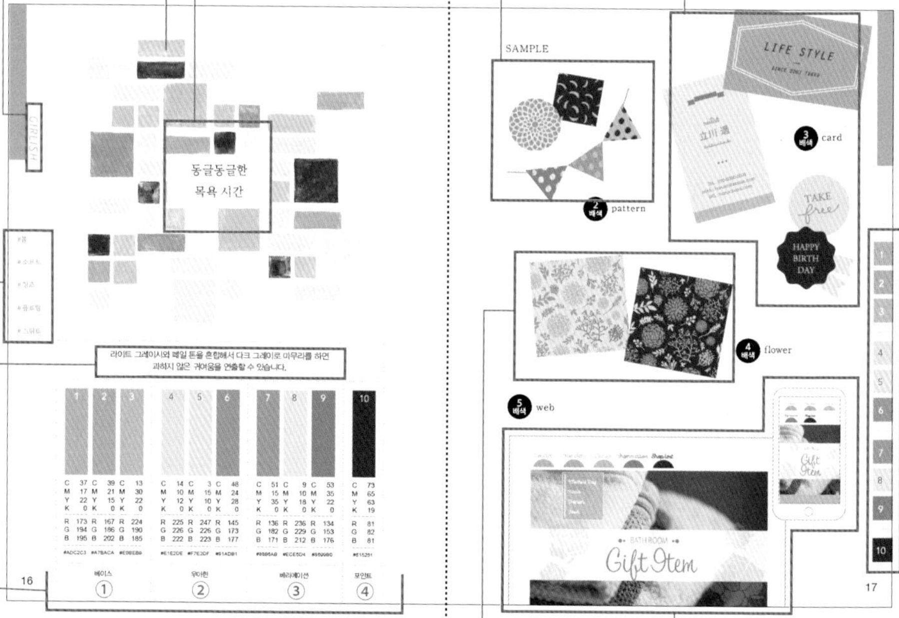

해설

컬러 번호 & 컬러 칩

10색의 컬러 팔레트와 컬러 번호

① 베이스 : 배색의 기본이 되는 3색

② 우아한 : 기본색에 더하면 차분함이 UP

③ 베리에이션 : 배색을 확장할 수 있는 색

④ 포인트 : 악센트, 부분적으로 사용하기 좋은 색

4색을 사용한 꽃무늬

5색을 사용한 웹 · 모바일 사이트

구체적인 사례에 따라 사용 이미지가 더욱 선명해집니다.

※이 책에서는 CMYK값, RGB값, 웹 컬러 코드의 값을 게재합니다. CMYK의 잉크로 인쇄된 지면의 색과 컴퓨터 모니터 등의 실제 RGB 색은 다릅니다. 미리 양해의 말씀 드립니다.

3 페이지

2~3색의 배색 예

2색을 사용한 간단한 패턴

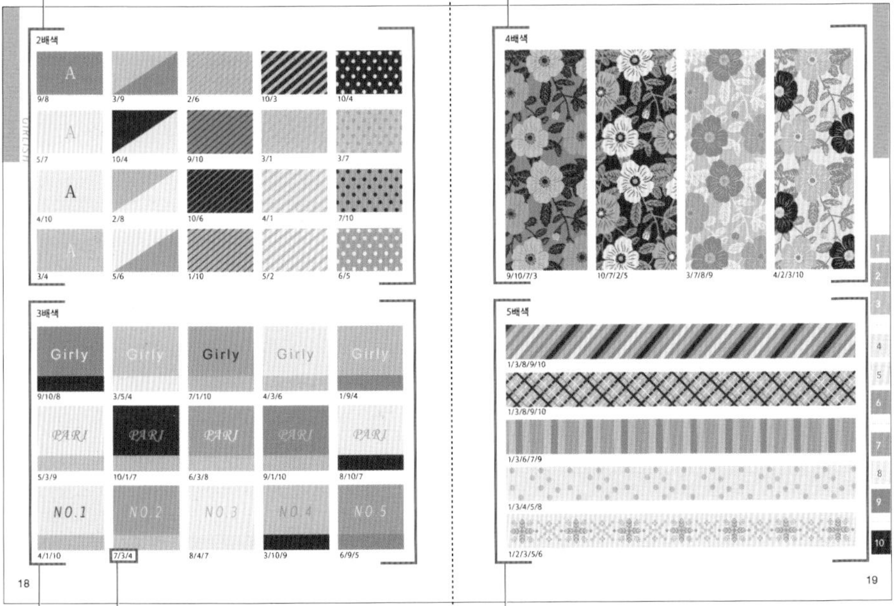

배색 예의 하단에 사용한 색의 번호가 있습니다.

3색을 사용한 문자의 배색 예

자주 쓸만한 심플한 무늬와 글자를 올린 면적이 다른 배색 예입니다.

4 페이지

4~5색의 배색 예

4색을 사용한 꽃무늬

마스킹 테이프에 5색을 사용한 무늬의 배색 예

여러 색을 사용한 배색을 4색의 꽃무늬와 5색의 마스킹 테이프로 만든 배색 예입니다.

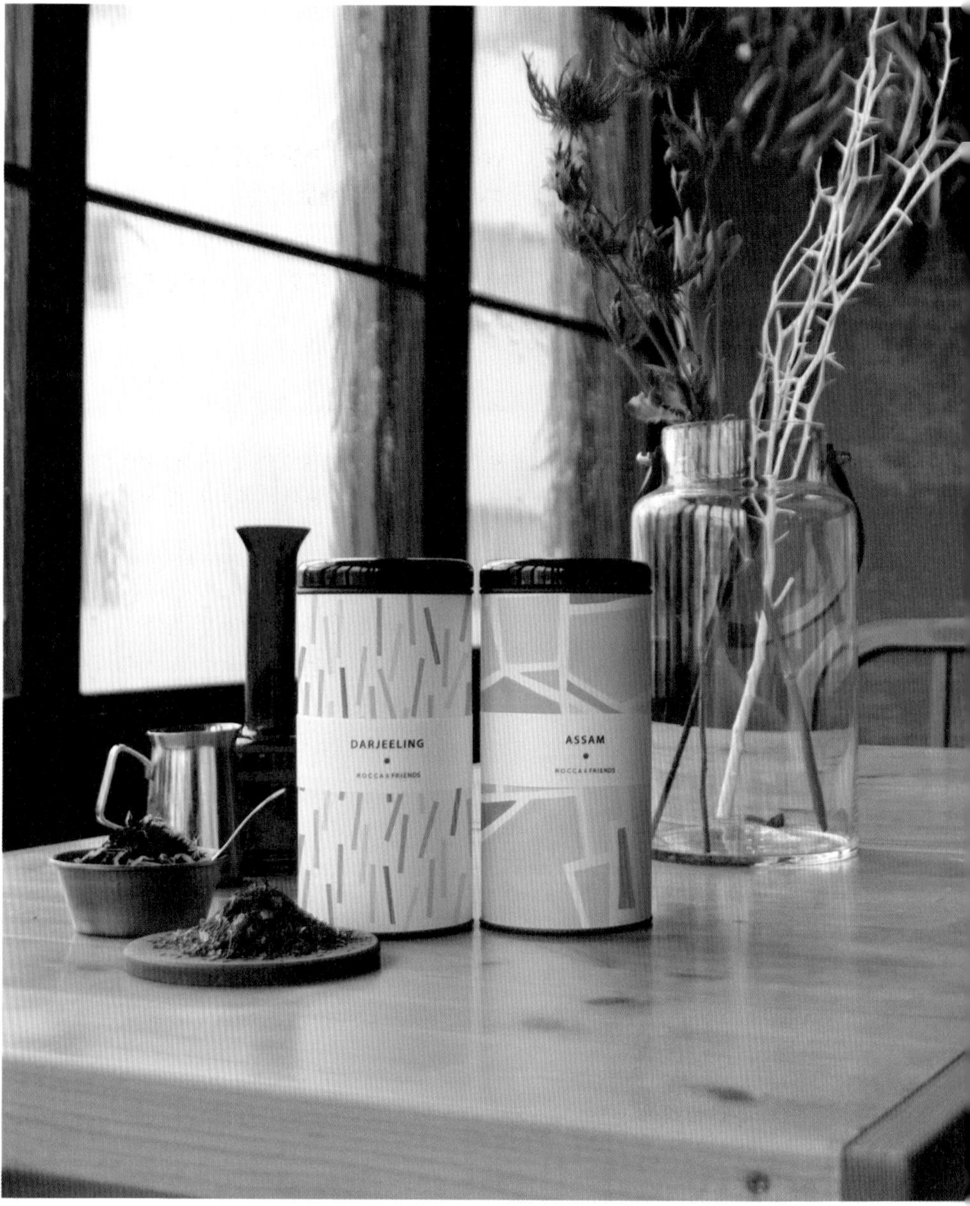
DARJEELING
ASSAM

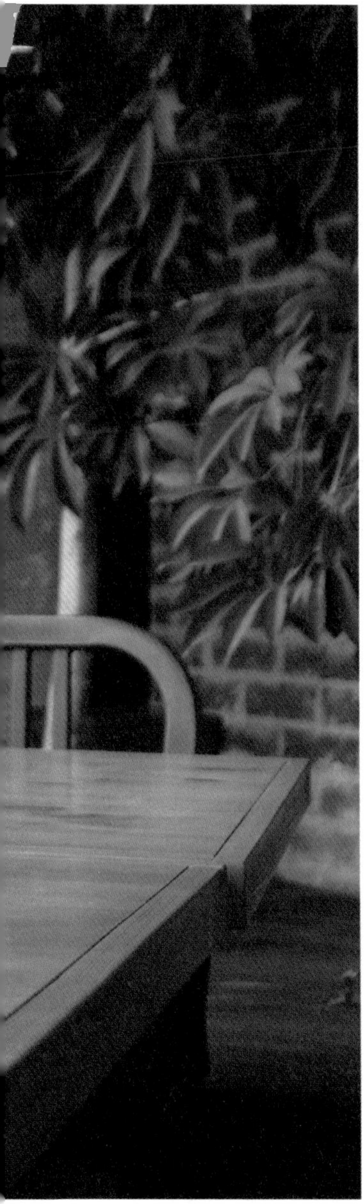

시작하는 말

귀여운 색으로 무언가를 만들고 싶다.
귀여운 색을 즉시 알고 싶다.

이 책은 그런 분을 위해 '귀여운 색'에 집중하여 배색을 한 책입니다.

열 가지 색과 무늬,
글의 영감이나 풍부한 구체적인 예를 참고로,
보이는 그대로만 사용해도 가슴 벅찬 귀여운 색을
만들 수 있습니다.

이 책은 '어떻게 배색할까?' 하고 고민하시는 액세서리나 자수, 펠트나 물감 등을 사용하는 수공예가나 색칠놀이를 아주 좋아하는 분, 텍스타일이나 상품 포장 기획, POP나 전단지를 제작하시는 분 등 다양한 분야에서 일하시는 많은 분께 유용할 것입니다.

귀여운 색으로 귀여운 물건 만들기를 즐기세요.

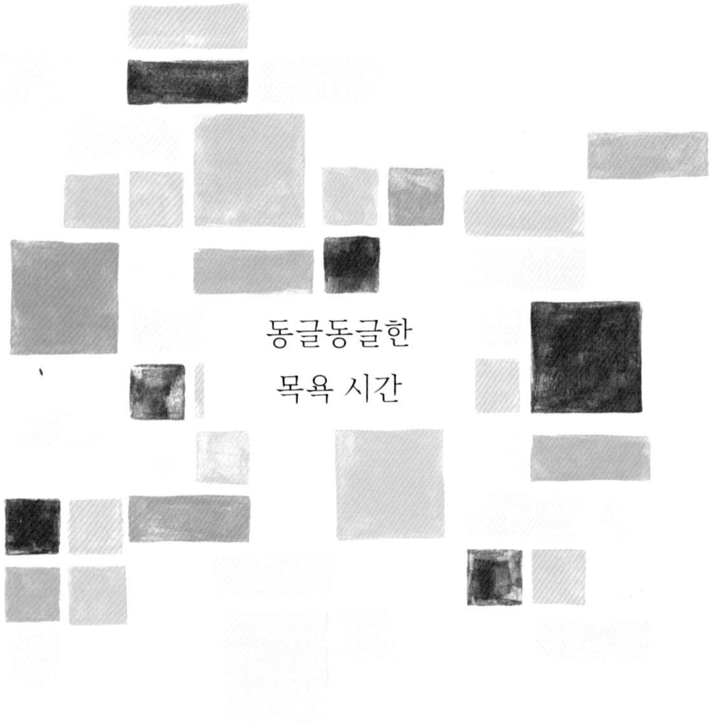

동글동글한 목욕 시간

#봄

소프트

청초

플로럴

스위트

라이트 그레이시와 페일 톤을 혼합해서 다크 그레이로 마무리를 하면
과하지 않은 귀여움을 연출할 수 있습니다.

	1	2	3	4	5	6	7	8	9	10
C	37	39	13	14	3	48	51	9	53	73
M	17	21	30	10	15	24	15	10	35	65
Y	22	15	22	12	10	28	35	18	22	63
K	0	0	0	0	0	0	0	0	0	19
R	173	167	224	225	247	145	136	236	134	81
G	194	186	190	226	226	173	182	229	153	82
B	195	202	185	222	223	177	171	212	176	81
	#ADC2C3	#A7BACA	#E0BEB9	#E1E2DE	#F7E2DF	#91ADB1	#88B6AB	#ECE5D4	#8699B0	#515251
	베이스			우아한			베리에이션			포인트

SAMPLE

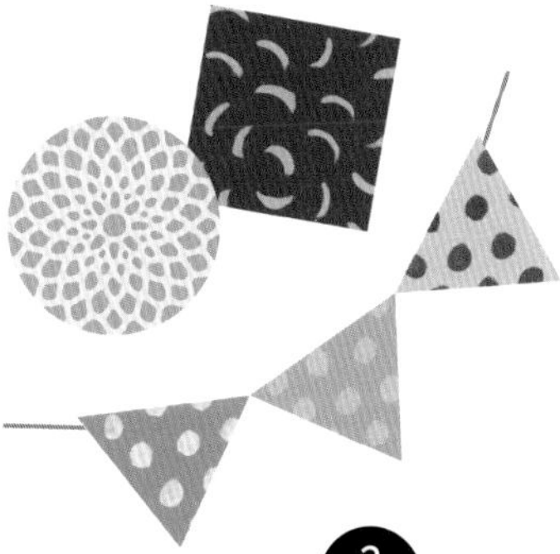

2 배색 pattern

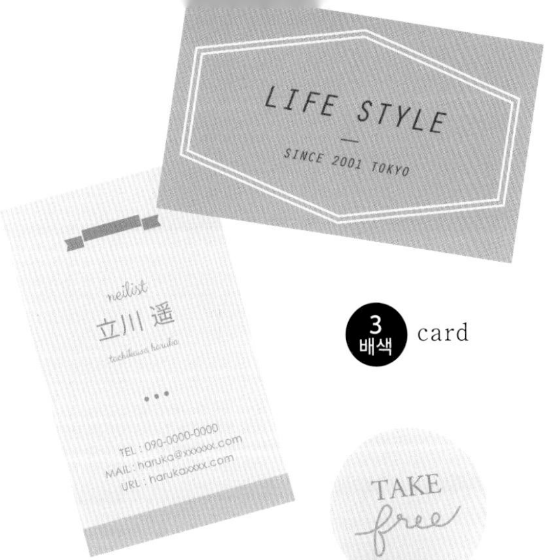

3 배색 card

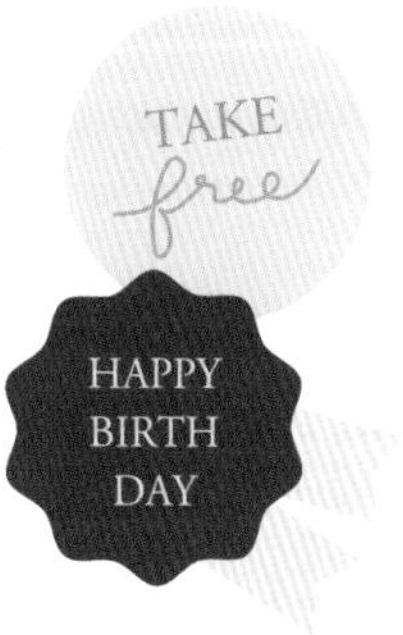

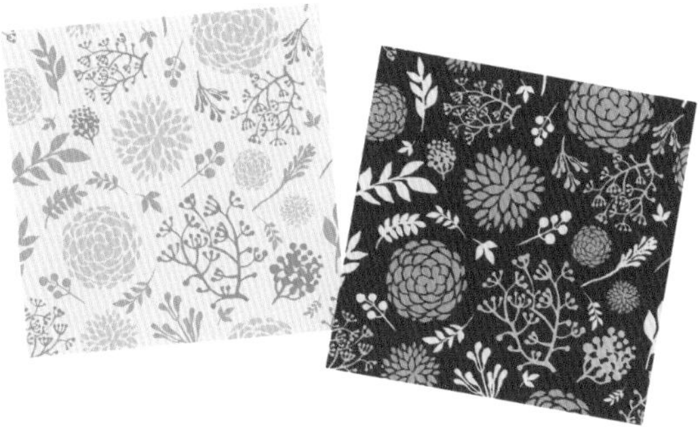

4 배색 flower

5 배색 web

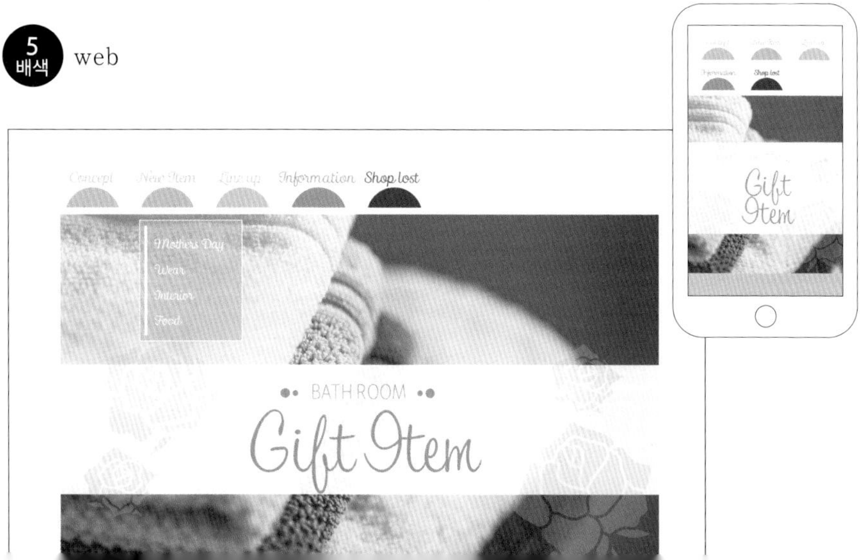

2배색

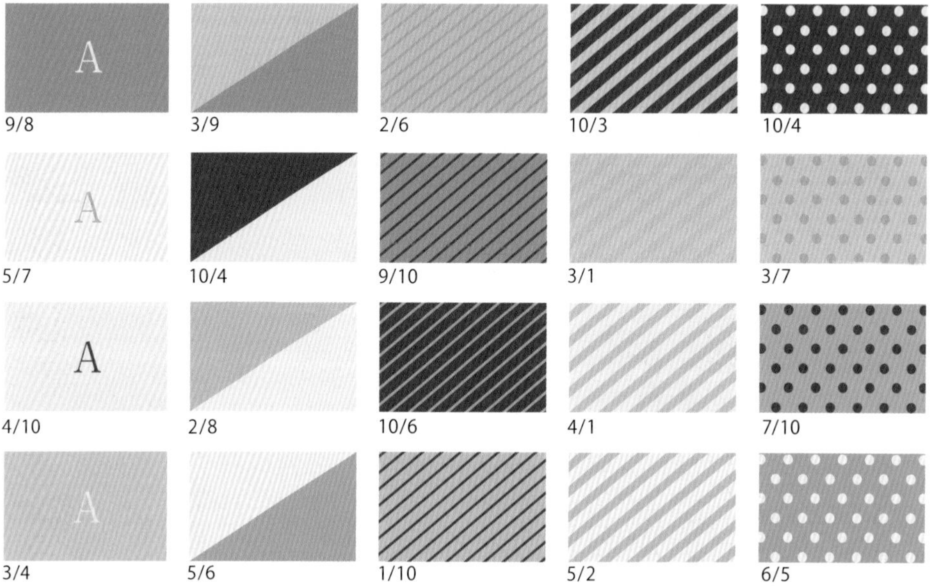
A
9/8
3/9
2/6
10/3
10/4
A
5/7
10/4
9/10
3/1
3/7
A
4/10
2/8
10/6
4/1
7/10
A
3/4
5/6
1/10
5/2
6/5

3배색

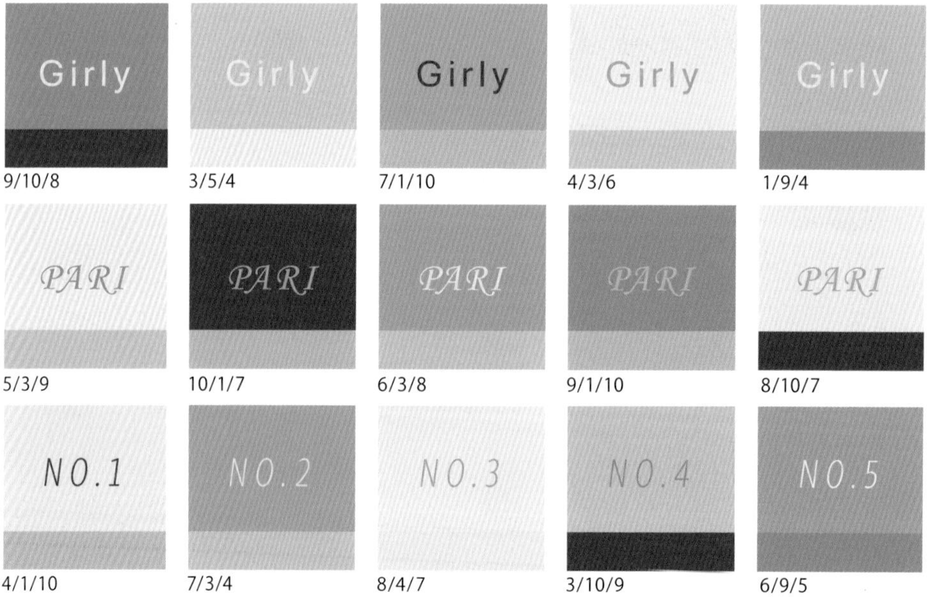
Girly
9/10/8
Girly
3/5/4
Girly
7/1/10
Girly
4/3/6
Girly
1/9/4
PARI
5/3/9
PARI
10/1/7
PARI
6/3/8
PARI
9/1/10
PARI
8/10/7
NO.1
4/1/10
NO.2
7/3/4
NO.3
8/4/7
NO.4
3/10/9
NO.5
6/9/5

4배색

9/10/7/3

10/7/2/5

3/7/8/9

4/2/3/10

5배색

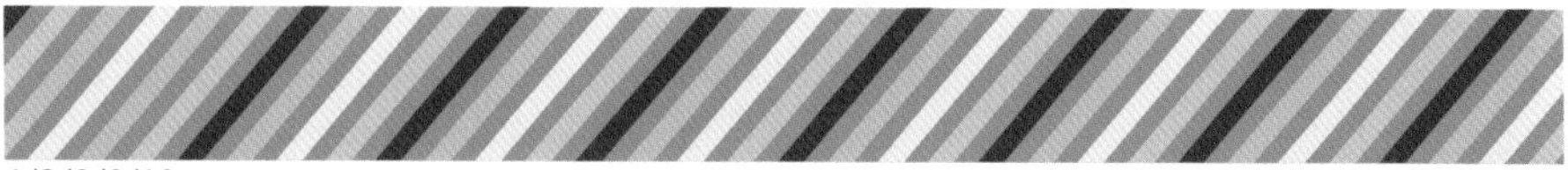
1/3/8/9/10

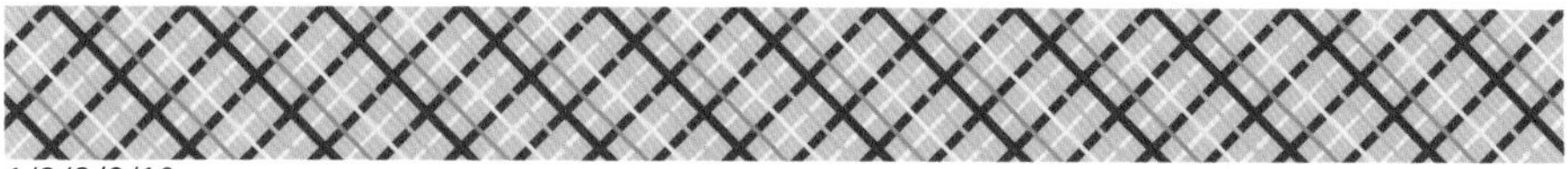
1/3/8/9/10

1/3/6/7/9

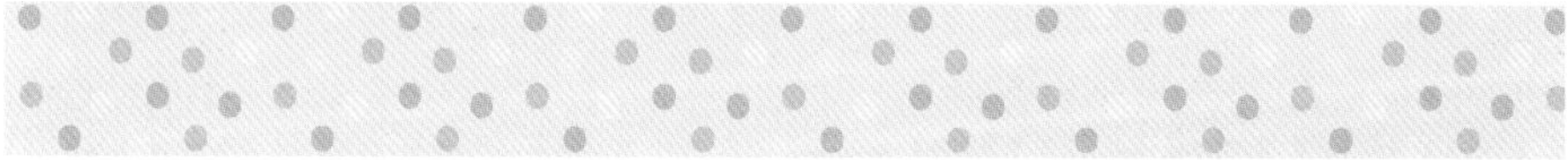
1/3/4/5/8

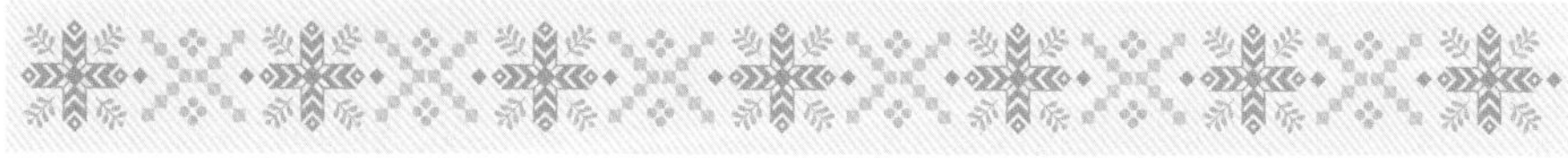
1/2/3/5/6

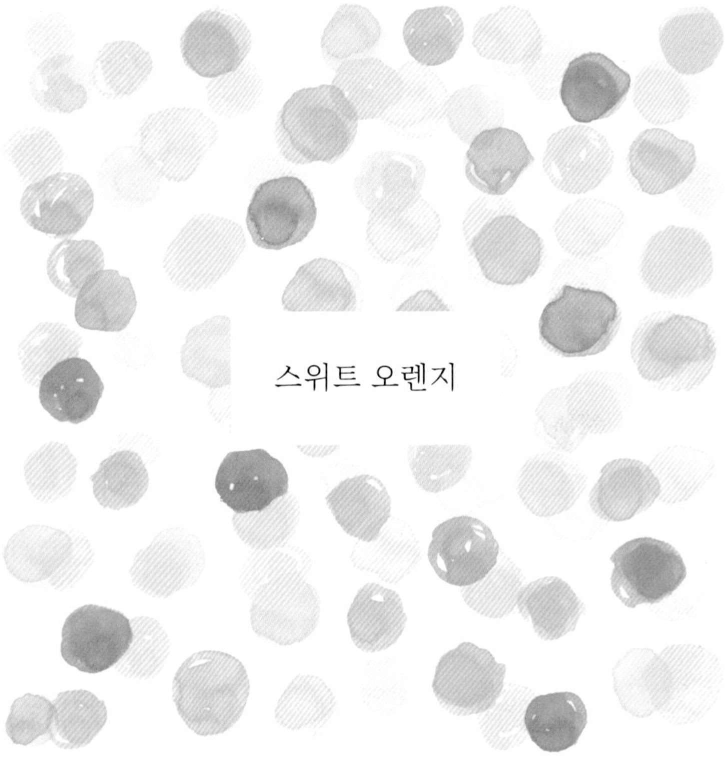

스위트 오렌지

#봄 #여름

귀여운

해피

소녀감성

스위트

새먼 핑크와 코럴 핑크를 그러데이션하고 민트나 아쿠아를 포인트로 줘서
상큼한 소녀 감성을 연출했습니다.

	1	2	3	4	5	6	7	8	9	10
C	0	0	23	8	0	0	0	0	20	49
M	18	35	9	10	18	67	32	58	9	10
Y	21	27	25	11	8	40	29	48	16	30
K	0	0	0	0	0	0	0	0	0	0
R	251	246	206	238	251	237	247	240	212	139
G	221	188	218	231	223	116	193	137	222	192
B	200	172	198	225	223	118	172	114	215	184
	#FBDDC8	#F6BCAC	#CEDAC6	#EEE7E1	#FBDFDF	#ED7470	#F7C1AC	#F08972	#D4DED7	#8BC0B8
	베이스			우아한			베리에이션			포인트

SAMPLE

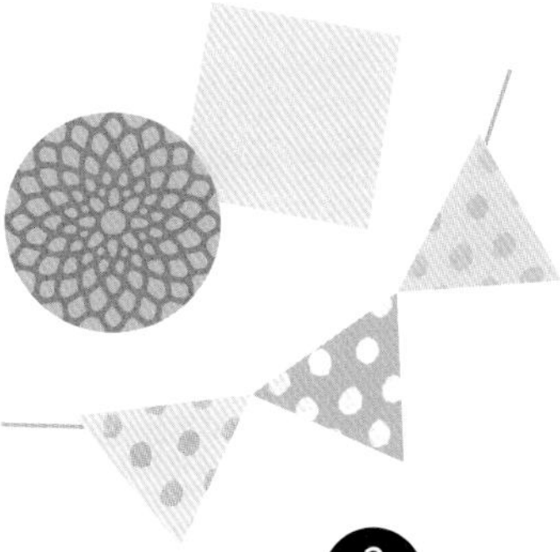

2 배색 pattern

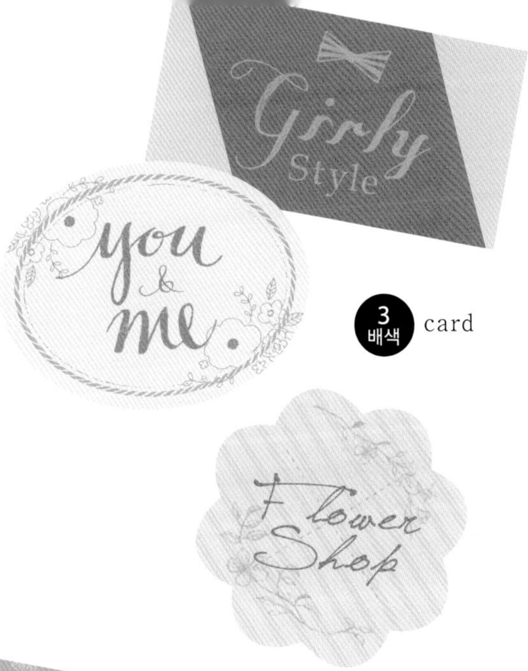

3 배색 card

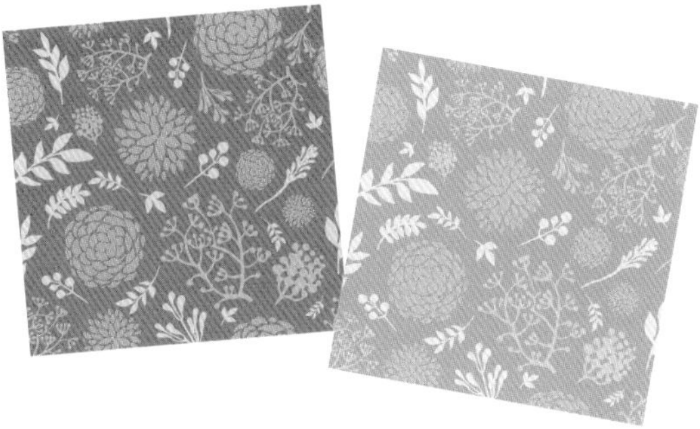

4 배색 flower

5 배색 web

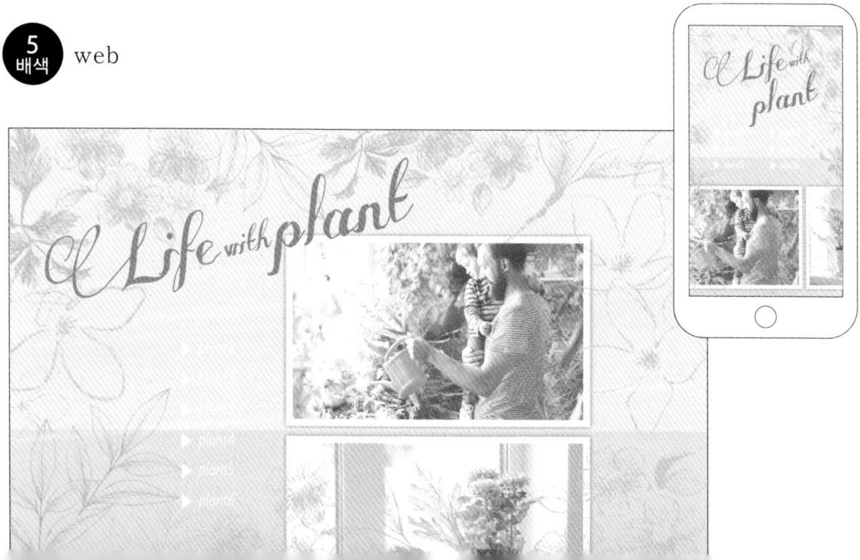

2배색

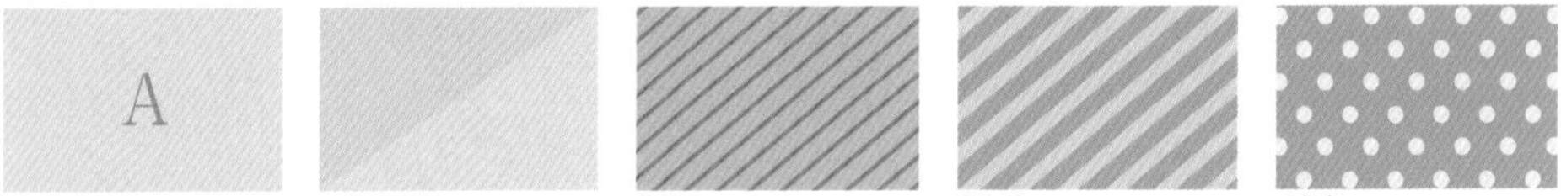

9/8 3/9 2/6 10/3 10/4

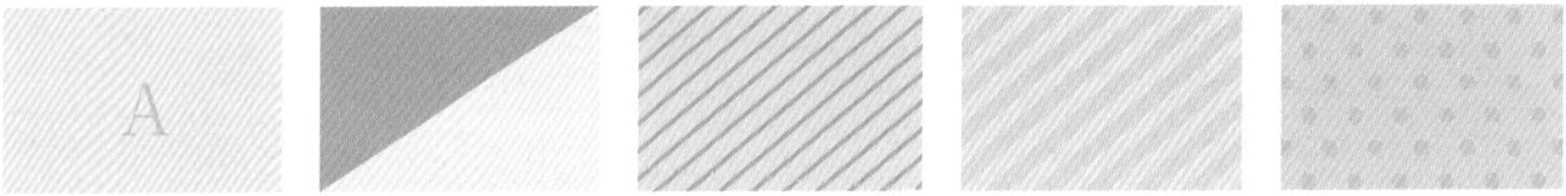

5/7 10/4 9/10 3/1 3/7

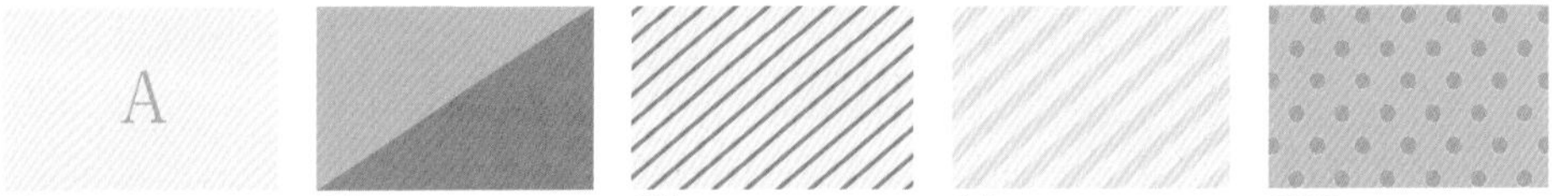

4/10 2/8 4/6 4/1 7/10

3/4 5/6 1/10 5/2 6/5

3배색

9/10/2 3/6/8 7/1/10 4/3/6 1/10/7

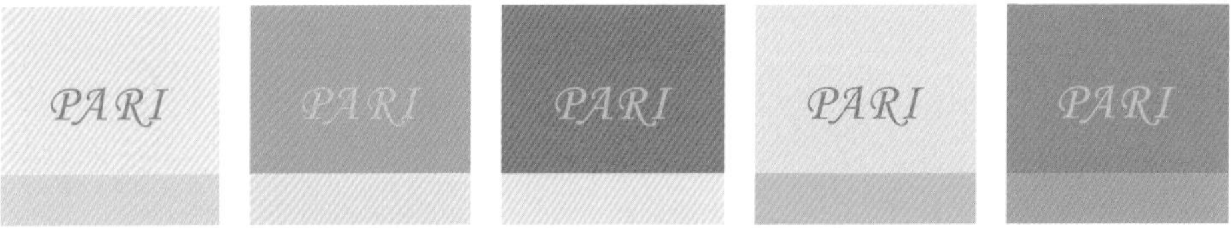

5/3/6 10/1/7 6/5/7 9/2/6 8/10/7

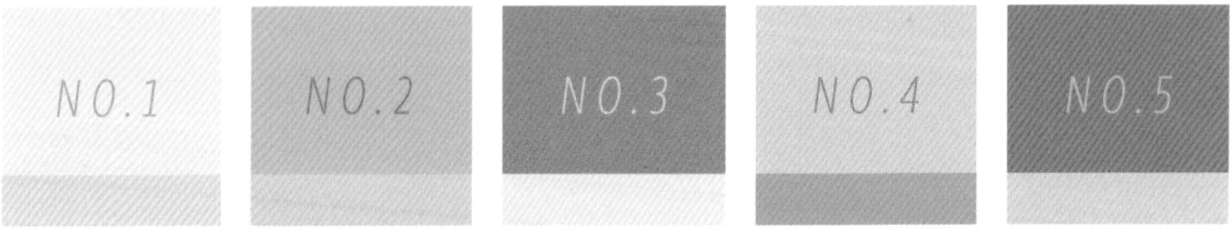

4/1/10 7/3/6 8/4/3 3/10/8 6/3/2

4배색

6/10/7/4

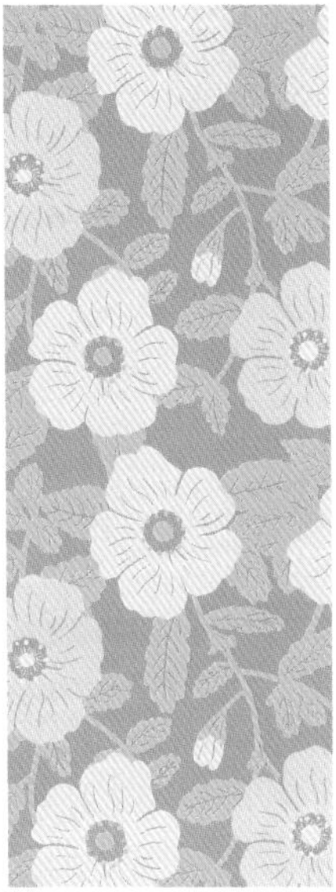

10/7/9/5

3/8/7/4

4/3/7/10

5배색

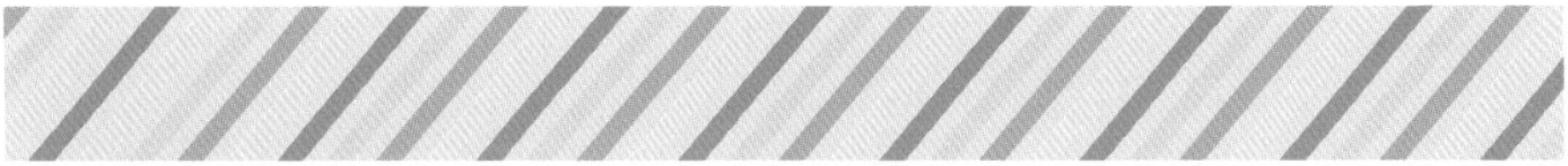

1/3/8/9/10

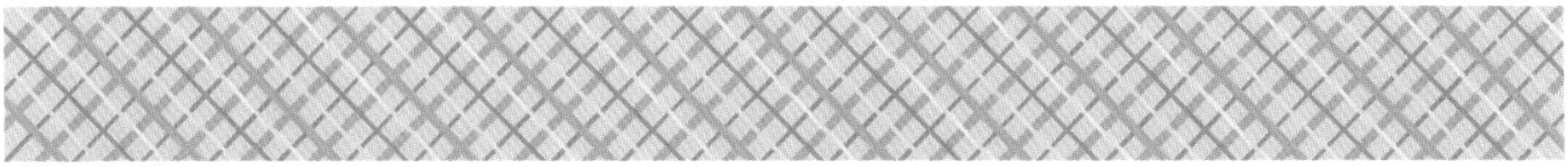

1/3/8/9/10

1/3/6/7/9

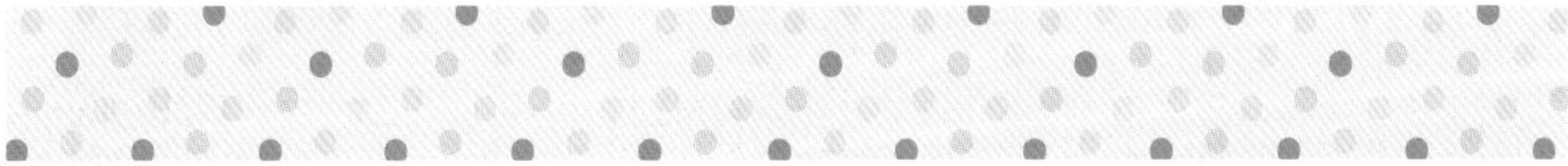

1/3/4/5/8

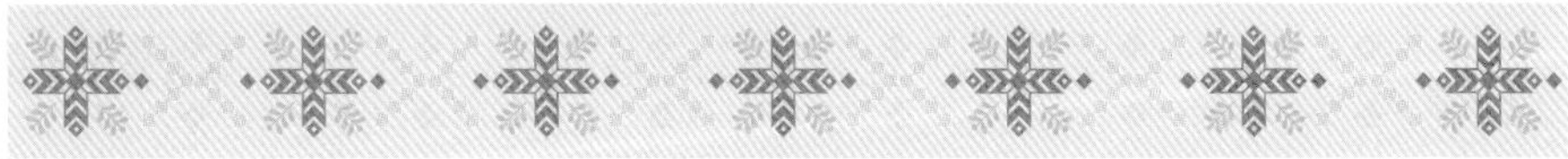

1/2/3/5/6

인상파의 그림과 꽃밭

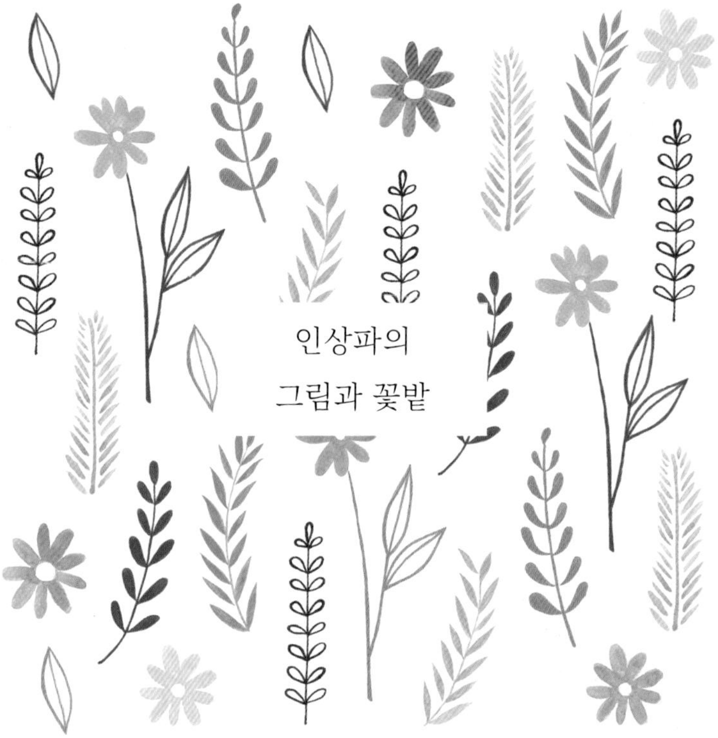

#봄 #겨울

페미닌

성숙한

모던

스위트

그림에 펼쳐진 로맨틱한 꽃밭.
톤을 조금 떨어뜨리면 여린 페미닌 감성을 연출할 수 있습니다.

	1	2	3	4	5	6	7	8	9	10
C	58	0	13	53	58	49	0	0	76	0
M	44	29	58	34	14	10	48	58	55	81
Y	15	27	25	13	55	30	29	48	74	25
K	0	0	0	0	18	77	0	0	20	0
R	122	248	218	132	102	45	242	240	69	233
G	135	200	133	155	155	71	160	137	93	80
B	176	178	150	190	118	69	155	114	73	124
	#7A87B0	#F8C8B2	#DA8596	#849BBE	#669B76	#2D4745	#F2A09B	#F08972	#455D49	#E9507C
	베이스			우아한			베리에이션			포인트

SAMPLE

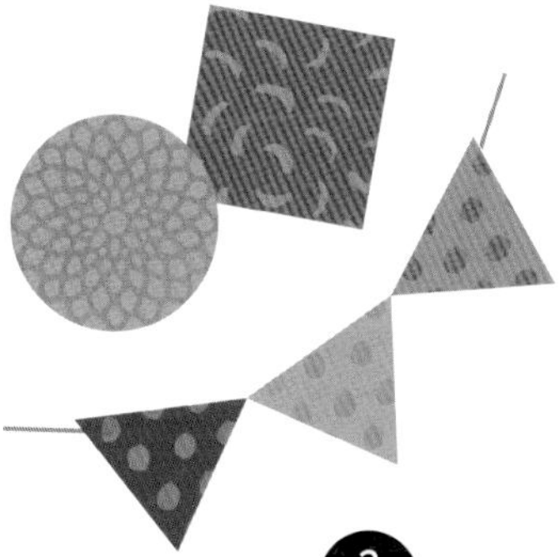

2 배색 pattern

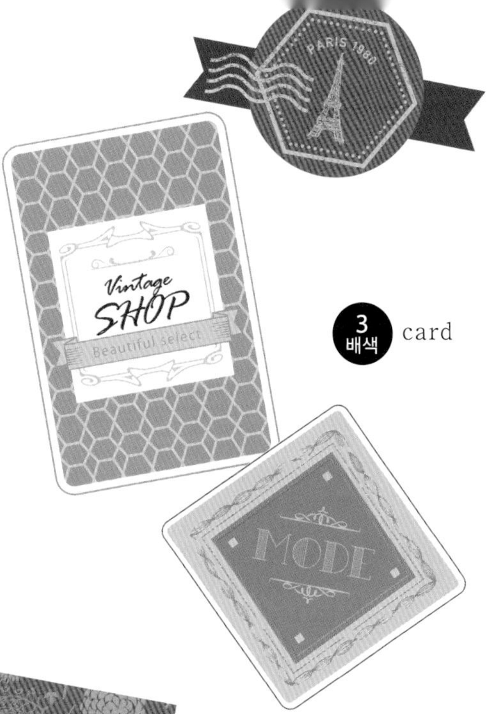

3 배색 card

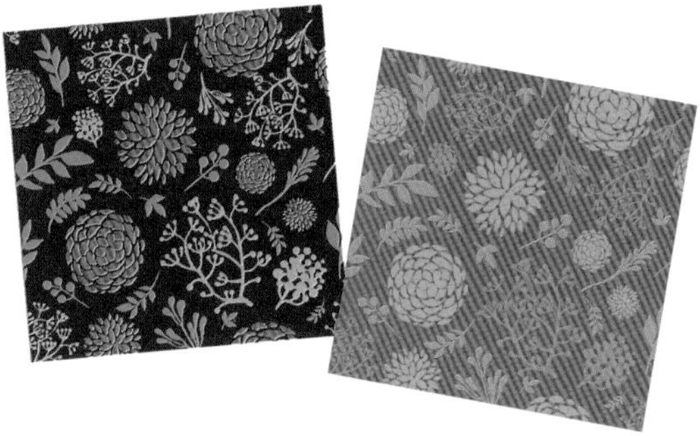

4 배색 flower

5 배색 web

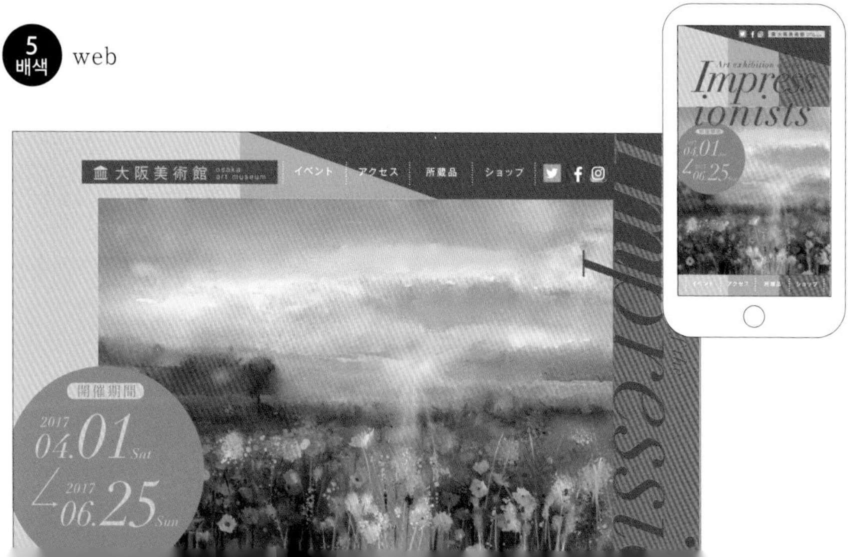

2배색

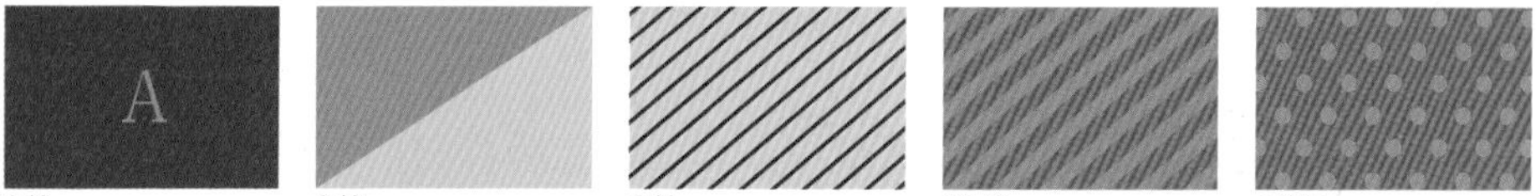

9/8 | 3/2 | 2/6 | 10/3 | 10/4

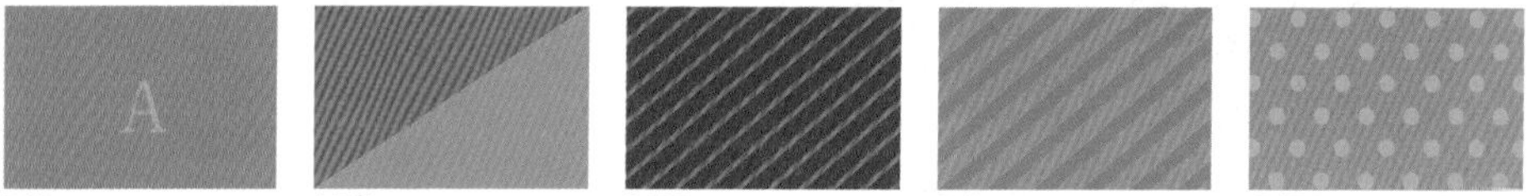

5/7 | 10/4 | 9/10 | 3/1 | 3/7

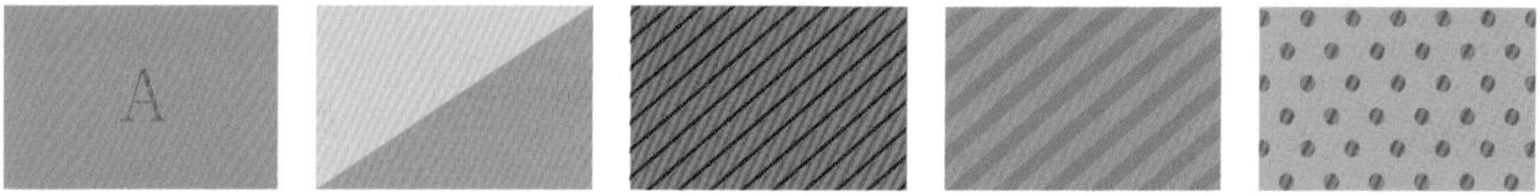

4/10 | 2/8 | 10/6 | 4/1 | 7/10

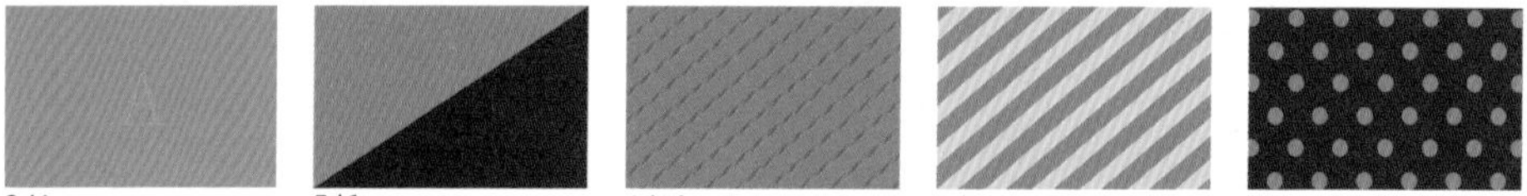

3/4 | 5/6 | 1/10 | 5/2 | 6/5

3배색

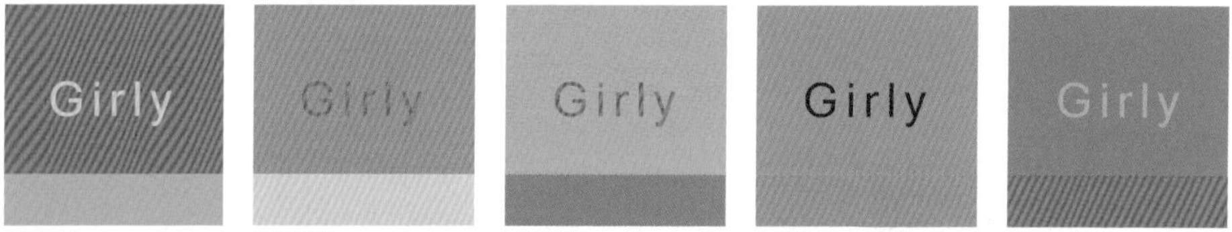

10/7/2 | 3/2/10 | 7/1/10 | 4/3/6 | 1/10/7

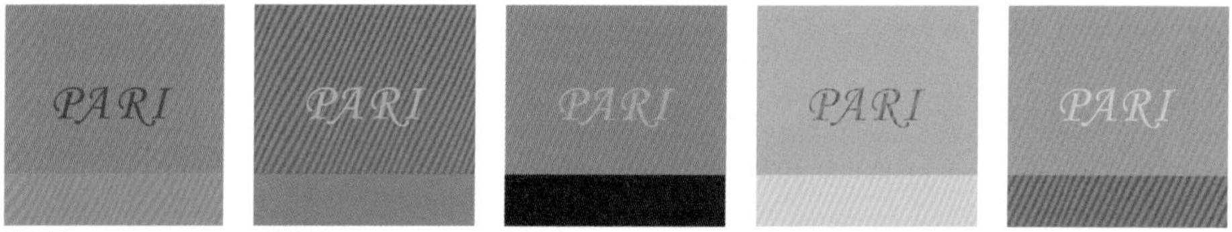

5/3/9 | 10/1/7 | 5/6/7 | 7/2/10 | 8/10/2

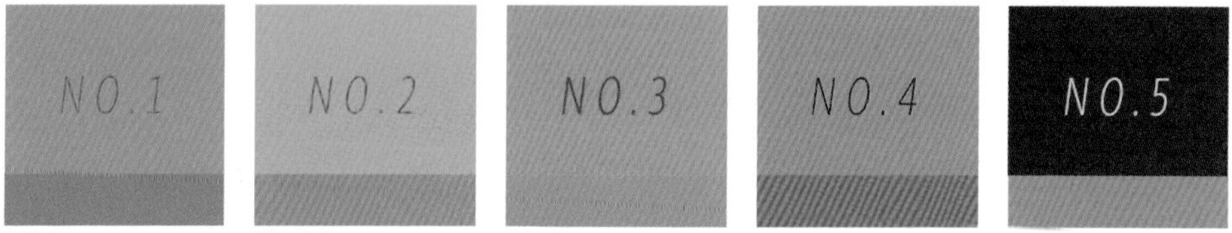

4/1/10 | 7/3/10 | 8/4/9 | 3/6/9 | 6/3/2

4배색

6/5/4/7

10/7/5/2

2/8/4/7

4/2/10/7

5배색

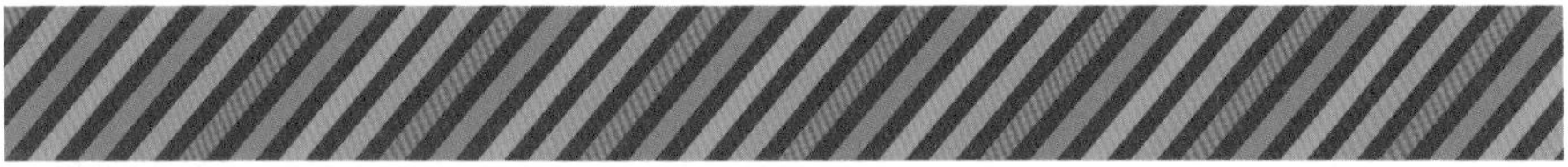

1/3/8/9/10

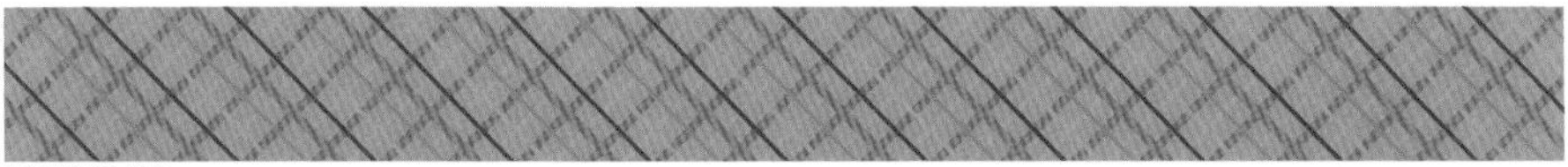

1/3/8/9/10

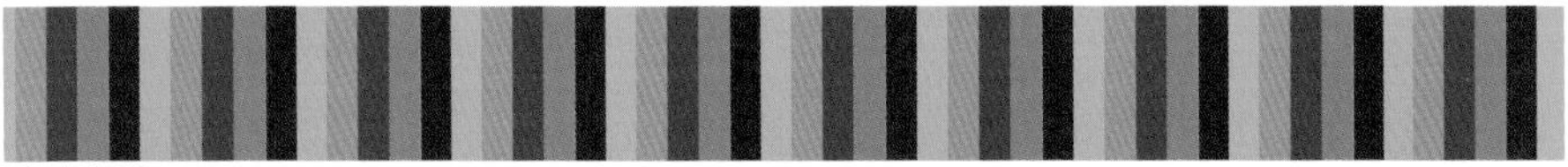

1/3/6/7/9

1/3/4/5/8

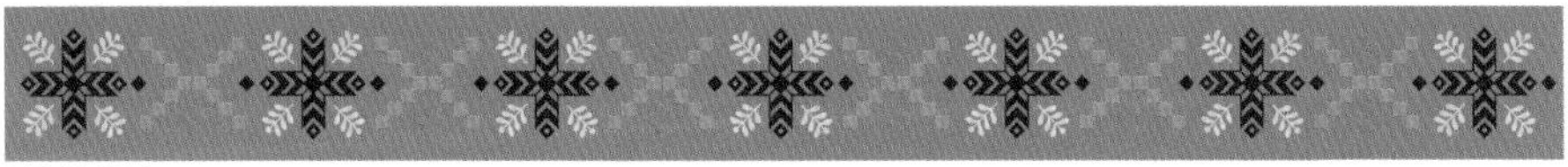

1/2/3/5/6

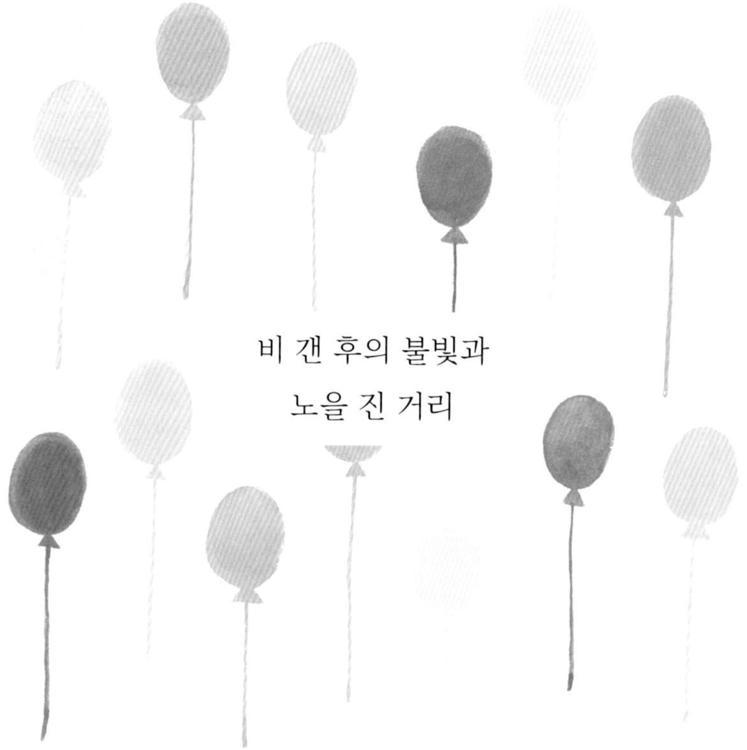

비 갠 후의 불빛과 노을 진 거리

#봄 #여름

귀여운

동계색

로맨틱

스위트

페일 톤인 퍼플의 동계색에 오렌지로 포인트를 주면
로맨틱한 귀여움을 연출할 수 있습니다.

	1	2	3	4	5	6	7	8	9	10
C	46	12	25	13	2	4	21	54	18	6
M	55	9	32	13	10	25	30	49	17	36
Y	8	0	0	14	15	8	5	19	0	34
K	0	0	0	0	1	0	0	0	0	0
R	153	229	198	227	249	242	207	134	214	236
G	123	230	179	221	234	207	185	130	211	182
B	173	244	214	216	218	215	211	166	234	159
	#997BAD	#E5E6F4	#C6B3D6	#E3DDD8	#F9EADA	#F2CFD7	#CFB9D3	#8682A6	#D6D3EA	#ECB69F
	베이스			우아한			베리에이션			포인트

SAMPLE

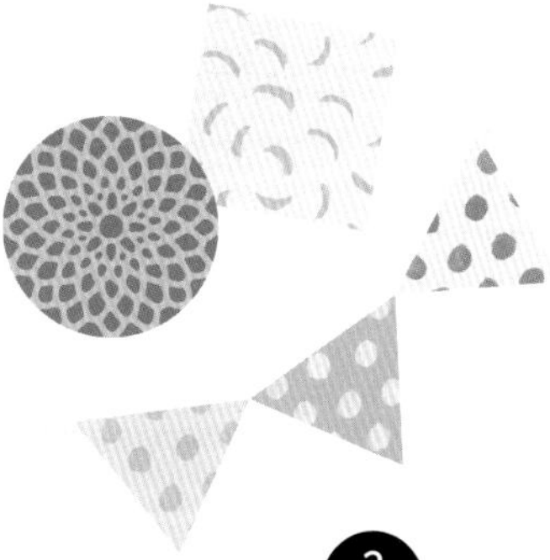

2 배색 pattern

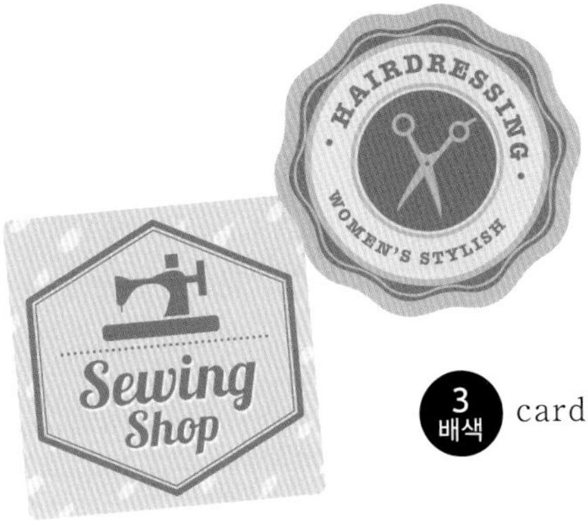

3 배색 card

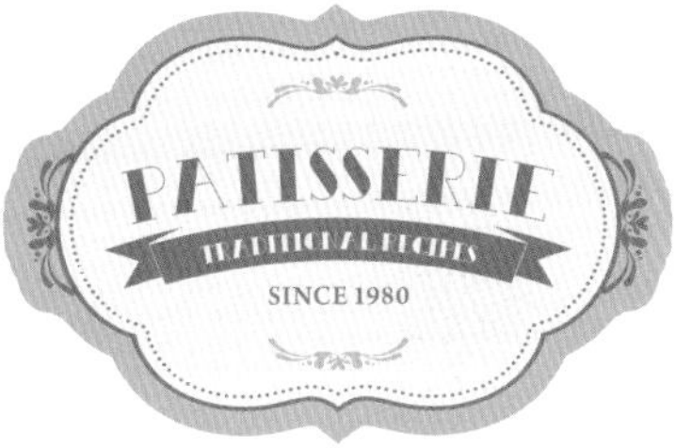

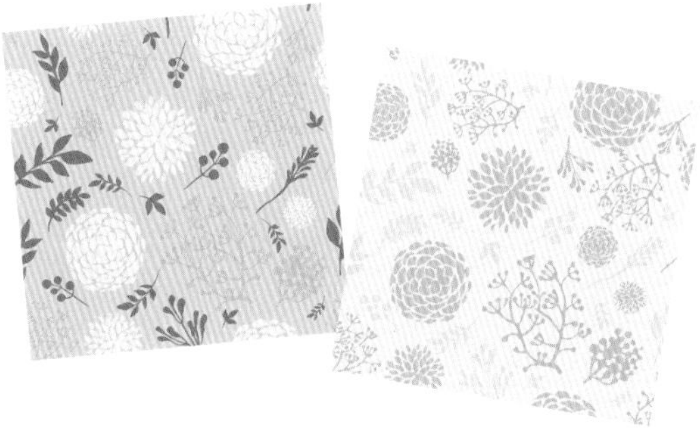

4 배색 flower

5 배색 web

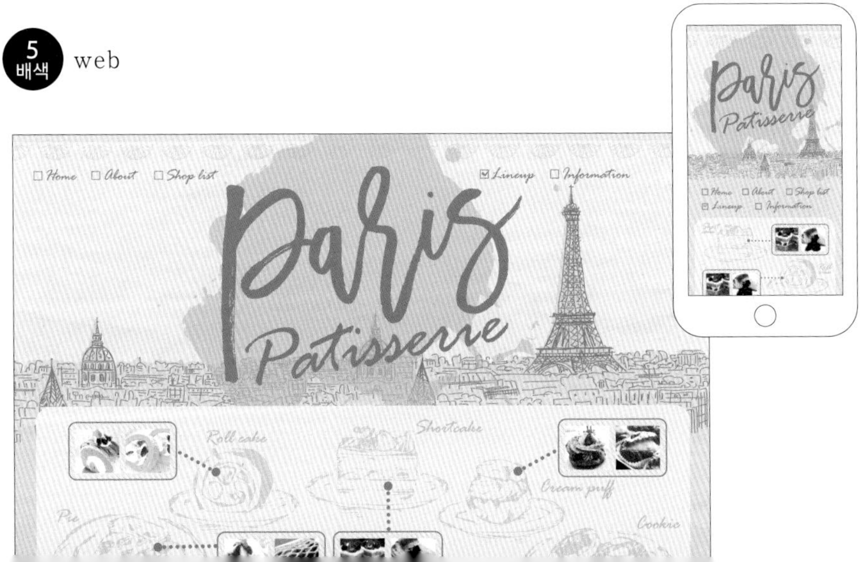

2배색

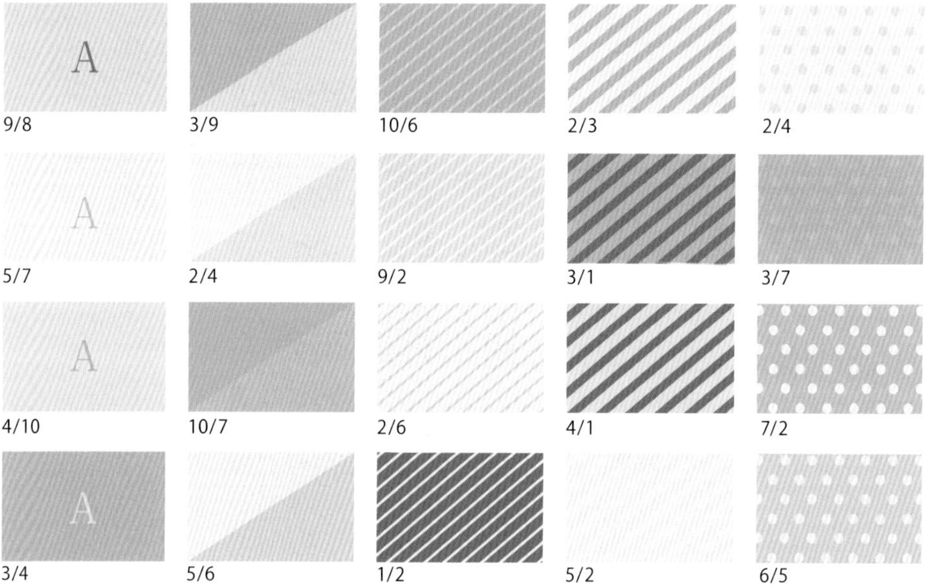
A
9/8
3/9
10/6
2/3
2/4
A
5/7
2/4
9/2
3/1
3/7
A
4/10
10/7
2/6
4/1
7/2
A
3/4
5/6
1/2
5/2
6/5

3배색

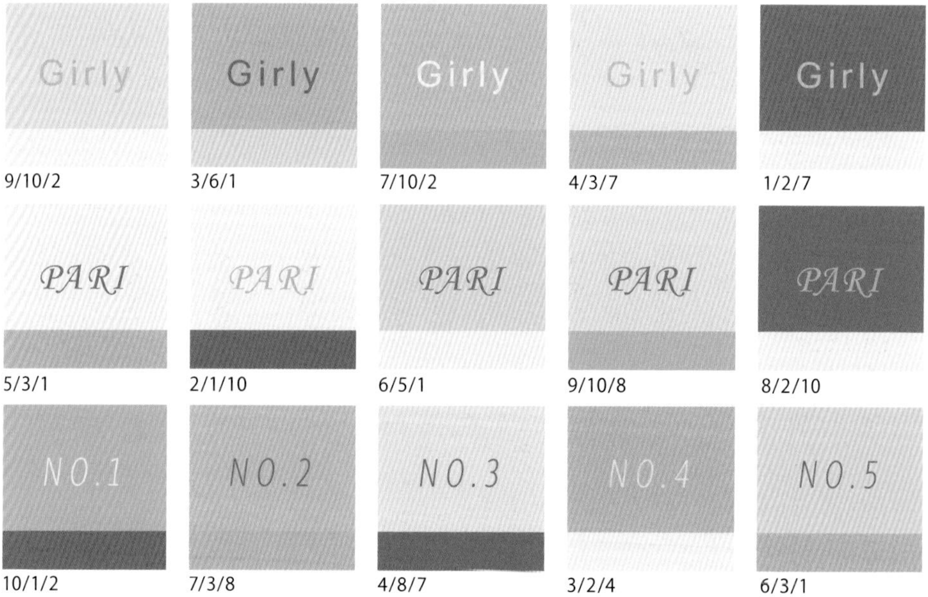
Girly
9/10/2
Girly
3/6/1
Girly
7/10/2
Girly
4/3/7
Girly
1/2/7
PARI
5/3/1
PARI
2/1/10
PARI
6/5/1
PARI
9/10/8
PARI
8/2/10
NO.1
10/1/2
NO.2
7/3/8
NO.3
4/8/7
NO.4
3/2/4
NO.5
6/3/1

4배색

6/5/4/7

2/7/5/10

10/8/7/4

4/10/7/2

5배색

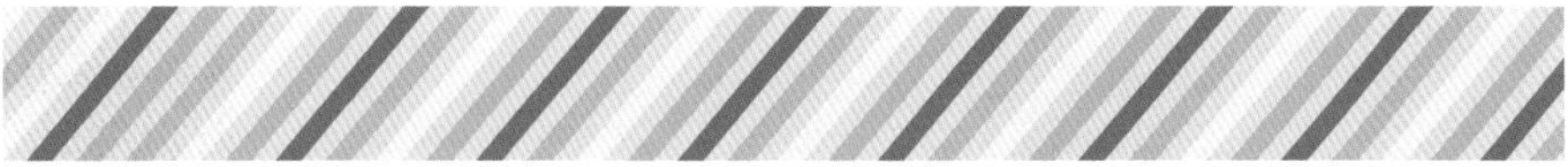

10/3/8/9/2

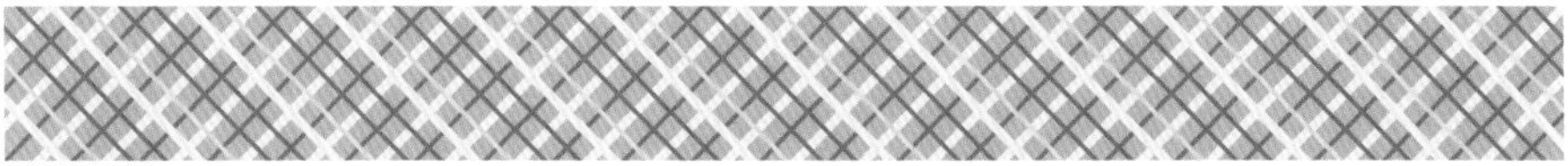

1/3/8/9/2

1/3/6/10/9

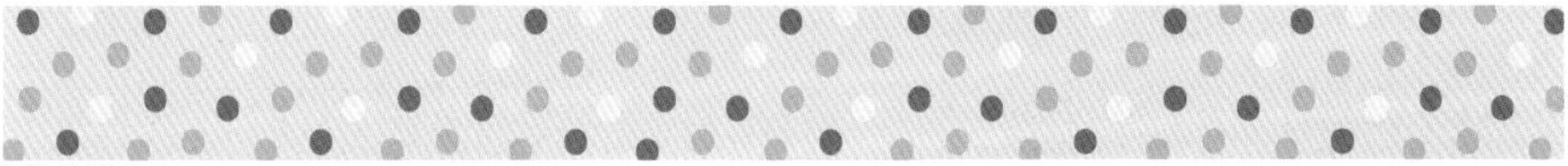

1/3/4/5/10

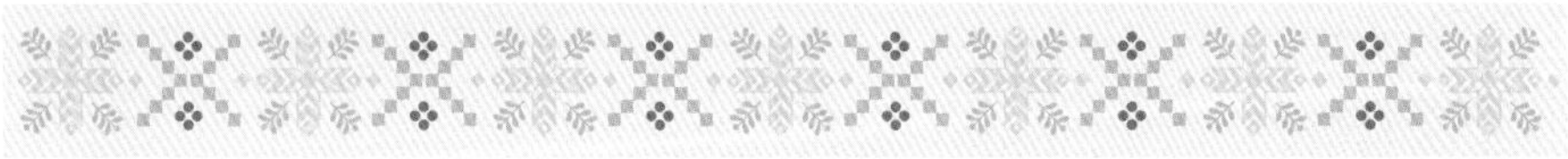

1/10/3/5/6

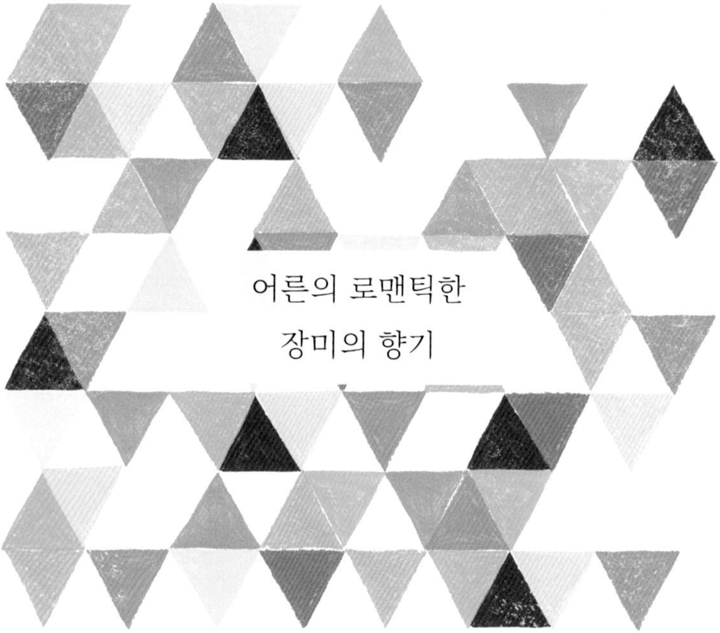

어른의 로맨틱한 장미의 향기

#봄
소프트
청초
플로럴
스위트

아쿠아와 핑크의 귀여운 배색을 조금 성숙하게 표현하려면
감색과 로즈, 골드도 혼합하세요. 코럴 오렌지로 포인트를 주어도 귀엽습니다.

	1	2	3	4	5	6	7	8	9	10
C	51	28	4	94	25	23	23	70	18	6
M	5	2	40	75	64	27	2	12	13	49
Y	22	12	11	26	21	39	7	32	13	37
K	0	0	0	9	0	0	0	0	0	0
R	130	193	238	14	195	205	205	60	216	233
G	197	226	177	70	115	187	231	170	217	155
B	202	228	192	125	148	157	238	177	217	141
	#82C5CA	#C1E2E4	#EEB1C0	#0E467D	#C37394	#CDBB9D	#CDE7EE	#3CAAB1	#D8D9D9	#E99B8D
	베이스			우아한			베리에이션			포인트

SAMPLE

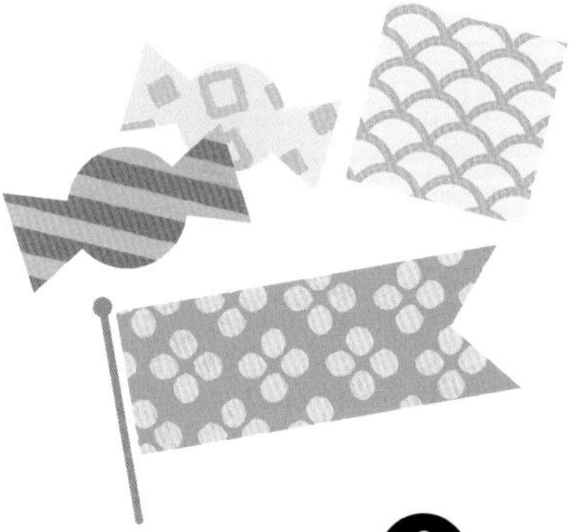

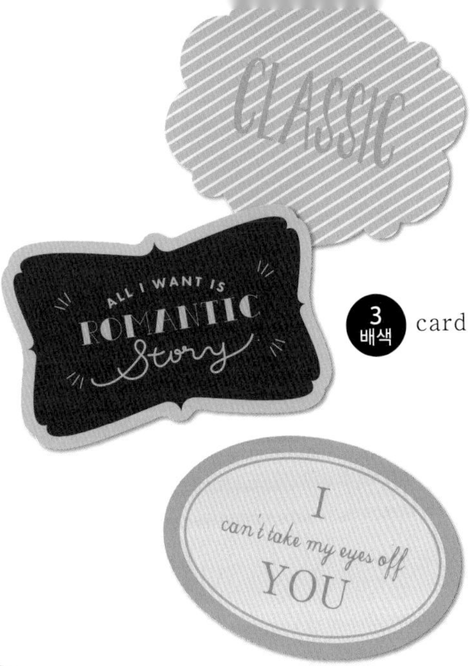

3 배색 card

2 배색 pattern

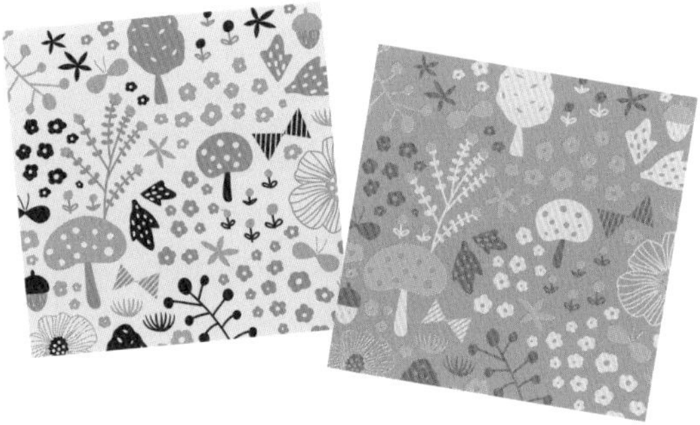

4 배색 flower

5 배색 web

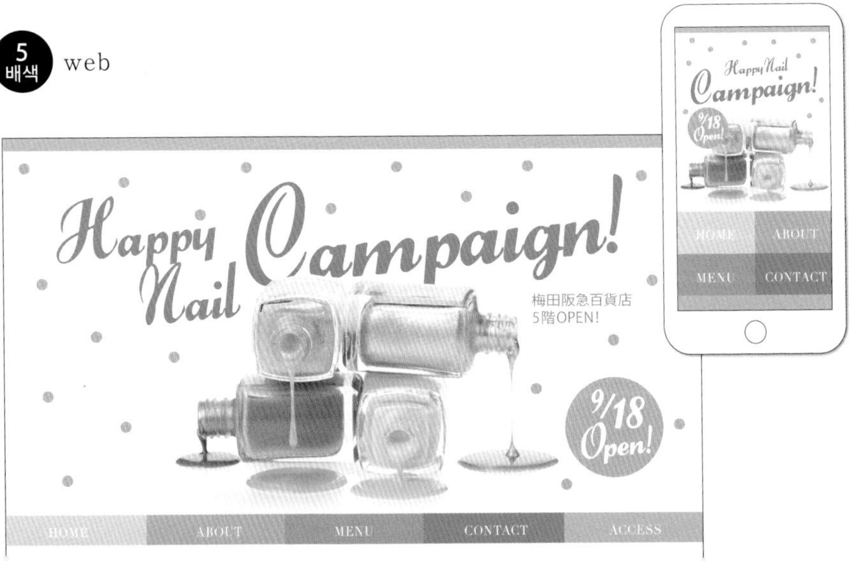

2배색

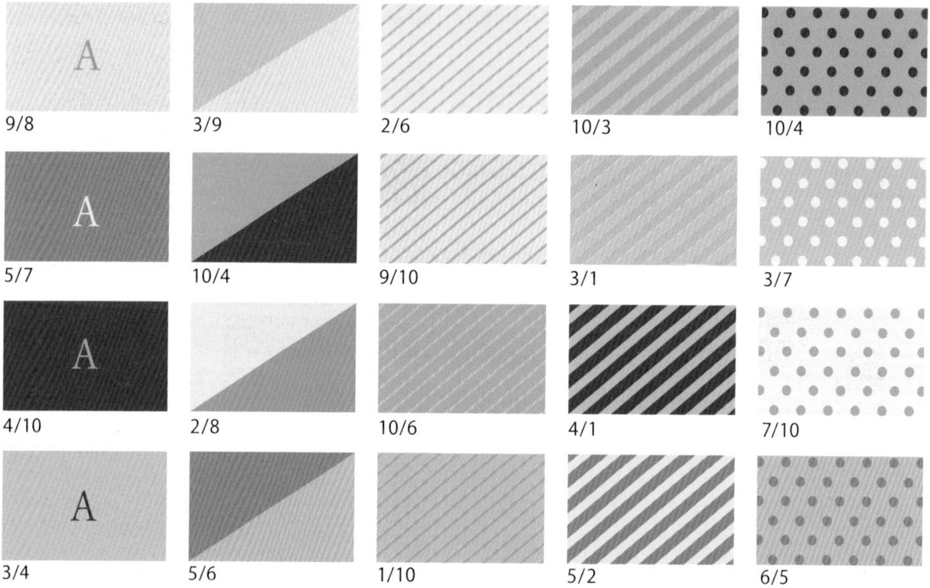
A
9/8
3/9
2/6
10/3
10/4
A
5/7
10/4
9/10
3/1
3/7
A
4/10
2/8
10/6
4/1
7/10
A
3/4
5/6
1/10
5/2
6/5

3배색

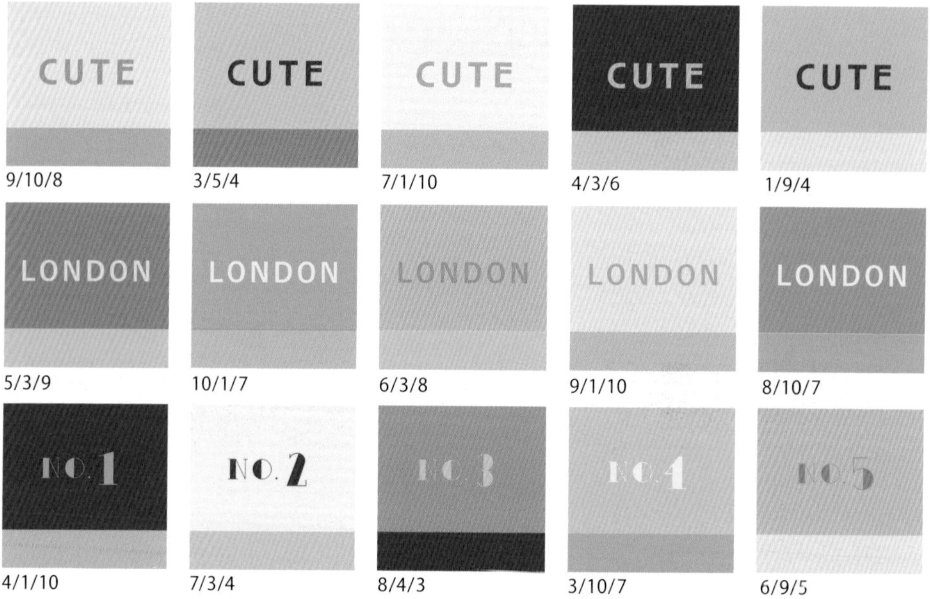
CUTE
9/10/8
CUTE
3/5/4
CUTE
7/1/10
CUTE
4/3/6
CUTE
1/9/4
LONDON
5/3/9
LONDON
10/1/7
LONDON
6/3/8
LONDON
9/1/10
LONDON
8/10/7
NO.1
4/1/10
NO.2
7/3/4
NO.3
8/4/3
NO.4
3/10/7
NO.5
6/9/5

4배색

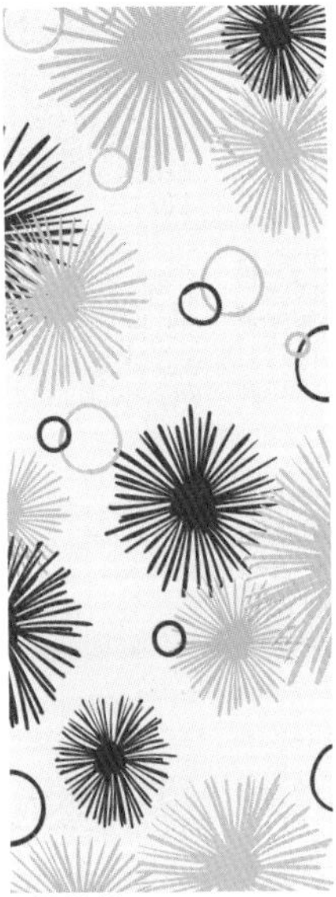
1/7/3/4

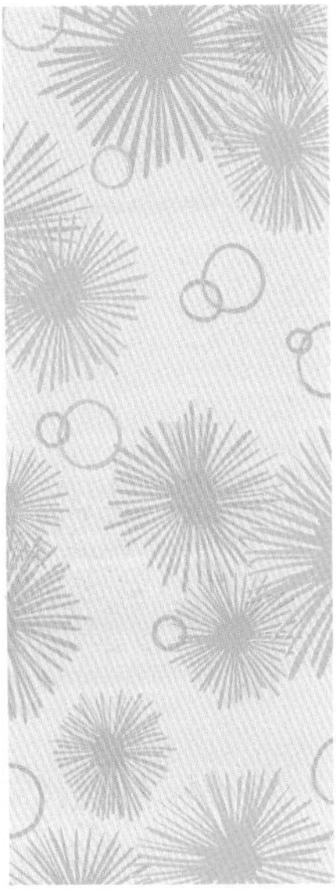
1/3/6/9

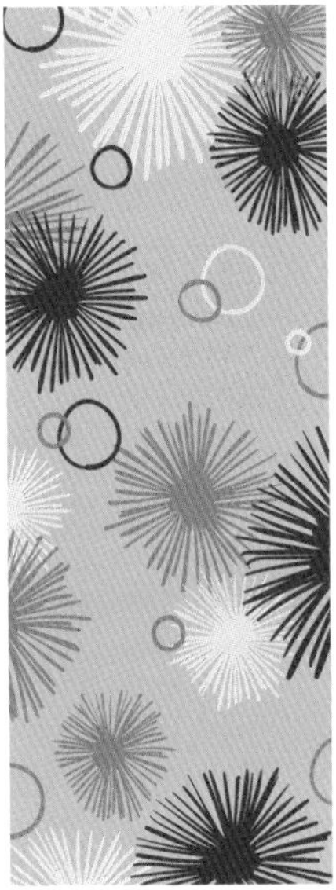
2/3/4/5

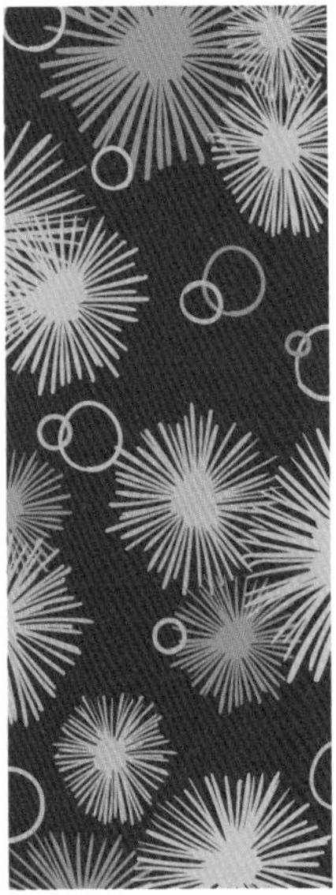
3/4/6/8

5배색

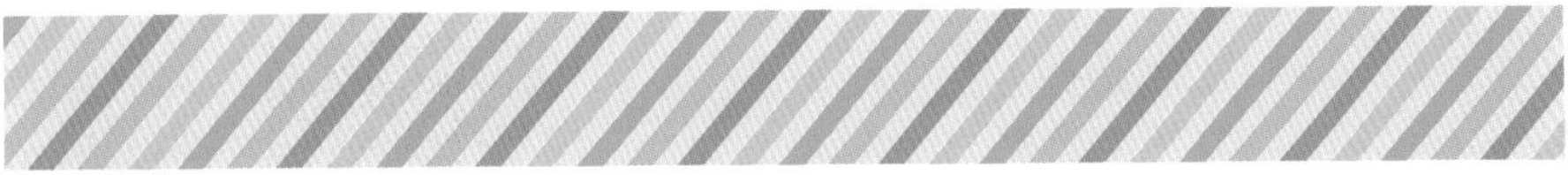
1/3/8/9/10

3/7/8/9/10

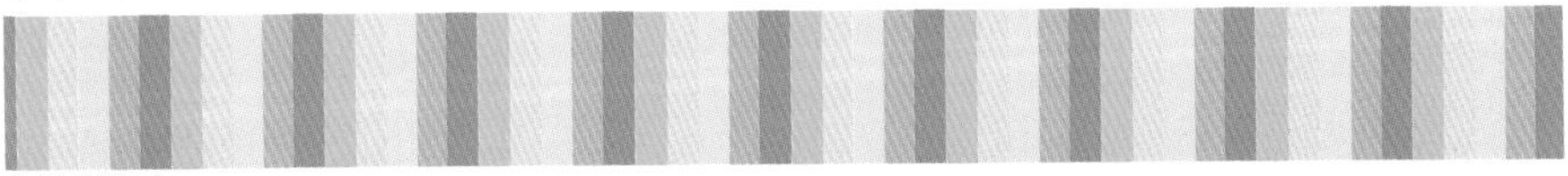
2/3/6/8/9

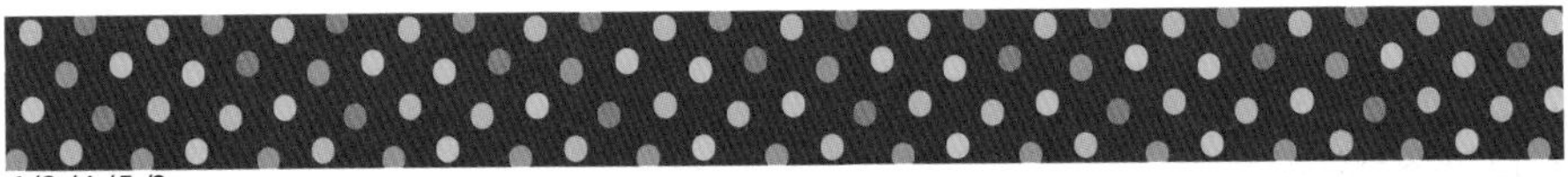
1/3/4/5/8

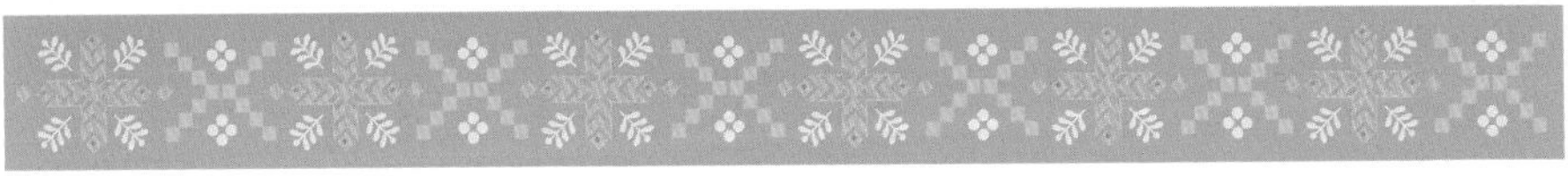
2/3/6/8/10

CUTE

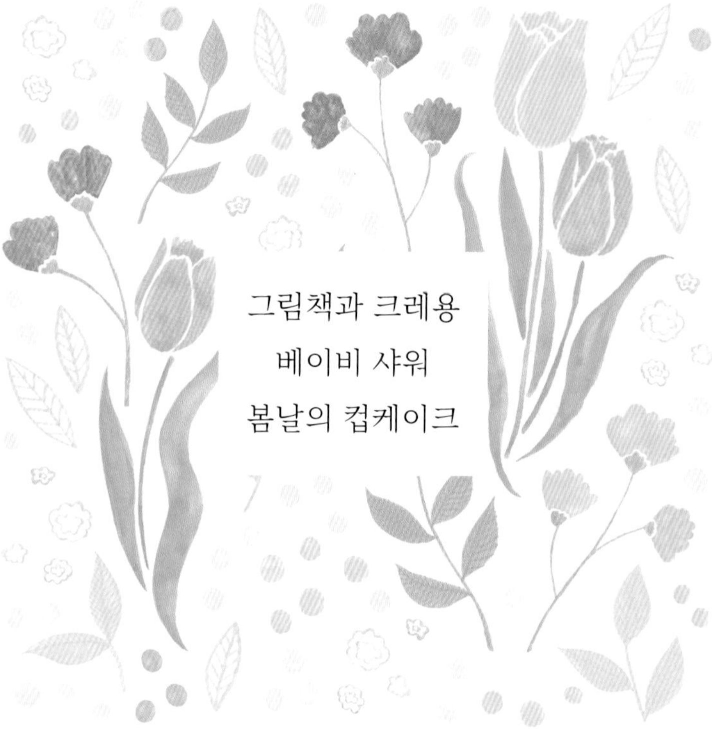

그림책과 크레용
베이비 샤워
봄날의 컵케이크

#봄

귀여운

해피

베이비

스위트

귀엽고 다정한 축하의 컬러는 파스텔 톤입니다.
퍼플과 블루를 포인트로 쓰면 너무 가벼워지지 않게 연출할 수 있습니다.

	1	2	3	4	5	6	7	8	9	10
C	51	40	3	64	3	0	5	20	45	45
M	0	12	40	32	25	7	21	14	10	45
Y	70	10	8	3	17	36	54	11	35	5
K	0	0	0	0	0	0	0	0	0	0
R	137	163	240	97	244	255	243	211	152	154
G	197	199	178	149	207	239	208	214	195	142
B	109	219	197	204	200	180	131	219	176	189
	#89C56D	#A3C7DB	#F0B2C5	#6195CC	#F4CFC8	#FFEFB4	#F3D083	#D3D6DB	#98C3B0	#9A8EBD
	베이스			우아한			베리에이션			포인트

SAMPLE

2 배색 pattern

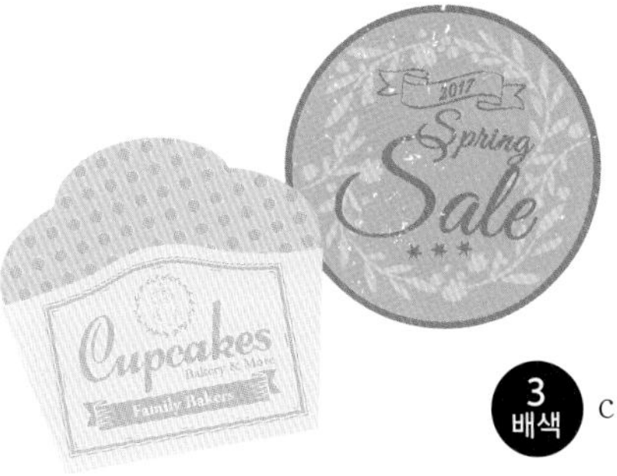

3 배색 card

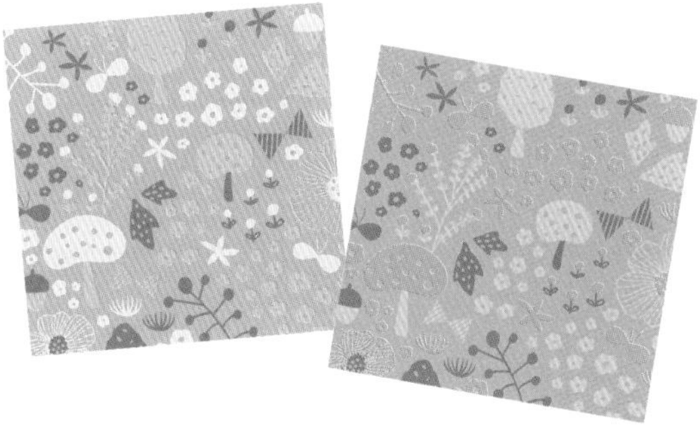

4 배색 flower

5 배색 web

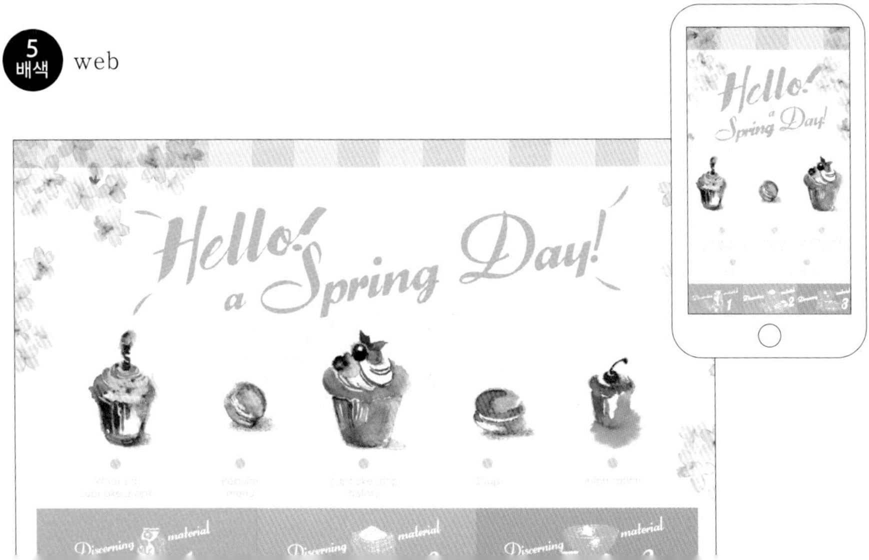

2배색

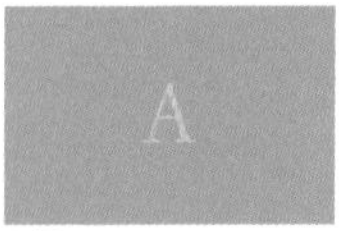

1/7

3/9

2/6

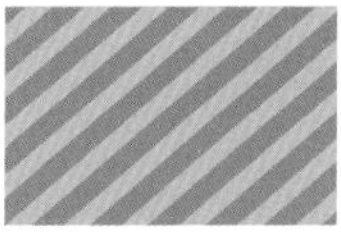
3/10

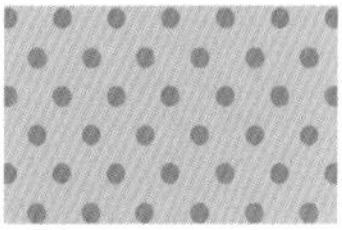
2/4

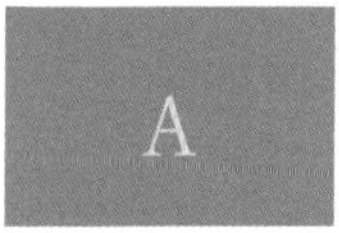

10/5

10/4

3/5

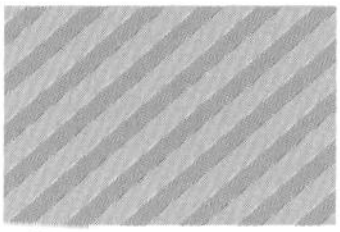
1/3

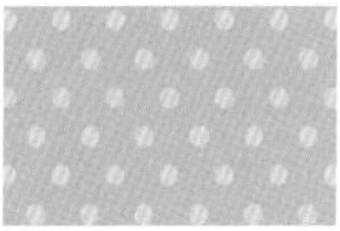
3/5

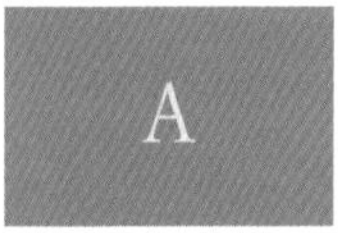

6/4

2/8

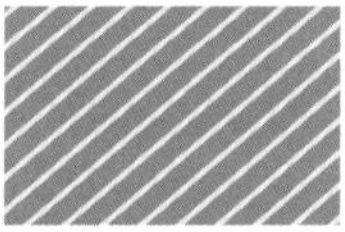
10/6

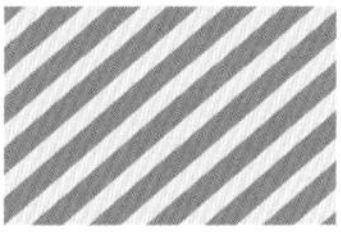
6/4

7/6

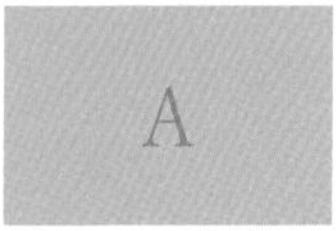

3/4

7/1

1/4

5/2

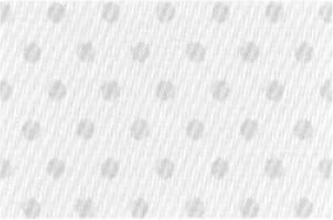
6/5

3배색

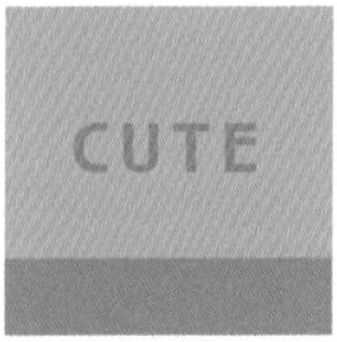

9/10/4

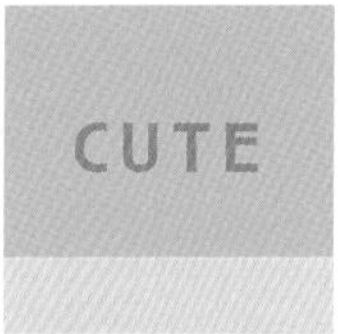

3/8/4

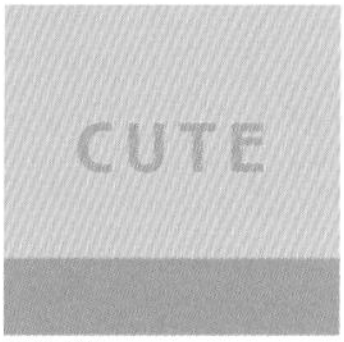

7/1/9

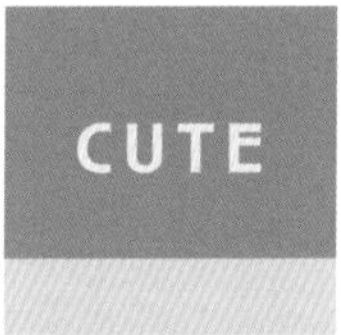

10/8/6

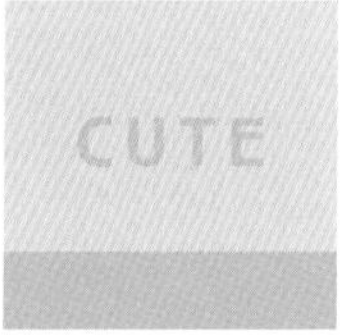

8/3/2

6/3/8

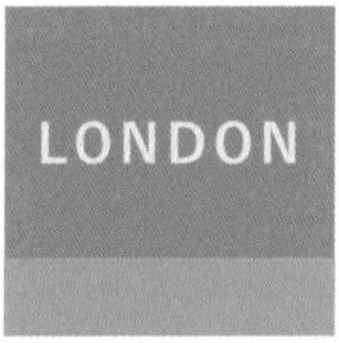

10/1/6

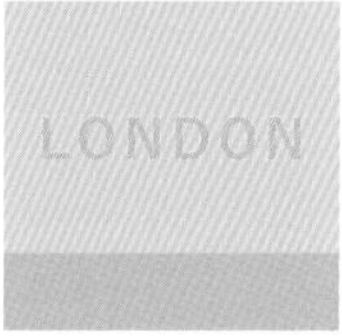

5/3/2

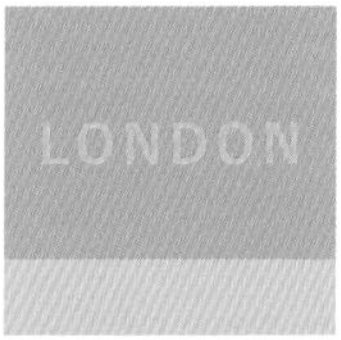

9/7/3

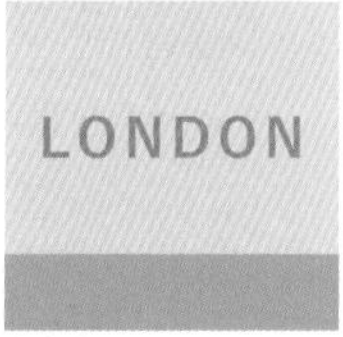

8/1/4

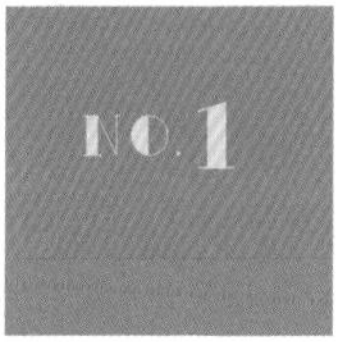

4/10/5

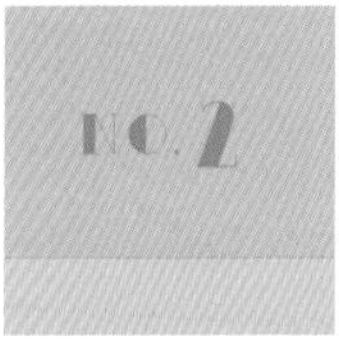

2/7/10

8/2/4

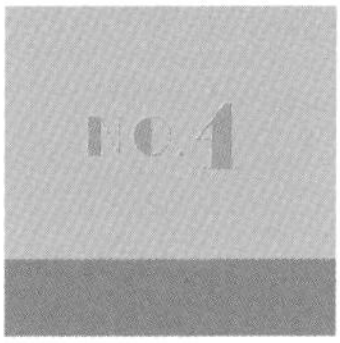

3/10/1

6/1/3

4배색

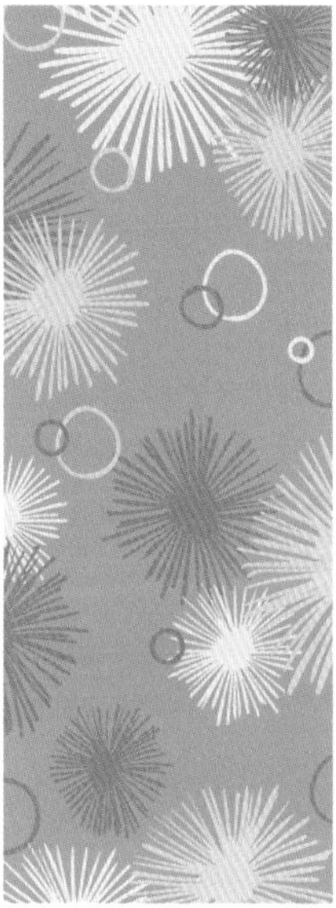

1 /4 /6 /8

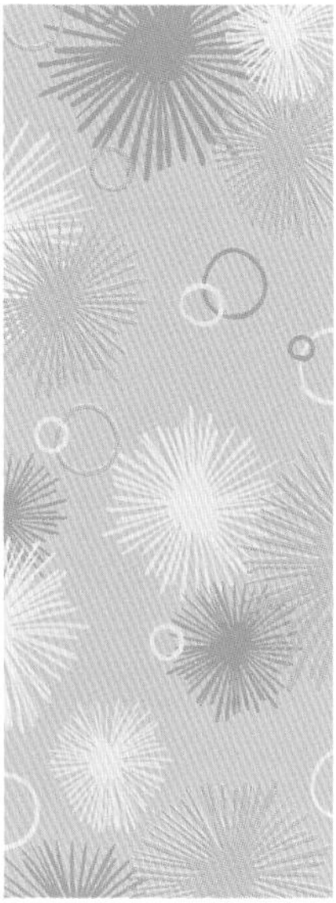

1 /2 /6 /7

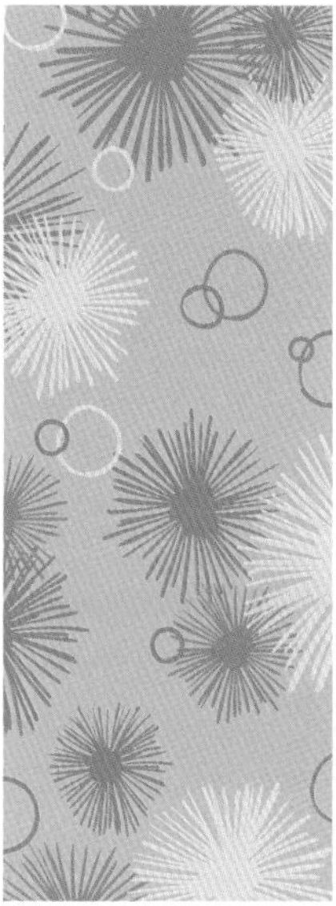

3 /4 /8 /10

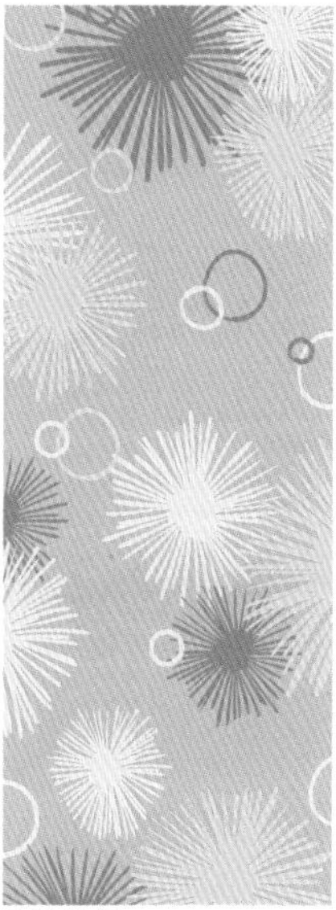

2 /4 /5 /6

5배색

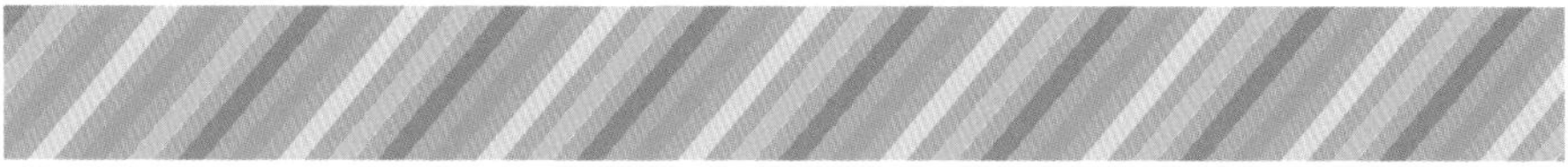

1 /3 /8/9/10

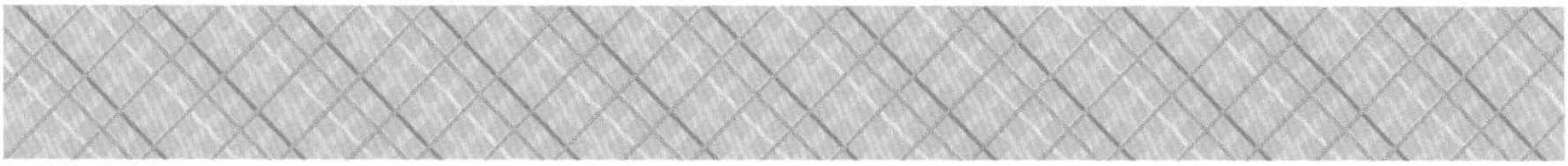

3 /7/8/9/10

2 /3 /6 /8 /9

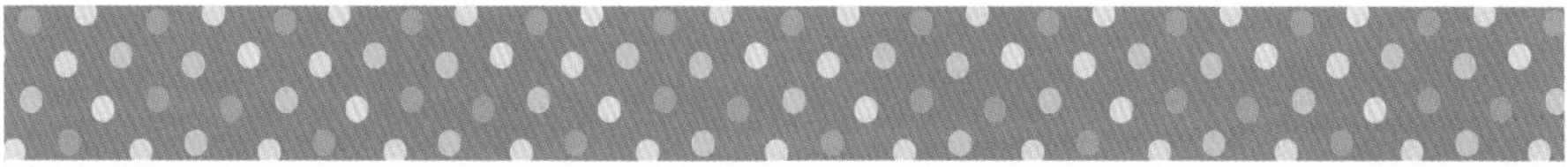

1 /3 /4 /5 /8

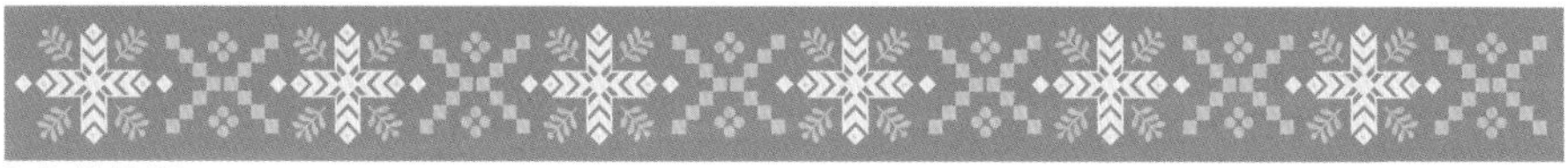

2 /3 /6 /8 /10

CUTE

#봄 #여름

큐트

캔디

마카롱

팝

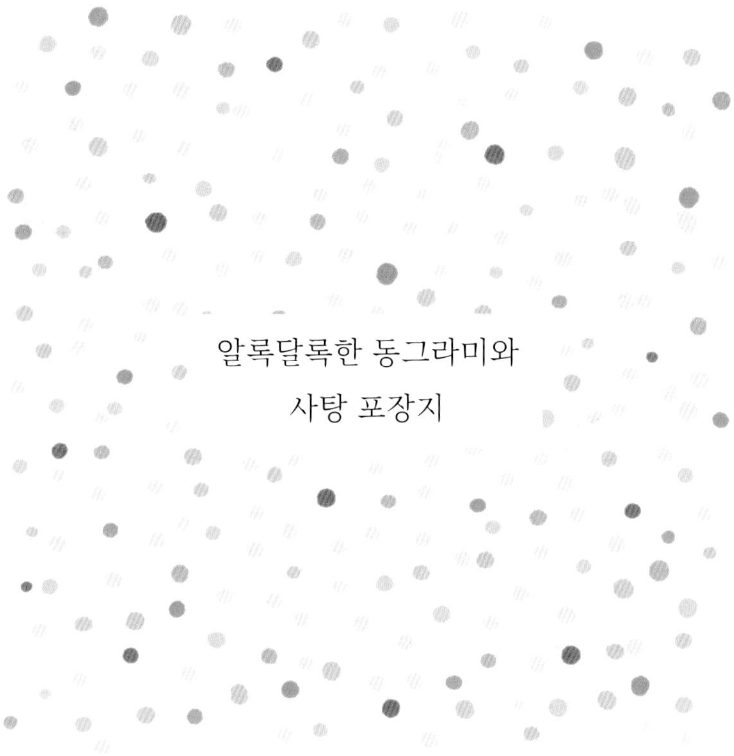

알록달록한 동그라미와 사탕 포장지

알록달록하면서 귀엽고 맛있을 것 같은 마카롱을 연상시키는
색은 밝은 브라이트 컬러로 악센트를 주세요.

	1	2	3	4	5	6	7	8	9	10
C	23	6	10	13	25	5	11	38	0	11
M	0	8	14	27	36	57	35	0	67	91
Y	20	74	23	20	18	48	0	23	37	31
K	0	0	0	0	0	0	0	0	0	0
R	206	246	234	225	199	232	226	169	237	215
G	232	227	221	196	171	138	183	216	116	49
B	215	85	199	191	184	115	213	207	123	108
	#CEE8D7	#F6E355	#EADDC7	#E1C4BF	#C7ABB8	#E88A73	#E2B7D5	#A9D8CF	#ED747B	#D7316C
	베이스			우아한			베리에이션			포인트

SAMPLE

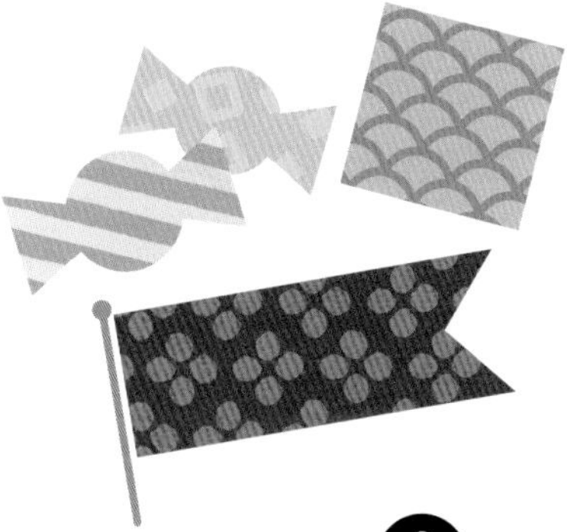

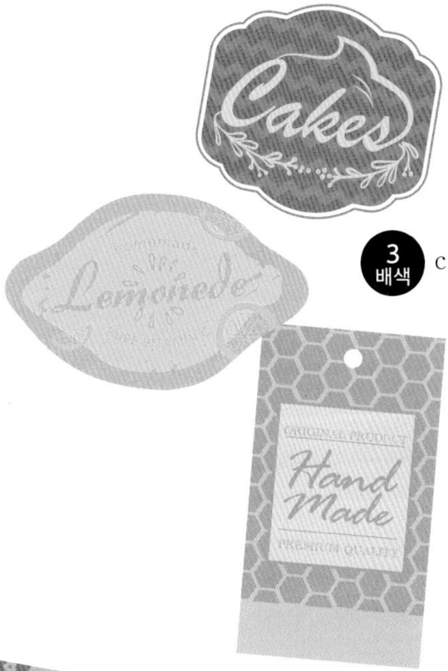

2 배색 pattern

3 배색 card

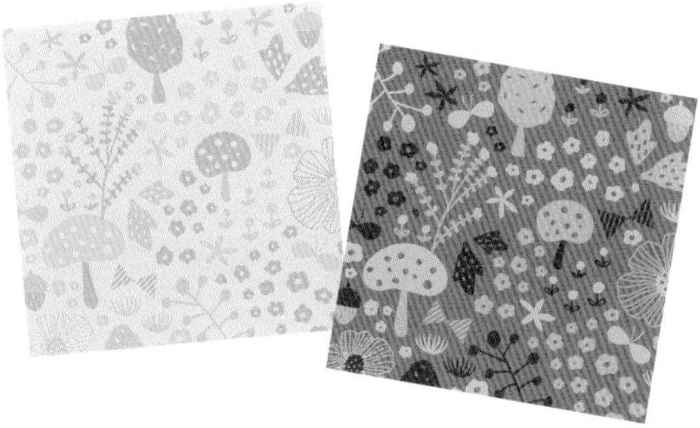

4 배색 flower

5 배색 web

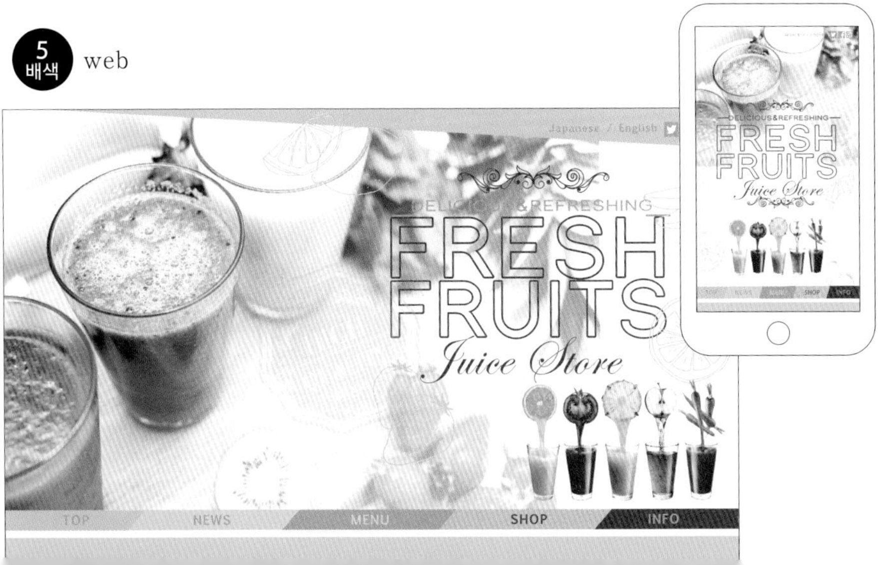

1
2
3
4
5
6
7
8
9
10

2배색

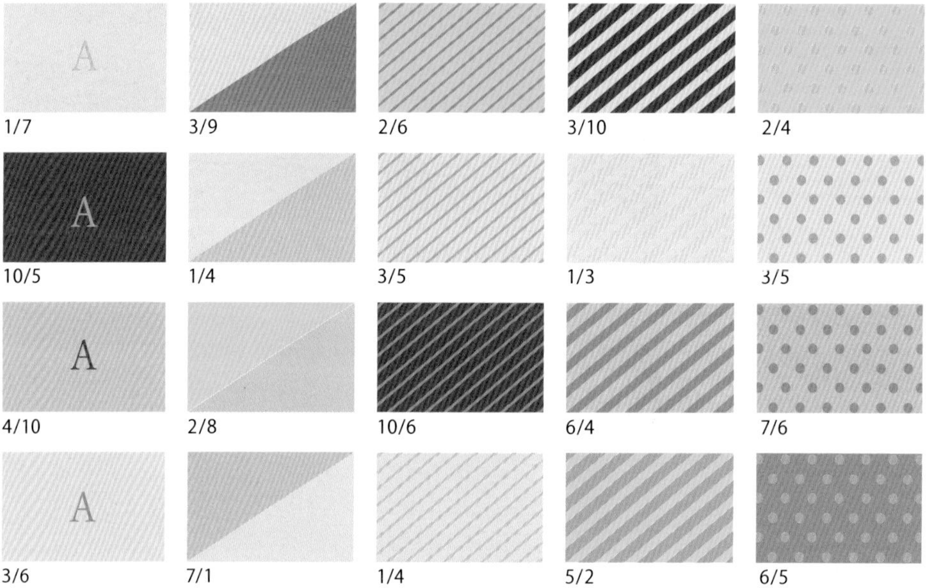

1/7	3/9	2/6	3/10	2/4
10/5	1/4	3/5	1/3	3/5
4/10	2/8	10/6	6/4	7/6
3/6	7/1	1/4	5/2	6/5

3배색

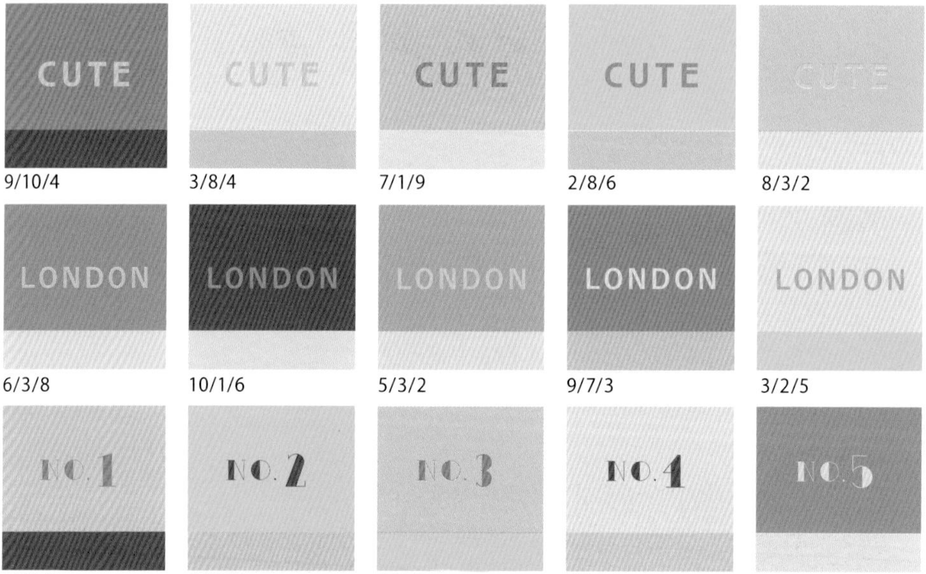

9/10/4	3/8/4	7/1/9	2/8/6	8/3/2
6/3/8	10/1/6	5/3/2	9/7/3	3/2/5
4/10/9	2/7/10	8/2/9	3/4/10	6/1/3

4배색

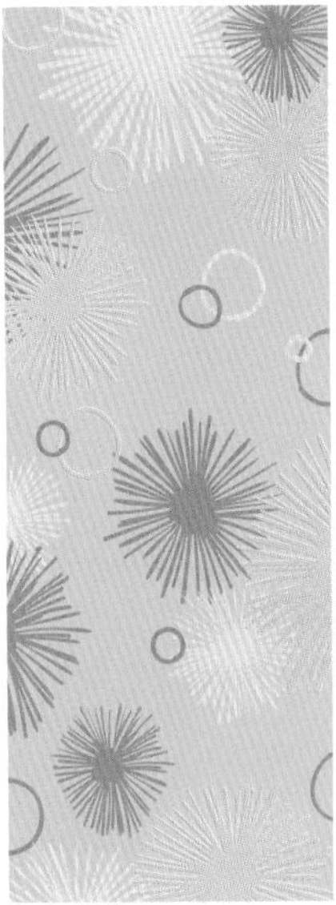

2/3/6/8

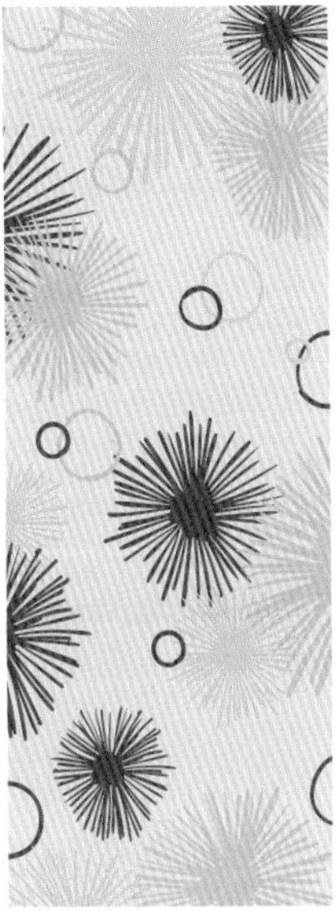

3/7/8/10

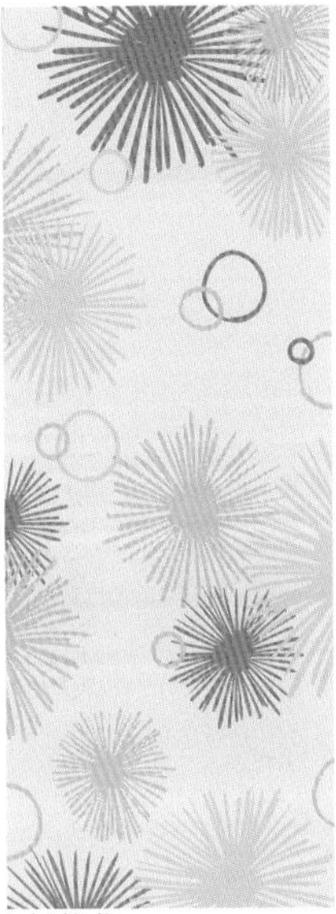

1/7/8/9

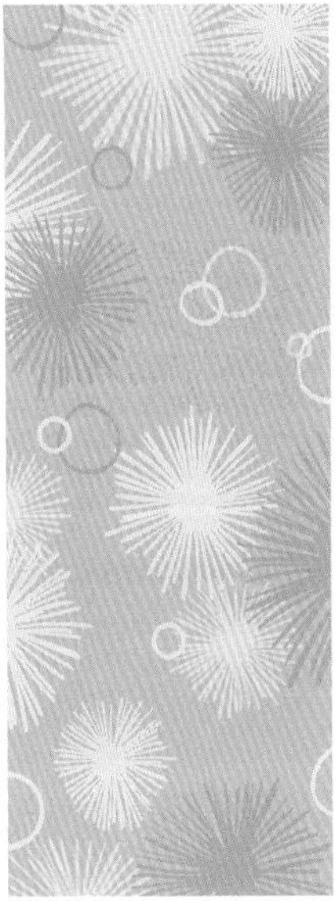

1/3/5/7

5배색

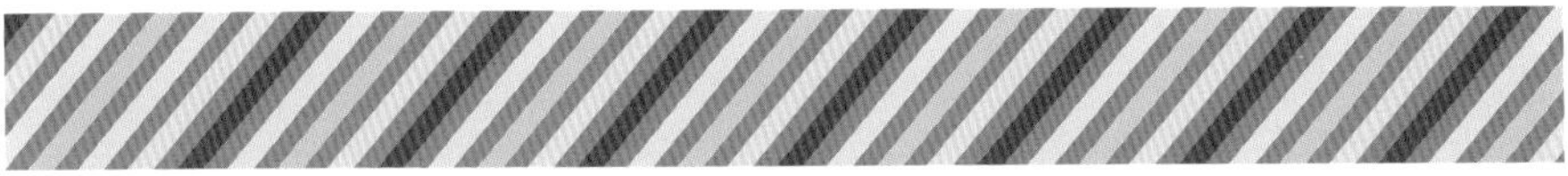

1/3/8/9/10

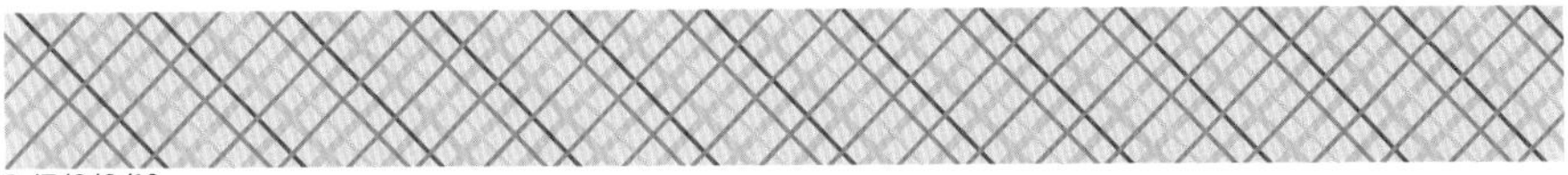

3/7/8/9/10

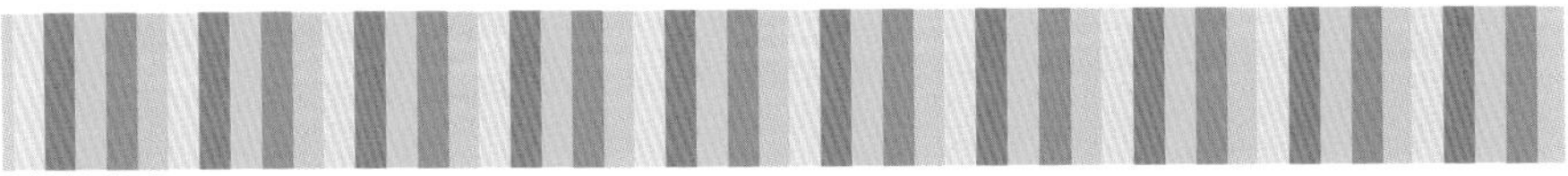

2/3/6/8/9

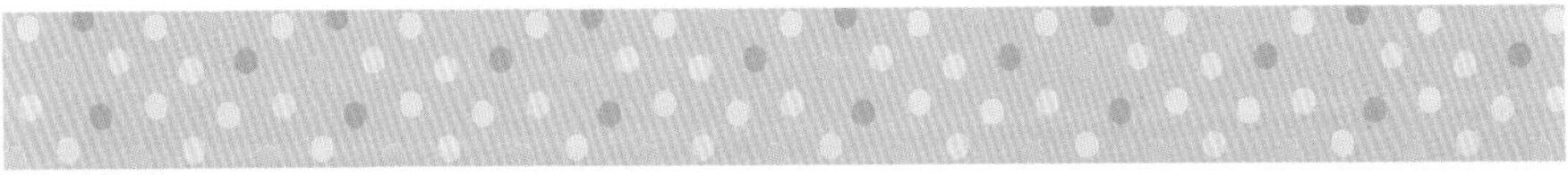

1/3/4/5/8

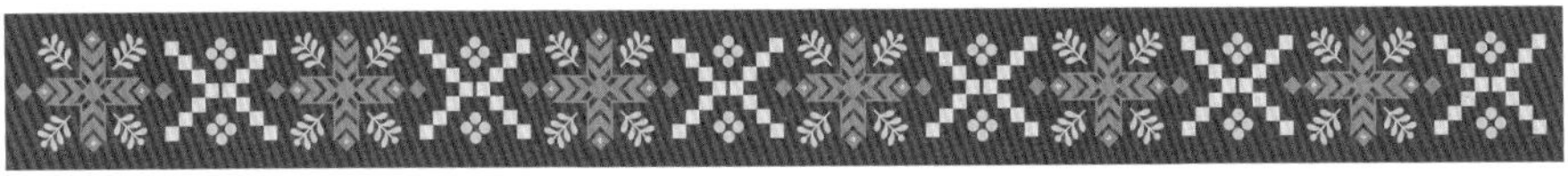

2/3/6/8/10

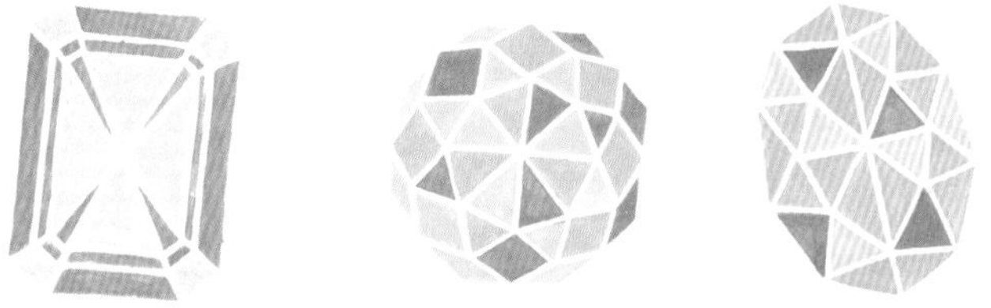

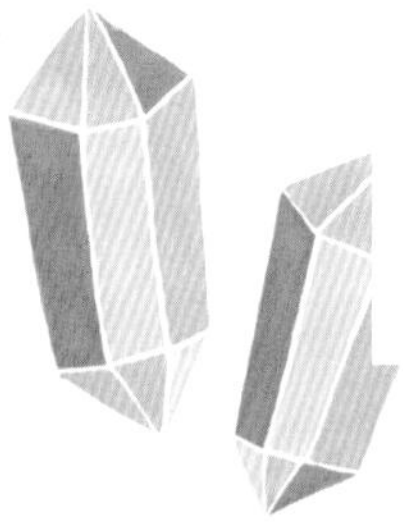

오렌지 빛깔의 볼터치 브러시

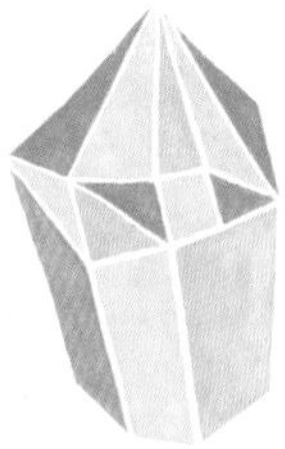

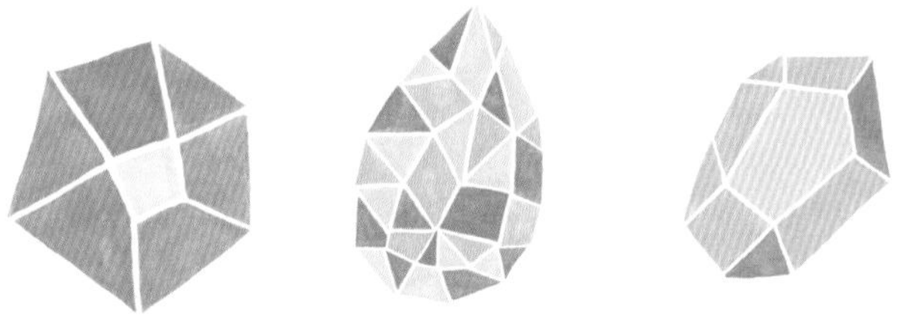

#봄 #여름

큐트

귀여운

컬러풀

행복감

옅은 색의 네일 폴리시를 나열해 놓은 여자 아이의 화장대를 연출했습니다.
생기 넘치는 볼처럼 오렌지를 옅은 색감 안에서 포인트로 썼습니다.

	1	2	3	4	5	6	7	8	9	10
C	33	27	29	48	40	19	17	3	5	2
M	4	0	44	30	26	3	21	17	30	57
Y	34	20	19	7	30	11	25	15	18	50
K	0	0	0	0	0	0	0	0	0	0
R	183	197	190	144	167	215	218	246	239	237
G	215	228	153	165	176	233	203	222	196	139
B	183	214	173	204	172	230	188	212	192	112
	#B7D7B7	#C5E4D6	#BE99AD	#90A5CC	#A7B0AC	#D7E9E6	#DACBBC	#F6DED4	#EFC4C0	#ED8B70
	베이스			우아한			베리에이션			포인트

SAMPLE

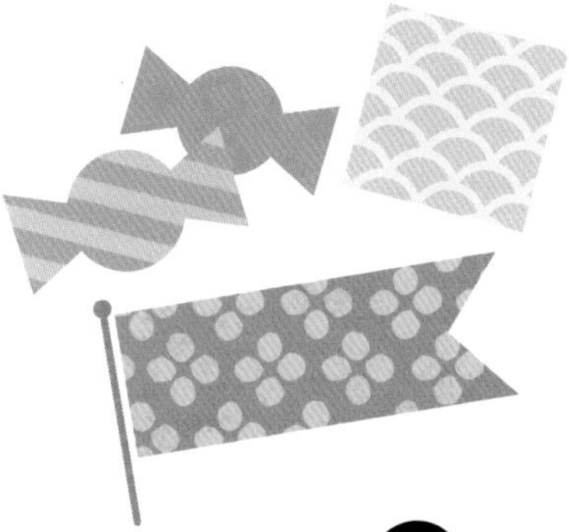

2 배색 pattern

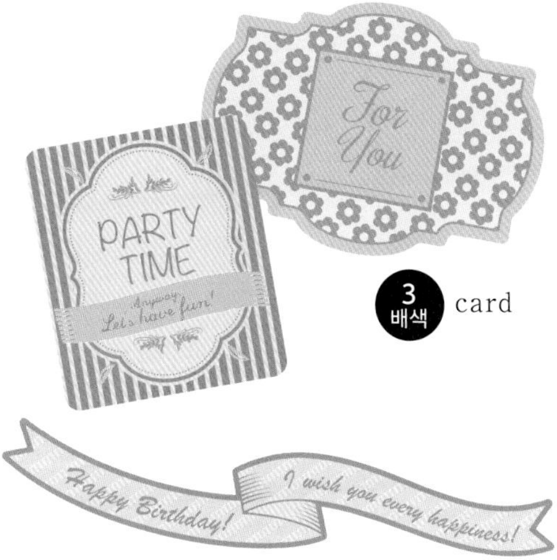

3 배색 card

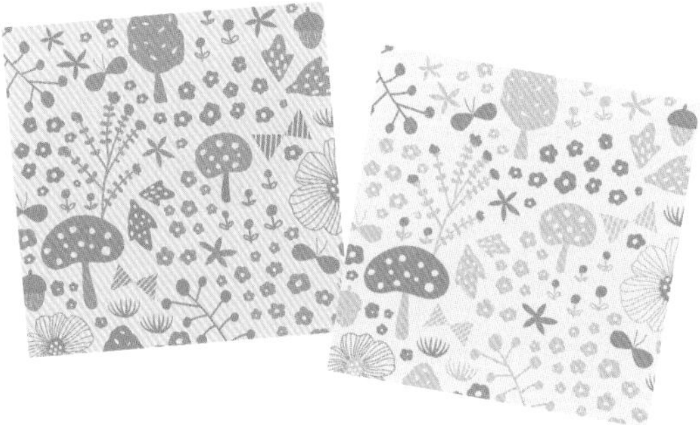

4 배색 flower

5 배색 web

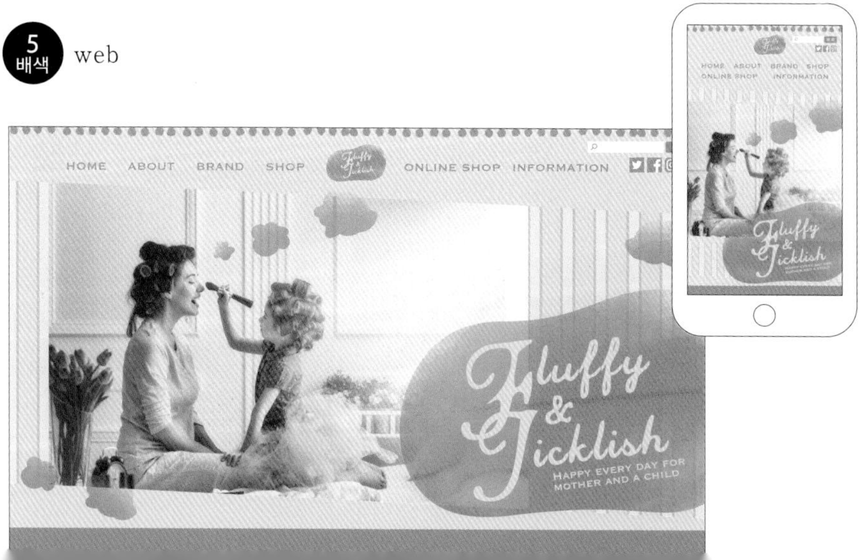

2배색

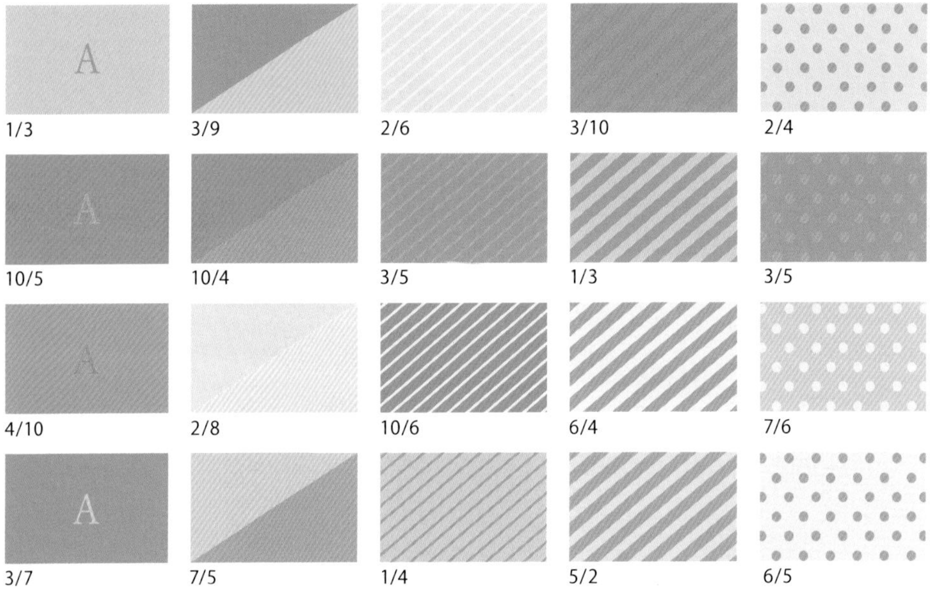
A
1/3
3/9
2/6
3/10
2/4
A
10/5
10/4
3/5
1/3
3/5
A
4/10
2/8
10/6
6/4
7/6
A
3/7
7/5
1/4
5/2
6/5

3배색

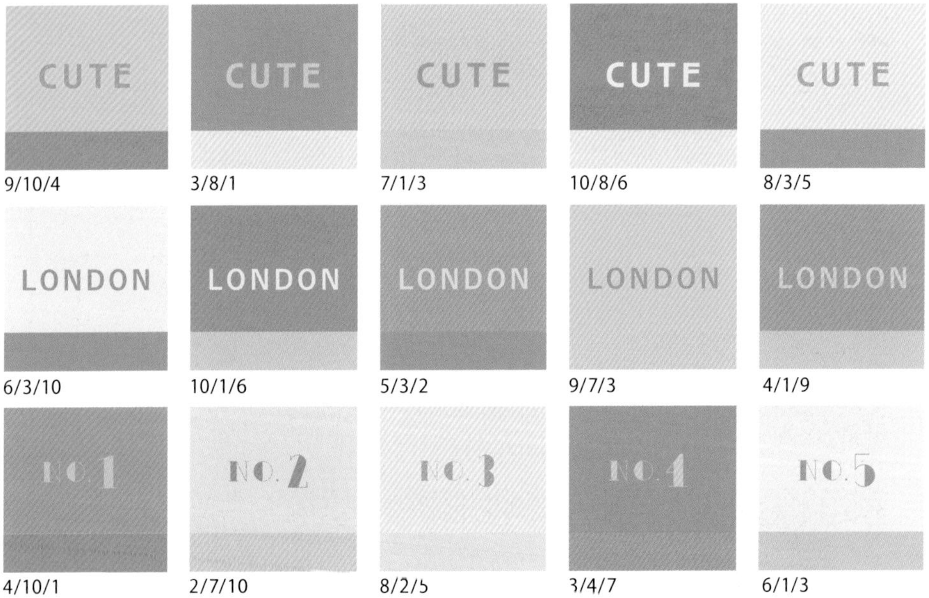
CUTE
9/10/4
CUTE
3/8/1
CUTE
7/1/3
CUTE
10/8/6
CUTE
8/3/5
LONDON
6/3/10
LONDON
10/1/6
LONDON
5/3/2
LONDON
9/7/3
LONDON
4/1/9
NO.1
4/10/1
NO.2
2/7/10
NO.3
8/2/5
NO.4
3/4/7
NO.5
6/1/3

4배색

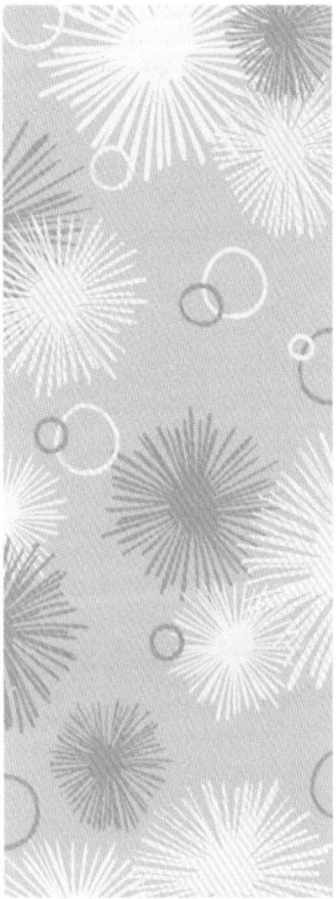
1/4/6/8

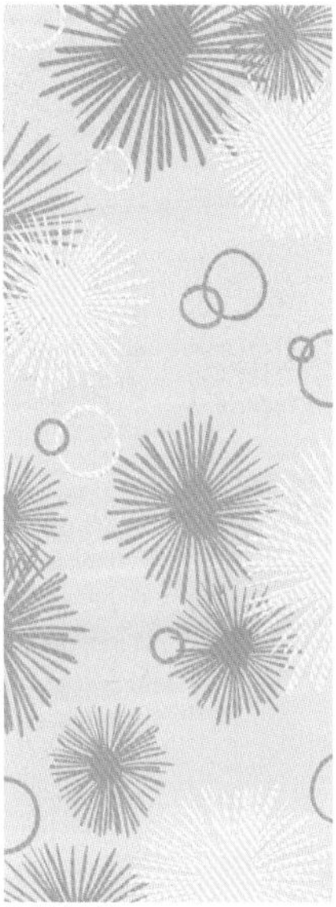
2/4/5/8

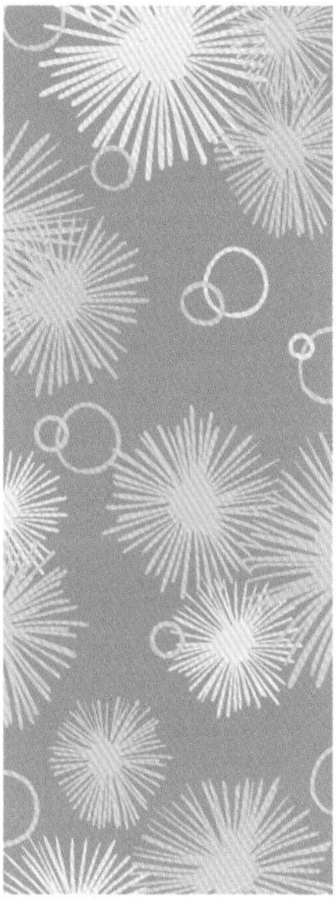
3/7/8/9

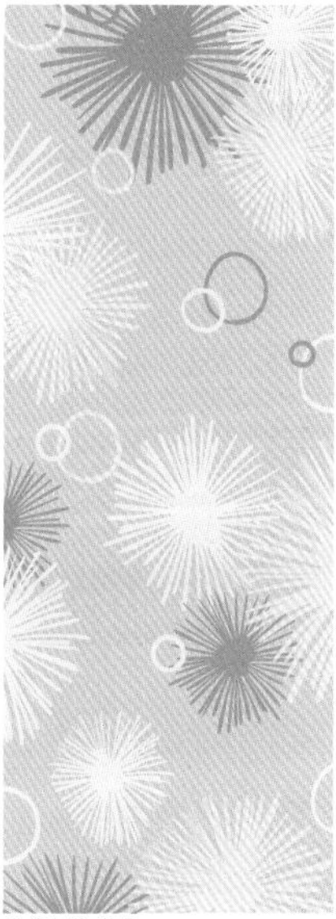
6/7/8/10

5배색

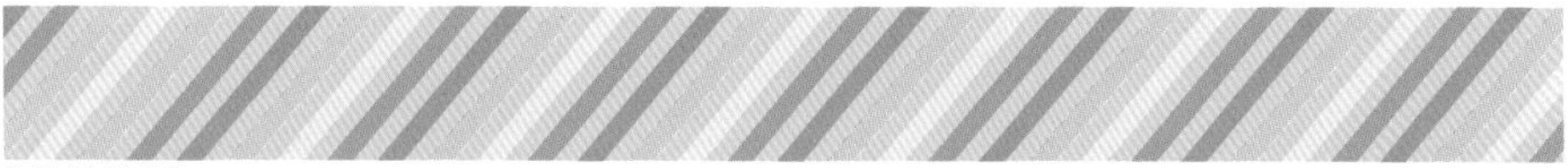
1/3/8/9/10

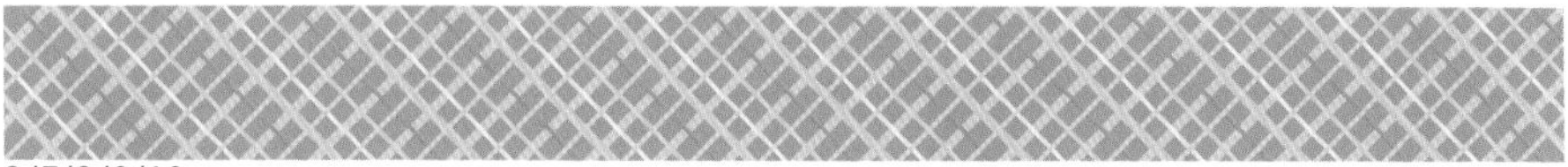
3/7/8/9/10

2/3/6/8/9

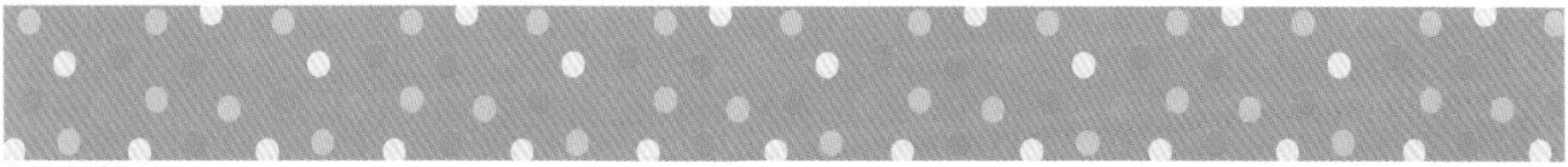
1/3/4/5/8

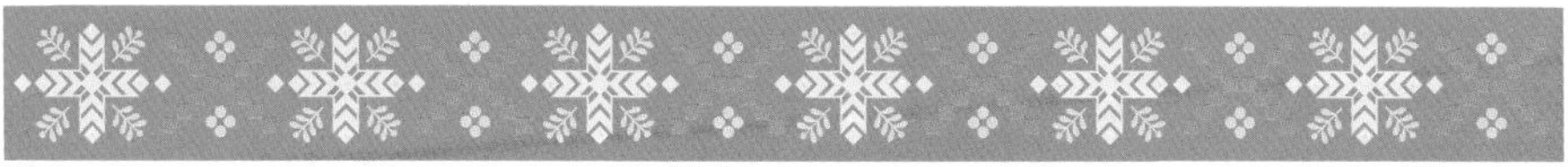
2/3/6/8/10

NATURAL

#가을 #겨울

#시크

#모드

#차분한

#노스탤직

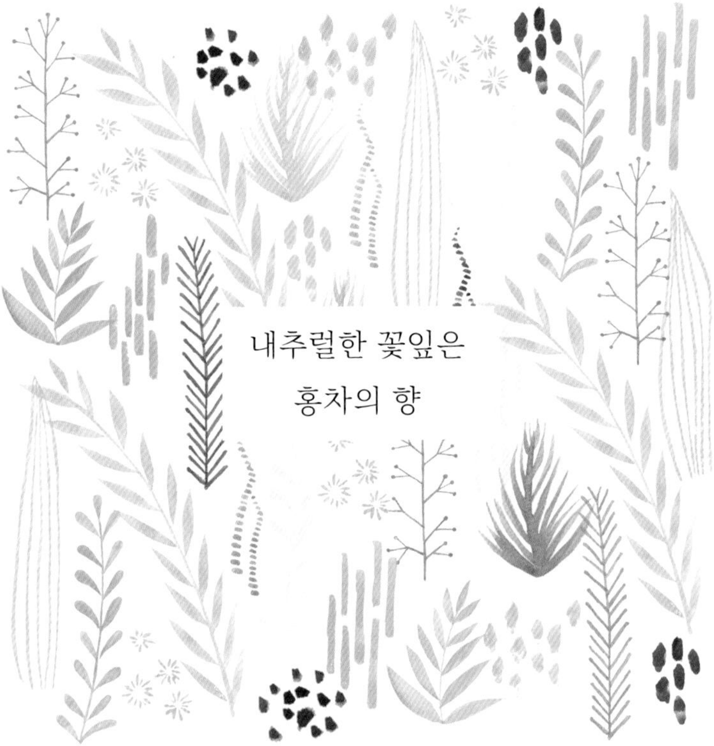

내추럴한 꽃잎은 홍차의 향

밀크티를 형상화한 그레이시 브라운에 로즈 핑크와 차분한 새먼 핑크를 더했습니다.
다크 그레이도 포인트로 사용할 수 있습니다.

	1	2	3	4	5	6	7	8	9	10
C	25	35	20	43	16	3	10	40	43	84
M	56	16	35	70	28	34	10	30	39	80
Y	33	24	37	75	25	27	10	20	42	67
K	0	0	0	9	0	0	0	0	0	0
R	197	178	210	154	219	242	234	166	161	68
G	132	197	175	91	191	188	229	171	152	72
B	140	192	154	67	181	173	227	185	141	83
	#C5848C	#B2C5C0	#D2AF9A	#9A5B43	#DBBFB5	#F2BCAD	#EAE5E3	#A6ABB9	#A1988D	#444853
	베이스			우아한			베리에이션			포인트

SAMPLE

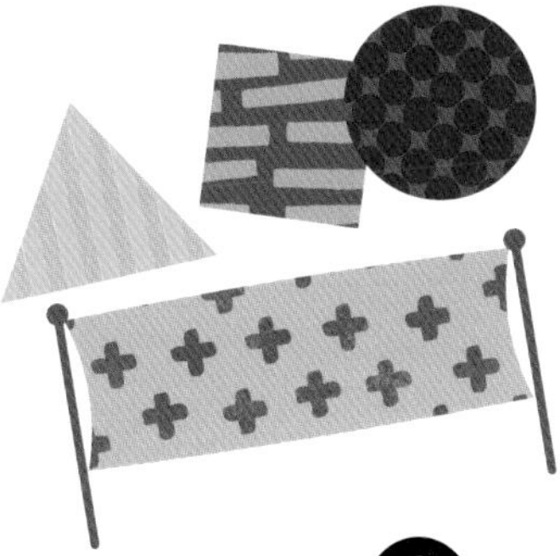

2 배색 pattern

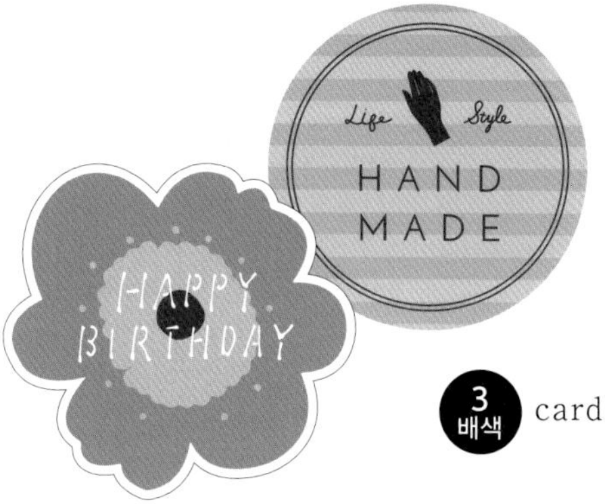

3 배색 card

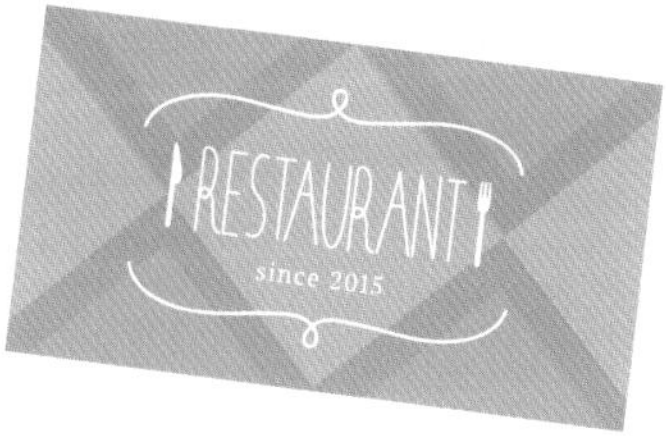

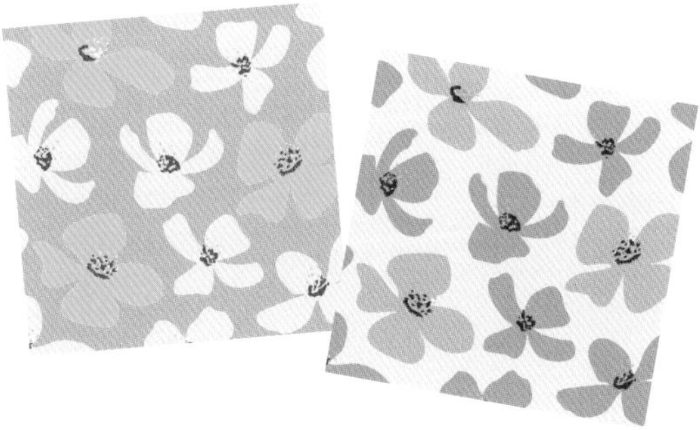

4 배색 flower

5 배색 web

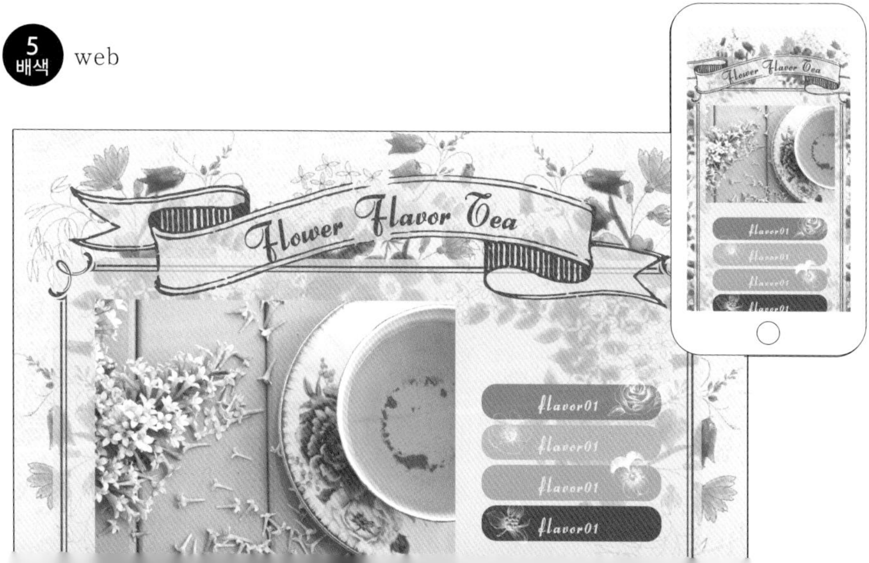

2배색

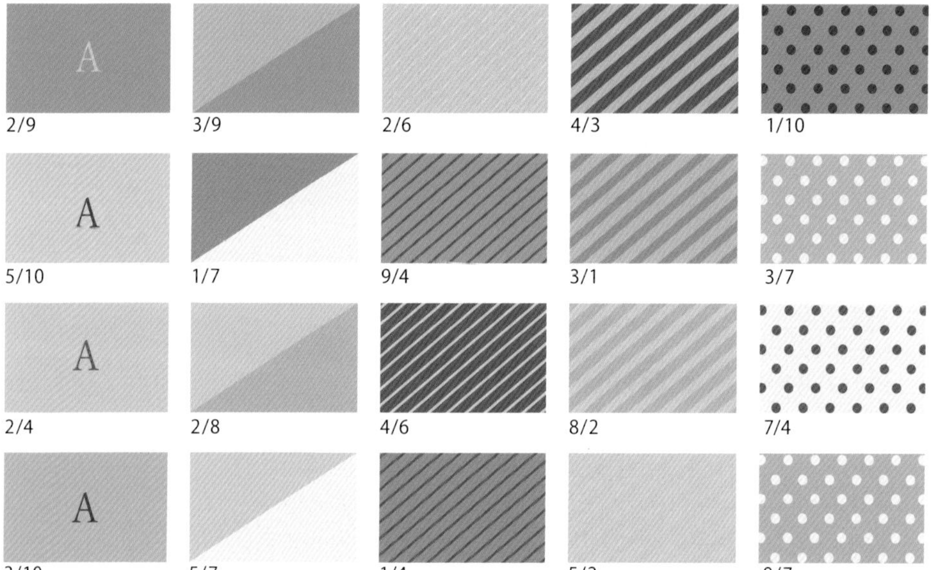

2/9 3/9 2/6 4/3 1/10
5/10 1/7 9/4 3/1 3/7
2/4 2/8 4/6 8/2 7/4
3/10 5/7 1/4 5/2 8/7

3배색

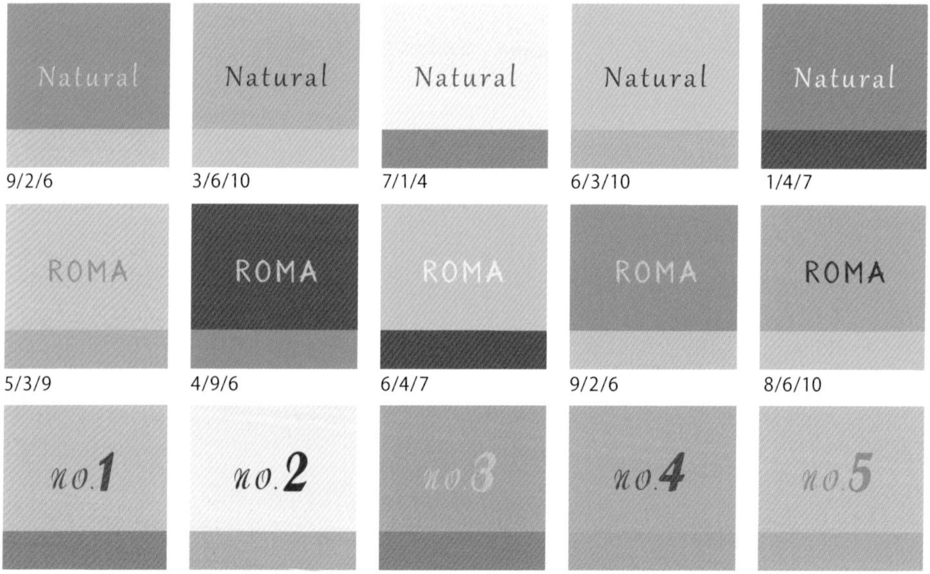

9/2/6 3/6/10 7/1/4 6/3/10 1/4/7
5/3/9 4/9/6 6/4/7 9/2/6 8/6/10
2/1/4 7/3/10 8/1/5 3/8/4 2/3/9

4배색

5/8/9/4

1/10/9/4

1/3/5/9

1/3/5/7

5배색

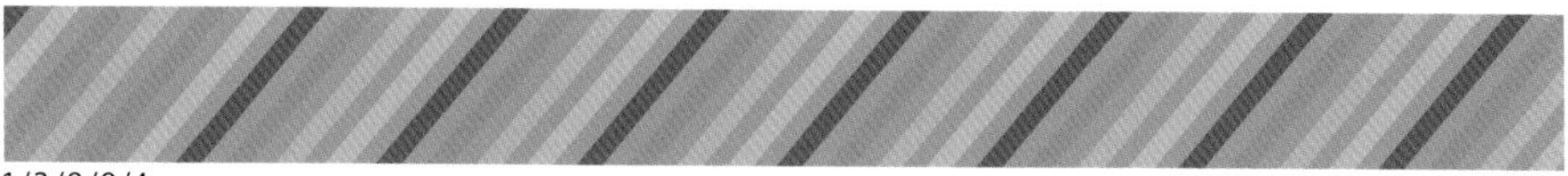
1/3/8/9/4

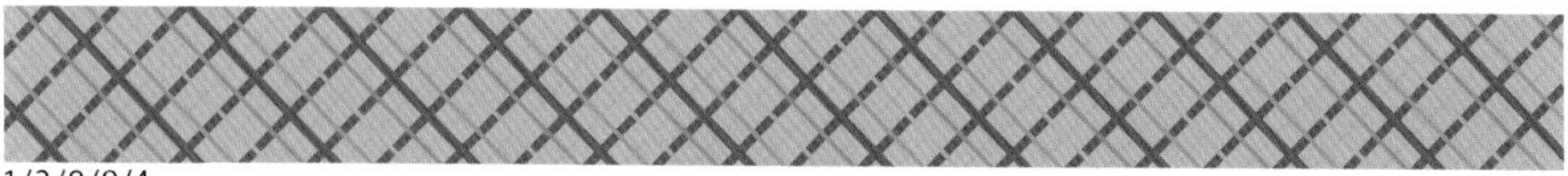
1/3/8/9/4

1/3/6/7/9

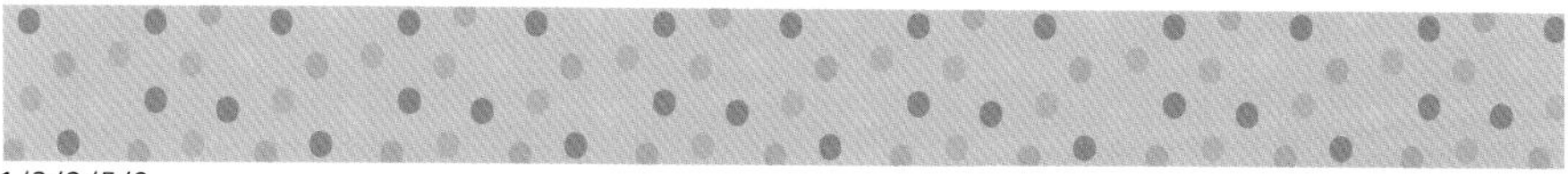
1/3/2/5/8

1/2/3/5/6

화초의 군락과
부드러운 토지의 내음

난색과 한색 계열의 그레이시 톤을 혼합하면
상쾌하면서 차분한 내추럴 컬러를 연출할 수 있습니다.

	1	2	3	4	5	6	7	8	9	10
C	14	40	35	32	53	31	9	26	20	37
M	19	32	29	10	50	48	16	35	20	17
Y	29	15	28	31	47	52	21	34	20	47
K	0	0	0	0	0	0	0	0	0	0
R	225	166	178	186	139	187	235	198	211	175
G	208	168	176	208	127	143	218	171	203	191
B	183	191	174	185	124	117	201	159	197	148
	#E1D0B7	#A6A8BF	#B2B0AE	#BAD0B9	#8B7F7C	#BB8Г75	#EBDAC9	#C6AB9F	#D3CBC5	#AFBF94
	베이스			우아한			베리에이션			포인트

SAMPLE

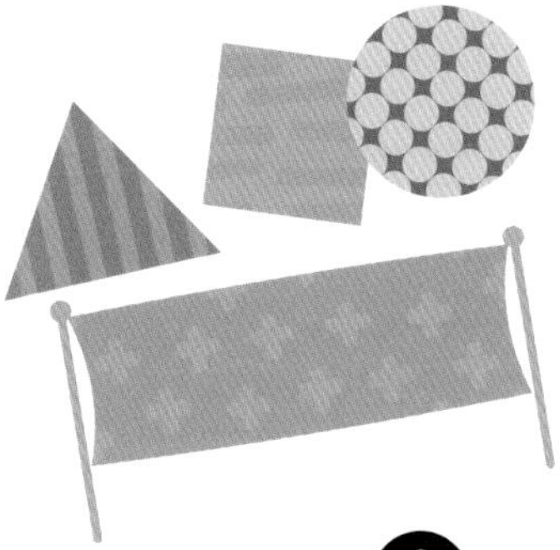

2 배색 pattern

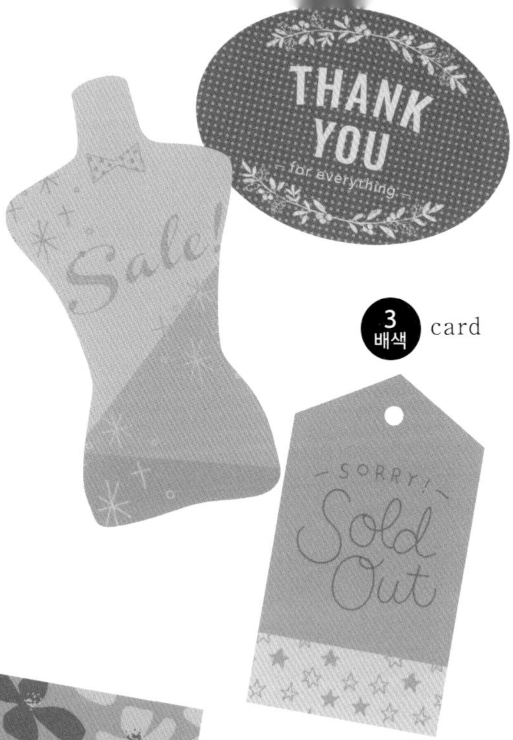

3 배색 card

4 배색 flower

5 배색 web

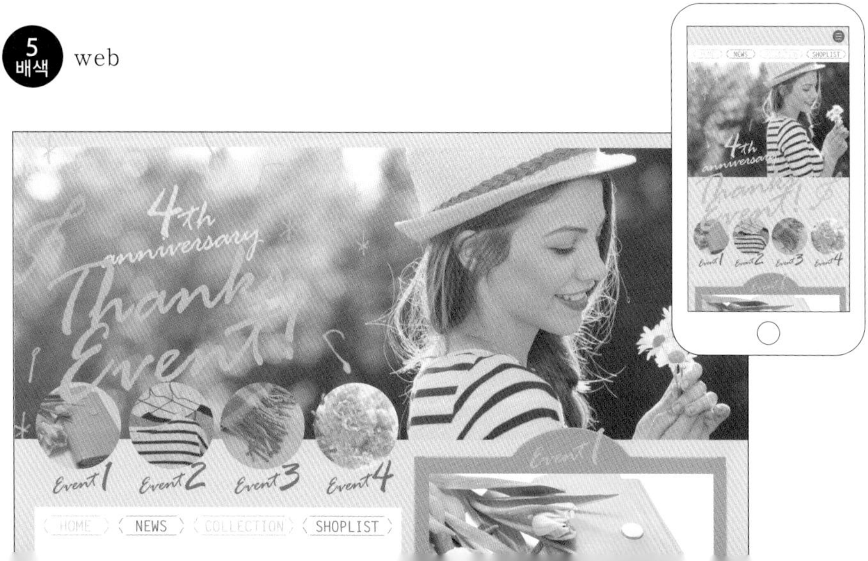

2배색

9/6　3/4　2/6　10/3　10/8

8/4　1/2　9/10　8/1　3/7

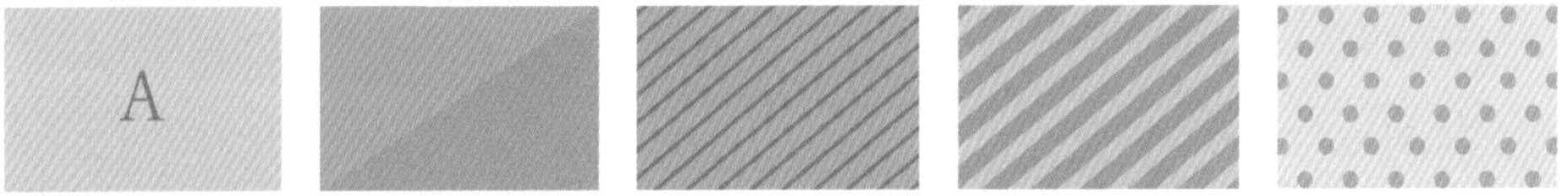

1/6　10/8　10/6　3/9　7/10

2/9　7/2　1/10　5/2　8/7

3배색

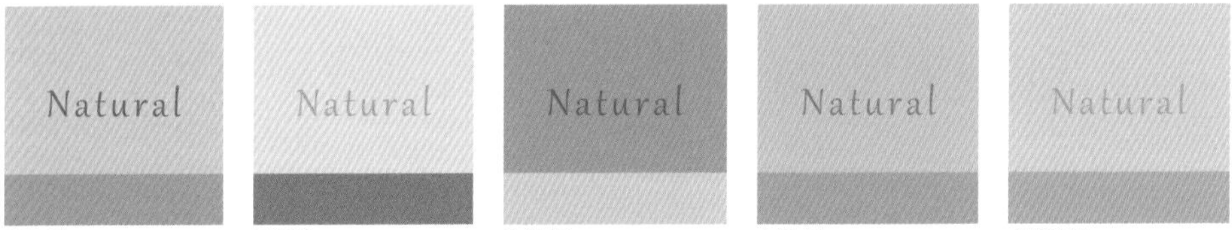

9/2/5　7/6/3　2/1/5　4/3/6　1/10/3

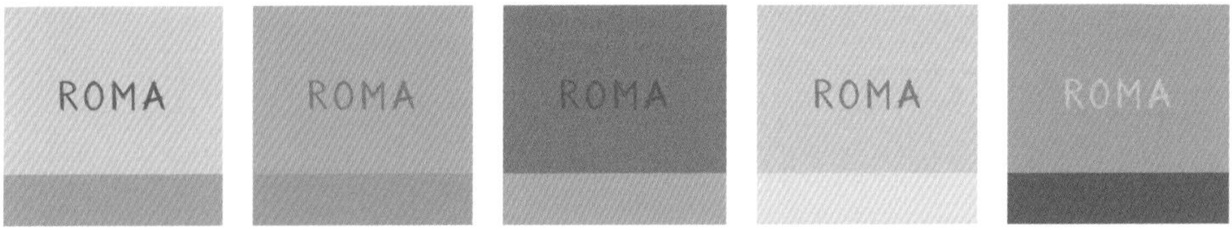

1/3/5　10/2/6　6/10/5　9/7/6　8/5/4

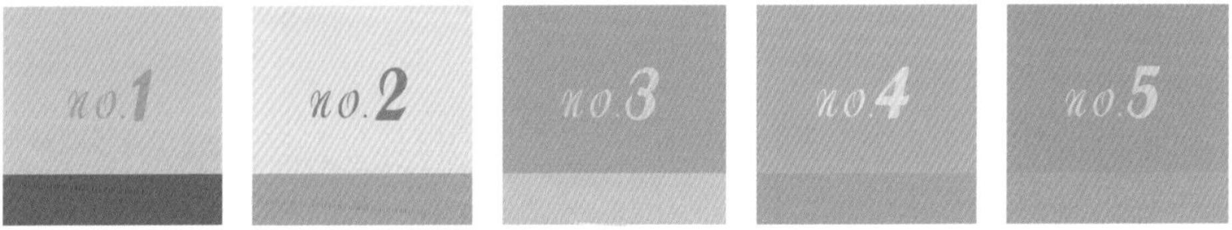

4/5/2　7/3/6　8/4/1　10/8/7　2/3/1

4배색

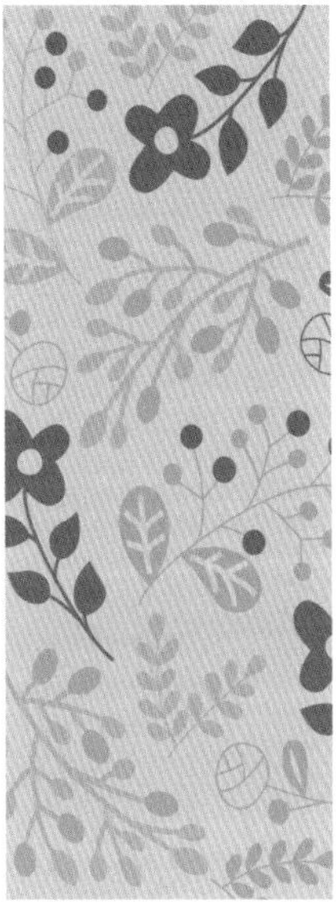

5/8/9/10

1/4/9/10

1/3/5/9

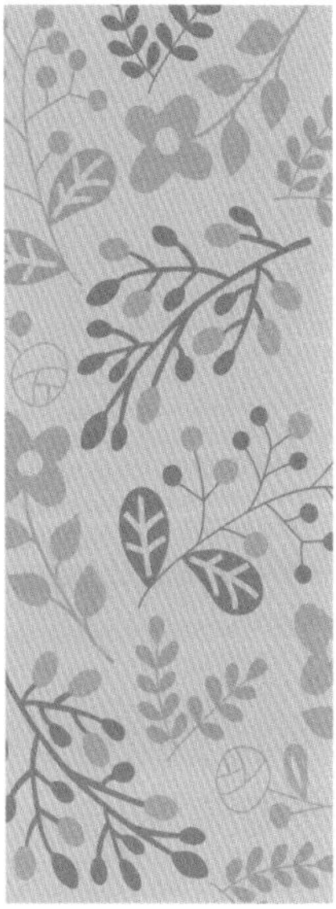

2/4/6/3

5배색

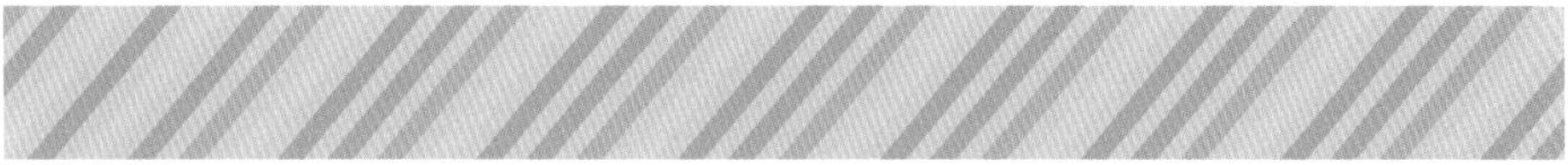

1/3/8/9/10

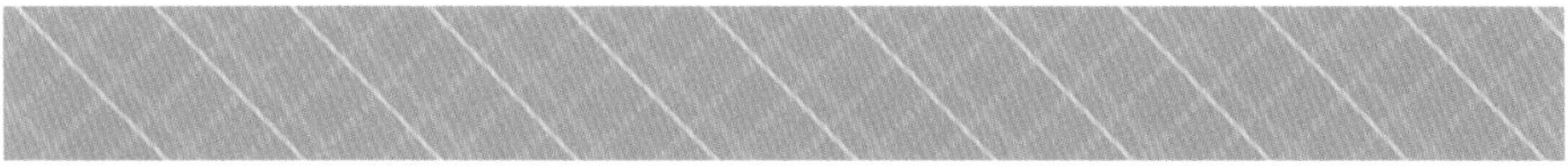

1/3/8/9/10

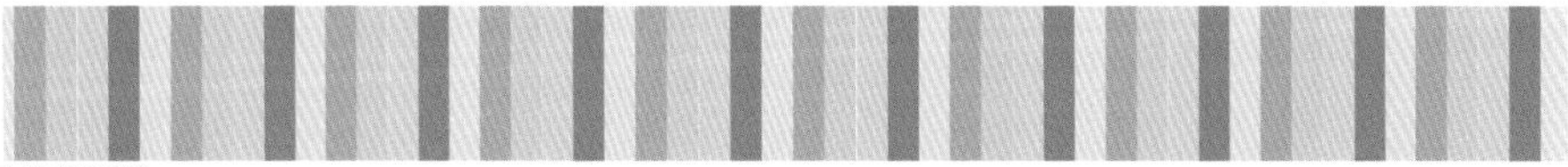

1/3/6/7/9

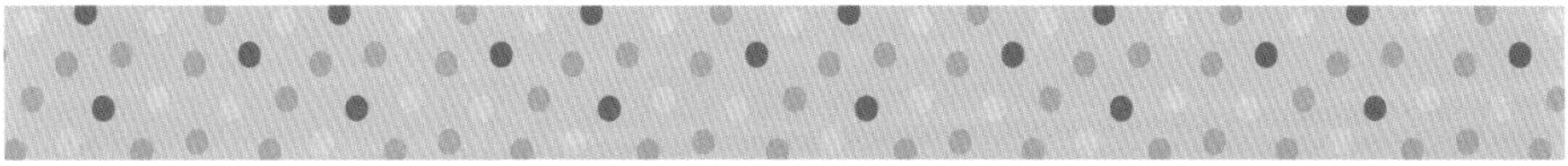

1/3/4/5/8

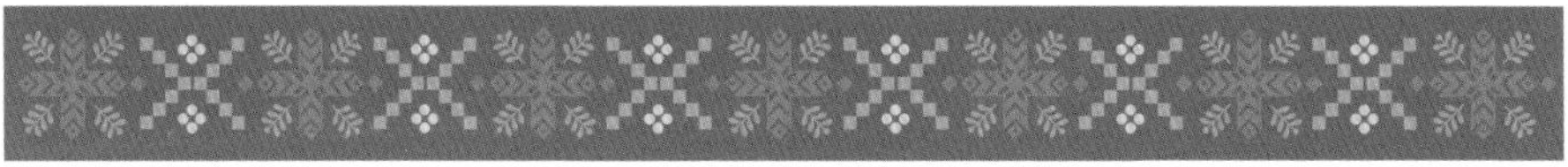

1/2/3/5/6

#겨울
#차분한
#조용한
#투명함
#남성

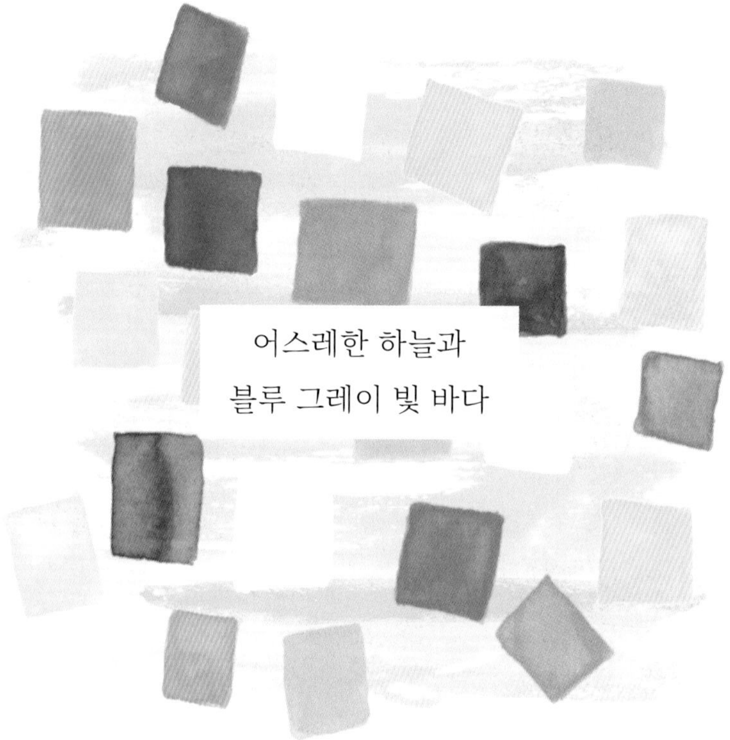

어스레한 하늘과 블루 그레이 빛 바다

블루나 그레이만으로 스산해지는 배색에 갈색을 적절히 쓰면 따뜻함을 줄 수 있습니다.
화이트를 더해서 상쾌함을 주거나, 차콜로 정리해도 세련된 느낌을 줍니다.

	C	M	Y	K	R	G	B	HEX	
1	0	9	27	9	240	223	187	#F0DFBB	베이스
2	0	4	0	53	152	149	151	#989597	베이스
3	11	0	0	12	214	227	234	#D6E3EA	베이스
4	23	29	50	0	206	182	134	#CEB686	우아한
5	0	0	16	40	181	179	162	#B5B3A2	우아한
6	0	0	9	12	236	234	222	#ECEADE	우아한
7	13	0	0	21	195	209	217	#C3D1D9	베리에이션
8	0	0	4	0	255	255	249	#FFFFF9	베리에이션
9	52	53	66	6	137	118	90	#89765A	베리에이션
10	0	8	6	78	94	87	85	#5E5755	포인트

SAMPLE

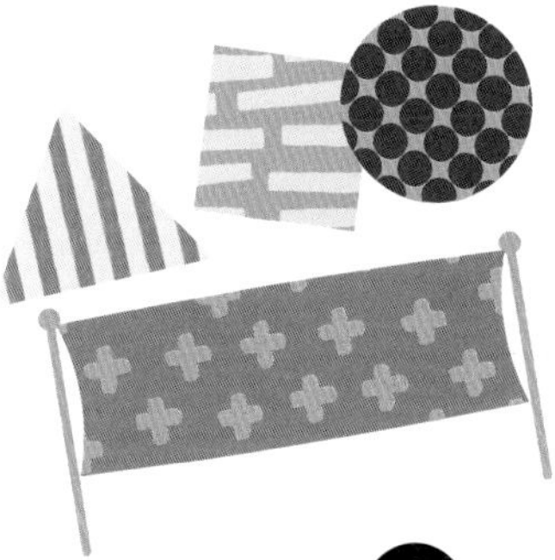

2 배색 pattern

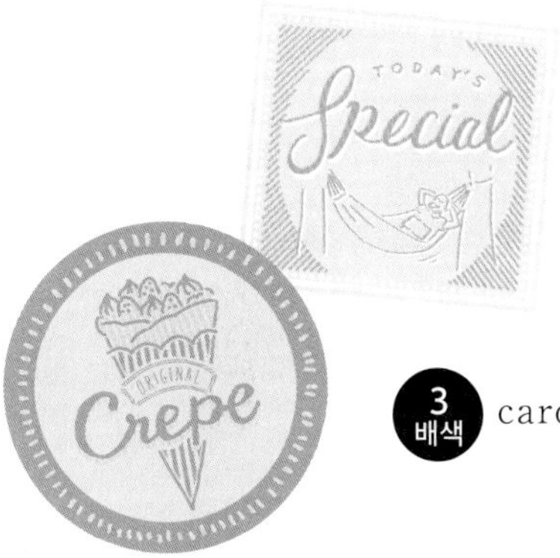

3 배색 card

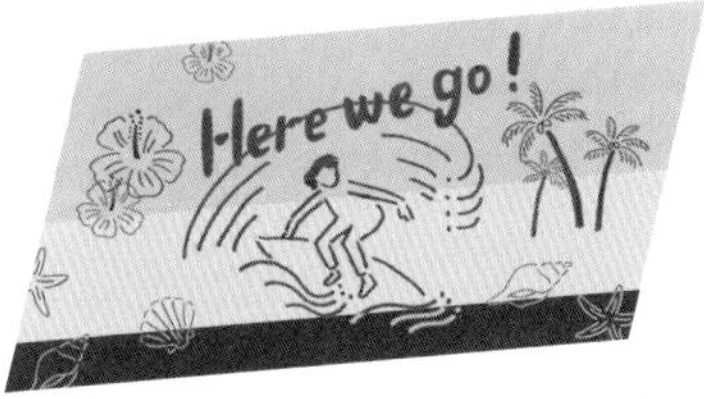

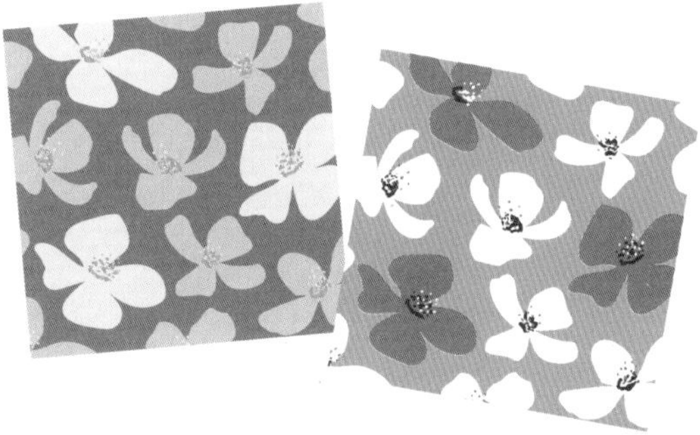

4 배색 flower

5 배색 web

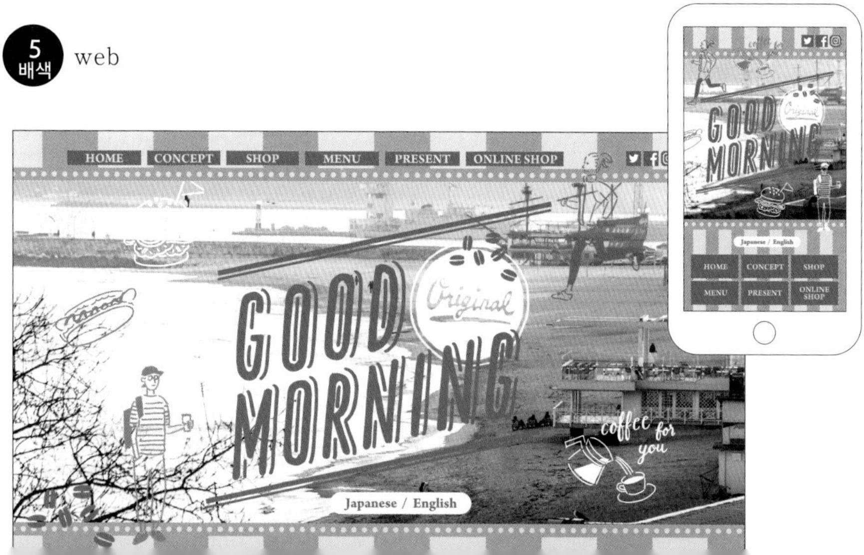

2배색

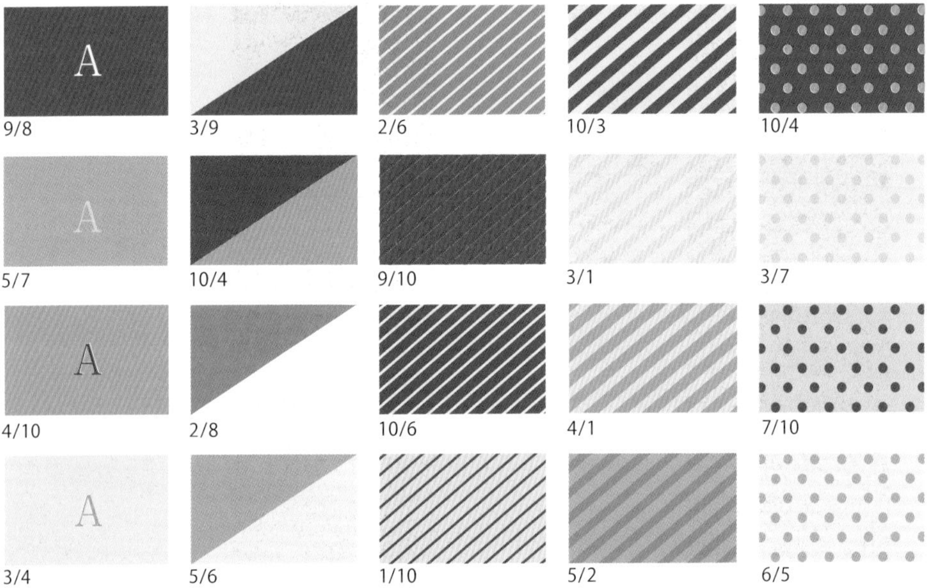
A
9/8
3/9
2/6
10/3
10/4
A
5/7
10/4
9/10
3/1
3/7
A
4/10
2/8
10/6
4/1
7/10
A
3/4
5/6
1/10
5/2
6/5

3배색

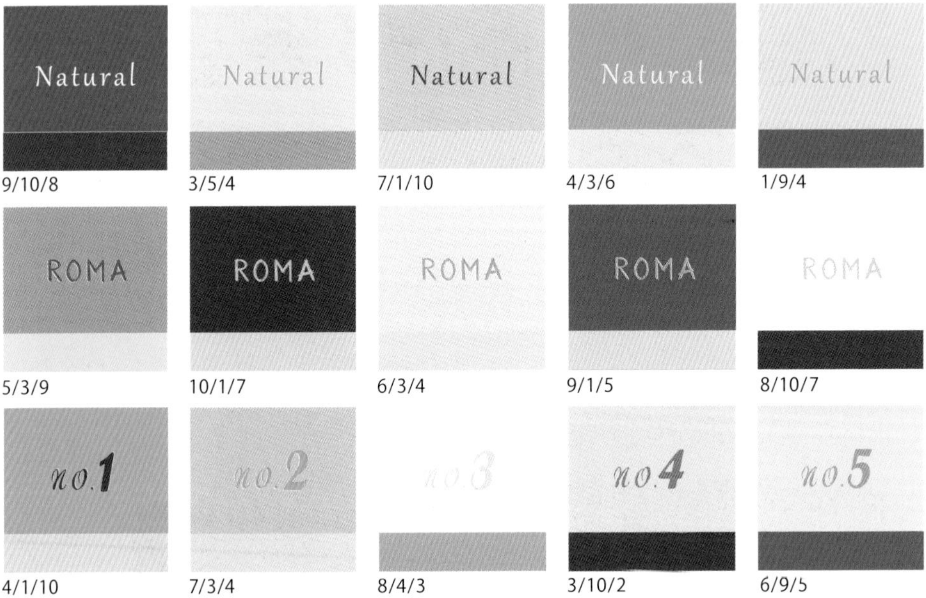
Natural
9/10/8
Natural
3/5/4
Natural
7/1/10
Natural
4/3/6
Natural
1/9/4
ROMA
5/3/9
ROMA
10/1/7
ROMA
6/3/4
ROMA
9/1/5
ROMA
8/10/7
no.1
4/1/10
no.2
7/3/4
no.3
8/4/3
no.4
3/10/2
no.5
6/9/5

4배색

2/4/7/9

1/2/5/8

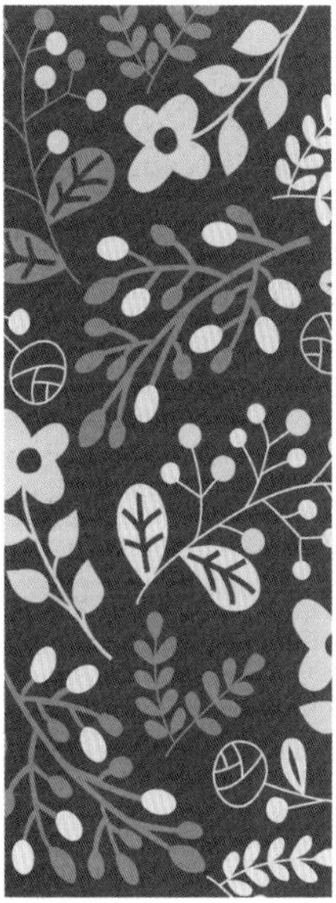

1/2/7/10

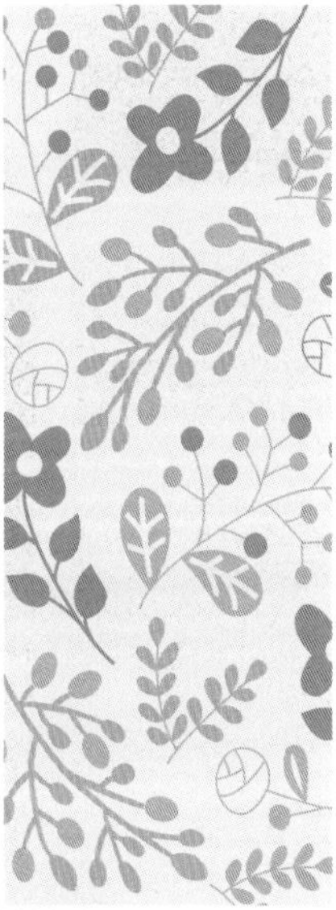

2/3/4/5

5배색

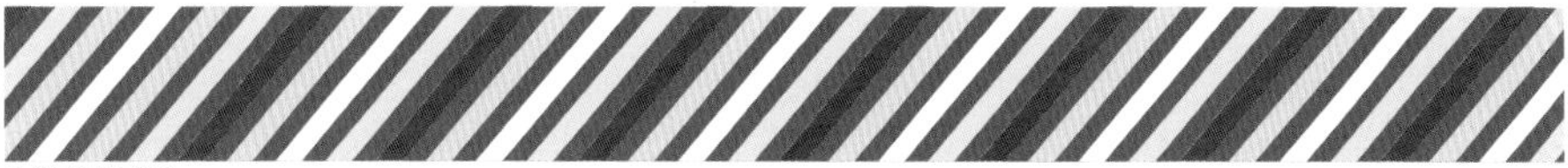

1/3/8/9/10

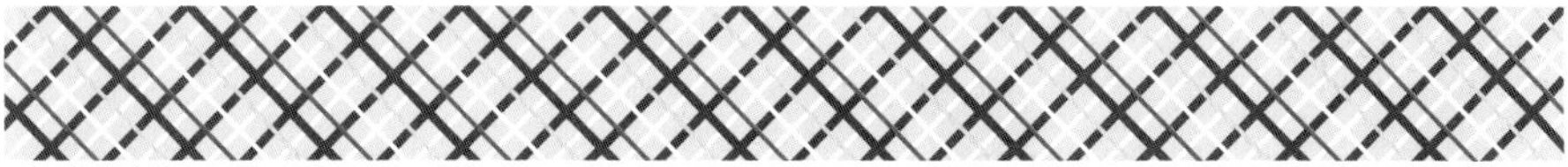

1/3/8/9/10

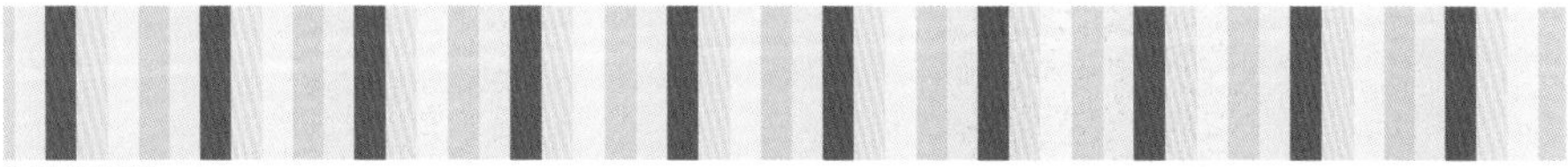

1/3/6/7/9

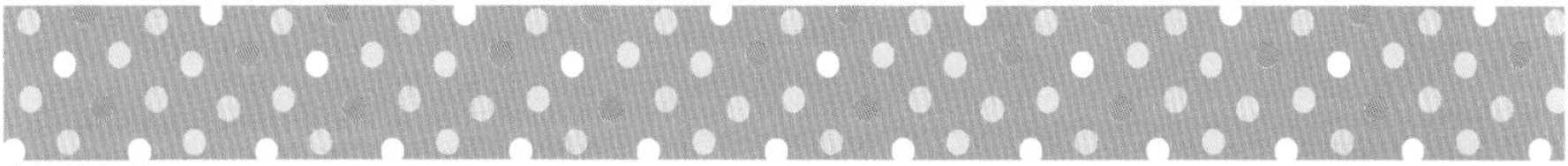

1/3/4/5/8

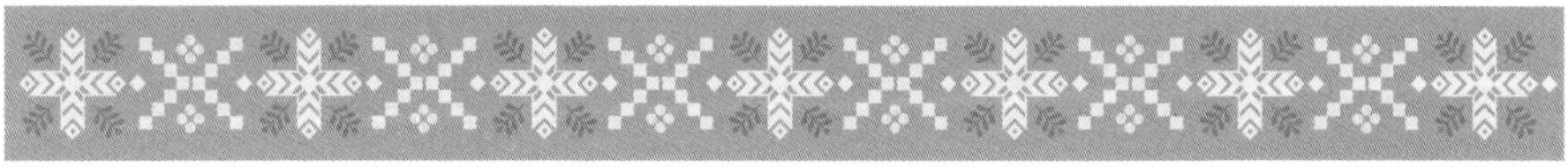

1/2/3/5/6

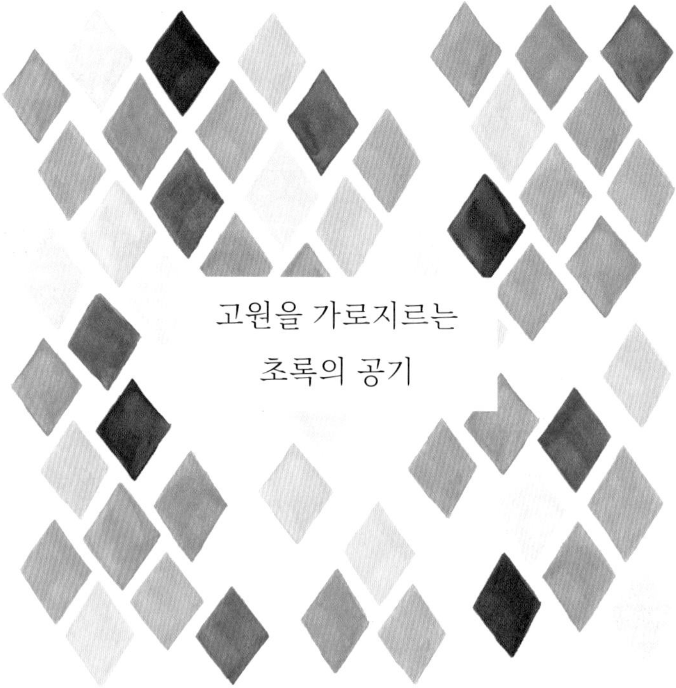

고원을 가로지르는 초록의 공기

#가을 #여름

#자연

#숲

#스포티

#상쾌한

그린과 블루 같은 한색으로 풍요로운 신록과 하늘의 색을 만들었습니다.
변화무쌍한 자연을 표현한 네이처 컬러입니다.

	1	2	3	4	5	6	7	8	9	10
C	78	13	39	82	38	52	14	10	18	20
M	46	4	16	69	21	21	0	7	11	47
Y	55	38	39	65	25	27	8	8	34	53
K	0	0	0	30	0	0	4	0	0	0
R	64	230	169	52	171	133	221	234	218	209
G	119	233	191	67	186	174	236	235	218	151
B	116	177	164	70	186	180	234	233	180	116
	#407774	#E6E9B1	#A9BFA4	#344346	#ABBABA	#85AEB4	#DDECEA	#EAEBE9	#DADAB4	#D19774
	베이스			우아한			베리에이션			포인트

SAMPLE

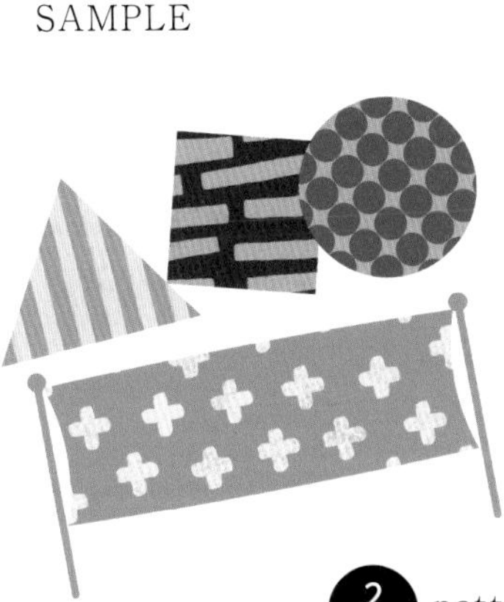

2 배색 pattern

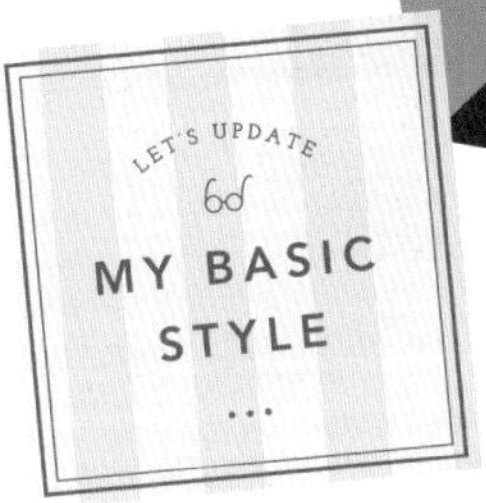

3 배색 card

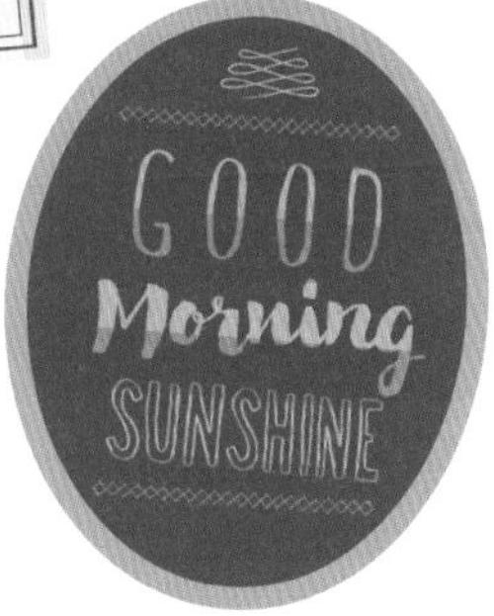

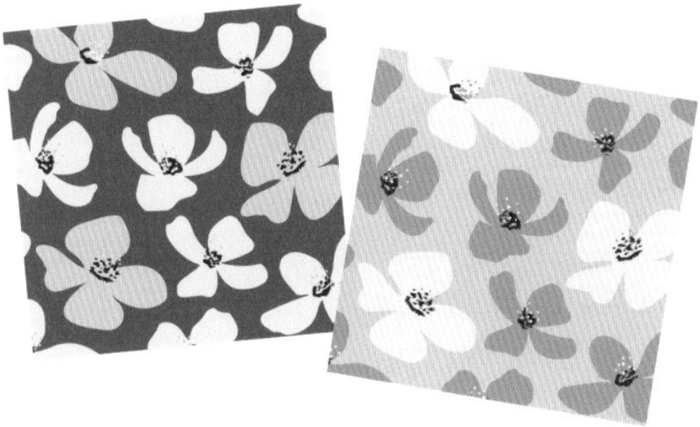

4 배색 flower

5 배색 web

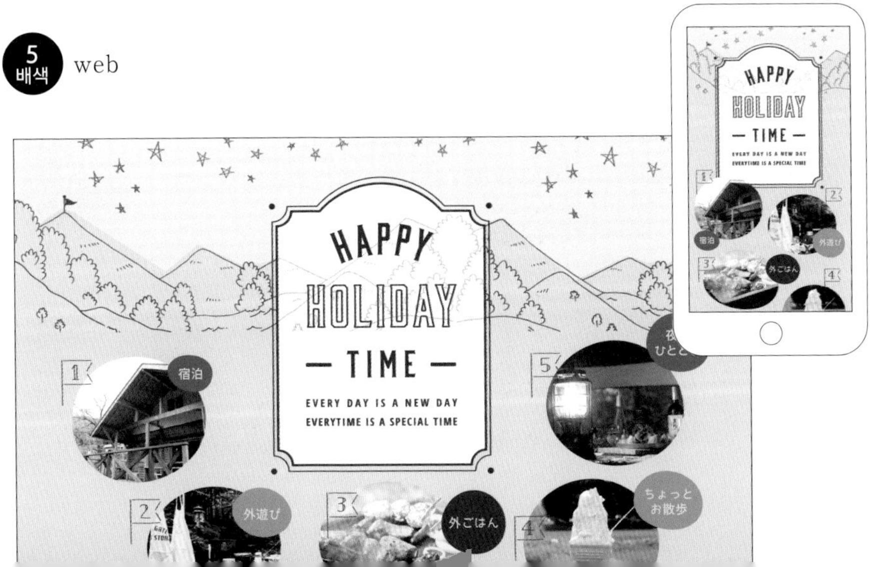

2배색

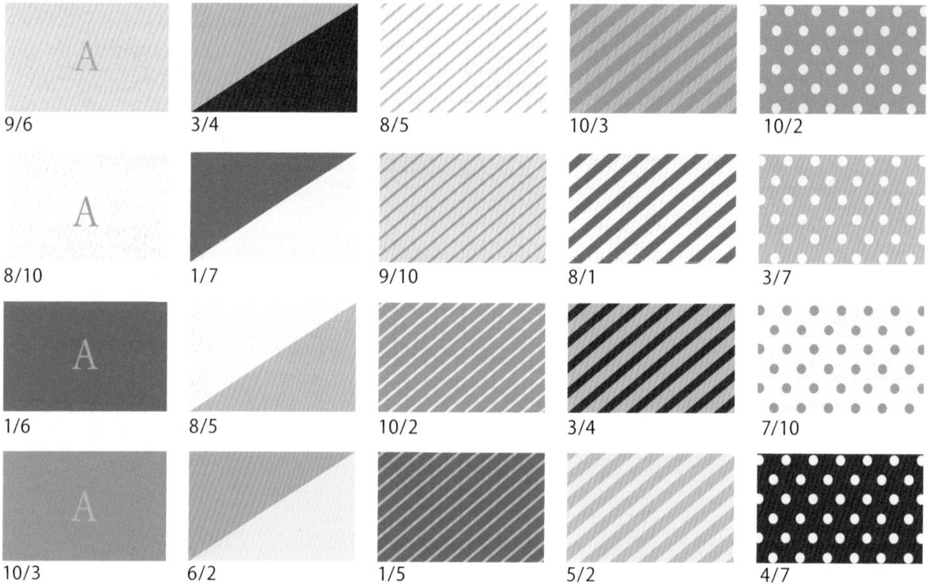
A
9/6
3/4
8/5
10/3
10/2
A
8/10
1/7
9/10
8/1
3/7
A
1/6
8/5
10/2
3/4
7/10
A
10/3
6/2
1/5
5/2
4/7

3배색

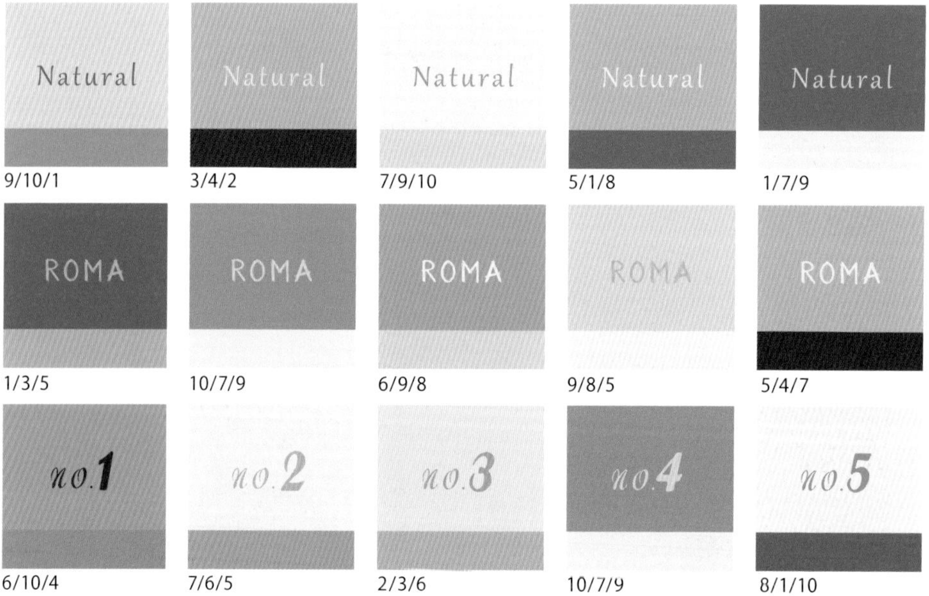
Natural
9/10/1
Natural
3/4/2
Natural
7/9/10
Natural
5/1/8
Natural
1/7/9
ROMA
1/3/5
ROMA
10/7/9
ROMA
6/9/8
ROMA
9/8/5
ROMA
5/4/7
no.1
6/10/4
no.2
7/6/5
no.3
2/3/6
no.4
10/7/9
no.5
8/1/10

4배색

5/8/9/10

1/4/9/10

1/3/7/9

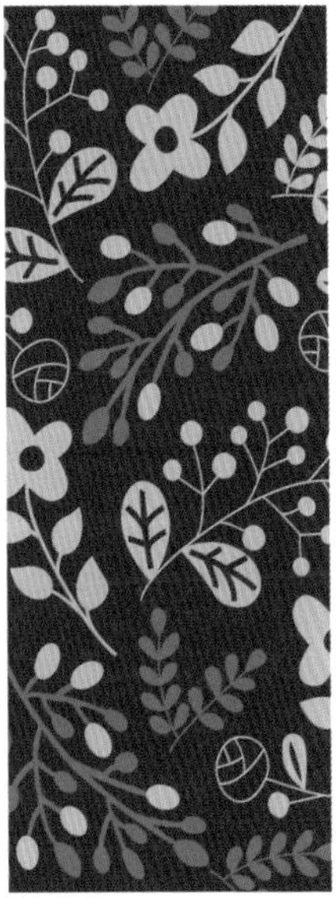

1/3/5/4

5배색

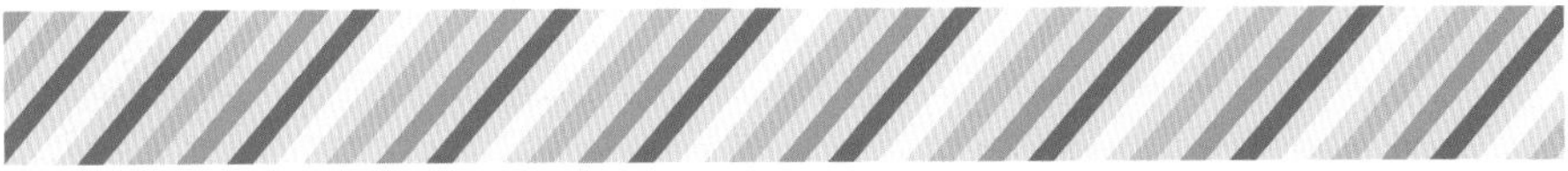

1/3/8/9/10

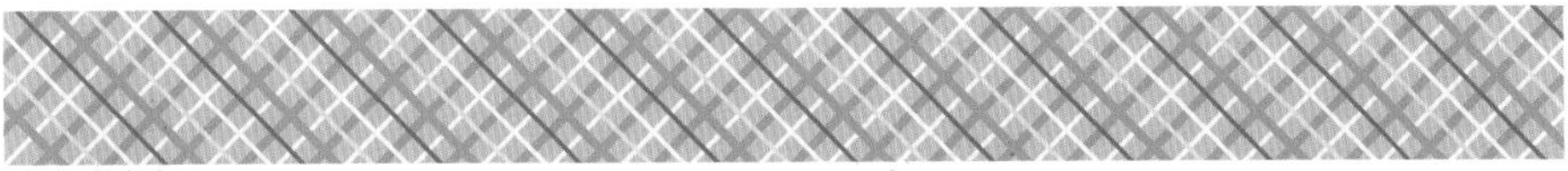

1/3/8/9/10

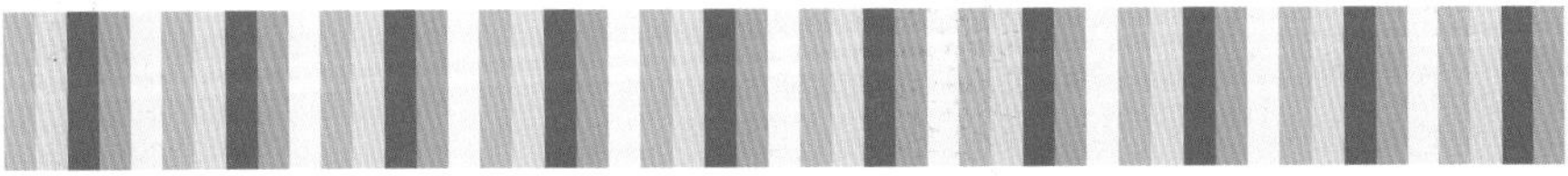

1/3/6/7/9

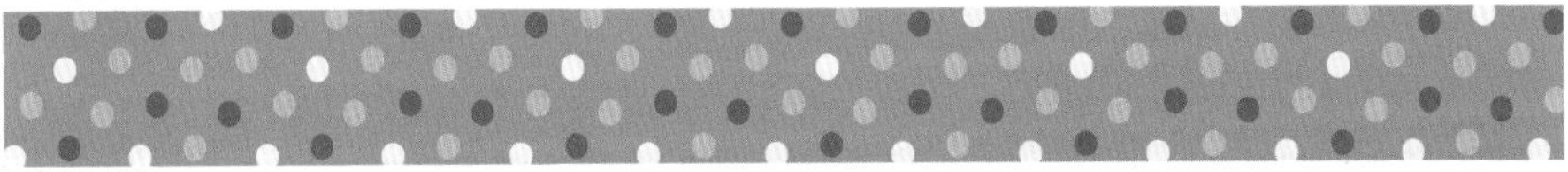

1/3/10/5/8

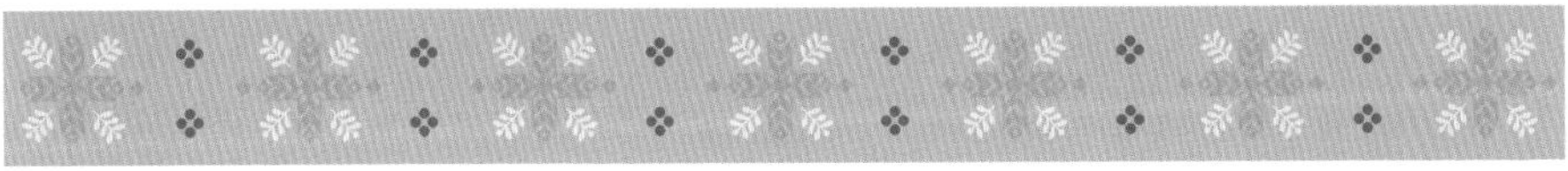

1/2/3/5/6

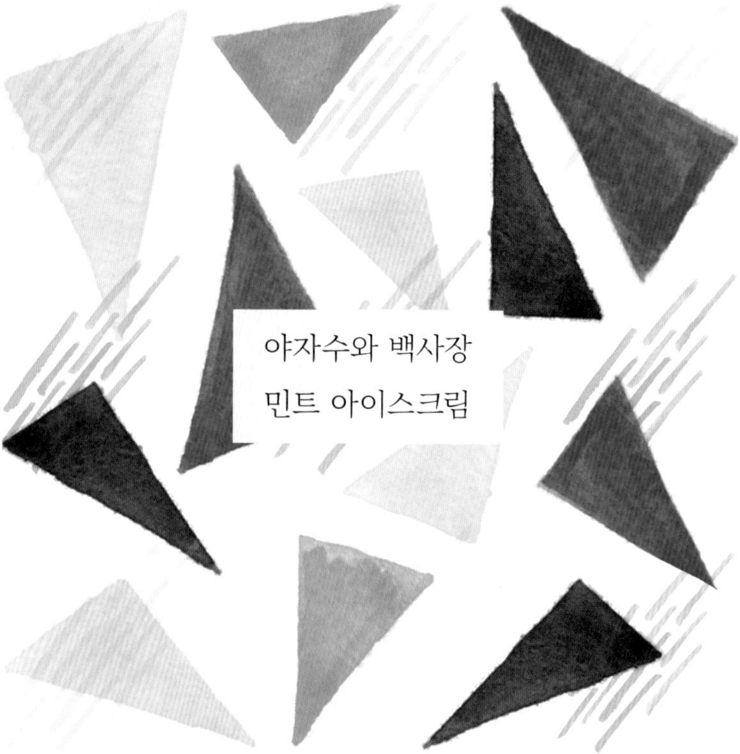

#여름

#쿨

#상쾌한

#청량감

#네오팝

한색 계열의 민트 컬러와 원색에 가까운 블루, 레몬 옐로로 만든 네오팝 분위기의 이미지입니다.
그레이나 블랙을 포인트로 쓰면 세련된 POP 느낌을 연출할 수 있습니다.

No.	C	M	Y	K	R	G	B	HEX	
1	43	0	44	0	157	209	164	#9DD1A4	베이스
2	7	3	86	0	245	233	40	#F5E928	베이스
3	9	7	7	0	236	236	235	#ECECEB	베이스
4	92	74	0	0	25	74	158	#194A9E	우아한
5	23	0	24	0	207	231	207	#CFE7CF	우아한
6	27	21	20	0	196	196	196	#C4C4C4	우아한
7	4	0	40	0	250	246	176	#FAF6B0	베리에이션
8	34	22	0	0	178	190	225	#B2BEE1	베리에이션
9	71	0	50	0	45	180	151	#2DB497	베리에이션
10	92	87	88	79	5	1	1	#050101	포인트

SAMPLE

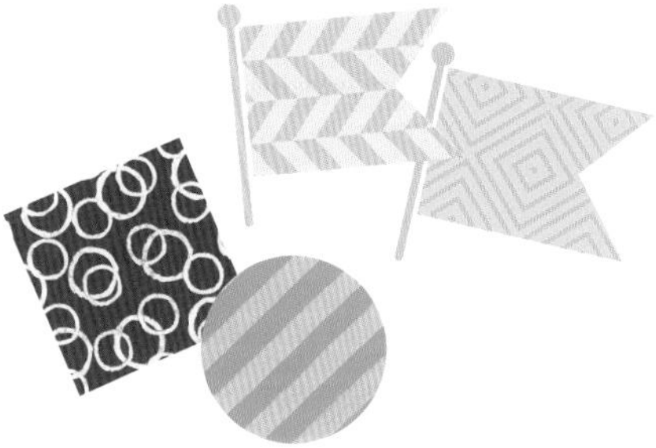

2 배색 pattern

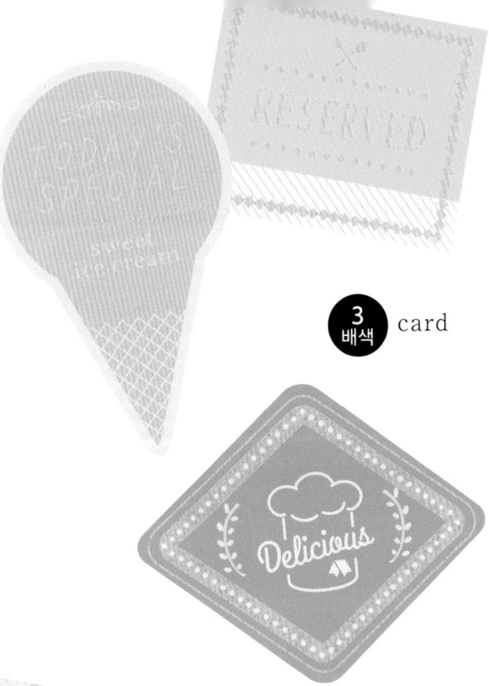

3 배색 card

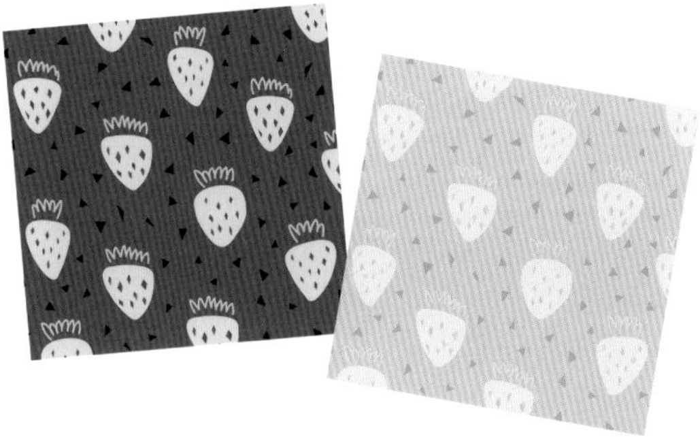

4 배색 flower

5 배색 web

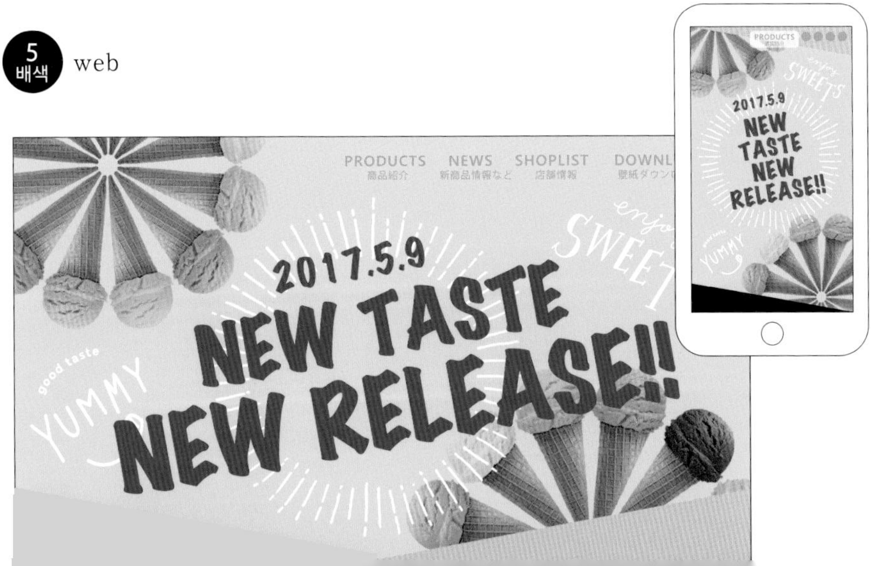

2배색

2/8 1/4 8/5 5/4 2/1

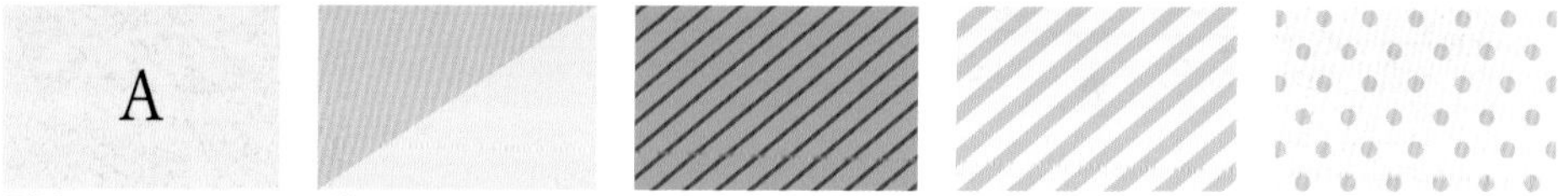

5/10 6/5 9/4 7/1 3/8

3/9 2/8 6/2 3/2 7/10

8/7 7/9 7/8 6/9 4/6

3배색

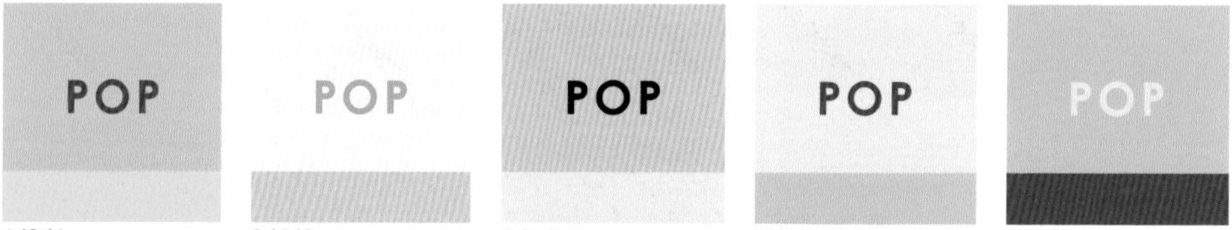

1/2/4 3/6/9 8/5/10 5/1/4 1/4/5

8/3/2 5/9/10 6/5/2 9/8/7 5/1/10

4/1/7 7/9/8 2/4/8 6/3/10 8/2/3

4배색

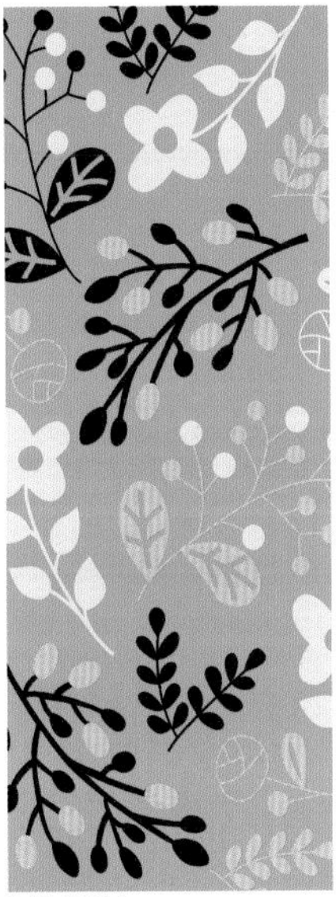
5/8/9/10

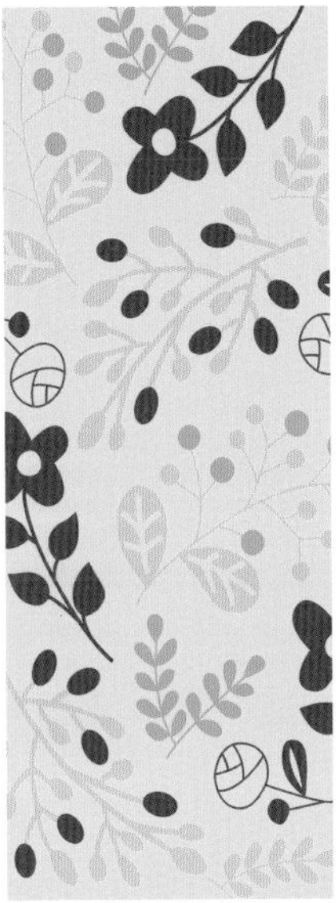
1/4/9/2

1/3/2/9

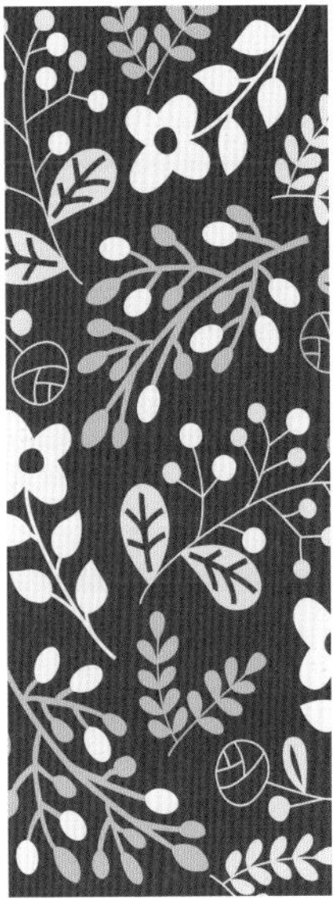
1/3/5/4

5배색

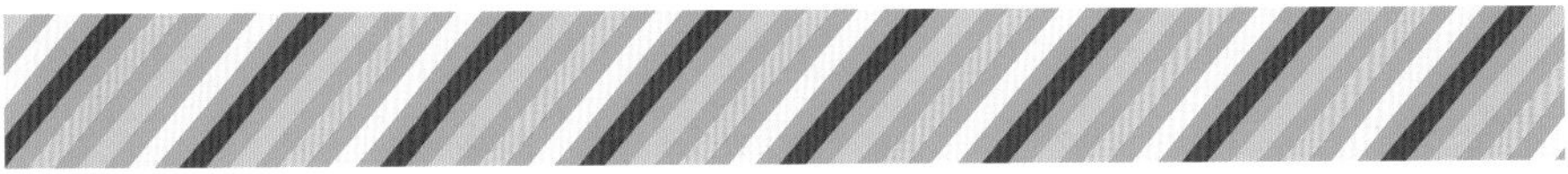
1/3/8/9/4

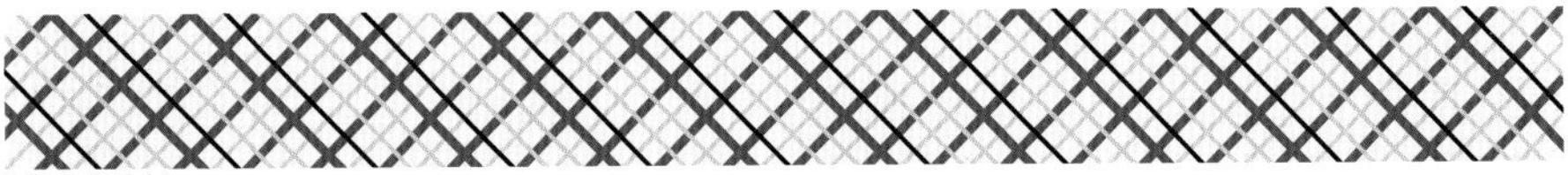
1/3/8/10/4

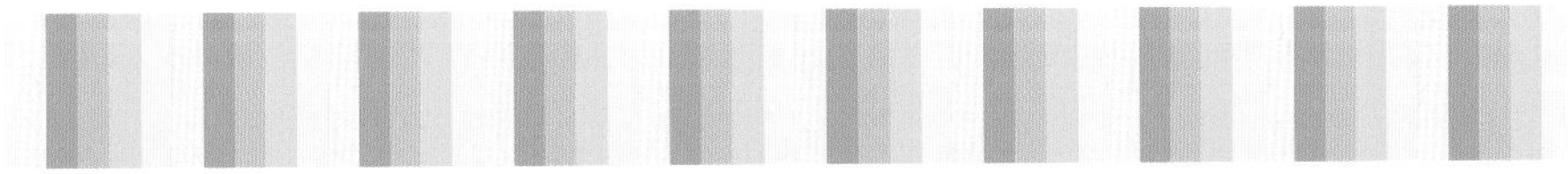
1/3/2/7/9

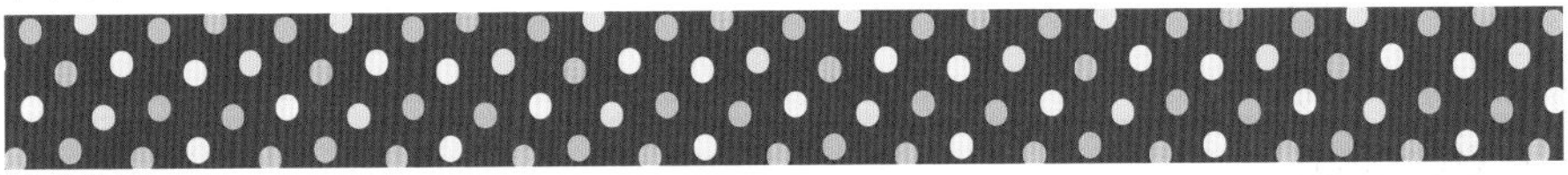
1/3/4/5/8

1/2/3/5/6

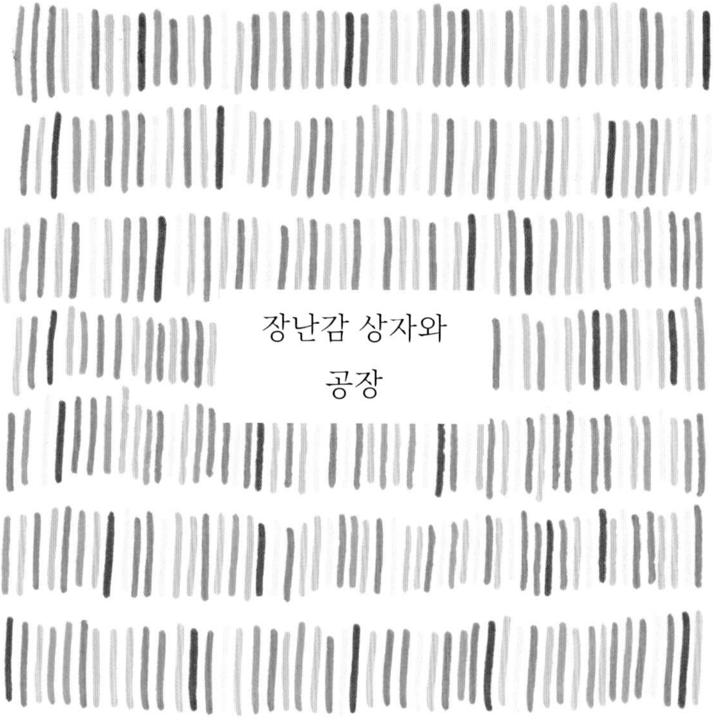

장난감 상자와 공장

#여름 #가을

밝은

씩씩한

키즈

캐주얼

개구지고 씩씩하면서 밝고 친근함이 있는 캐주얼한 팝 컬러입니다.
배색 수의 조합에 따라 러시아나 동유럽 스타일의 컬러로도 사용할 수 있습니다.

	1	2	3	4	5	6	7	8	9	10
C	1	41	17	79	78	7	9	74	7	54
M	63	4	3	38	66	32	75	43	32	45
Y	58	60	30	13	55	41	72	31	54	43
K	0	0	0	0	23	0	0	0	0	0
R	237	165	221	34	65	236	222	74	236	135
G	125	204	232	131	77	188	96	126	187	135
B	94	128	194	182	87	149	66	153	124	134
	#ED7D5E	#A5CC80	#DDE8C2	#2283B6	#414D57	#ECBC95	#DE6042	#4A7E99	#ECBB7C	#878786
	베이스			우아한			베리에이션			포인트

SAMPLE

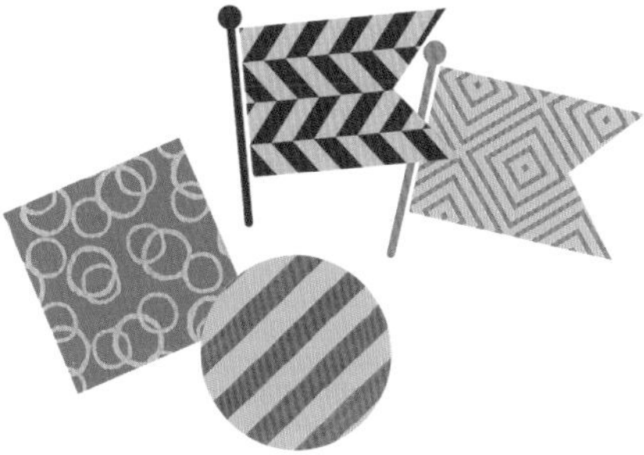

2 배색 pattern

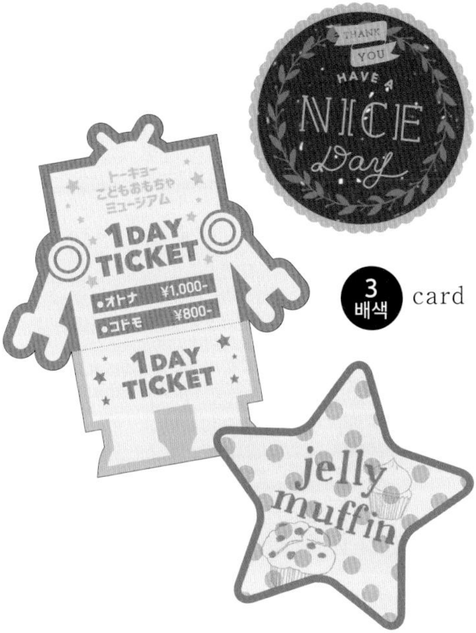

3 배색 card

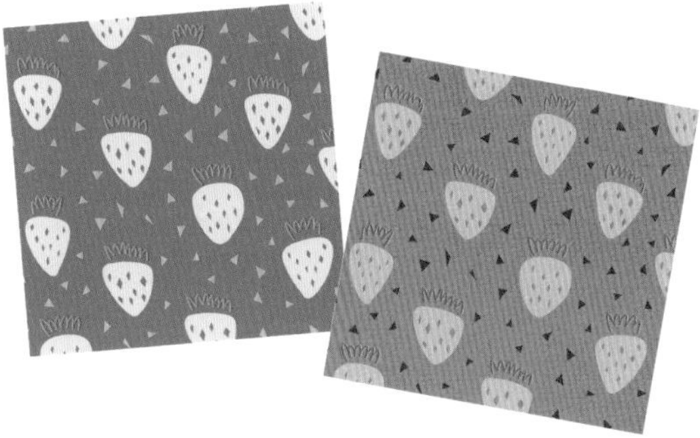

4 배색 flower

5 배색 web

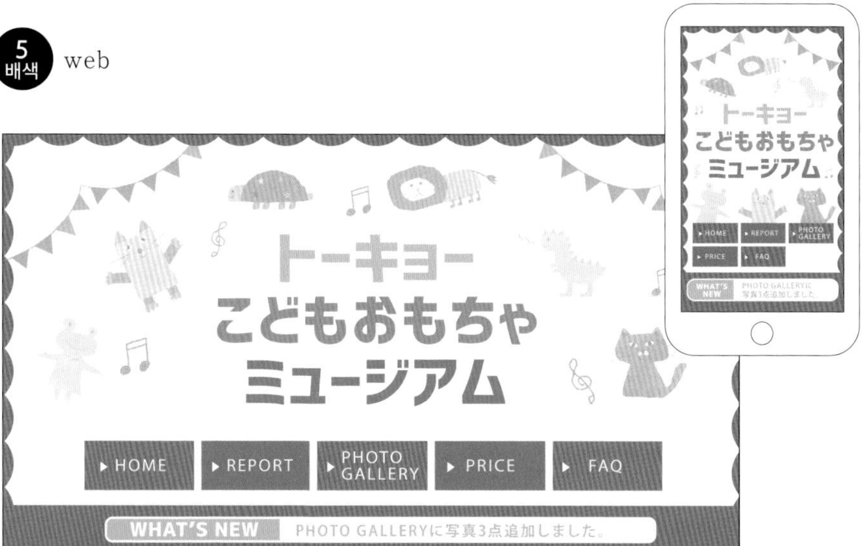

2배색

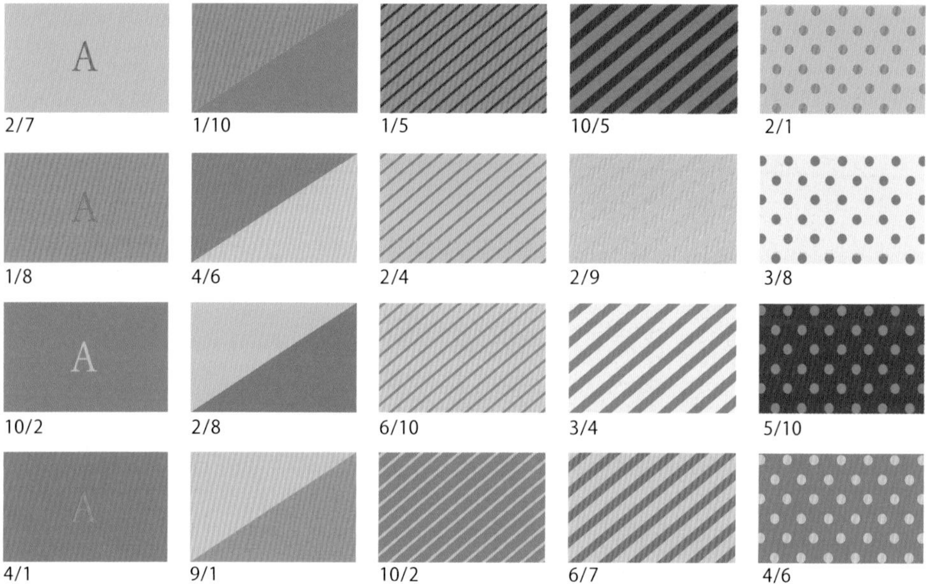
A
2/7
1/10
1/5
10/5
2/1
A
1/8
4/6
2/4
2/9
3/8
A
10/2
2/8
6/10
3/4
5/10
A
4/1
9/1
10/2
6/7
4/6

3배색

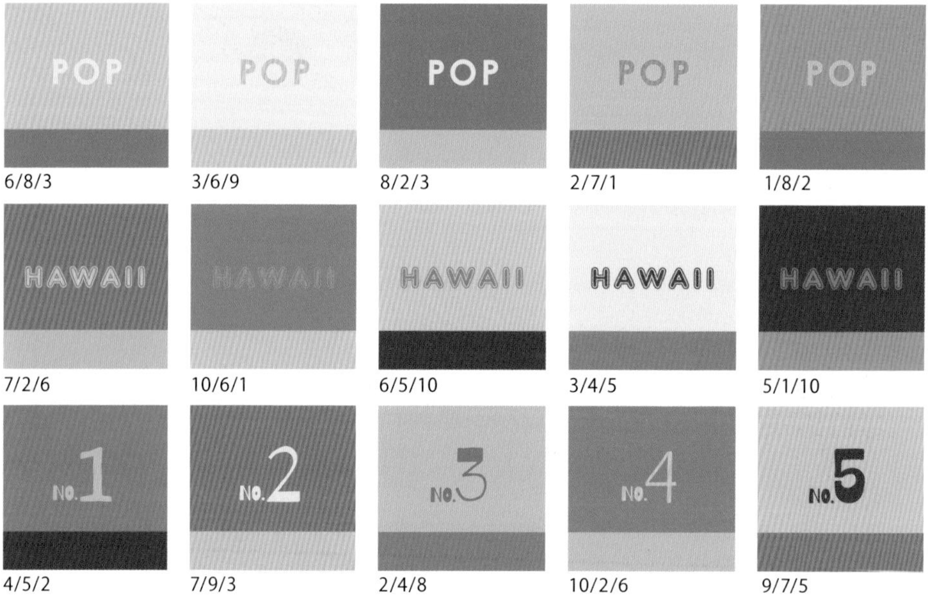
POP
6/8/3
POP
3/6/9
POP
8/2/3
POP
2/7/1
POP
1/8/2
HAWAII
7/2/6
HAWAII
10/6/1
HAWAII
6/5/10
HAWAII
3/4/5
HAWAII
5/1/10
NO.1
4/5/2
NO.2
7/9/3
NO.3
2/4/8
NO.4
10/2/6
NO.5
9/7/5

4배색

5/8/9/10

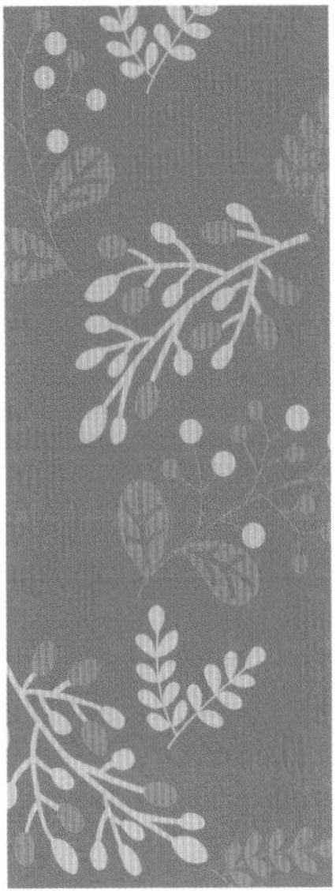
1/4/6/10

1/3/5/9

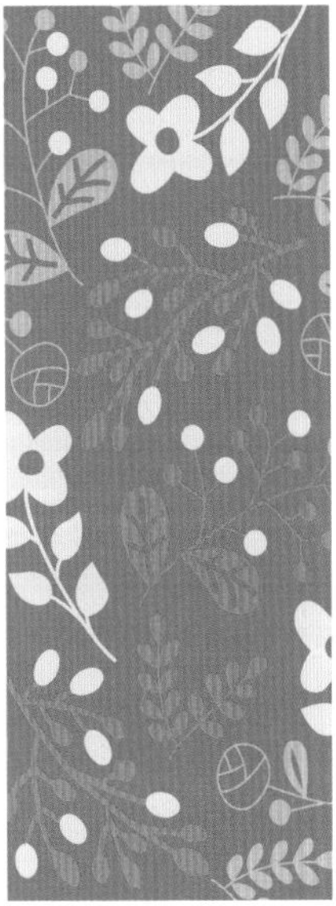
1/3/4/9

5배색

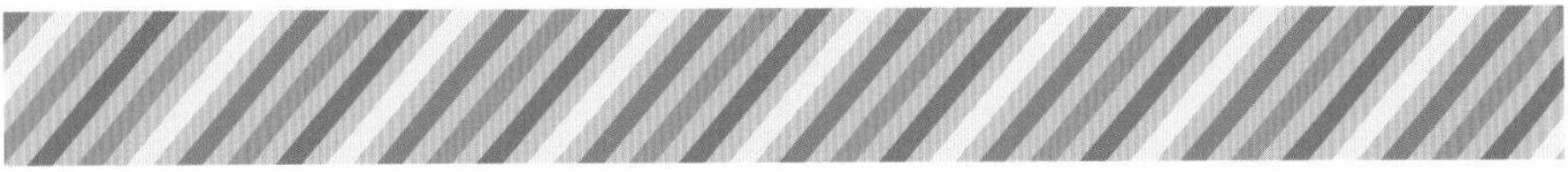
1/3/8/9/10

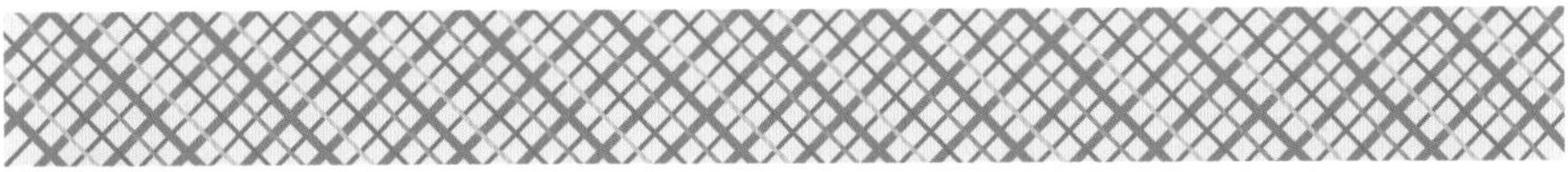
1/3/8/9/10

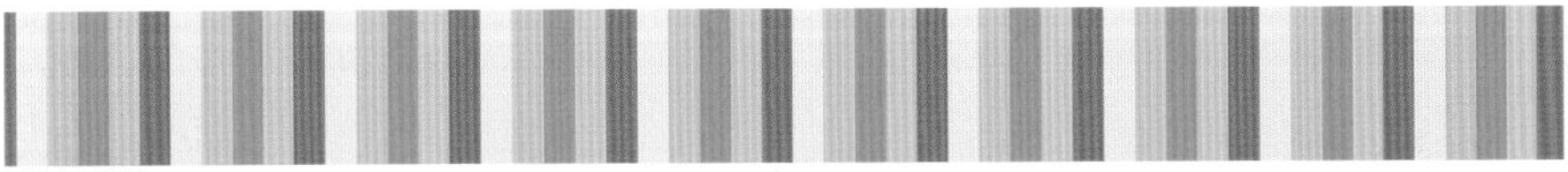
1/3/6/7/9

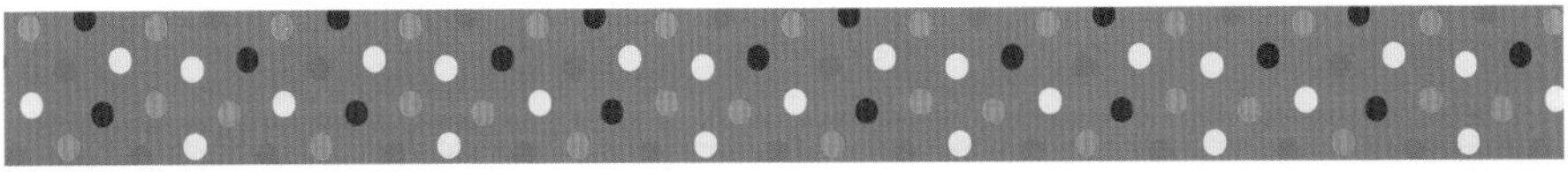
1/3/4/5/8

1/2/3/5/6

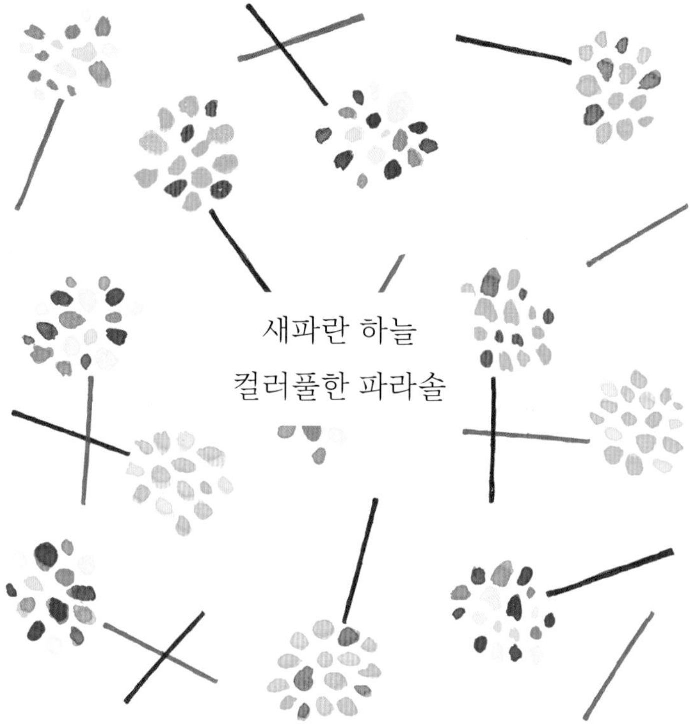

새파란 하늘
컬러풀한 파라솔

#여름

밝은

씩씩한

컬러풀

캐주얼

그림 물감의 팔레트처럼 컬러풀한 원색은 배색의 면적도 포인트가 됩니다.
원색을 통일성 있게 톤 다운하여 컬러풀하지만 쉽게 쓸 수 있도록 했습니다.

	1	2	3	4	5	6	7	8	9	10
C	80	90	76	3	5	1	33	9	12	91
M	47	65	28	38	84	38	0	0	0	74
Y	73	12	10	16	44	44	4	5	83	63
K	6	0	0	0	0	0	0	0	0	34
R	57	16	33	240	226	245	179	237	236	25
G	112	88	146	181	72	180	224	247	233	57
B	87	156	197	187	99	139	242	245	59	68
	#397057	#10589C	#2192C5	#F0B5BB	#E24863	#F5B48B	#B3E0F2	#EDF7F5	#ECE93B	#193944
	베이스			우아한			베리에이션			포인트

SAMPLE

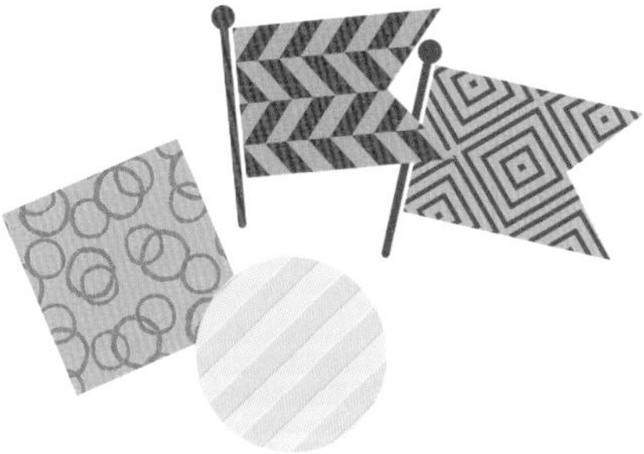

2 배색 pattern

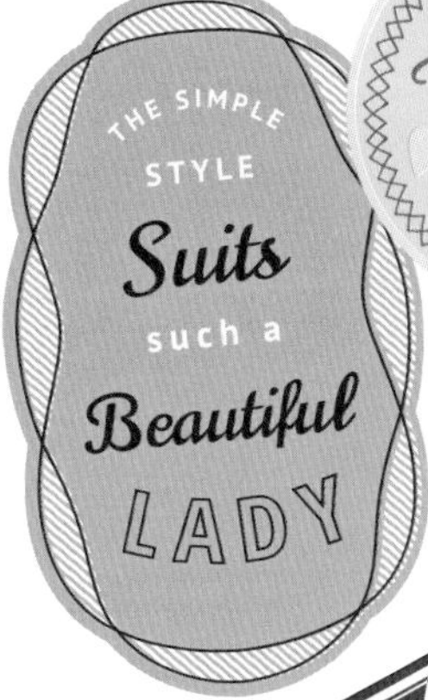

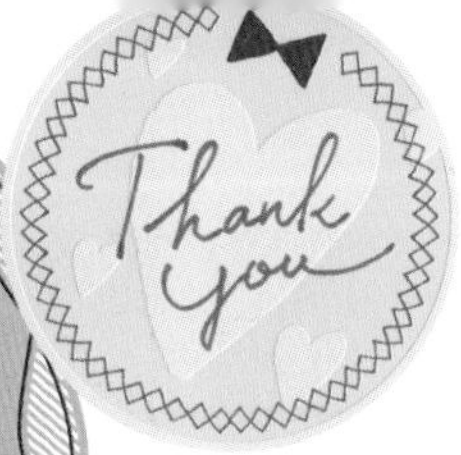

3 배색 card

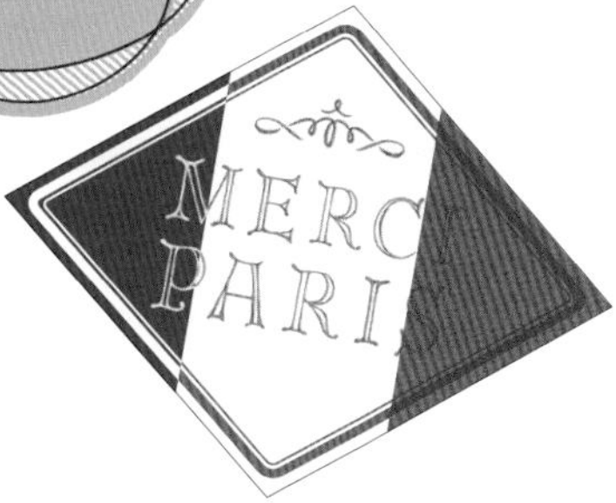

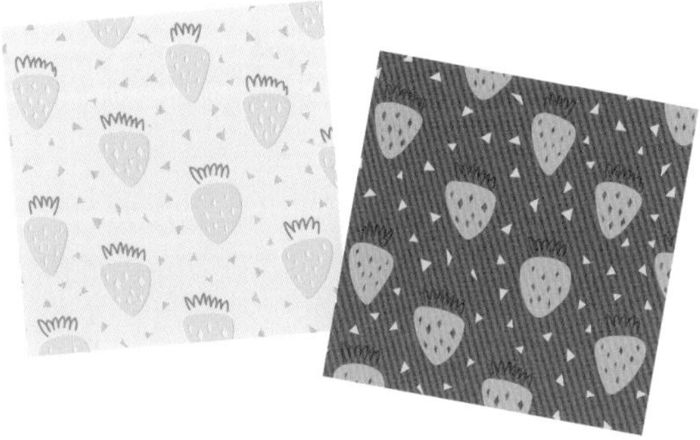

4 배색 flower

5 배색 web

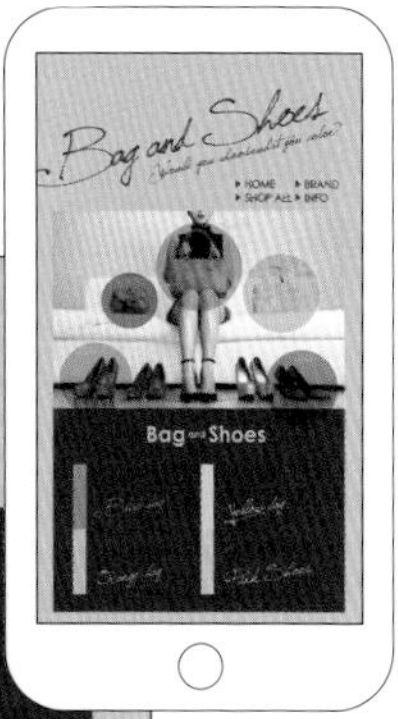

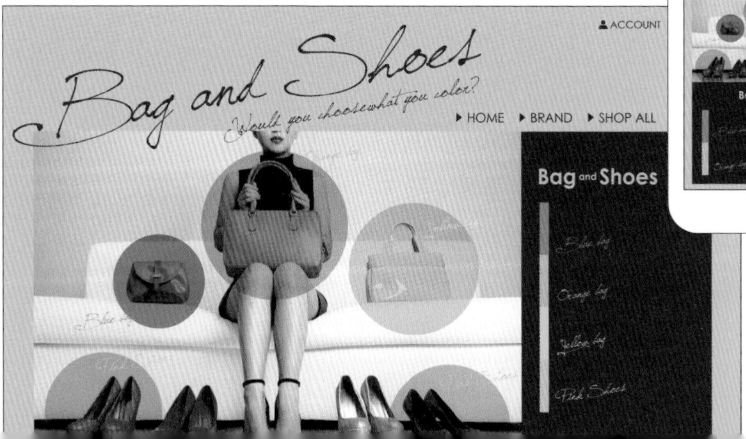

2배색

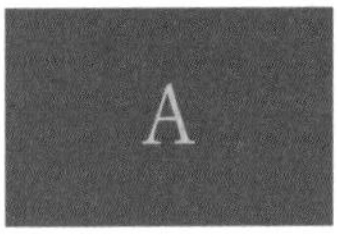

1/4

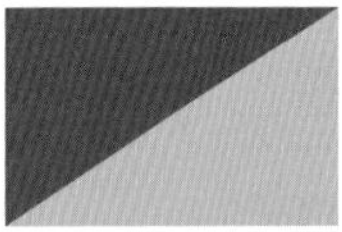
2/6

7/4

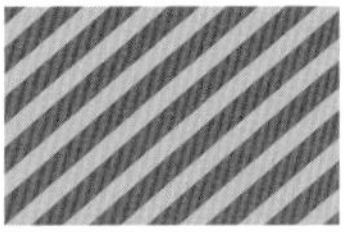
5/4

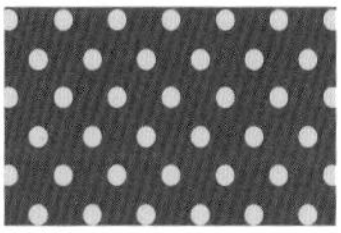
2/9

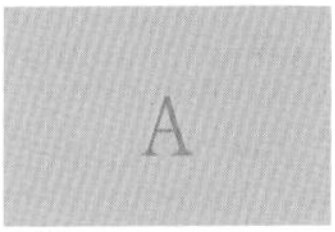

4/3

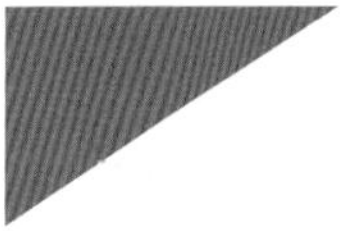
5/8

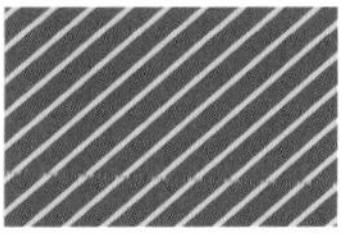
1/9

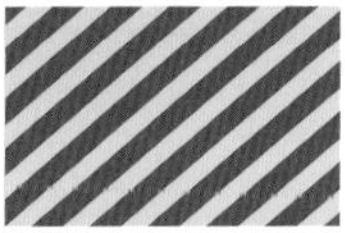
2/9

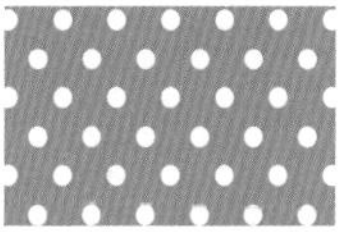
3/8

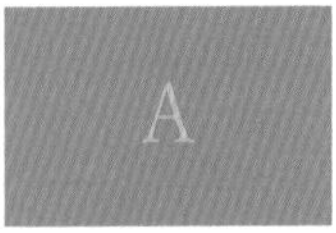

3/6

7/9

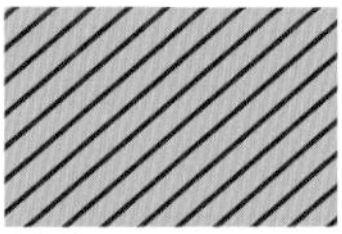
6/10

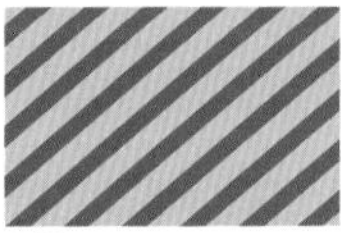
4/1

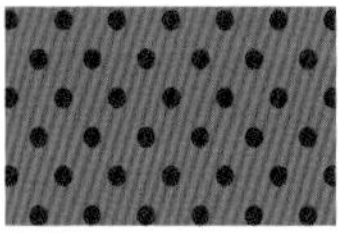
5/10

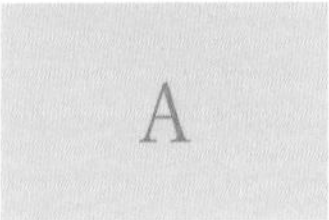

9/3

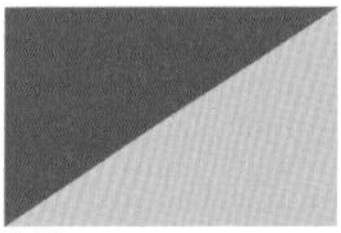
1/4

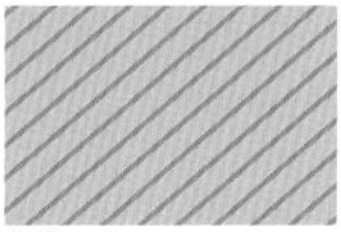
4/3

6/7

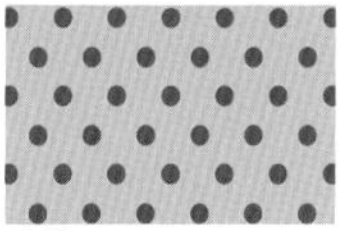
4/2

3배색

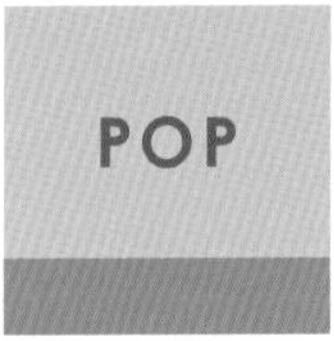

4/3/1

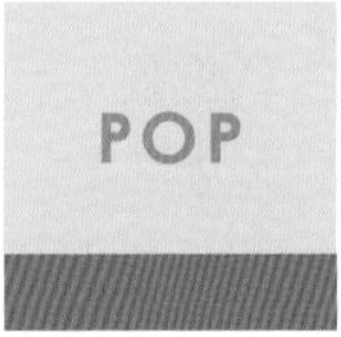

9/5/3

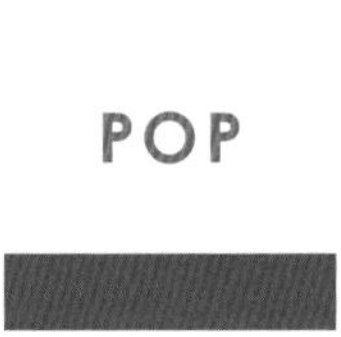

8/2/5

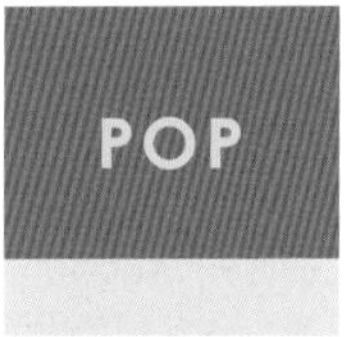

5/7/9

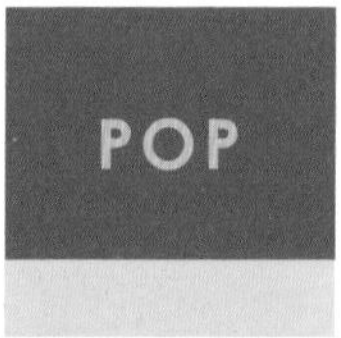

1/9/6

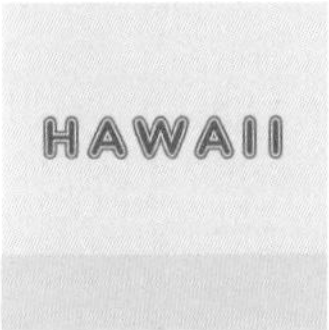

7/9/1

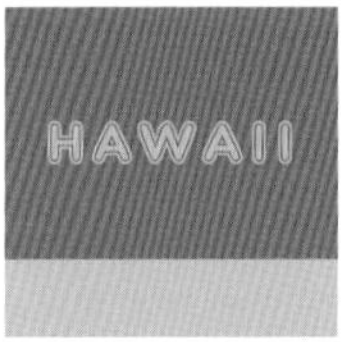

5/4/6

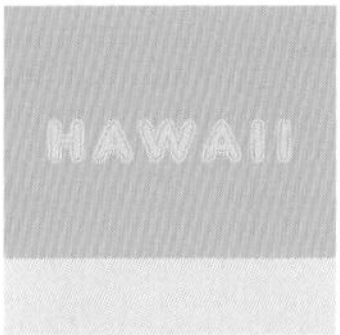

6/7/9

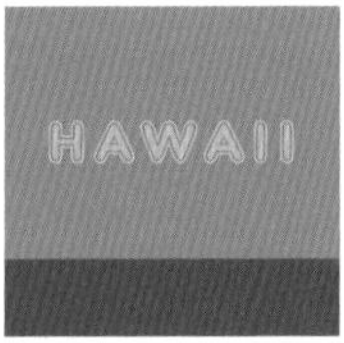

3/2/6

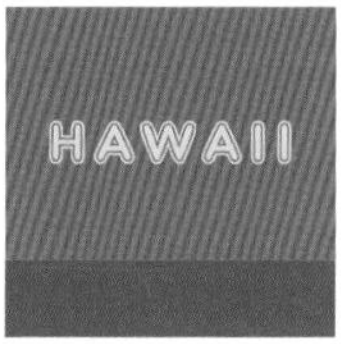

5/1/7

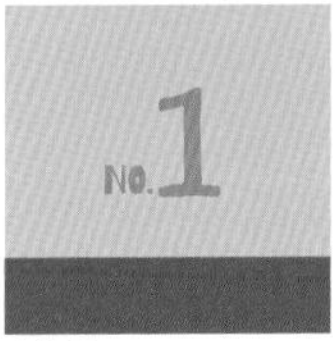

4/1/3

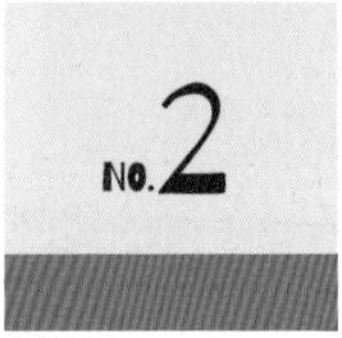

7/5/10

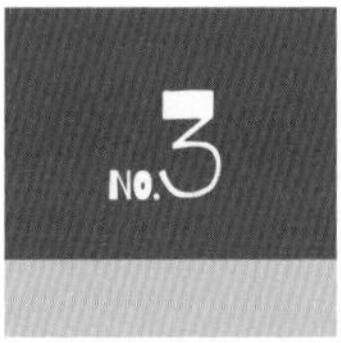

2/4/8

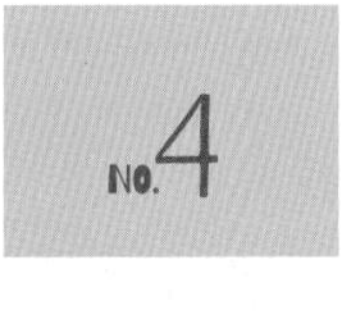

4/8/2

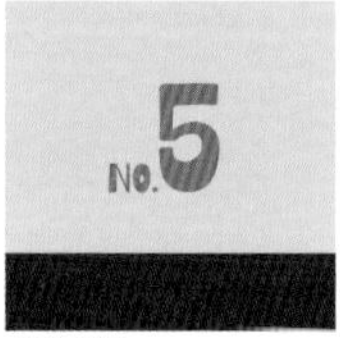

9/10/5

4배색

5/8/9/10

1/4/9/7

1/3/5/9

1/3/4/9

5배색

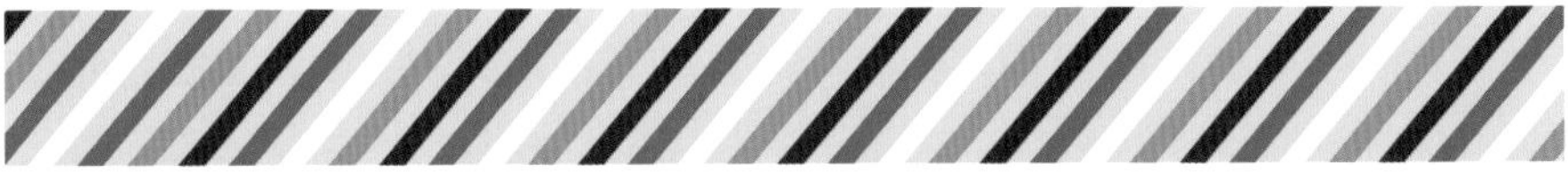
1/3/8/9/10

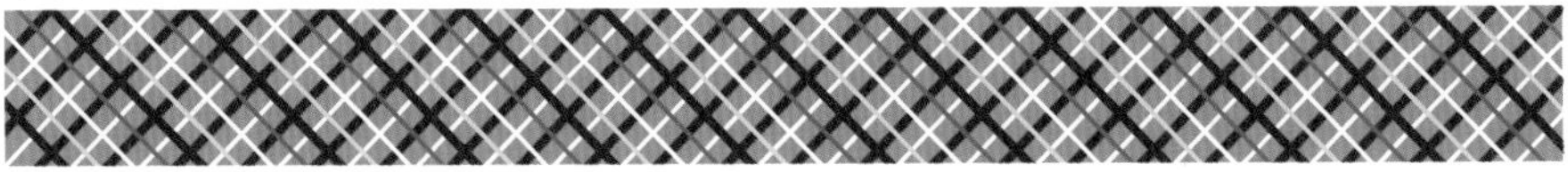
1/3/8/9/10

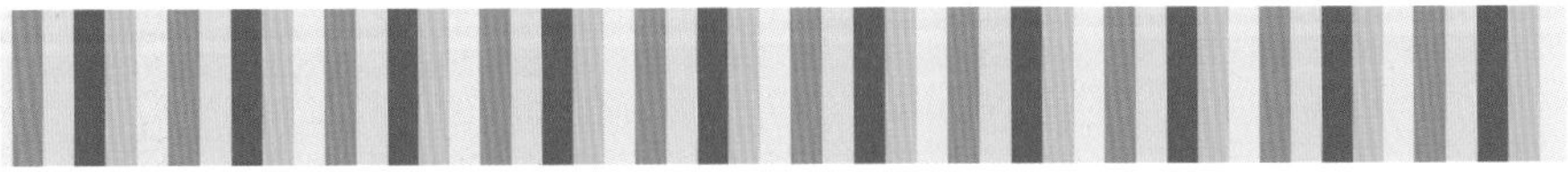
1/3/6/7/9

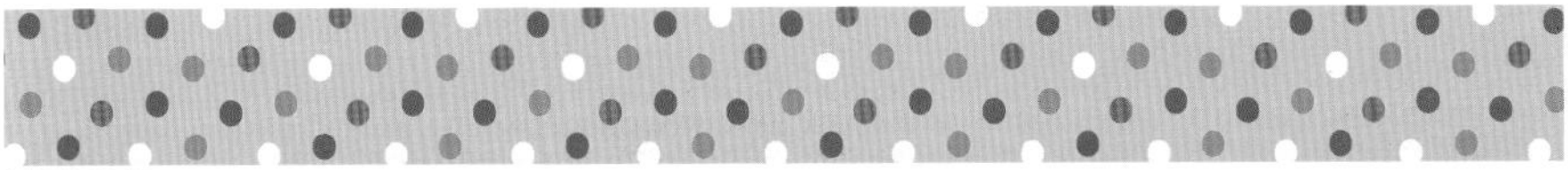
1/3/4/5/8

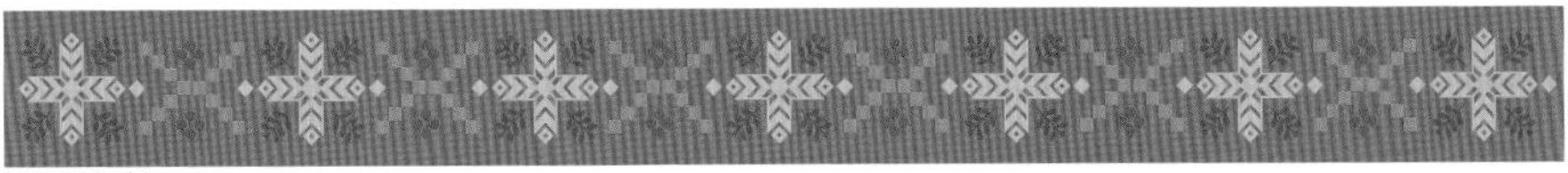
1/2/3/5/6

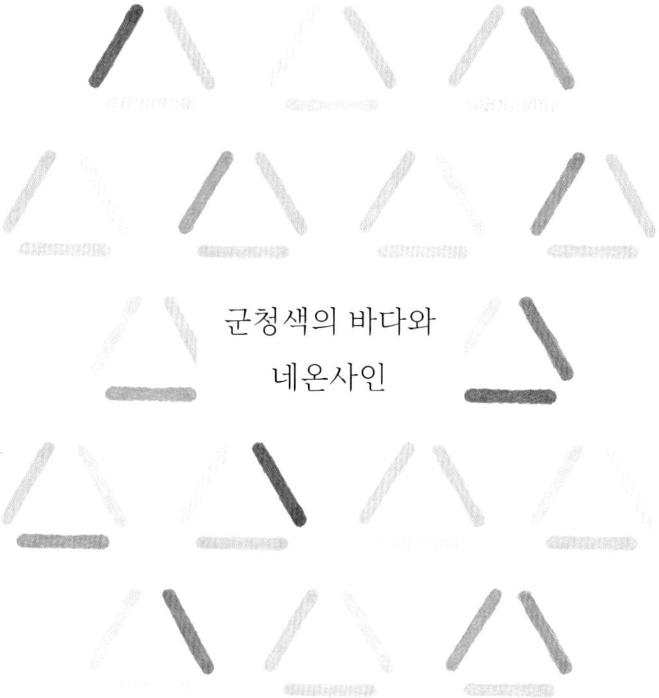

군청색의 바다와 네온사인

#여름

한색

귀여운

스포티

판타지

블루의 한색 계열로 만든 그라데이션 가운데 보색인 스칼렛 레드와 핑크를 더했습니다.
원 포인트로 사용하기에 딱 좋습니다.

	1	2	3	4	5	6	7	8	9	10
C	43	50	5	88	31	20	88	65	37	8
M	8	9	57	79	13	10	69	40	3	80
Y	25	5	10	0	20	3	9	4	14	70
K	0	0	0	0	0	0	0	0	0	0
R	156	131	231	51	187	211	39	99	170	222
G	201	194	139	67	205	221	83	137	215	84
B	196	228	171	153	203	237	155	194	221	67
	#9CC9C4	#83C2E4	#E78BAB	#334399	#BBCDCB	#D3DDED	#27539B	#6389C2	#AAD7DD	#DE5443
	베이스	베이스	베이스	우아한	우아한	우아한	베리에이션	베리에이션	베리에이션	포인트

SAMPLE

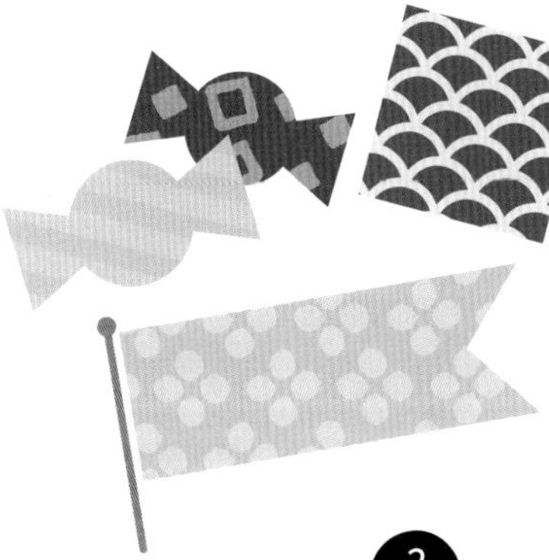

2 배색 pattern

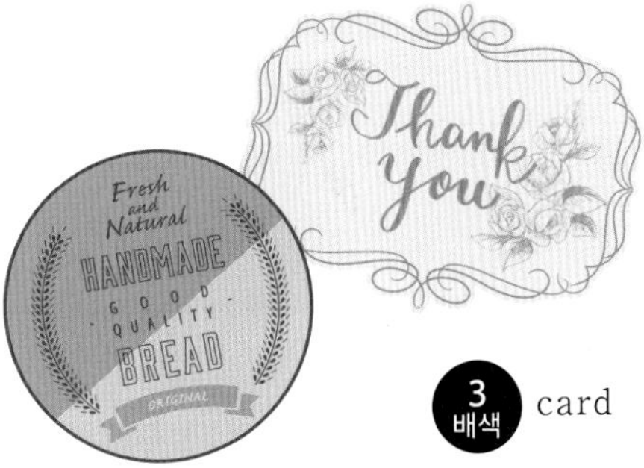

3 배색 card

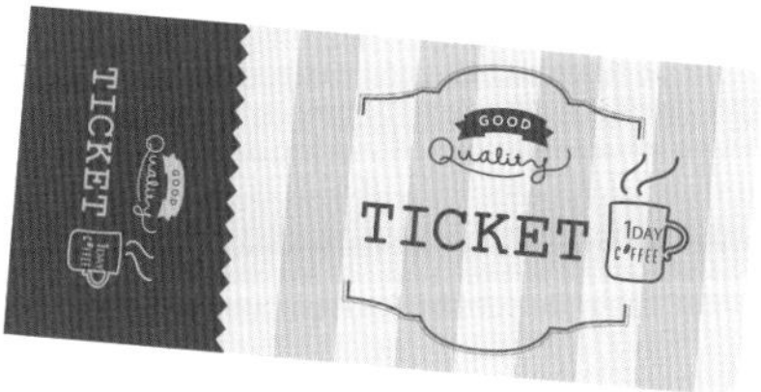

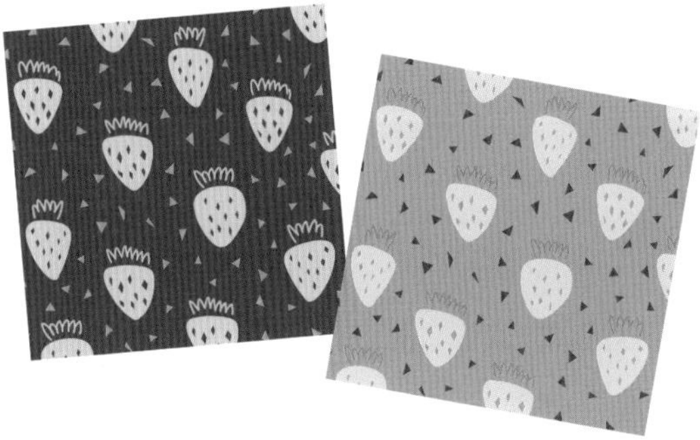

4 배색 flower

5 배색 web

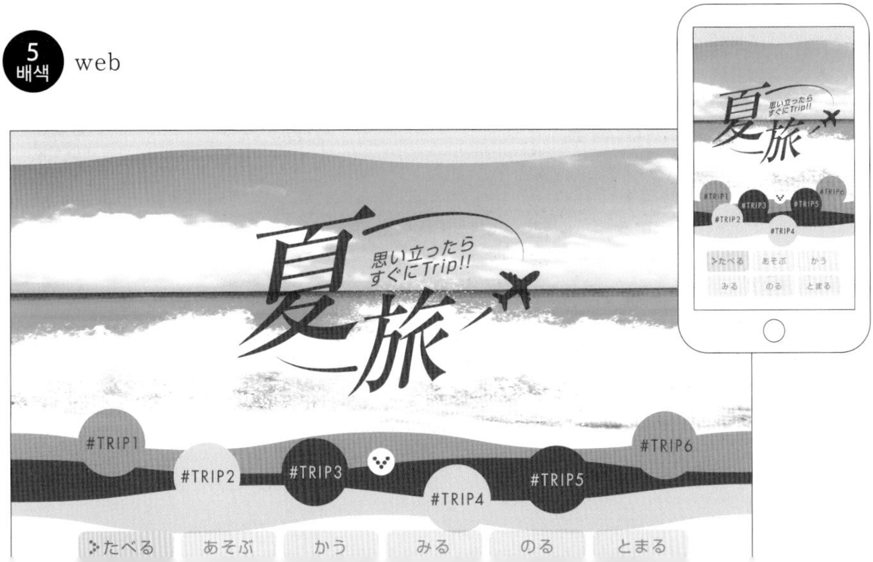

POP

2배색

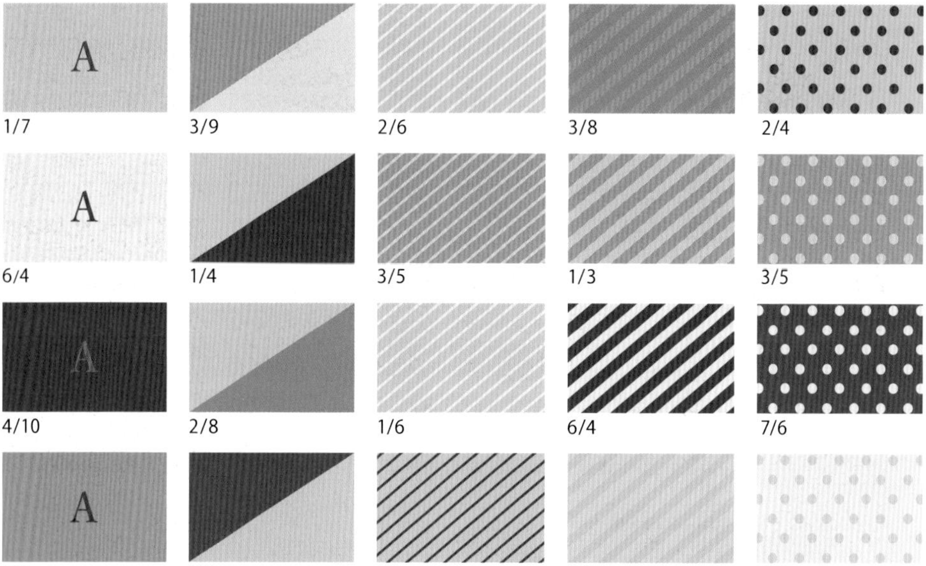

1/7 3/9 2/6 3/8 2/4

6/4 1/4 3/5 1/3 3/5

4/10 2/8 1/6 6/4 7/6

3/4 7/1 1/4 5/2 6/5

3배색

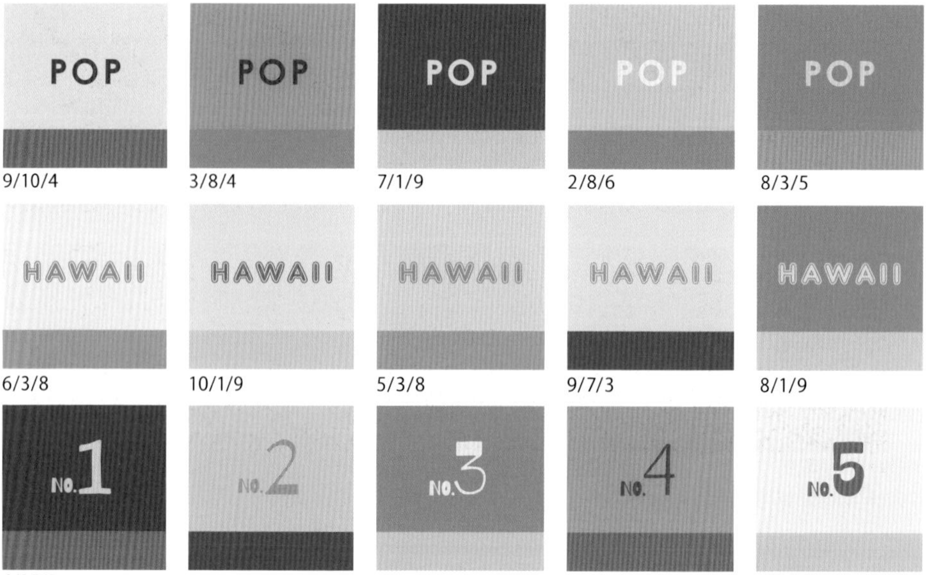

9/10/4 3/8/4 7/1/9 2/8/6 8/3/5

6/3/8 10/1/9 5/3/8 9/7/3 8/1/9

4/10/5 2/7/3 8/2/6 3/10/7 6/1/10

4배색

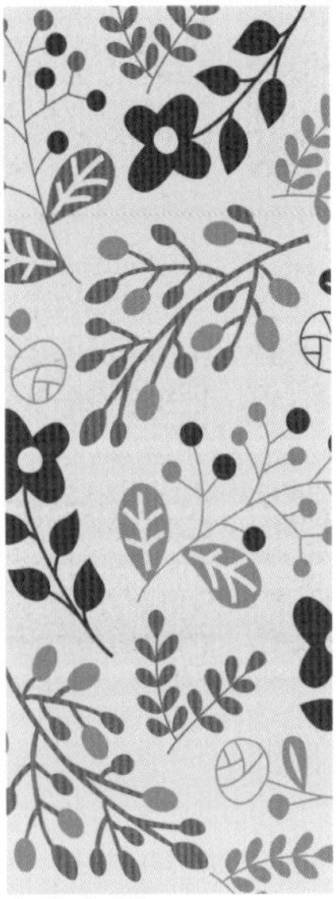

4 / 8 / 9 / 10

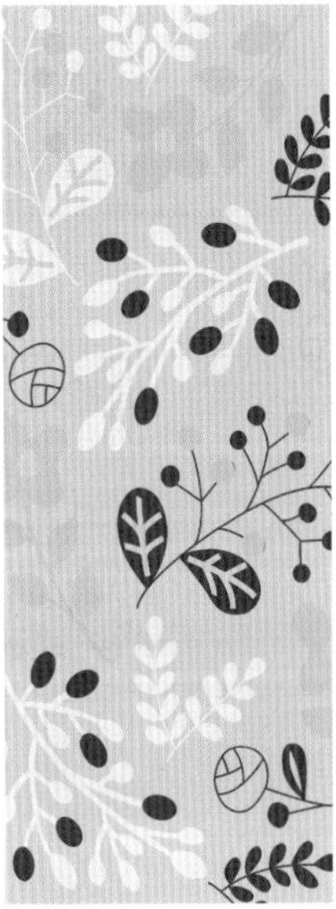

1 / 4 / 6 / 5

3 / 6 / 8 / 4

3 / 6 / 7 / 8

5배색

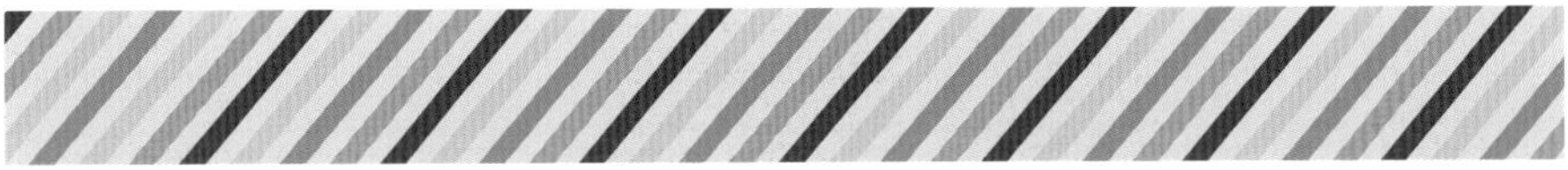

1 / 3 / 8 / 9 / 4

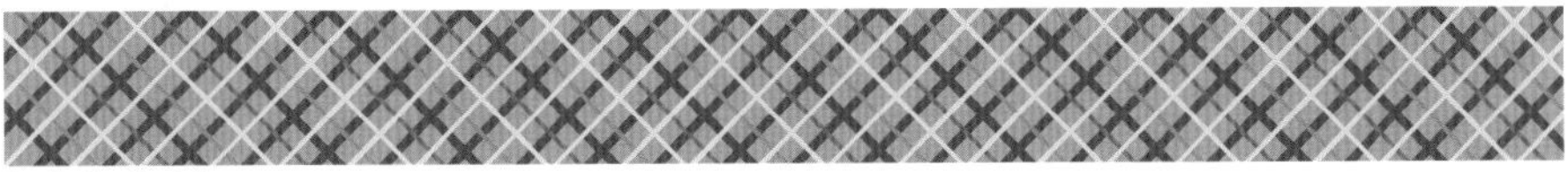

3 / 7 / 8 / 9 / 10

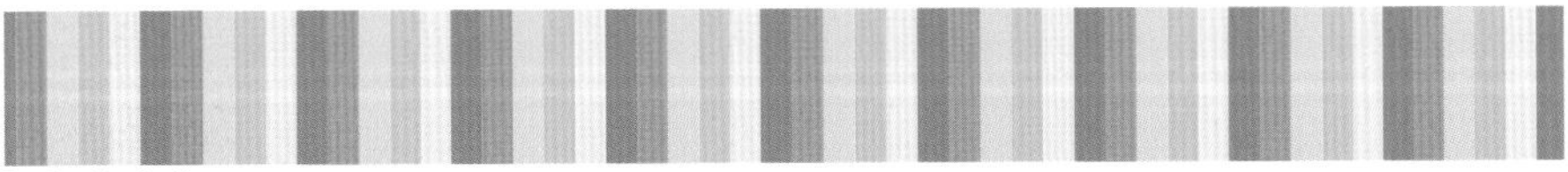

2 / 3 / 6 / 8 / 9

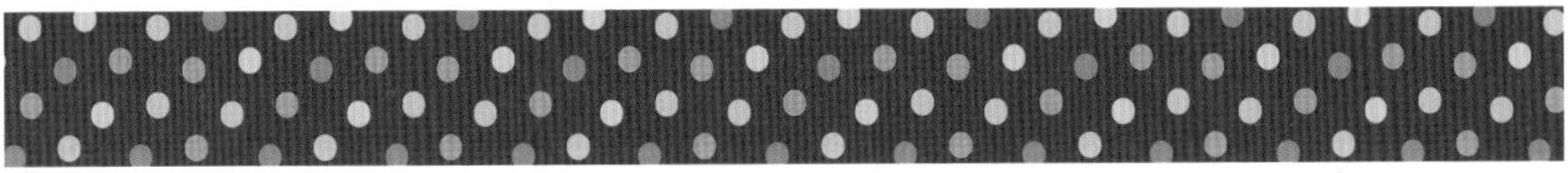

1 / 3 / 4 / 5 / 8

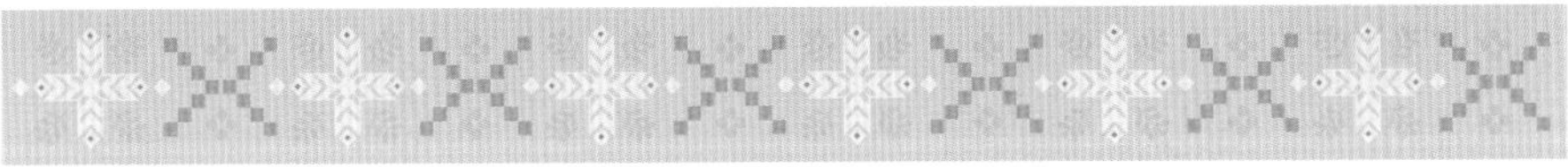

2 / 3 / 6 / 8 / 5

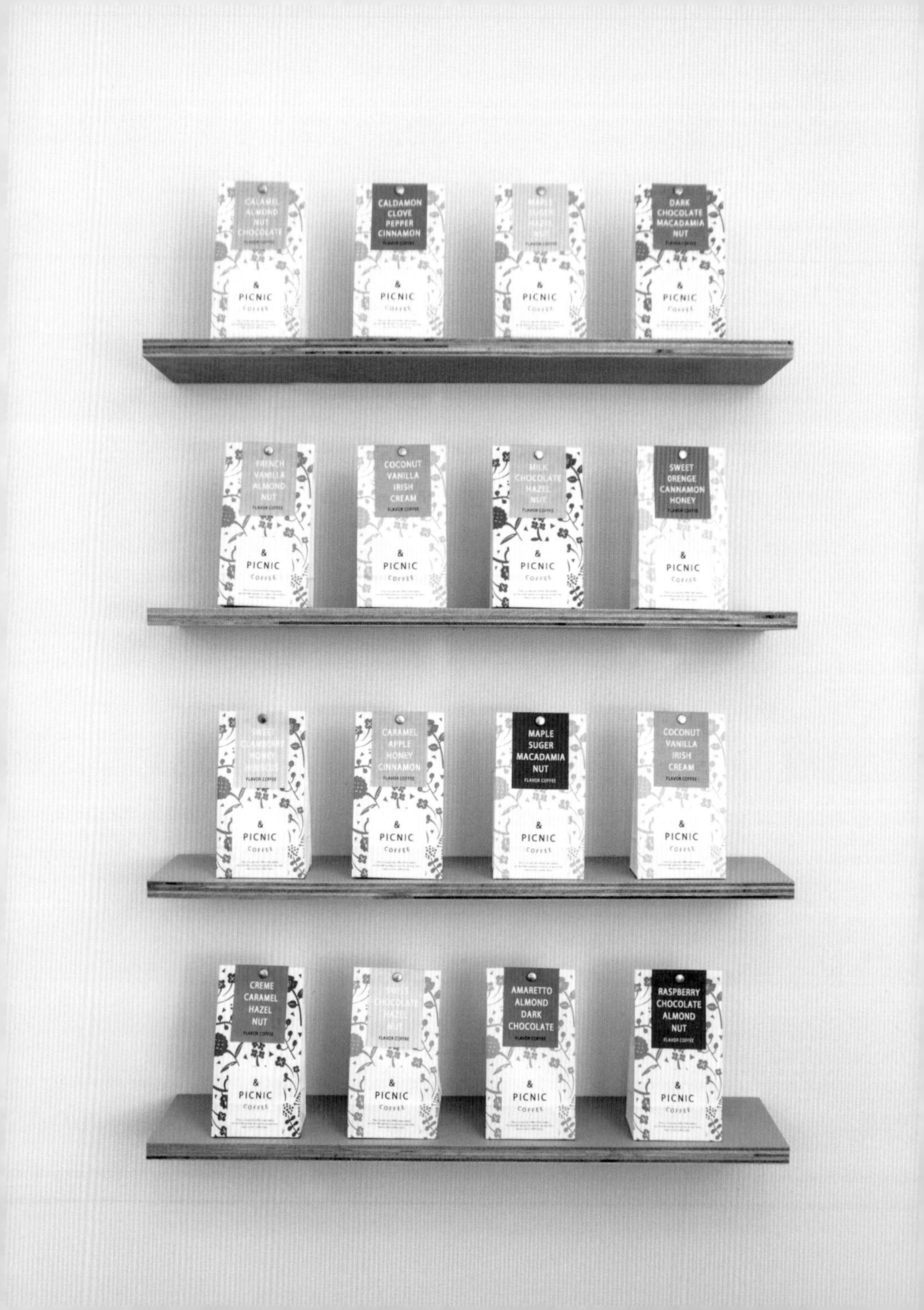
CALAMEL ALMOND NUT CHOCOLATE
CALDAMON CLOVE PEPPER CINNAMON
DARK CHOCOLATE MACADAMIA NUT
FRENCH VANILLA ALMOND NUT
COCONUT VANILLA IRISH CREAM
MILK CHOCOLATE HAZEL NUT
SWEET ORENGE CANNAMON HONEY
CARAMEL APPLE HONEY CINNAMON
MAPLE SUGER MACADAMIA NUT
COCONUT VANILLA IRISH CREAM
CREME CARAMEL HAZEL NUT
AMARETTO ALMOND DARK CHOCOLATE
RASPBERRY CHOCOLATE ALMOND NUT
FLAVOR COFFEE
& PICNIC COFFEE

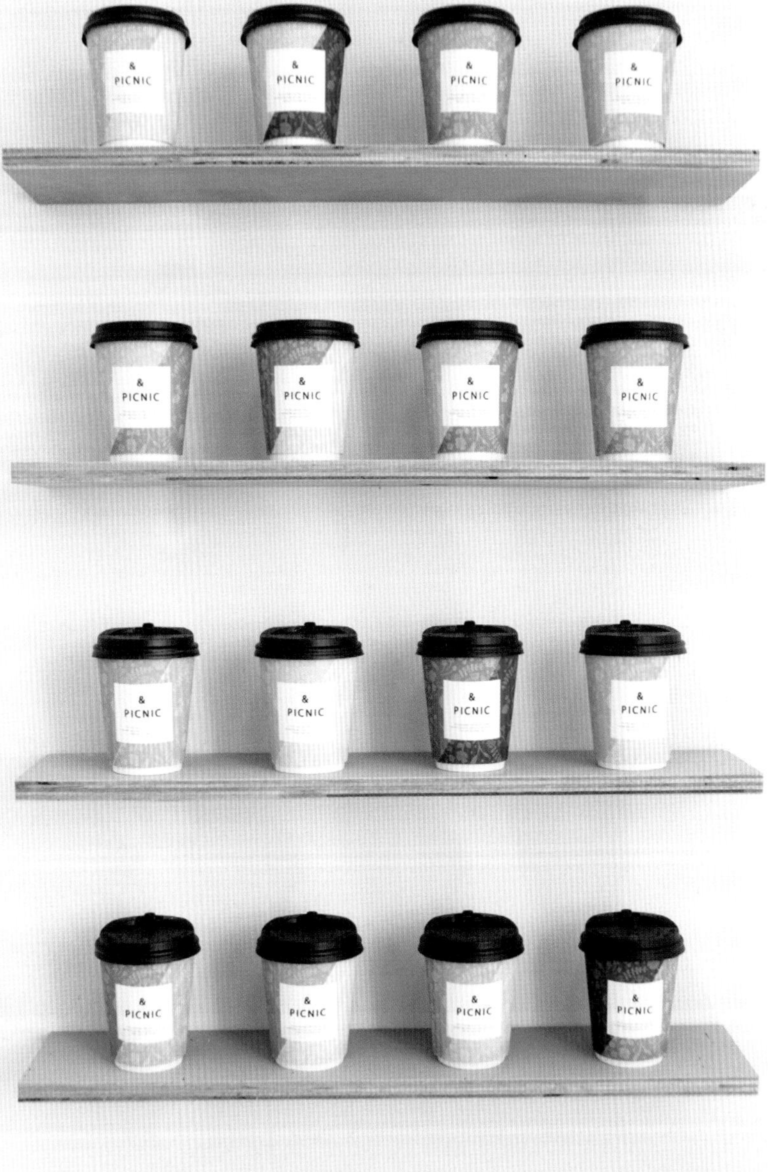
& PICNIC
& PICNIC
& PICNIC
& PICNIC
& PICNIC
& PICNIC
& PICNIC
& PICNIC
& PICNIC
& PICNIC
& PICNIC
& PICNIC
& PICNIC
& PICNIC
& PICNIC
& PICNIC

CASUAL

#가을 #겨울

밝은

쾌활한

씩씩한

음식

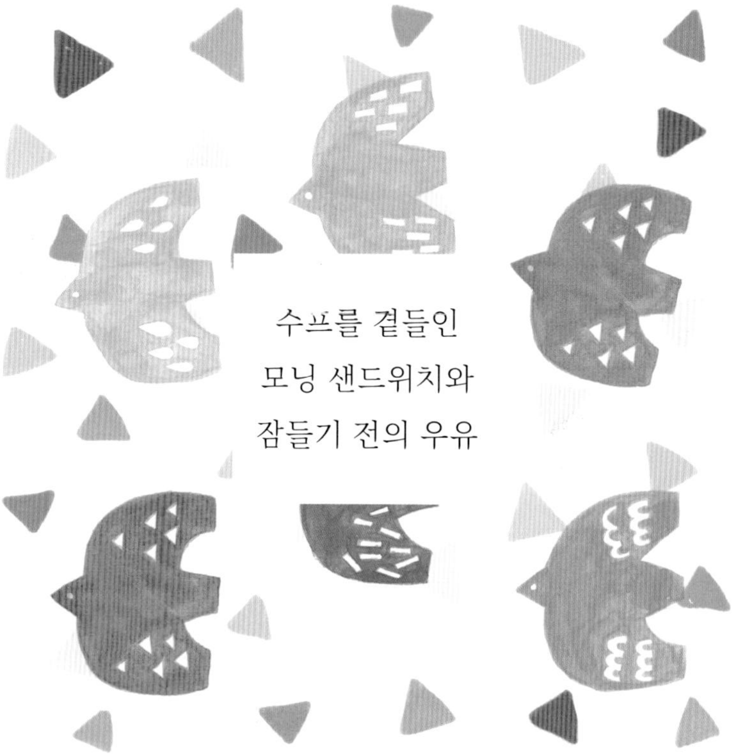

수프를 곁들인 모닝 샌드위치와 잠들기 전의 우유

브라이트 톤과 베이지를 혼합하고 보색인 빨간색으로 악센트를 주었습니다.
하루의 시간과 음식을 색으로 연출했습니다.

	1	2	3	4	5	6	7	8	9	10
C	73	22	18	12	47	0	1	1	55	0
M	54	34	18	20	21	65	45	8	25	80
Y	0	19	12	38	0	68	61	17	49	43
K	0	0	0	0	0	0	0	0	0	0
R	82	205	215	229	144	238	243	253	129	233
G	111	177	209	207	180	121	164	239	164	84
B	181	185	214	165	223	75	101	217	139	103
	#526FB5	#CDB1B9	#D7D1D6	#E5CFA5	#90B4DF	#EE794B	#F3A465	#FDEFD9	#81A48B	#E95467
	베이스			우아한			베리에이션			포인트

SAMPLE

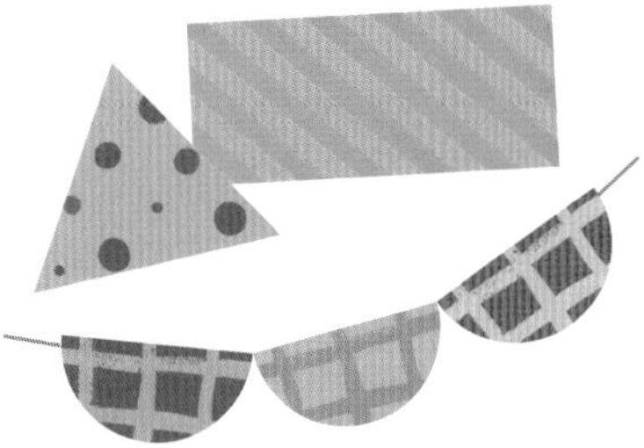

2 배색 pattern

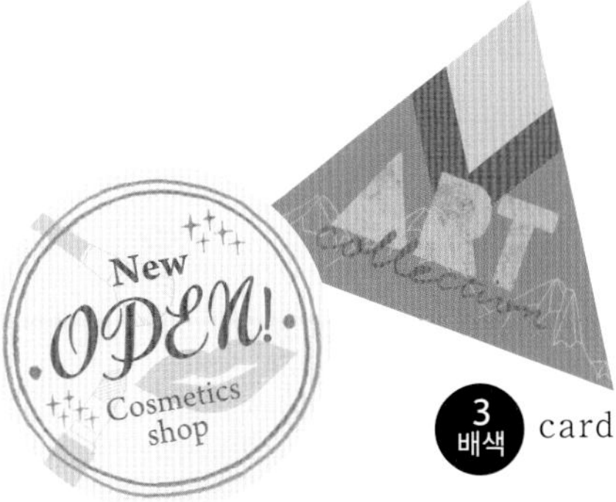

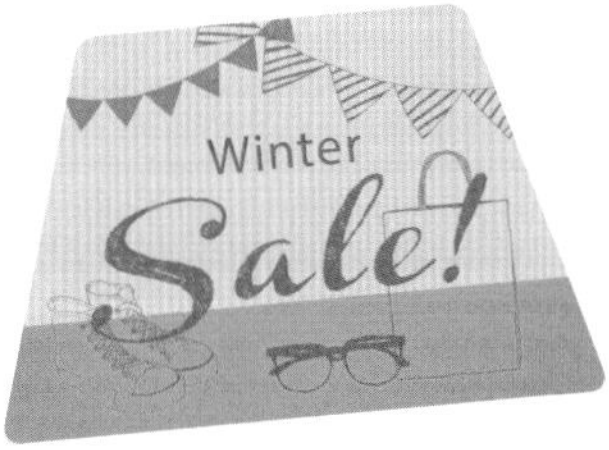

3 배색 card

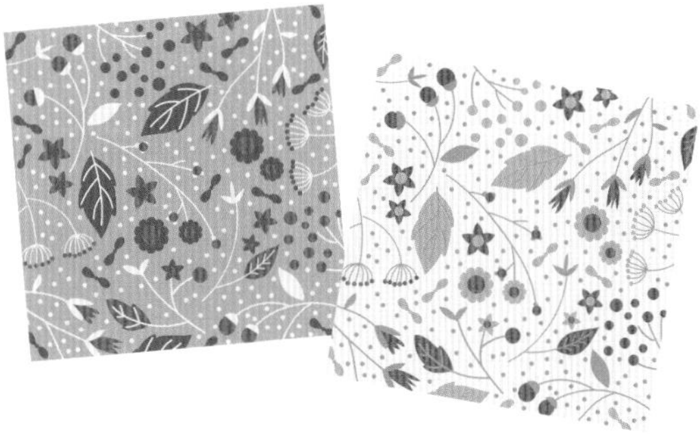

4 배색 flower

5 배색 web

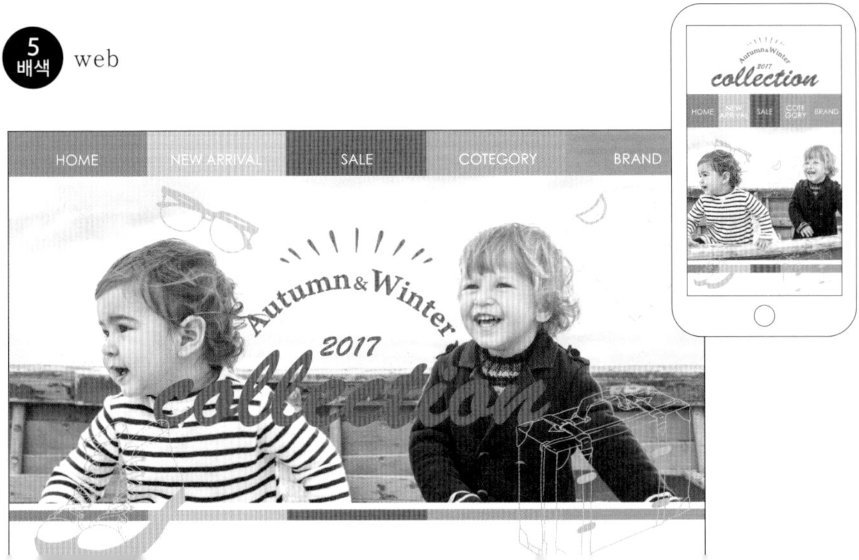

2배색

9/3 2/4 3/5 10/3 5/2

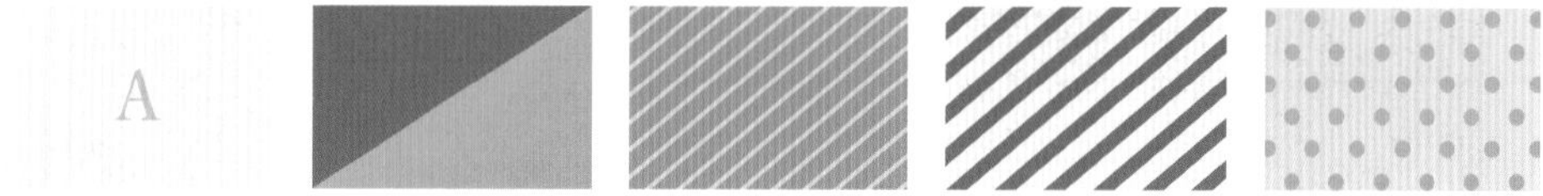

8/2 1/7 9/4 8/1 3/7

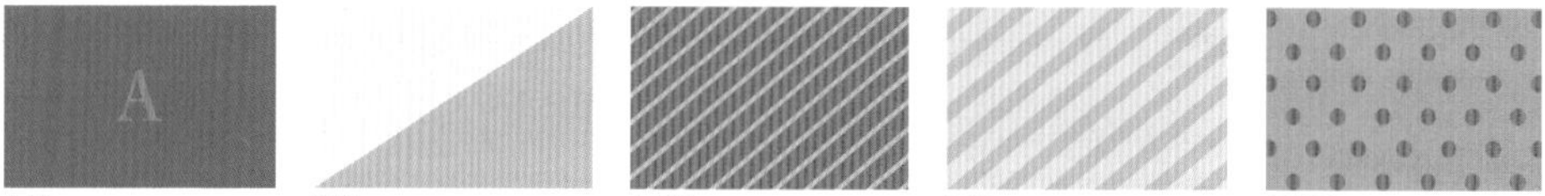

1/6 8/5 10/2 3/2 7/10

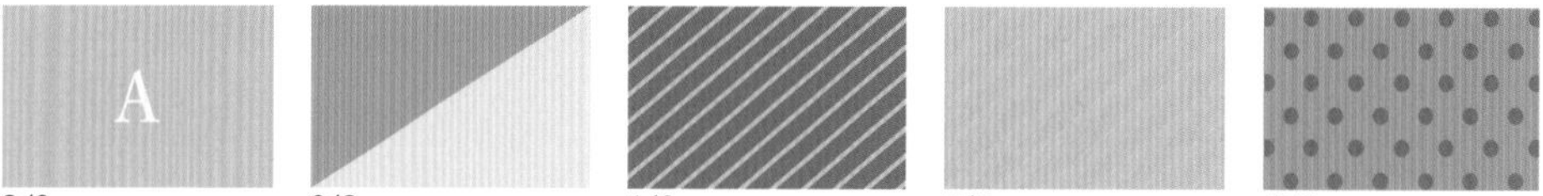

2/8 9/3 1/2 5/2 9/1

3배색

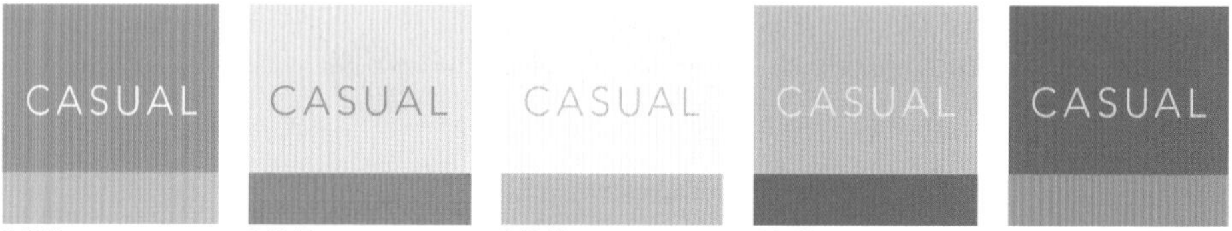

9/2/8 3/6/9 8/5/2 5/1/3 1/9/4

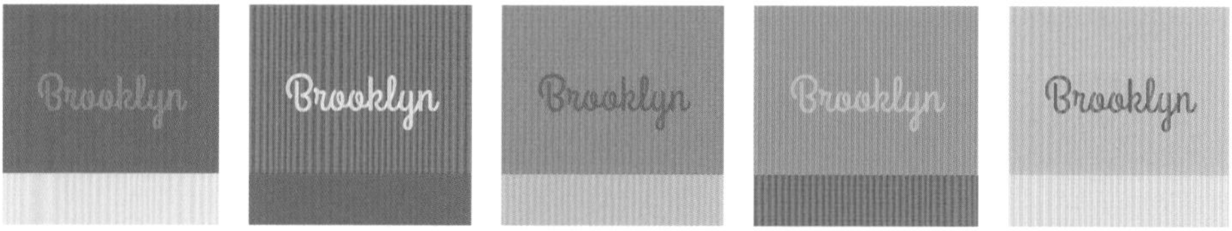

1/3/6 10/1/3 6/5/1 9/10/2 5/4/10

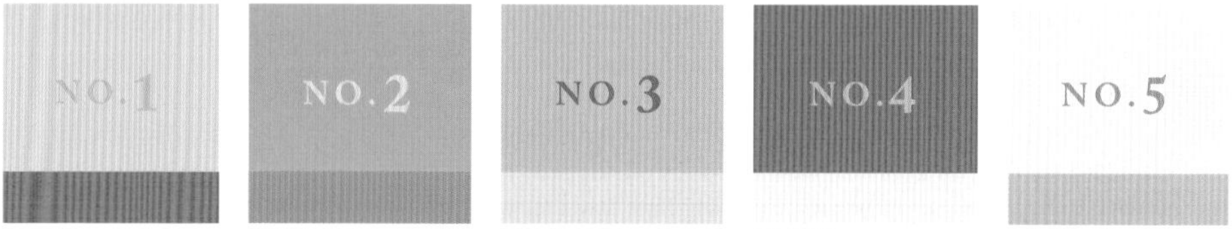

4/10/5 7/9/3 2/3/1 10/8/2 8/2/9

4배색

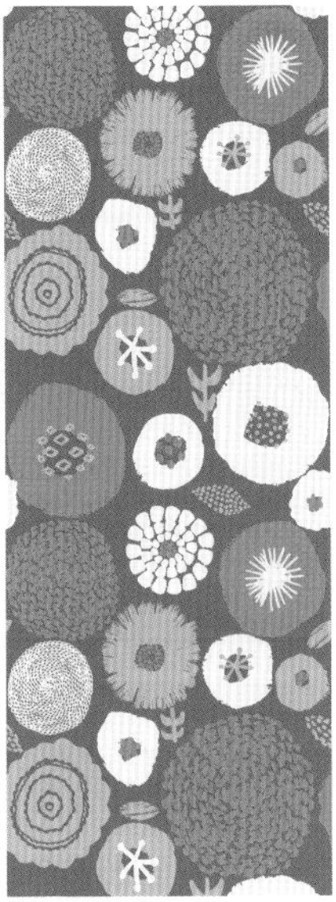
1/5/6/8

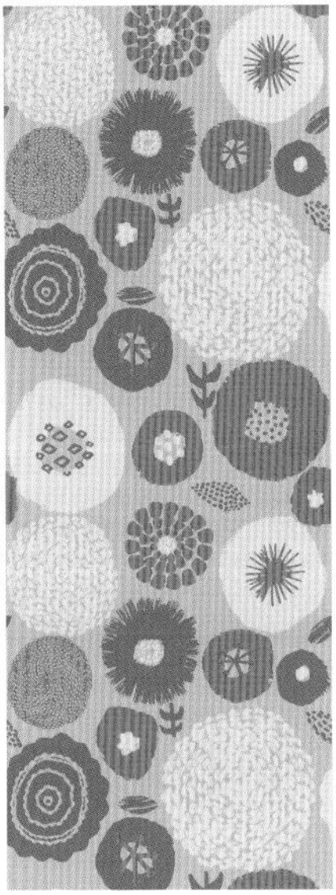
1/2/3/10

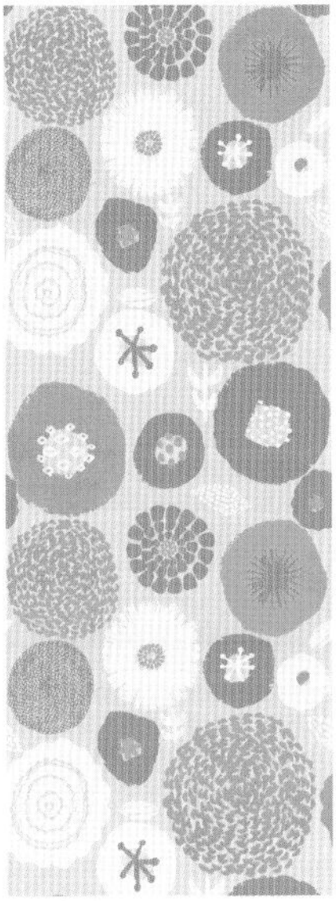
3/7/8/9

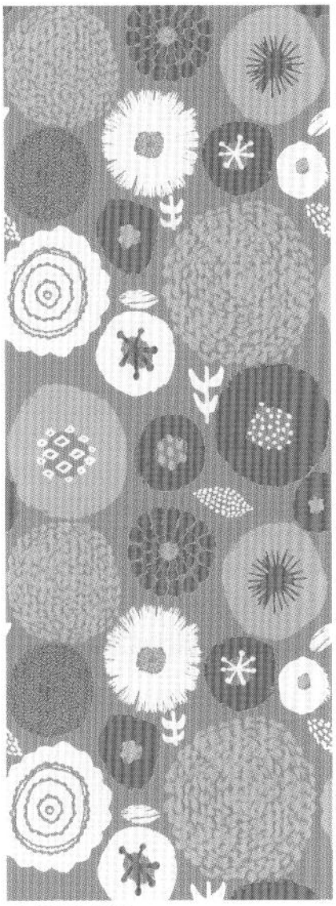
5/8/9/10

5배색

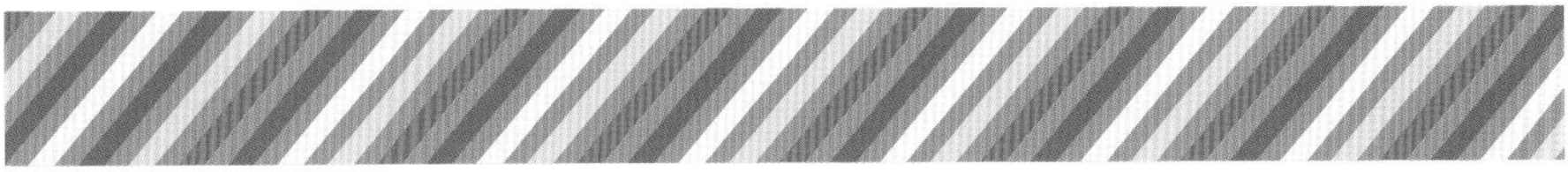
1/3/8/9/10

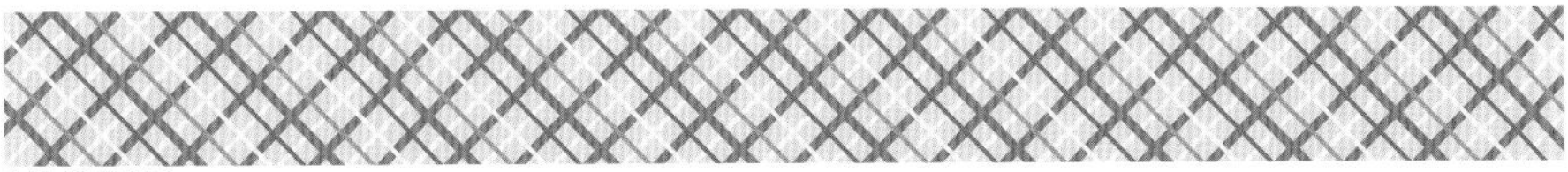
1/3/8/9/10

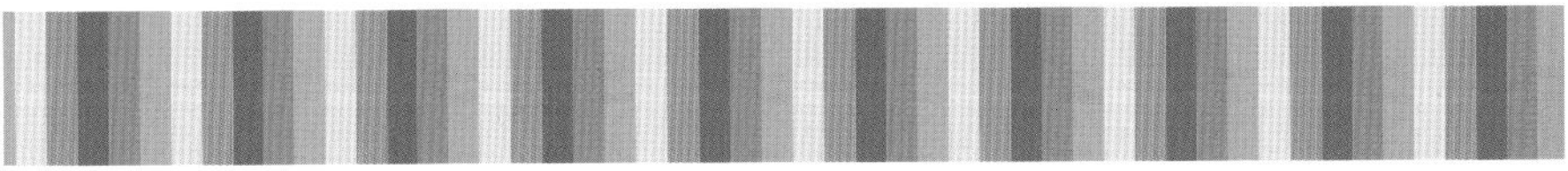
1/3/6/7/9

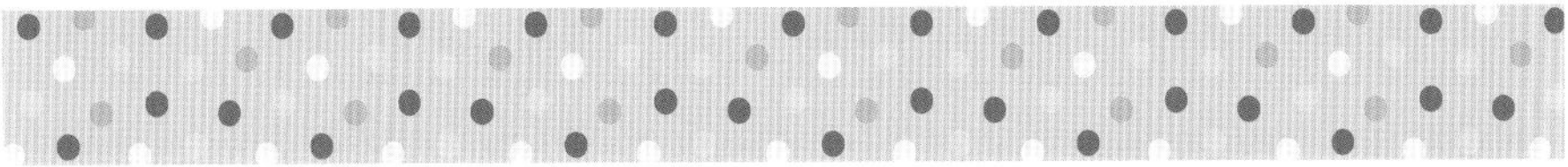
1/3/4/5/8

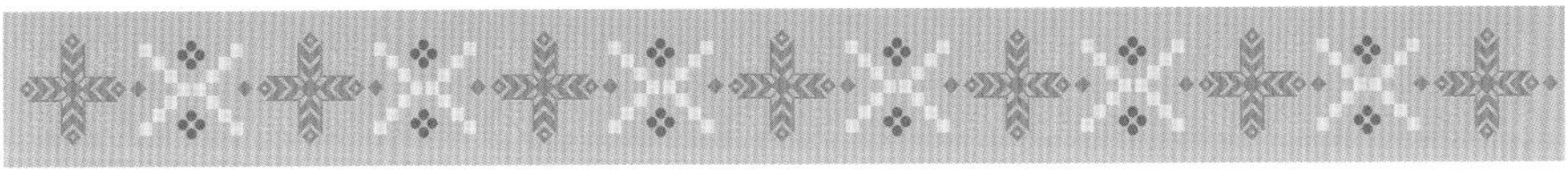
1/2/3/5/6

1
2
3
4
5
6
7
8
9
10

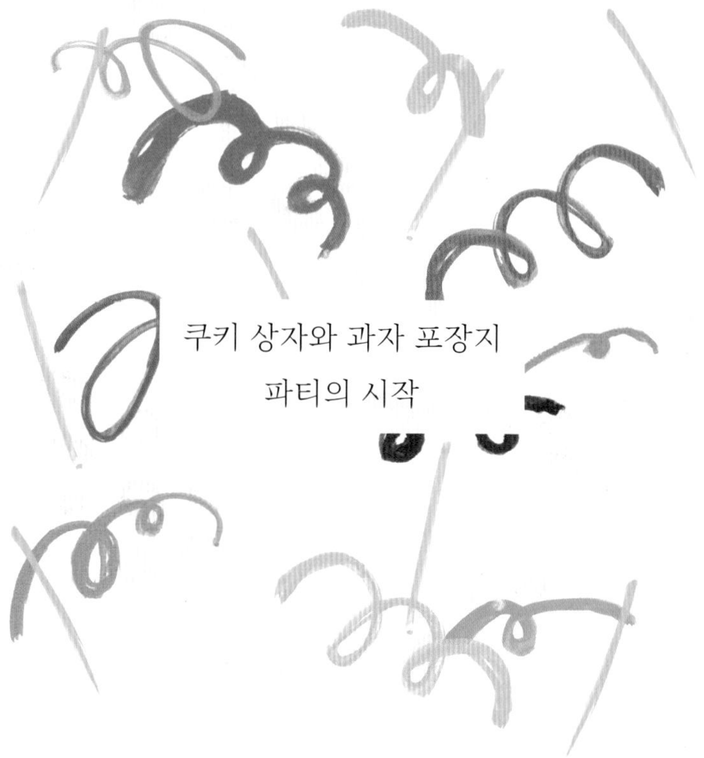

쿠키 상자와 과자 포장지
파티의 시작

#봄 #가을

즐거운

과자

파티

캐주얼

많은 컬러를 사용한 것처럼 보이지만,
라이트 톤으로 통일하면 귀여우면서도 컬러풀한 인상을 줍니다.

	1	2	3	4	5	6	7	8	9	10
C	2	61	0	49	80	4	36	11	50	6
M	49	2	26	45	68	8	5	65	48	15
Y	33	35	31	18	30	7	16	62	60	83
K	0	0	0	0	17	1	0	0	0	0
R	239	95	249	146	63	245	173	221	147	244
G	157	190	205	139	77	237	213	117	132	214
B	147	179	174	172	119	234	216	87	106	55
	#EF9D93	#5FBEB3	#F9CDAE	#928BAC	#3F4D77	#F5EDEA	#ADD5D8	#DD7557	#93846A	#F4D637
	베이스			우아한			베리에이션			포인트

SAMPLE

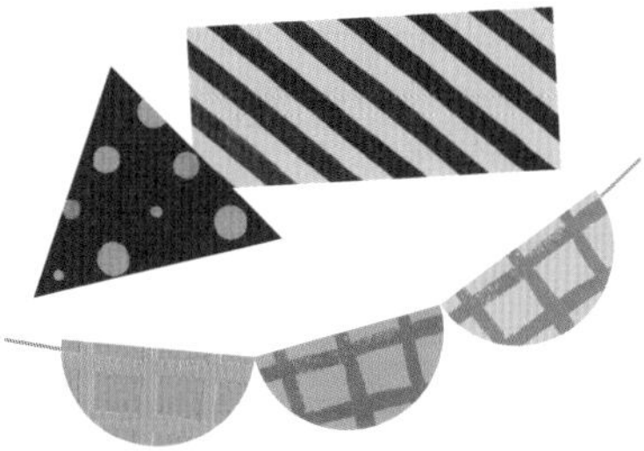

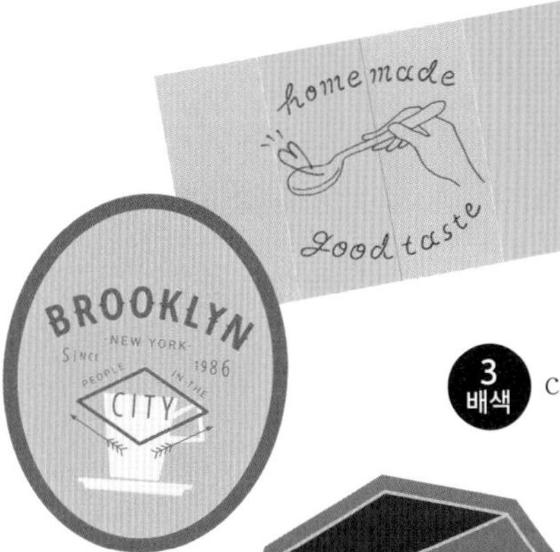

3 배색 card

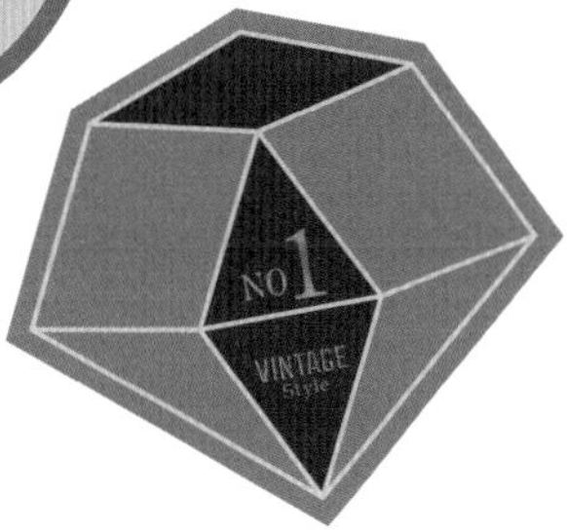

2 배색 pattern

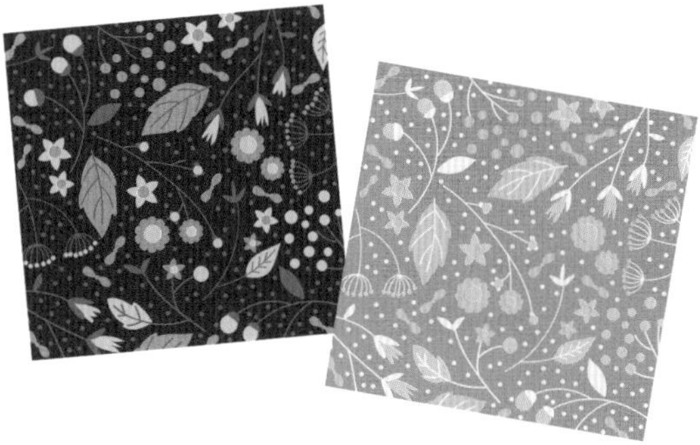

4 배색 flower

5 배색 web

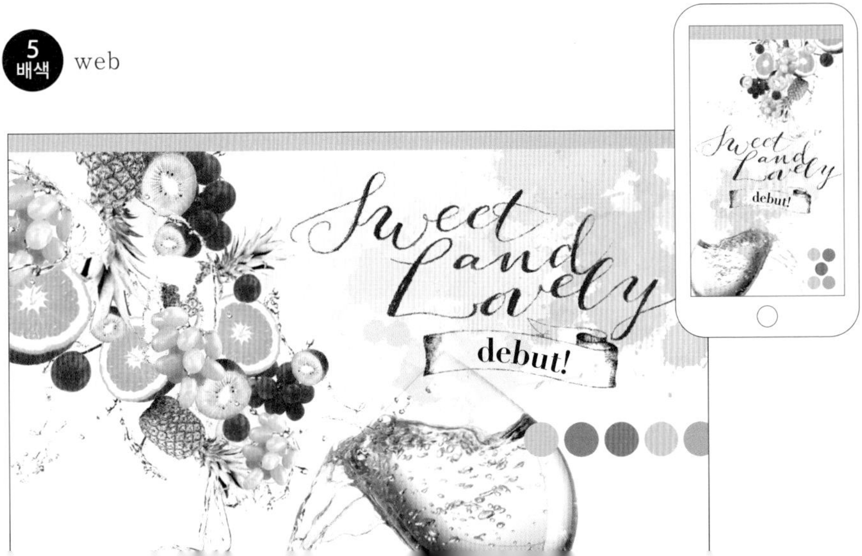

1
2
3
4
5
6
7
8
9
10

2배색

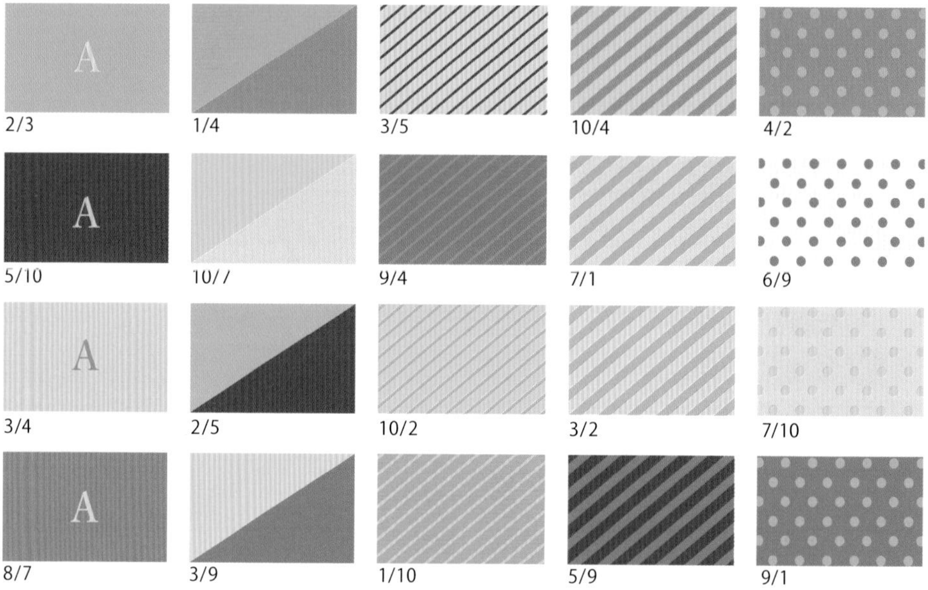

2/3, 1/4, 3/5, 10/4, 4/2

5/10, 10/7, 9/4, 7/1, 6/9

3/4, 2/5, 10/2, 3/2, 7/10

8/7, 3/9, 1/10, 5/9, 9/1

3배색

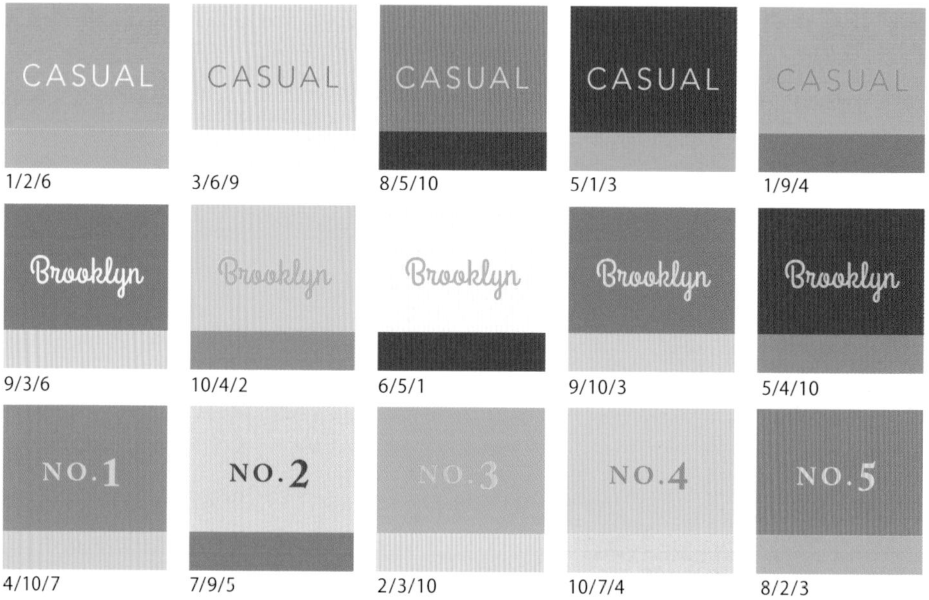

1/2/6, 3/6/9, 8/5/10, 5/1/3, 1/9/4

9/3/6, 10/4/2, 6/5/1, 9/10/3, 5/4/10

4/10/7, 7/9/5, 2/3/10, 10/7/4, 8/2/3

4배색

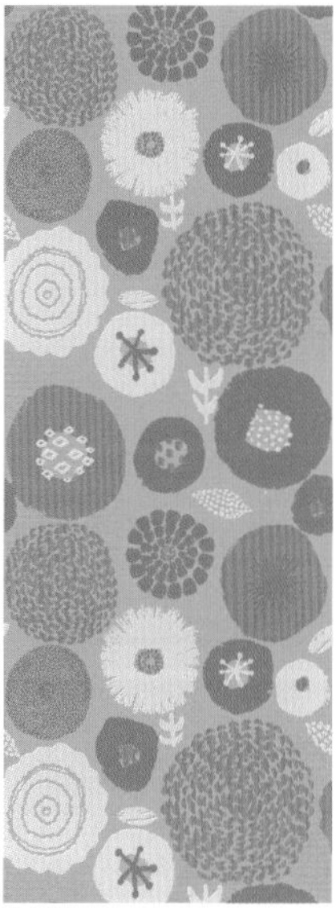

1/7/8/9

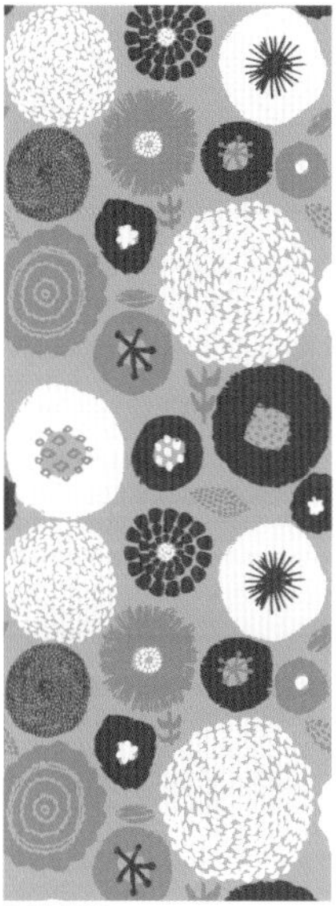

2/4/5/6

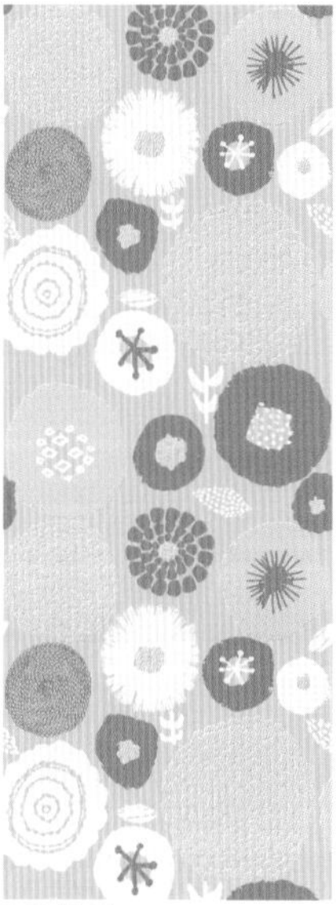

3/6/7/8

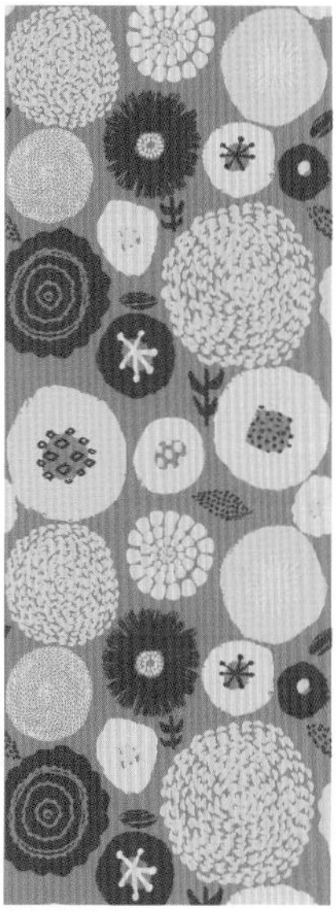

3/5/8/10

5배색

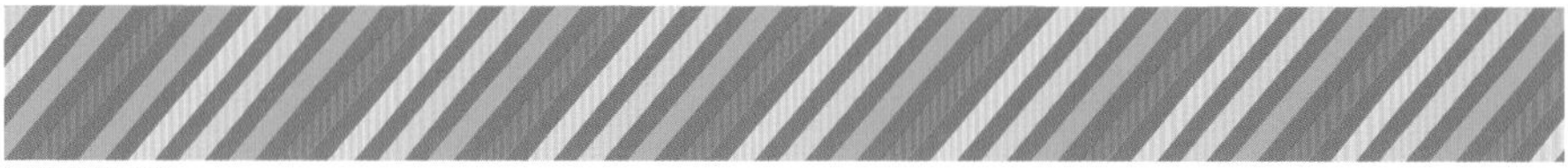

1/3/8/9/10

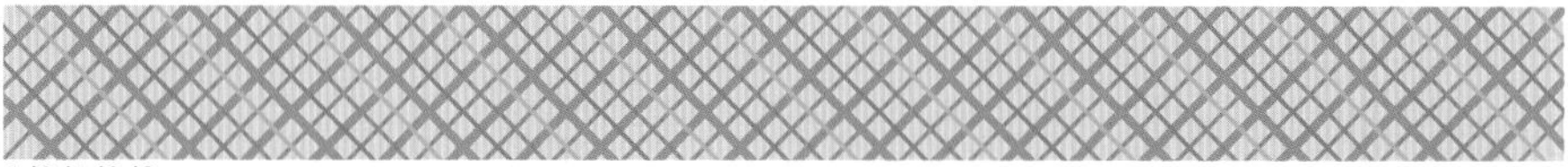

1/3/4/8/9

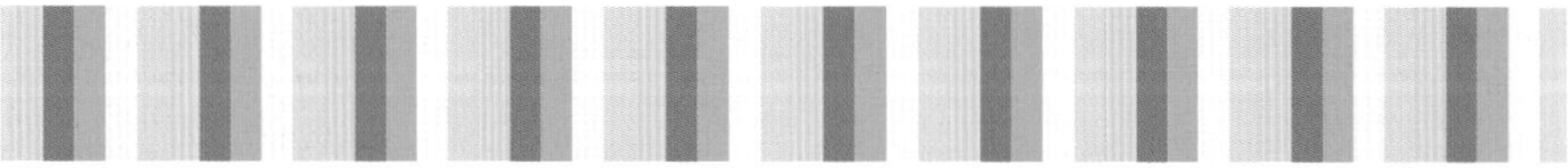

1/3/6/7/9

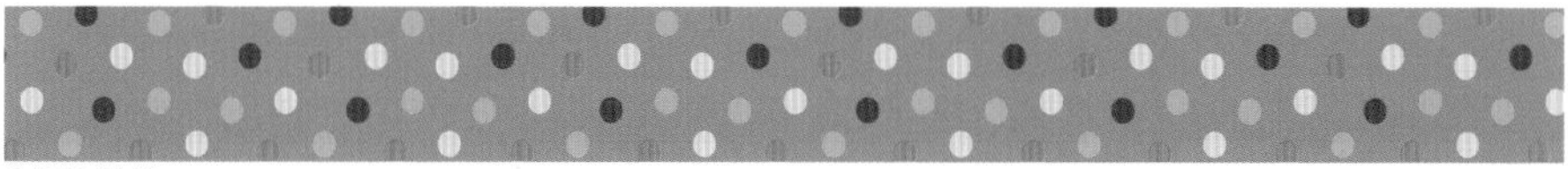

1/3/4/5/8

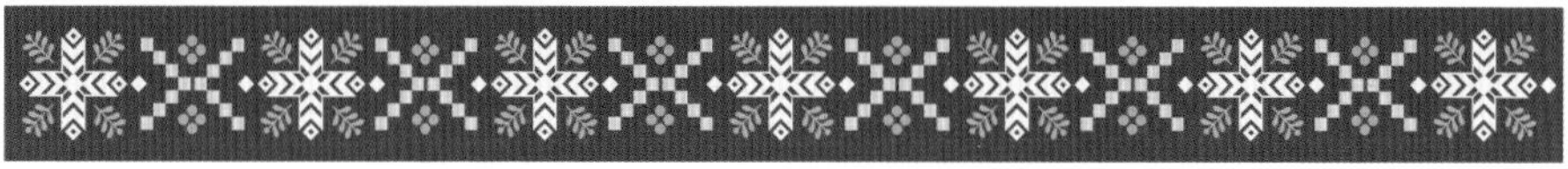

1/2/3/5/6

CASUAL

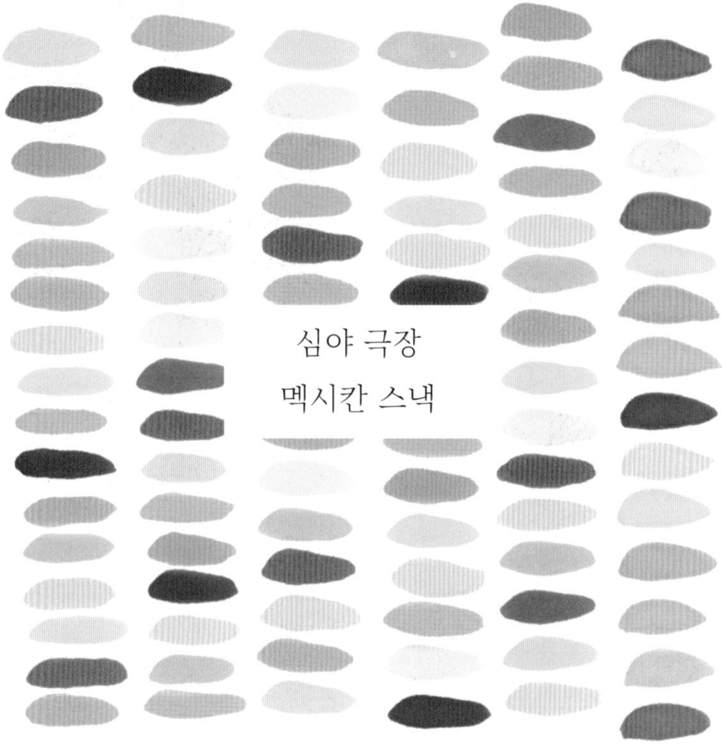

심야 극장 멕시칸 스낵

#가을
캐주얼
멕시칸
남성
노스탤직

외국 거리의 간판처럼 컬러풀하지만 그리운 정감의 페인트 색을 형상화했습니다.
벚꽃색과 블루나 차콜 그레이의 보이시한 컬러가 흥미로운 조합입니다.

	1	2	3	4	5	6	7	8	9	10
C	2	27	0	44	13	32	24	30	87	0
M	48	0	25	37	40	0	87	0	68	0
Y	23	61	25	38	100	7	100	8	0	0
K	0	0	0	0	0	1	0	31	57	92
R	239	201	249	158	224	182	196	146	12	57
G	160	222	208	155	165	223	65	178	40	51
B	164	126	186	149	0	236	29	185	96	50
	#EFA0A4	#C9DE7E	#F9D0BA	#9E9B95	#E0A500	#B6DFEC	#C4411D	#92B2B9	#0C2860	#393332
	베이스			우아한			베리에이션			포인트

SAMPLE

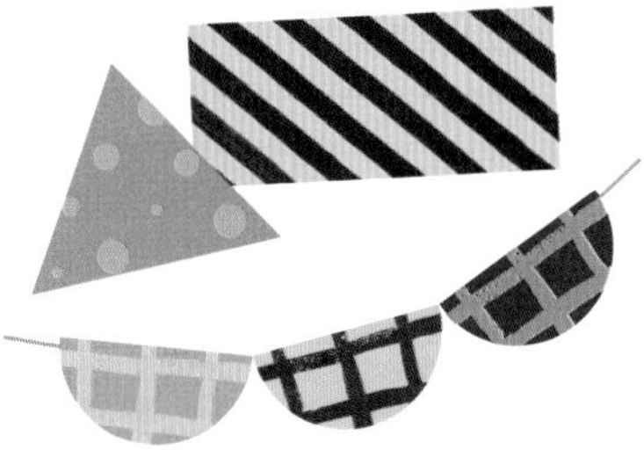

2 배색 pattern

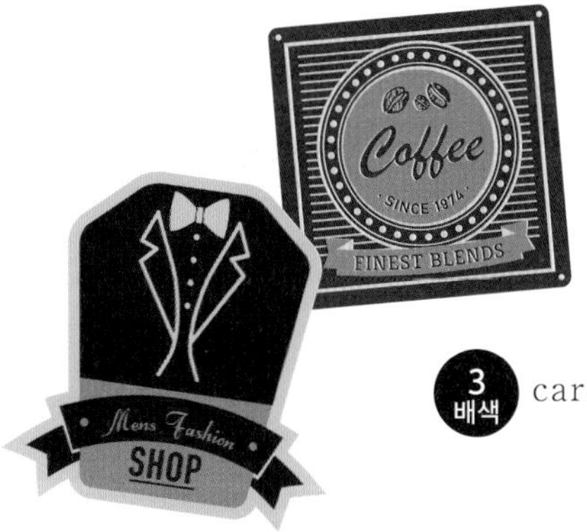

3 배색 card

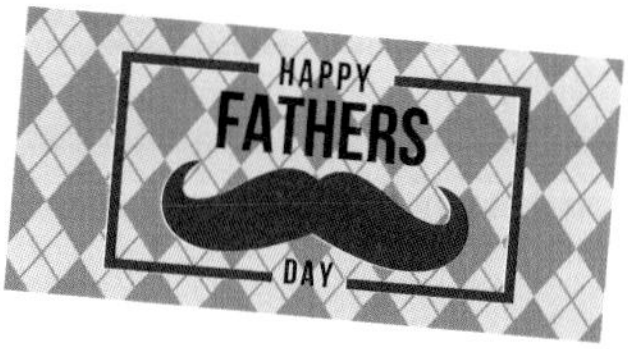

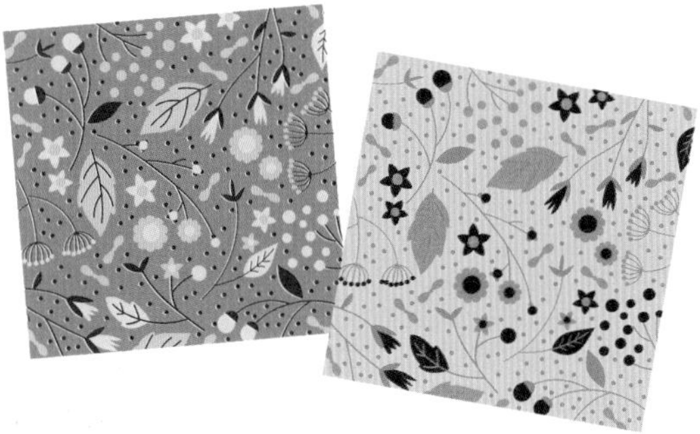

4 배색 flower

5 배색 web

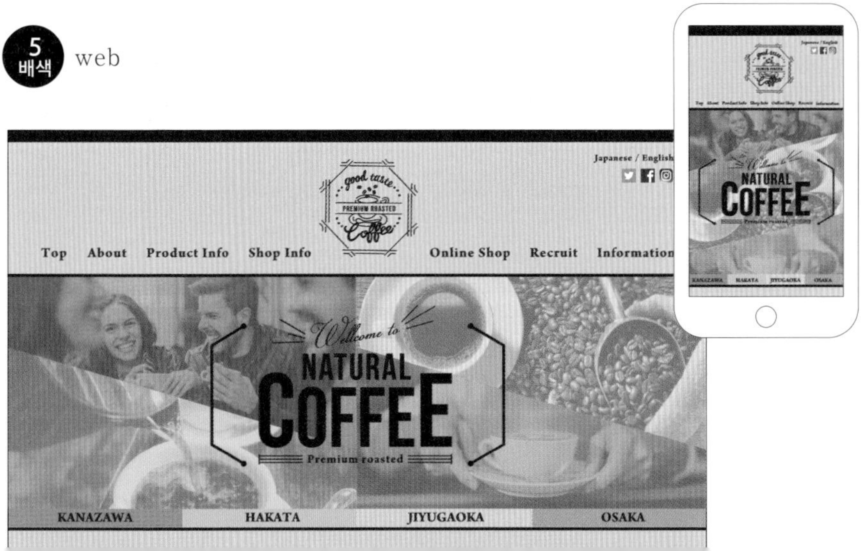

2배색

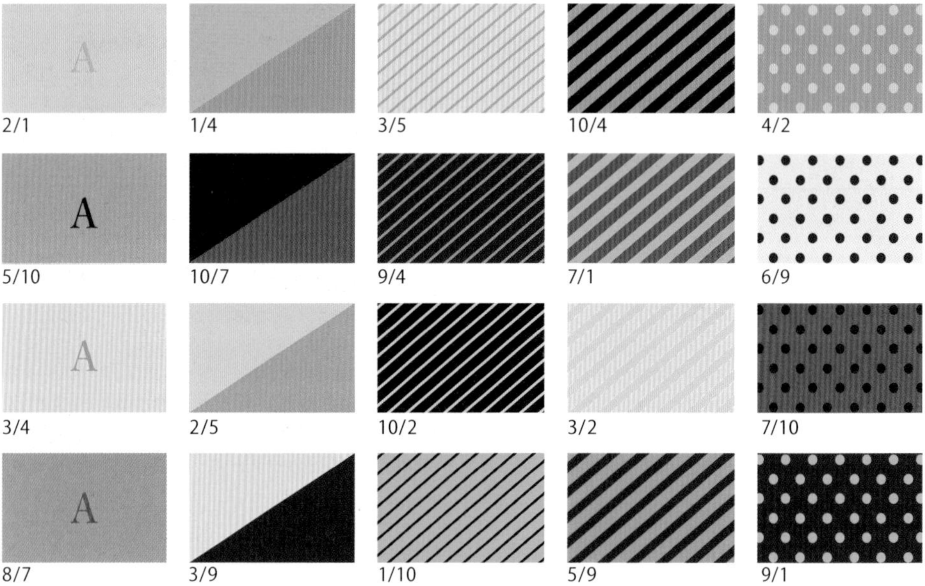
A
2/1
1/4
3/5
10/4
4/2
A
5/10
10/7
9/4
7/1
6/9
A
3/4
2/5
10/2
3/2
7/10
A
8/7
3/9
1/10
5/9
9/1

3배색

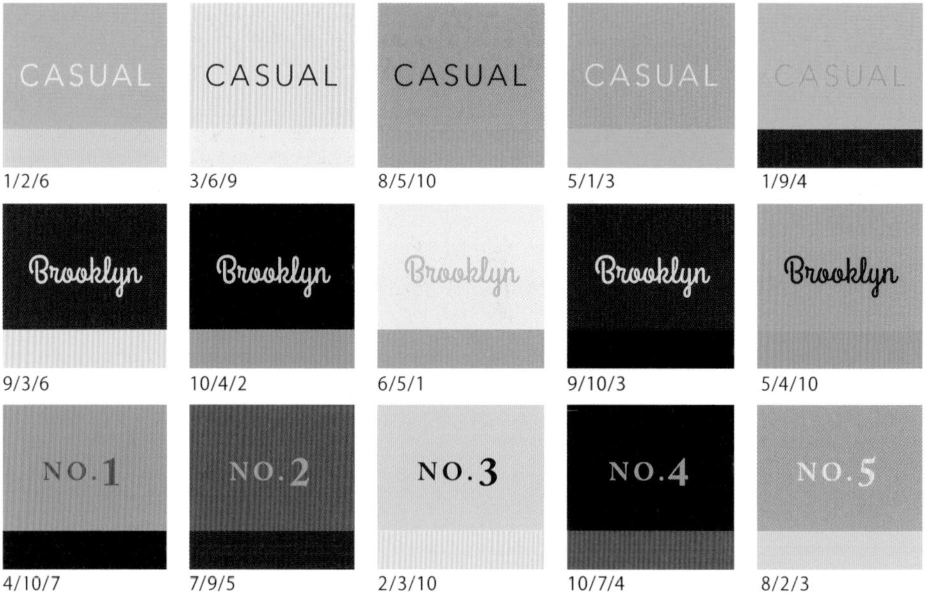
CASUAL
1/2/6
CASUAL
3/6/9
CASUAL
8/5/10
CASUAL
5/1/3
CASUAL
1/9/4
Brooklyn
9/3/6
Brooklyn
10/4/2
Brooklyn
6/5/1
Brooklyn
9/10/3
Brooklyn
5/4/10
NO.1
4/10/7
NO.2
7/9/5
NO.3
2/3/10
NO.4
10/7/4
NO.5
8/2/3

4배색

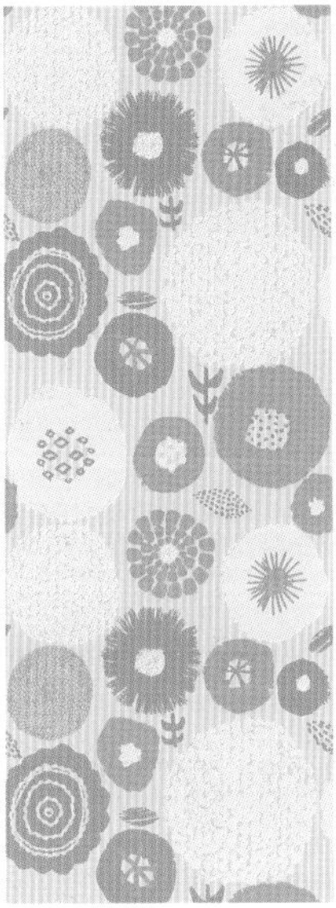
3/4/5/6

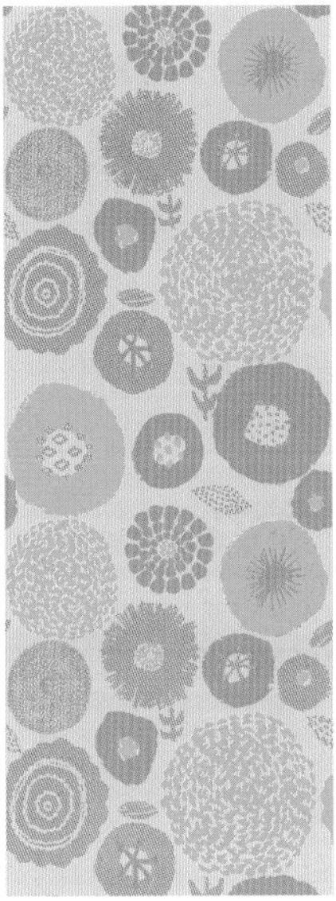
1/2/4/8

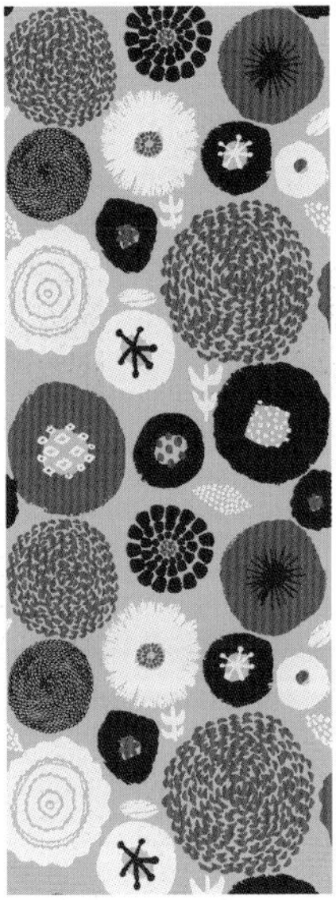
1/6/7/9

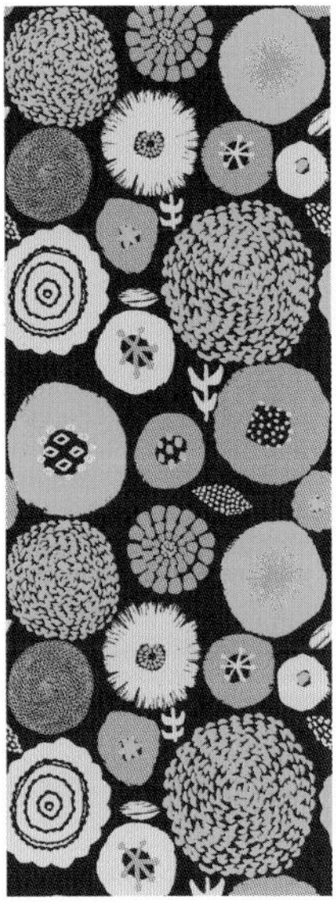
1/2/8/9

5배색

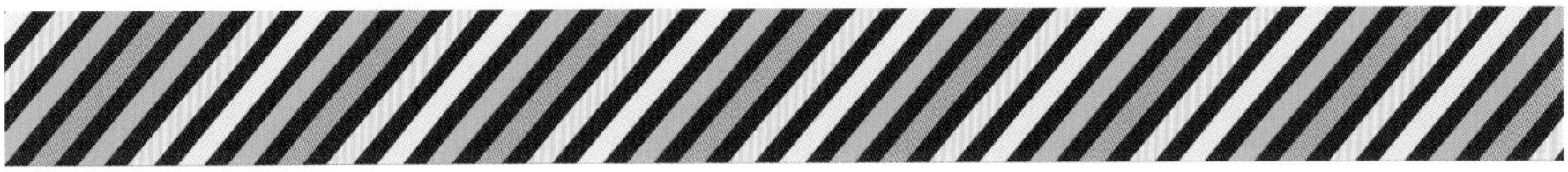
1/3/6/8/9

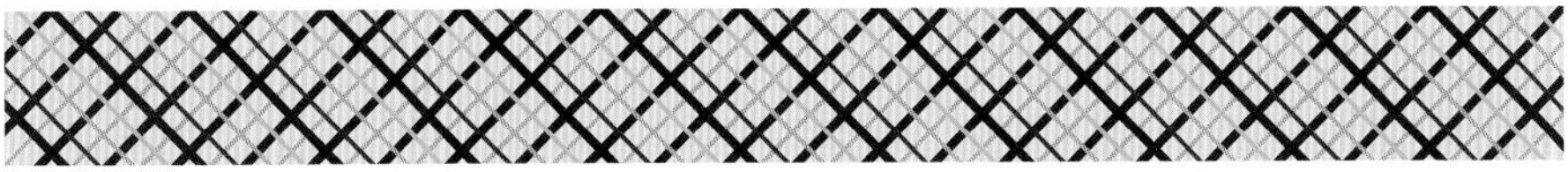
1/3/8/9/10

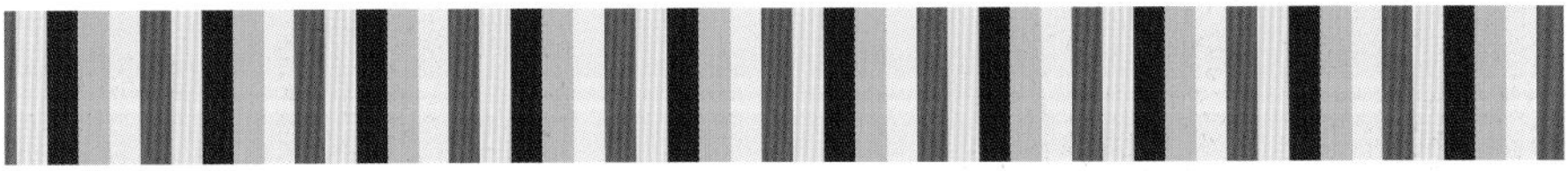
1/3/6/7/9

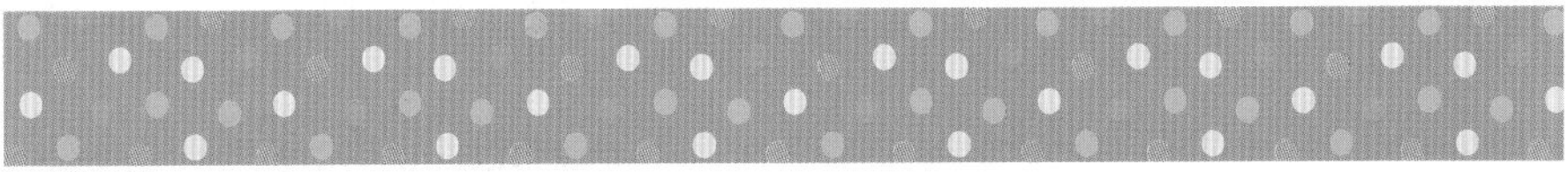
1/3/4/5/8

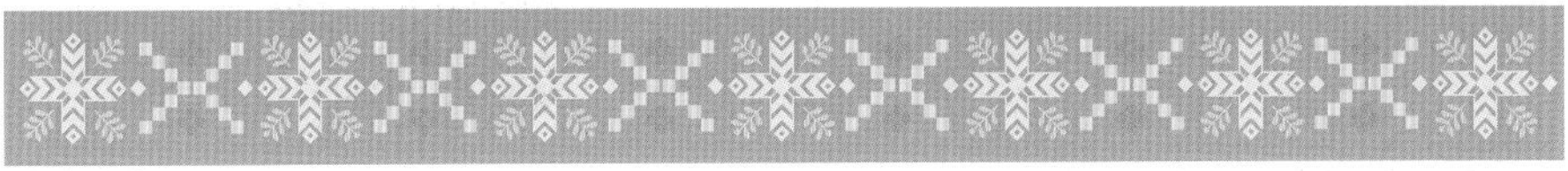
2/3/4/5/6

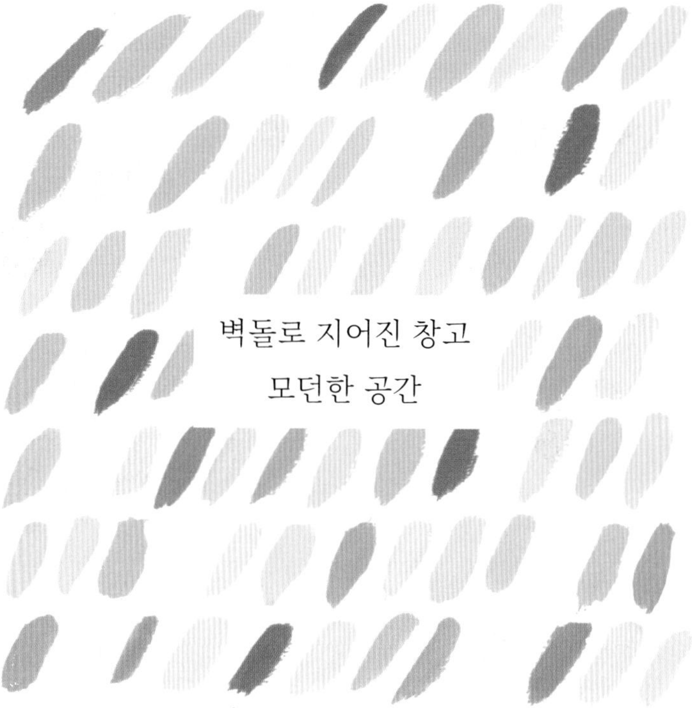

#겨울 #가을

벽돌

시크

성숙한

테라코타

테라코타나 벽돌과 같은 색으로 그러데이션해서 성숙한 느낌을 줍니다.
캐주얼한 디자인에 사용해도 인상적이고 임팩트 있는 마무리를 할 수 있습니다.

	1	2	3	4	5	6	7	8	9	10
C	14	8	10	32	46	35	9	29	63	84
M	36	14	5	22	61	35	30	53	64	78
Y	30	10	3	20	60	42	22	46	74	67
K	0	0	0	0	8	0	0	0	21	41
R	221	237	234	185	148	179	232	190	102	44
G	177	224	239	190	106	164	192	135	85	49
B	165	223	244	194	92	144	185	123	67	57
	#DDB1A5	#EDE0DF	#EAEFF4	#B9BEC2	#946A5C	#B3A490	#E8C0B9	#BE877B	#665543	#2C3139
	베이스			우아한			베리에이션			포인트

SAMPLE

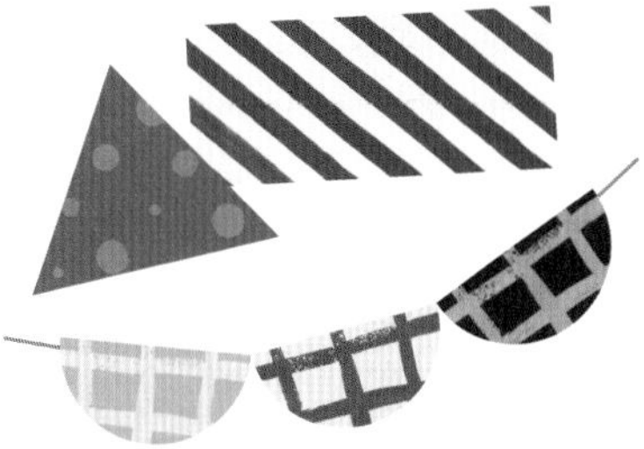

2 배색 pattern

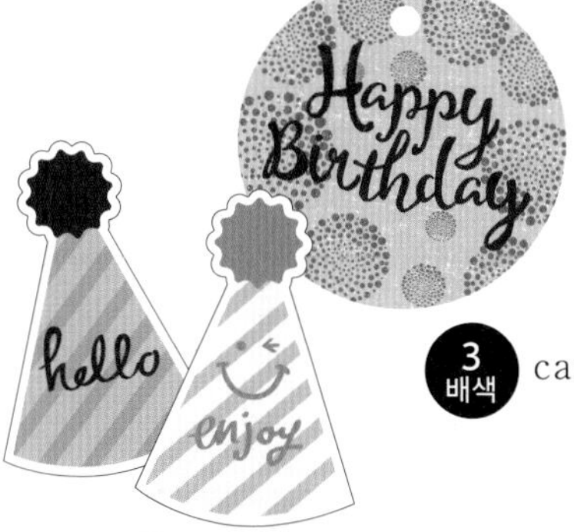

3 배색 card

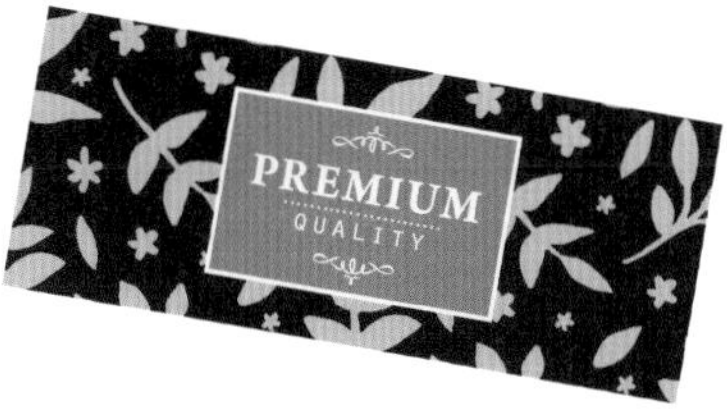

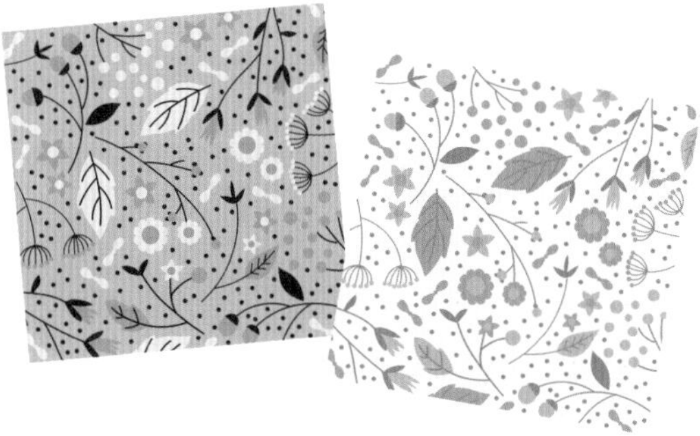

4 배색 flower

5 배색 web

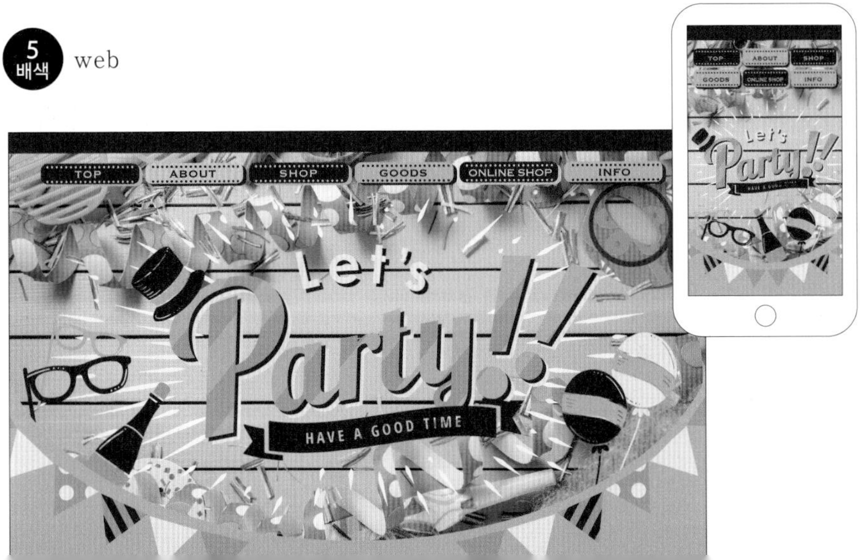

2배색

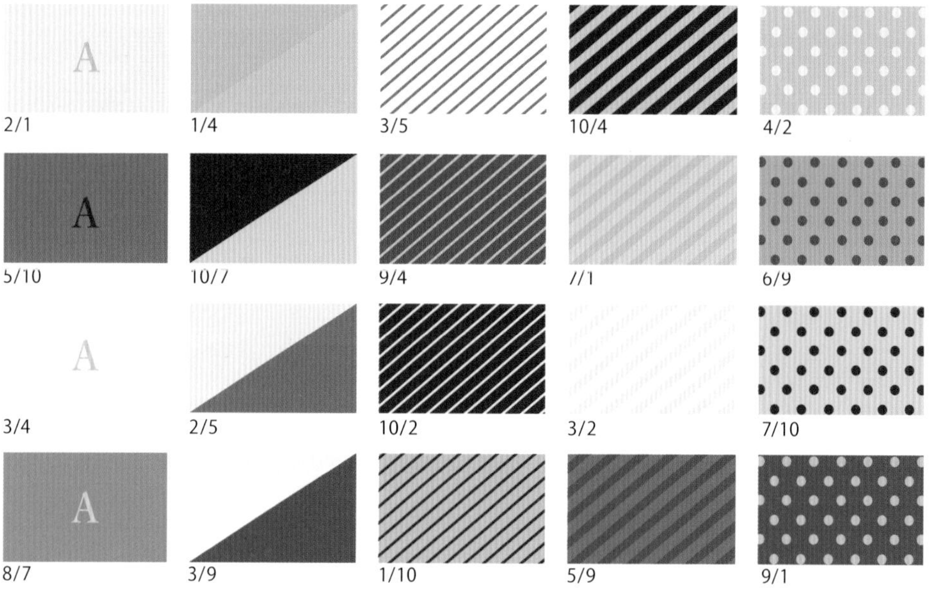
A
2/1
1/4
3/5
10/4
4/2
A
5/10
10/7
9/4
7/1
6/9
A
3/4
2/5
10/2
3/2
7/10
A
8/7
3/9
1/10
5/9
9/1

3배색

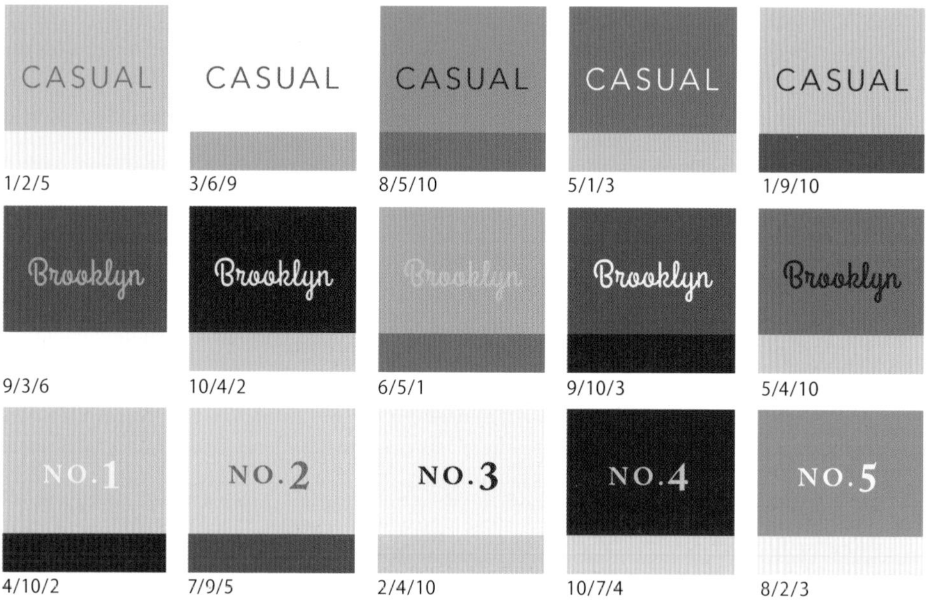
CASUAL
1/2/5
CASUAL
3/6/9
CASUAL
8/5/10
CASUAL
5/1/3
CASUAL
1/9/10
Brooklyn
9/3/6
Brooklyn
10/4/2
Brooklyn
6/5/1
Brooklyn
9/10/3
Brooklyn
5/4/10
NO.1
4/10/2
NO.2
7/9/5
NO.3
2/4/10
NO.4
10/7/4
NO.5
8/2/3

4배색

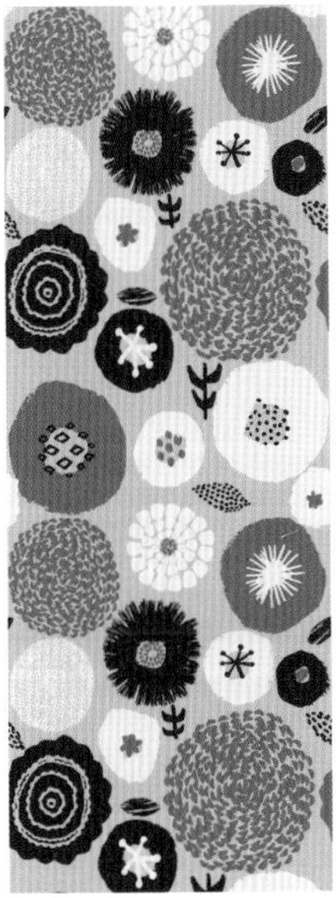

2/4/5/10

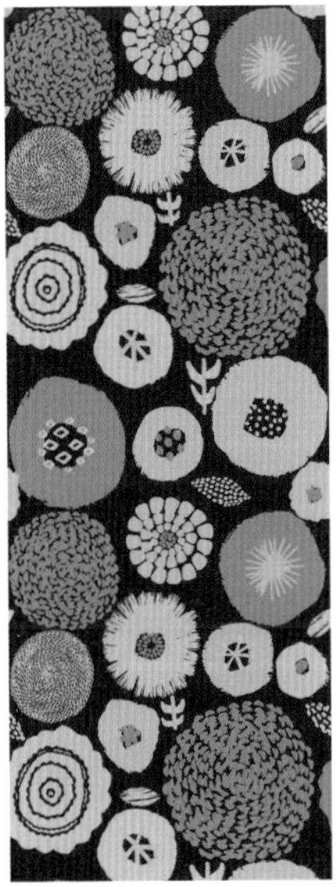

1/4/8/10

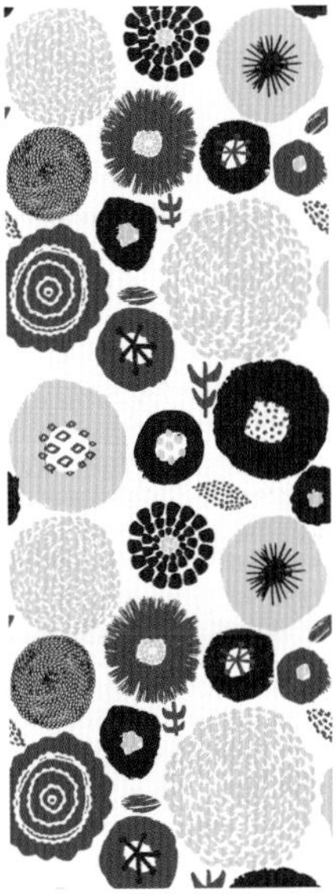

3/7/9/10

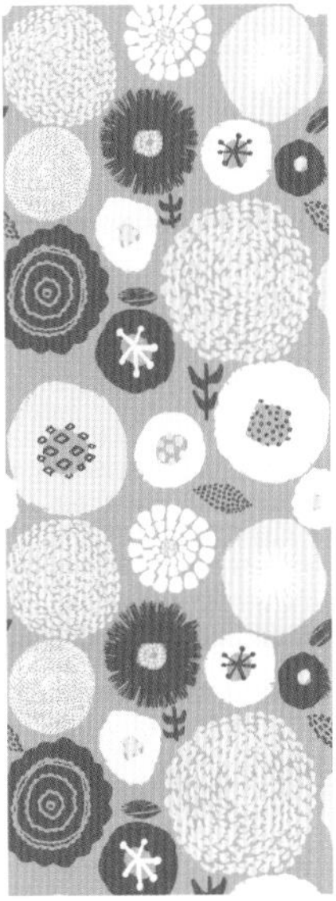

1/2/3/5

5배색

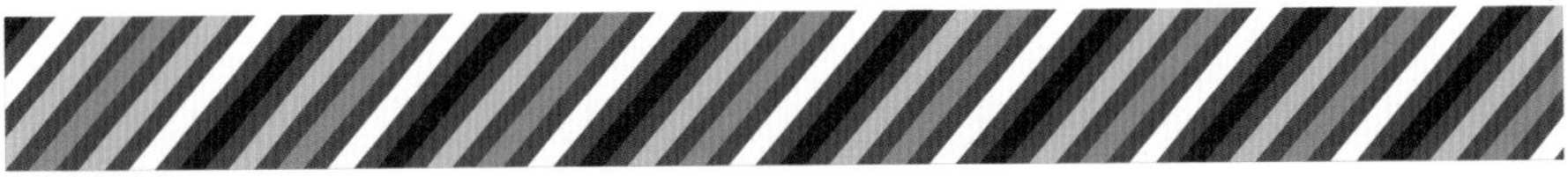

1/3/8/9/10

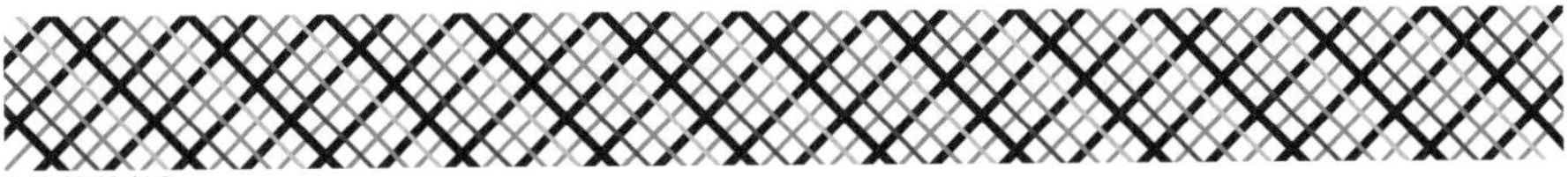

1/3/8/9/10

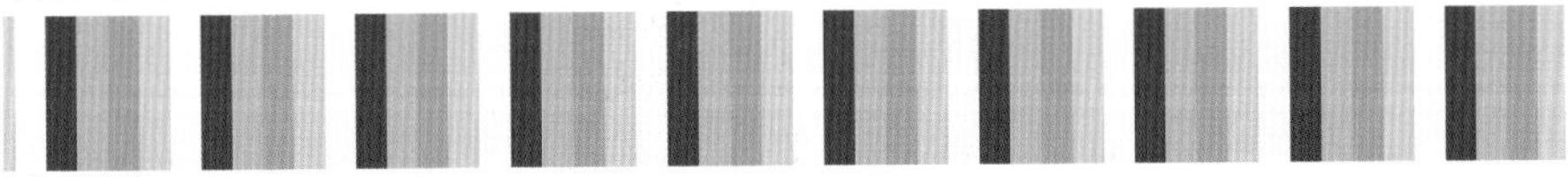

1/3/6/7/9

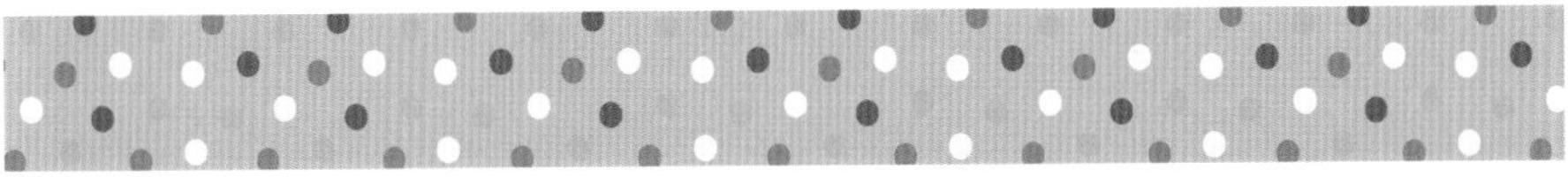

1/3/4/5/8

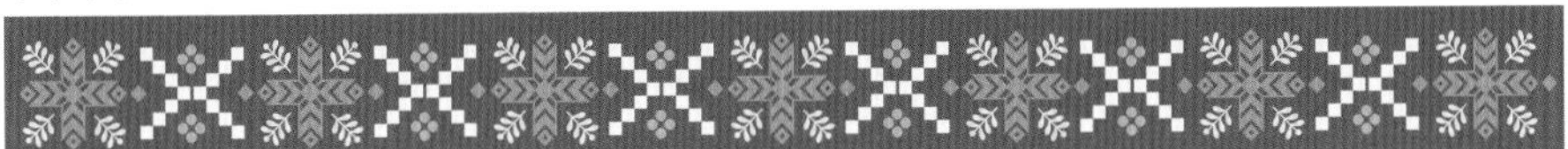

1/2/3/5/6

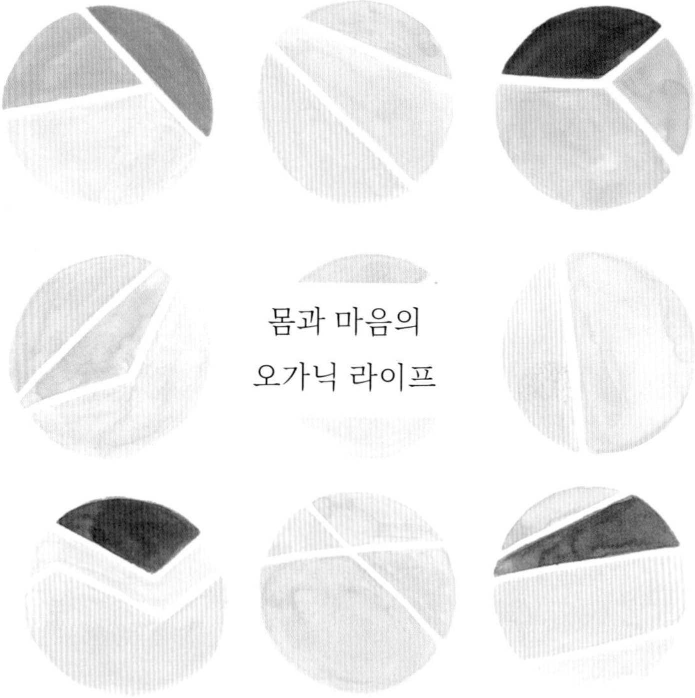

몸과 마음의
오가닉 라이프

#봄 #여름

건강한

오가닉

요가

스포티

같은 라이트 그레이시 톤 중에서 명도를 조금 높인 민트 그린, 명도를 낮춘 다크 퍼플이 포인트입니다. 유행하는 요가복을 형상화했습니다.

	1	2	3	4	5	6	7	8	9	10
C	5	32	18	49	19	42	33	16	37	69
M	21	11	10	0	21	43	16	10	30	79
Y	16	26	34	43	22	28	24	11	33	44
K	0	0	0	0	0	0	0	0	0	14
R	241	185	218	139	214	163	183	221	174	97
G	213	207	219	203	202	147	198	224	172	66
B	205	193	180	166	193	160	193	224	164	98
	#F1D5CD	#B9CFC1	#DADBB4	#8BCBA6	#D6CAC1	#A393A0	#B7C6C1	#DDE0E0	#AEACA4	#614262
	베이스			우아한			베리에이션			포인트

SAMPLE

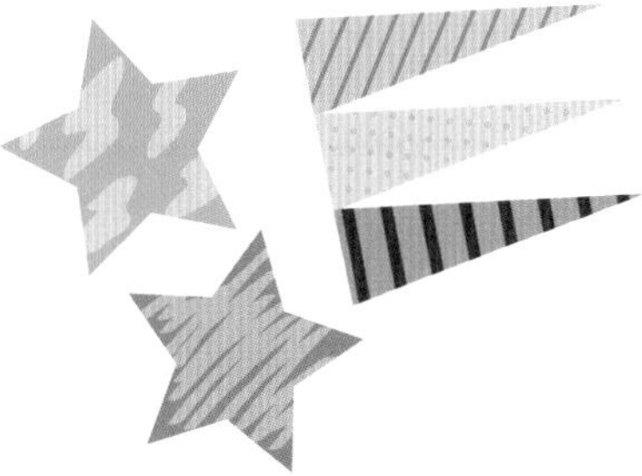

2 배색 pattern

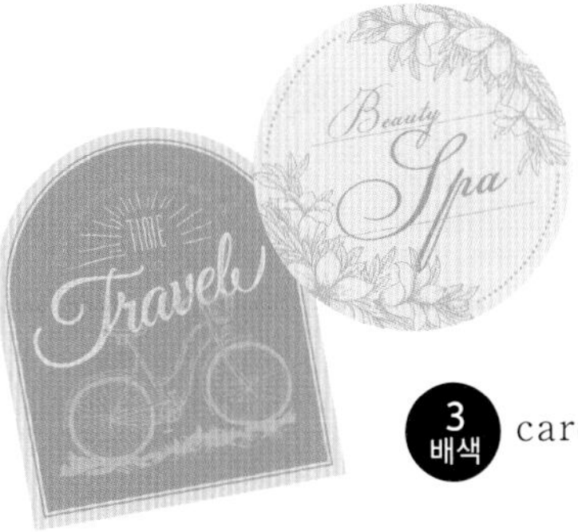

3 배색 card

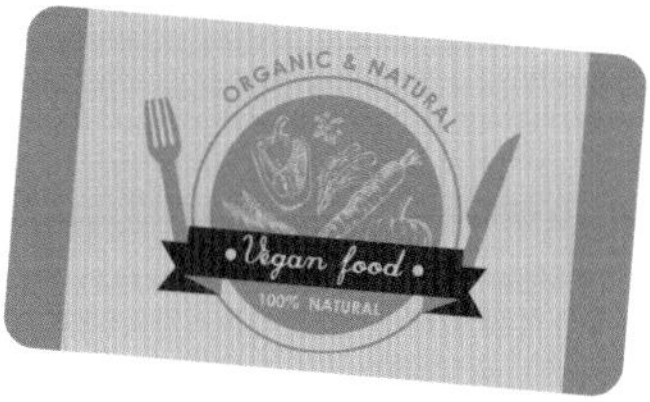

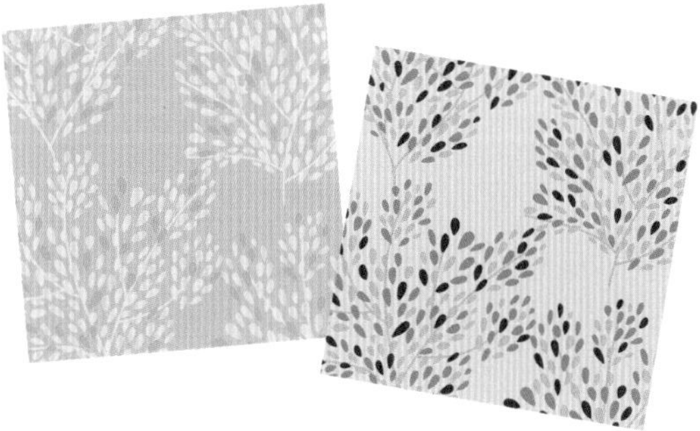

4 배색 flower

5 배색 web

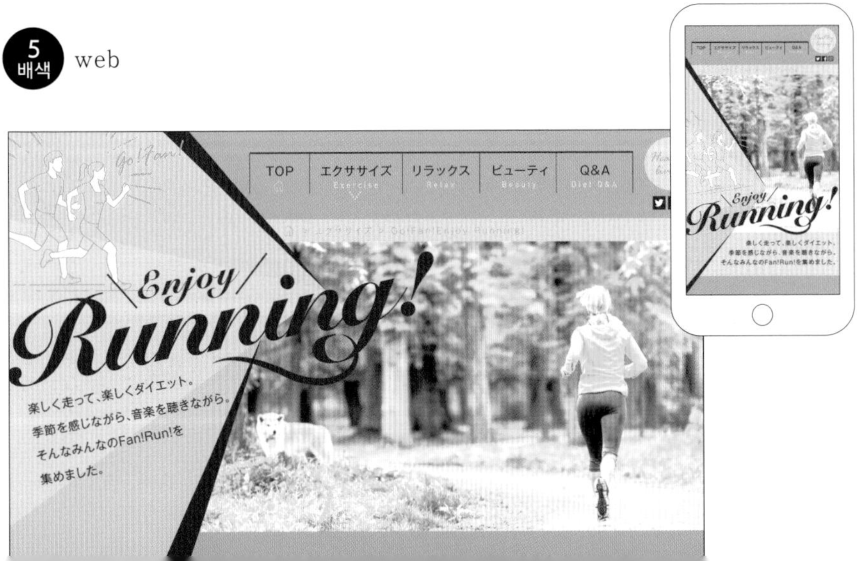

2배색

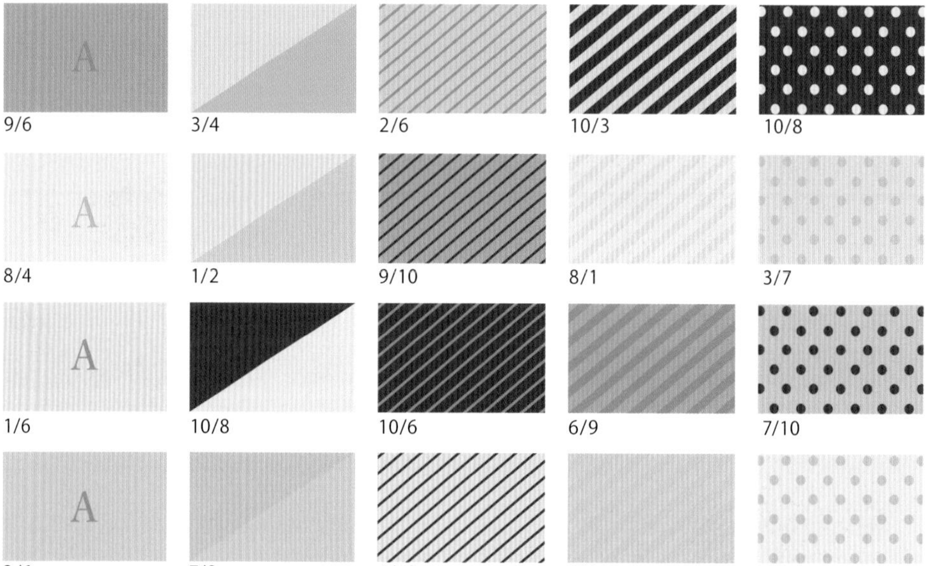

9/6 3/4 2/6 10/3 10/8

8/4 1/2 9/10 8/1 3/7

1/6 10/8 10/6 6/9 7/10

2/6 7/2 1/10 5/2 8/7

3배색

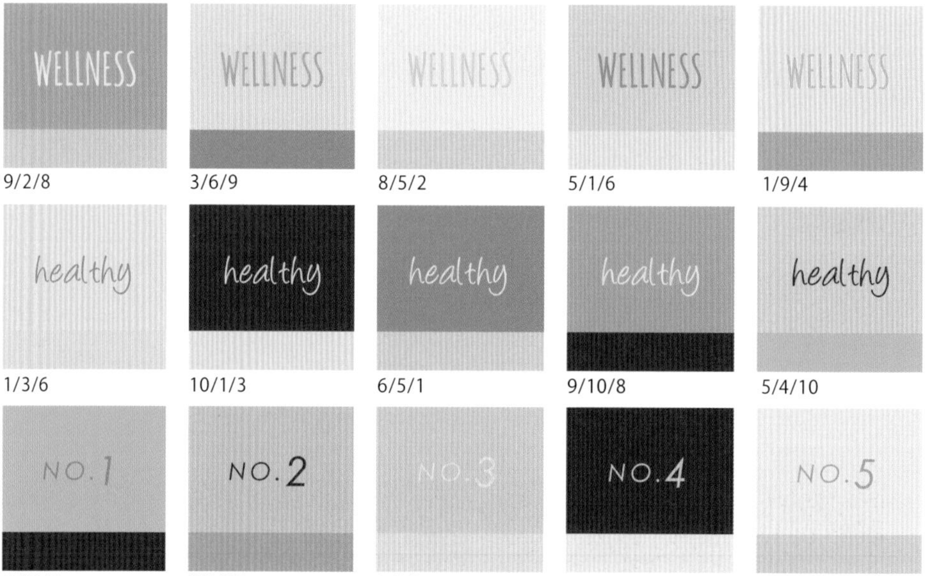

9/2/8 3/6/9 8/5/2 5/1/6 1/9/4

1/3/6 10/1/3 6/5/1 9/10/8 5/4/10

4/10/6 7/9/10 2/3/1 10/8/2 8/2/9

4배색

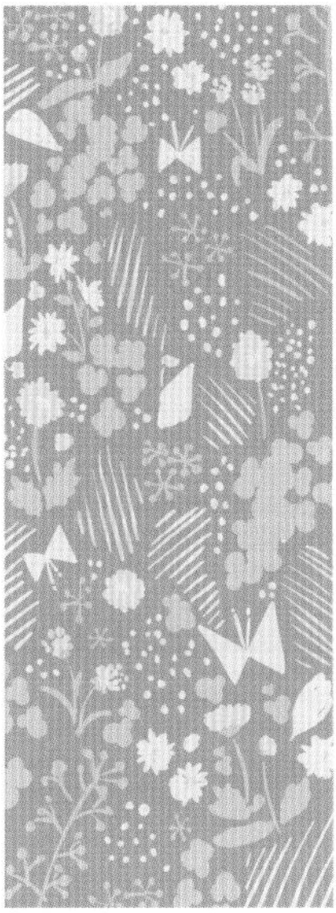
1/2/8/9

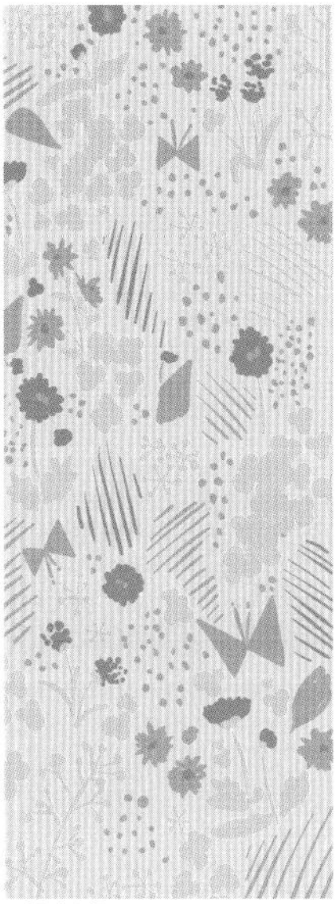
1/2/6/9

1/2/4/8

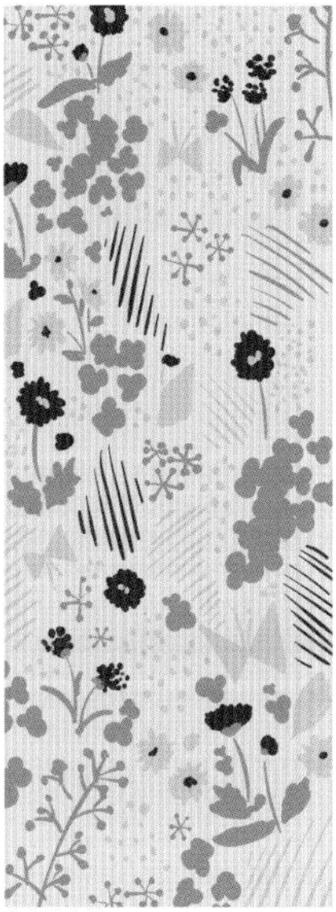
3/7/6/10

5배색

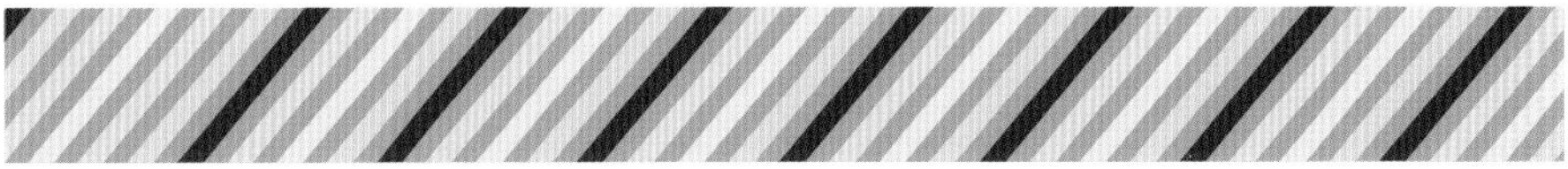
1/3/8/9/10

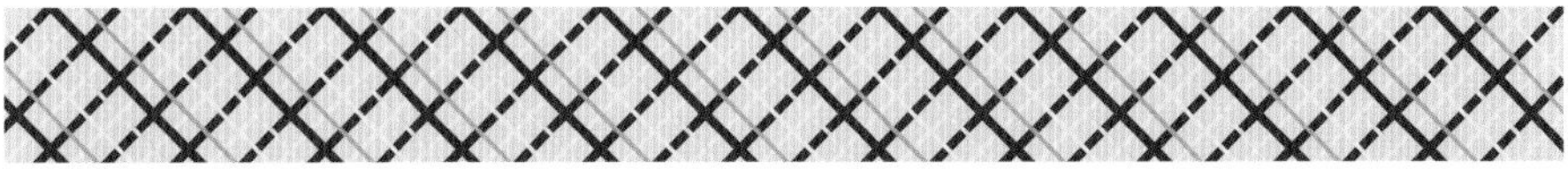
1/3/8/9/10

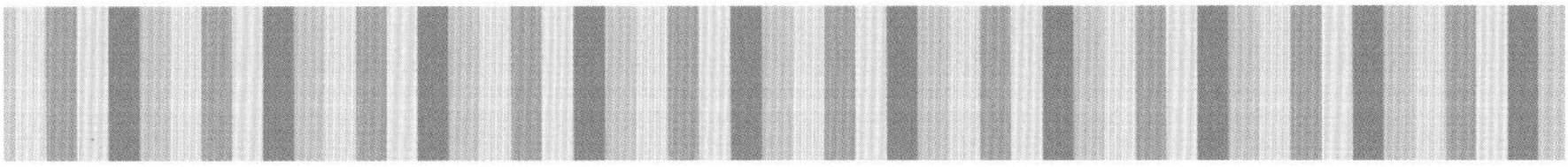
1/3/6/7/9

1/3/4/5/8

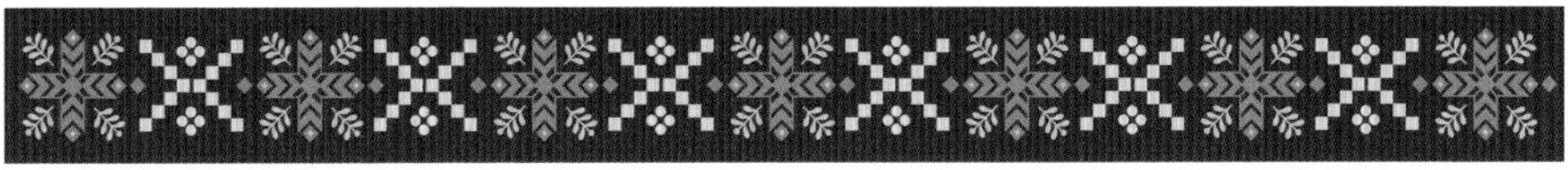
1/2/3/5/10

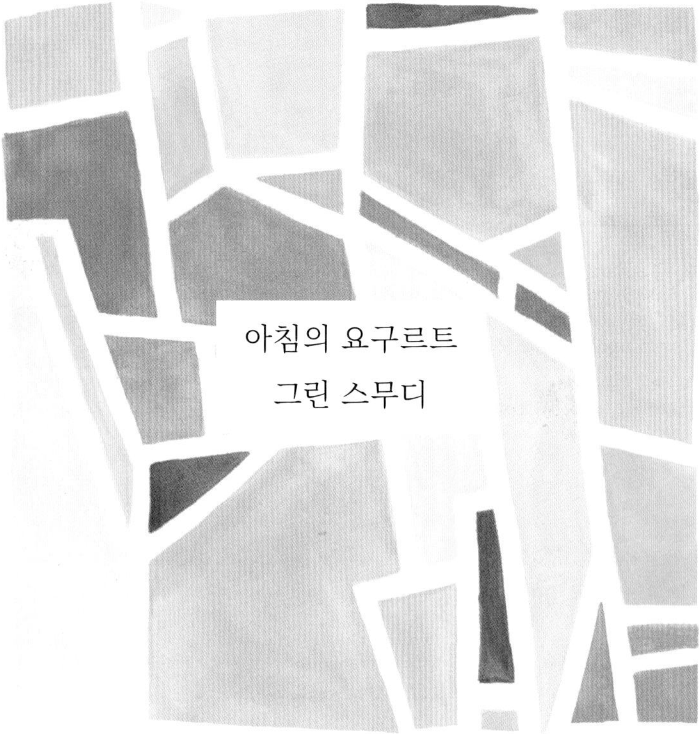

아침의 요구르트 그린 스무디

#봄 #여름

건강한

릴랙스

아침

상쾌한

밝은 라임 그린과 브라운의 페일 그레이시 톤 조합은
자연친화적이고 온화한 이미지를 만들어 줍니다.

	1	2	3	4	5	6	7	8	9	10
C	35	48	9	55	28	29	18	21	14	13
M	9	30	0	55	0	29	13	0	0	34
Y	12	25	35	55	48	25	19	24	81	29
K	0	0	0	9	0	0	0	0	0	0
R	176	146	239	127	197	192	217	211	231	224
G	208	164	242	111	223	180	216	233	231	182
B	220	176	187	103	156	179	206	208	67	169
	#B0D0DC	#92A4B0	#EFF2BB	#7F6F67	#C5DF9C	#C0B1B3	#D9D8CE	#D3E9D0	#E7E743	#E0B6A9
	베이스			우아한			베리에이션			포인트

SAMPLE

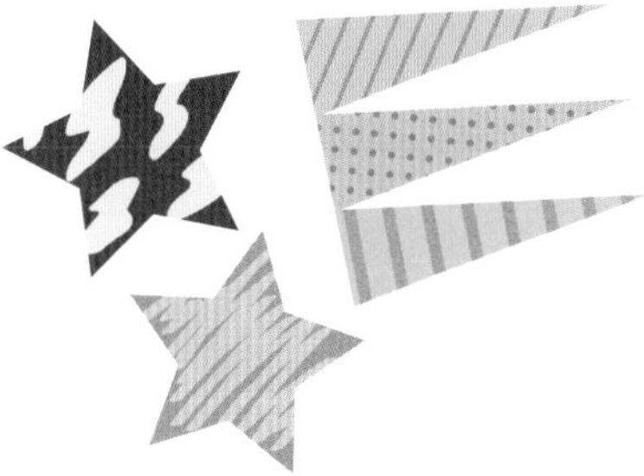

2 배색 pattern

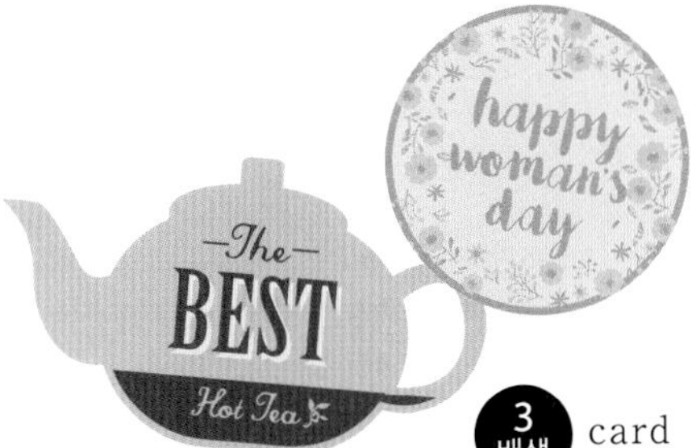

3 배색 card

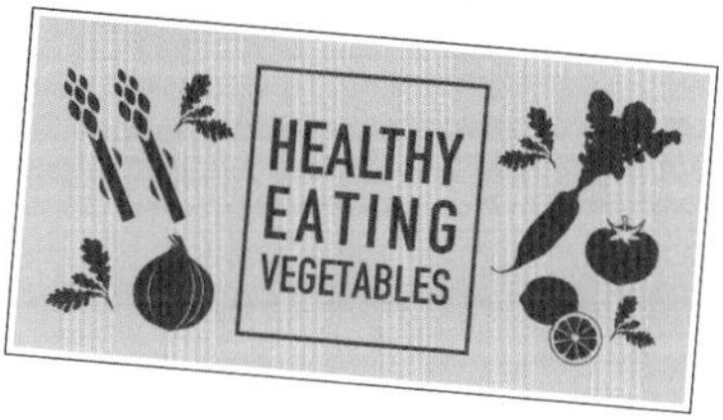

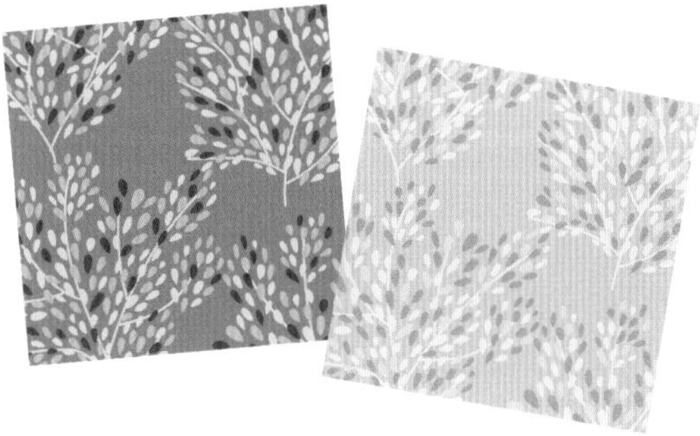

4 배색 flower

5 배색 web

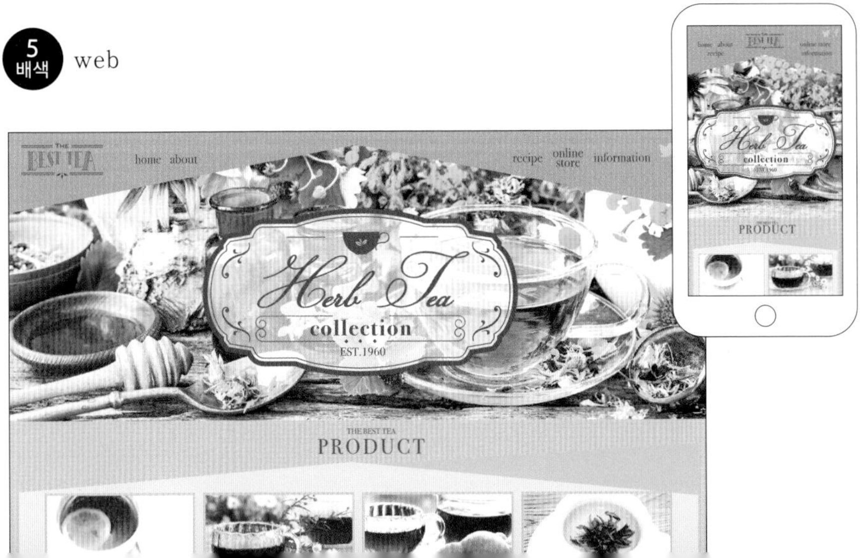

2배색

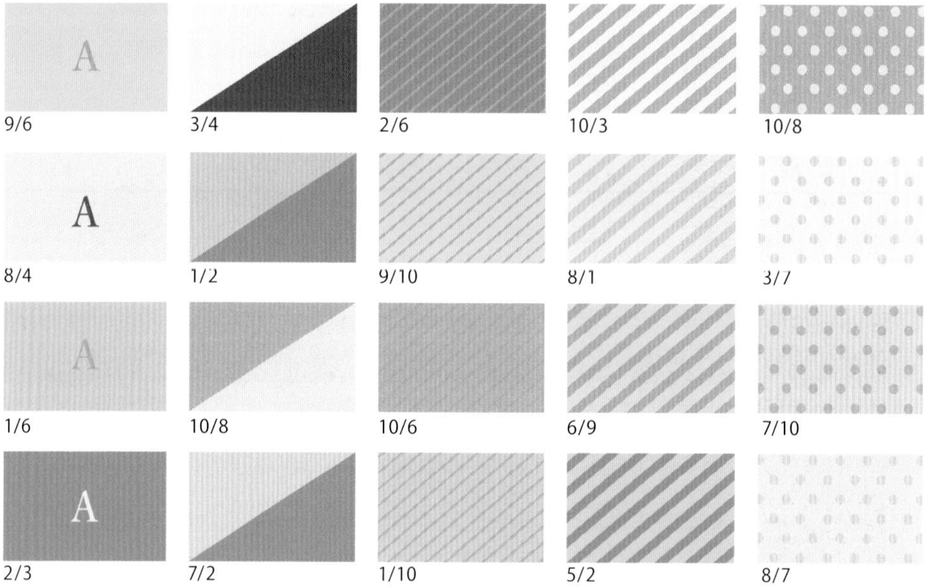
A
9/6
3/4
2/6
10/3
10/8
A
8/4
1/2
9/10
8/1
3/7
A
1/6
10/8
10/6
6/9
7/10
A
2/3
7/2
1/10
5/2
8/7

3배색

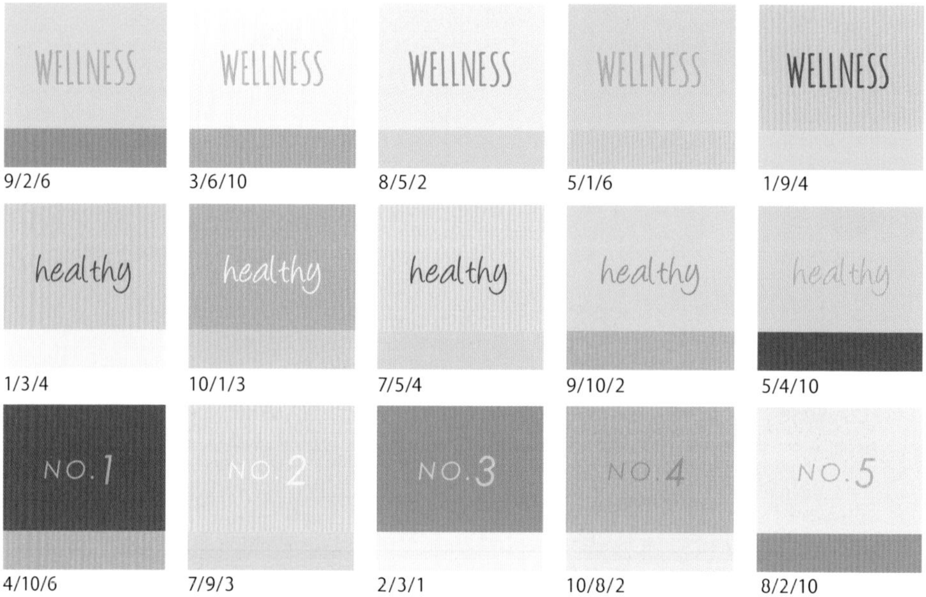
WELLNESS
9/2/6
WELLNESS
3/6/10
WELLNESS
8/5/2
WELLNESS
5/1/6
WELLNESS
1/9/4
healthy
1/3/4
healthy
10/1/3
healthy
7/5/4
healthy
9/10/2
healthy
5/4/10
NO.1
4/10/6
NO.2
7/9/3
NO.3
2/3/1
NO.4
10/8/2
NO.5
8/2/10

4배색

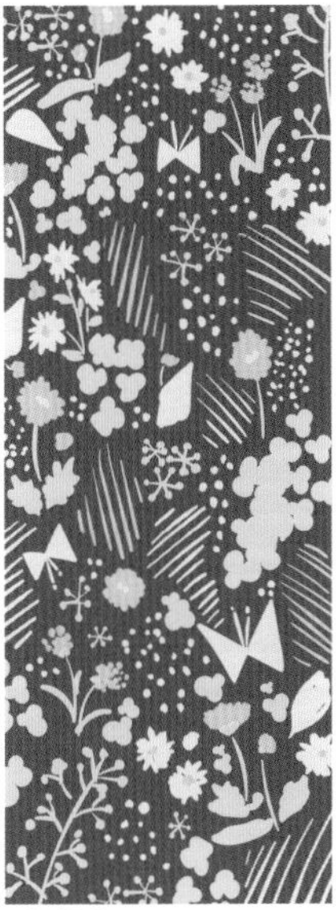
1/4/8/9

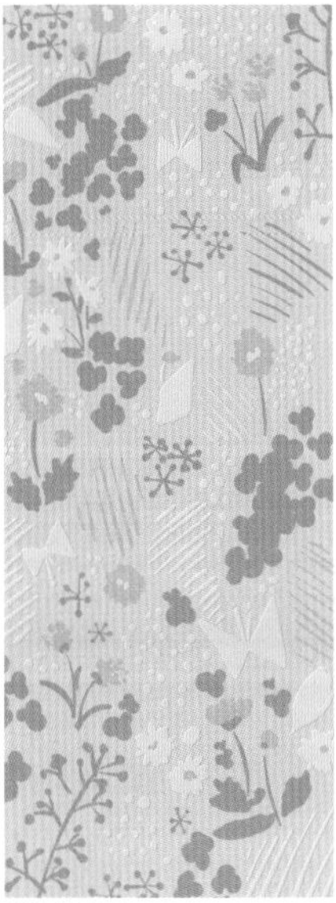
1/2/9/10

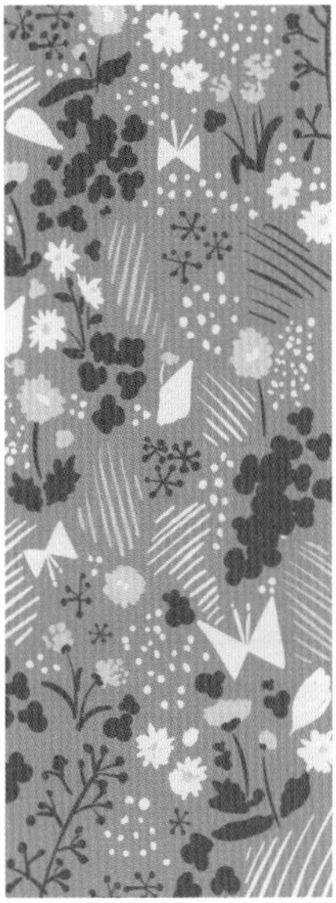
1/2/4/8

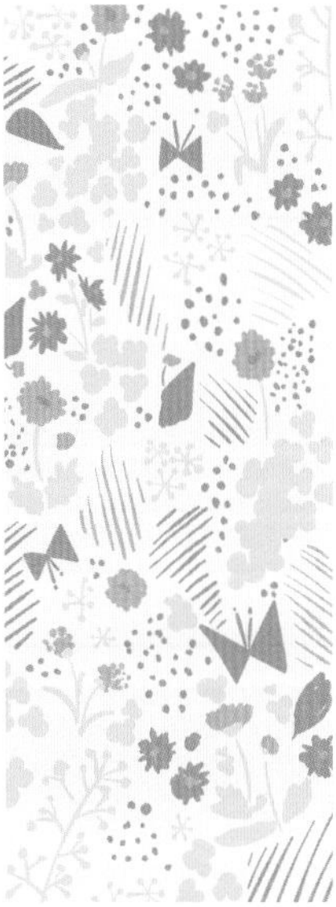
2/3/6/9

5배색

1/3/8/9/10

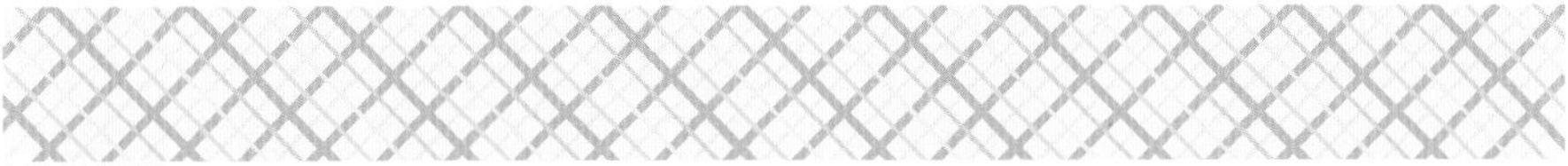
1/3/8/9/10

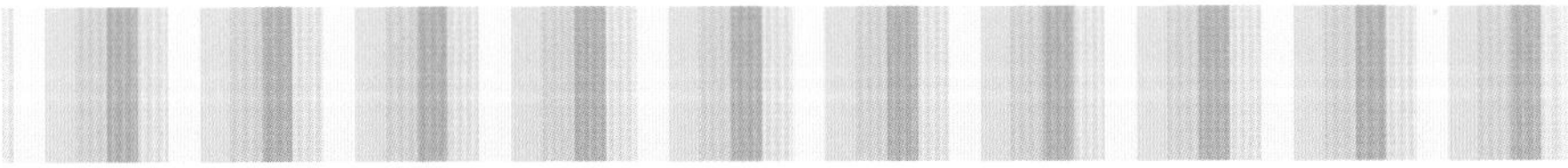
1/3/6/7/9

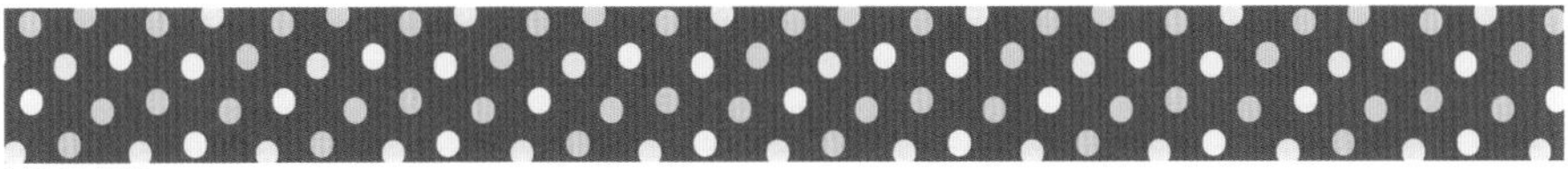
1/3/4/5/8

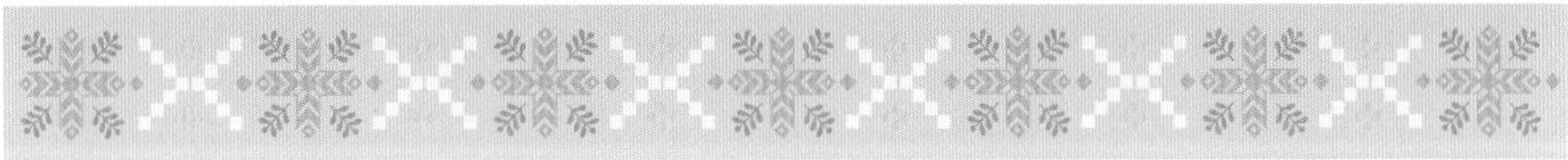
1/2/3/5/6

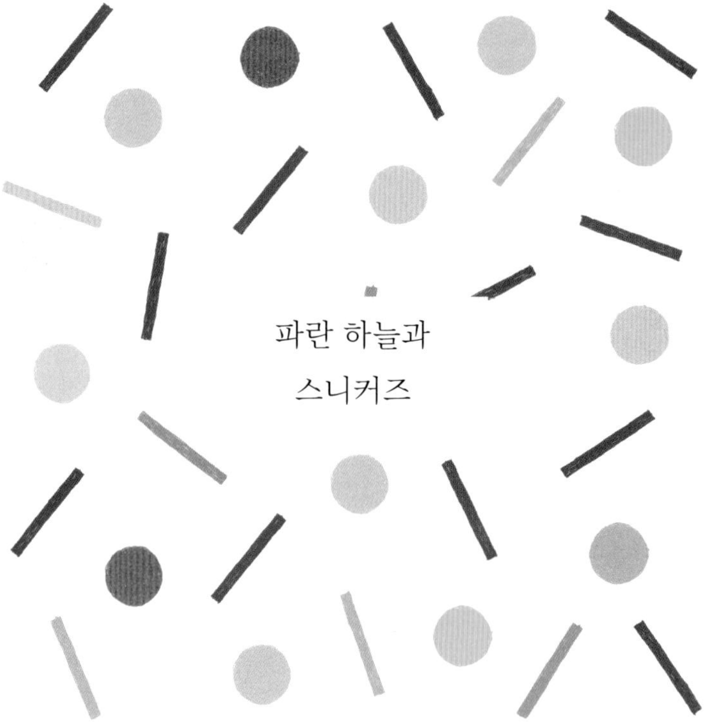

파란 하늘과 스니커즈

건강한 느낌을 주는 옐로나 오렌지가 너무 튀지 않도록
뉘앙스 컬러나 그레이를 더해서 성숙한 느낌으로 마무리했습니다.

	1	2	3	4	5	6	7	8	9	10
C	0	0	0	9	0	0	0	49	25	0
M	9	8	0	0	0	0	11	34	0	61
Y	0	81	12	0	7	0	0	0	0	73
K	17	0	0	27	22	40	63	40	9	0
R	224	255	255	192	217	181	129	100	188	239
G	213	231	254	201	216	181	120	112	219	130
B	219	59	234	207	208	182	124	149	236	68
	#E0D6DB	#FFE73B	#FFFEEA	#C0C9CF	#D9D8D0	#B5B5B6	#81787C	#647095	#BCDBEC	#EF8244
	베이스	베이스	베이스	우아한	우아한	우아한	베리에이션	베리에이션	베리에이션	포인트

SAMPLE

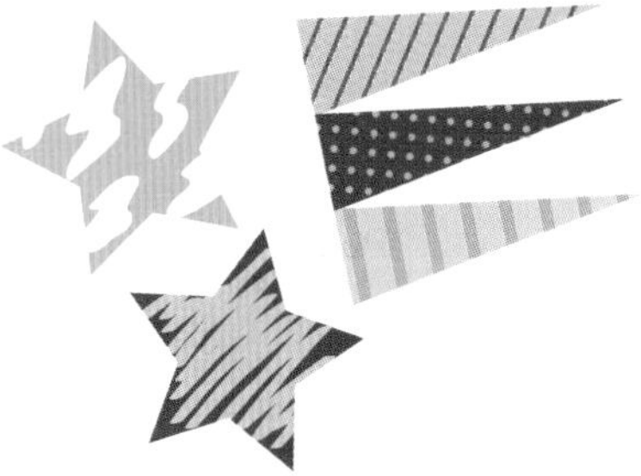

2 배색 pattern

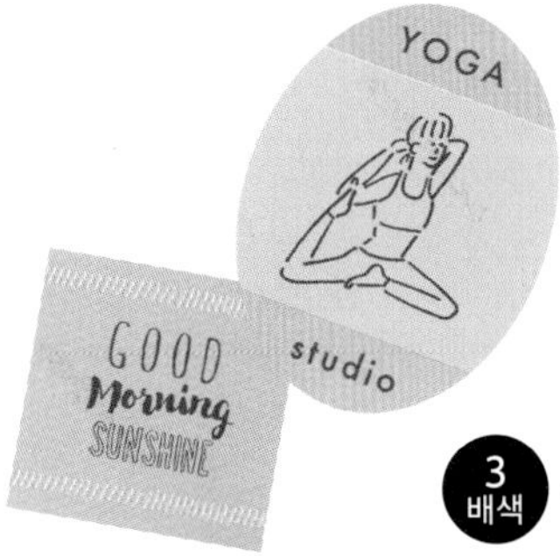

3 배색 card

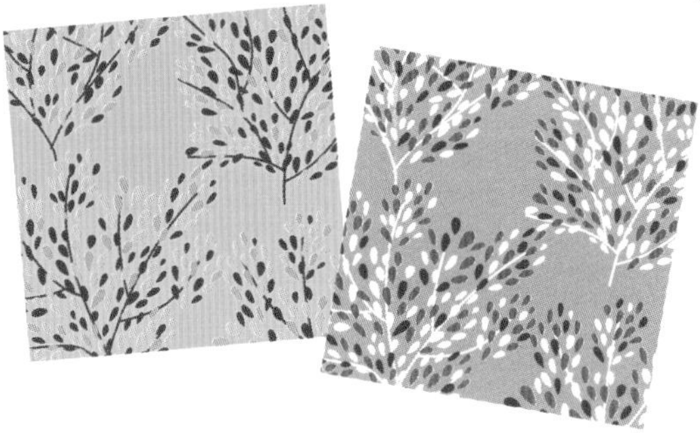

4 배색 flower

5 배색 web

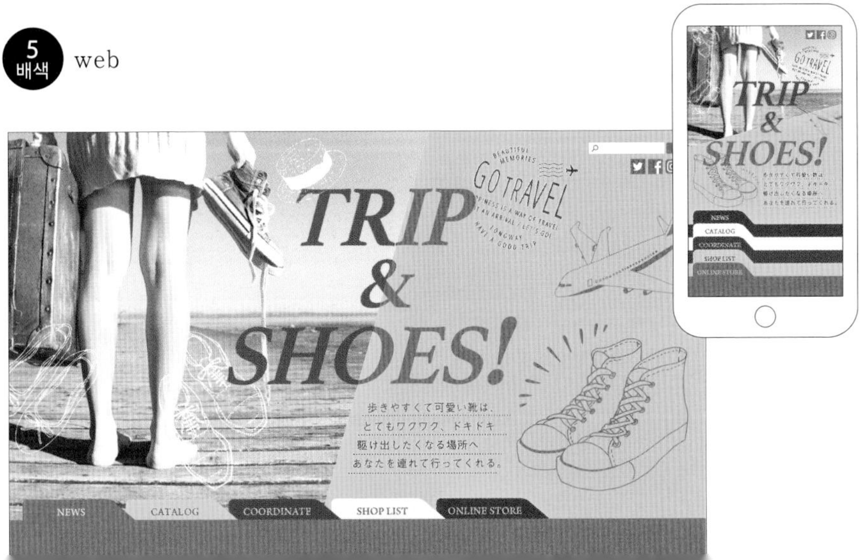

1
2
3
4
5
6
7
8
9
10

2배색

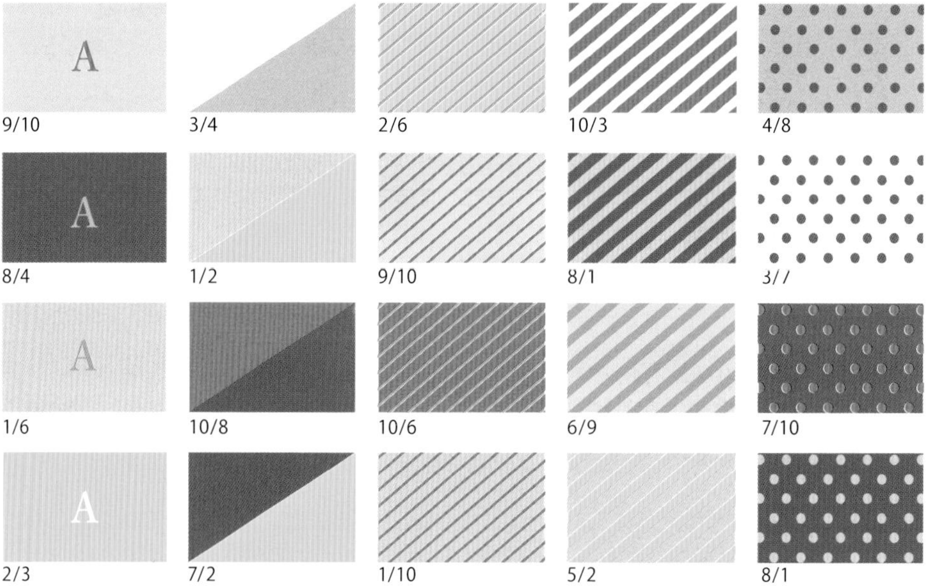
A
9/10
3/4
2/6
10/3
4/8
A
8/4
1/2
9/10
8/1
3/7
A
1/6
10/8
10/6
6/9
7/10
A
2/3
7/2
1/10
5/2
8/1

3배색

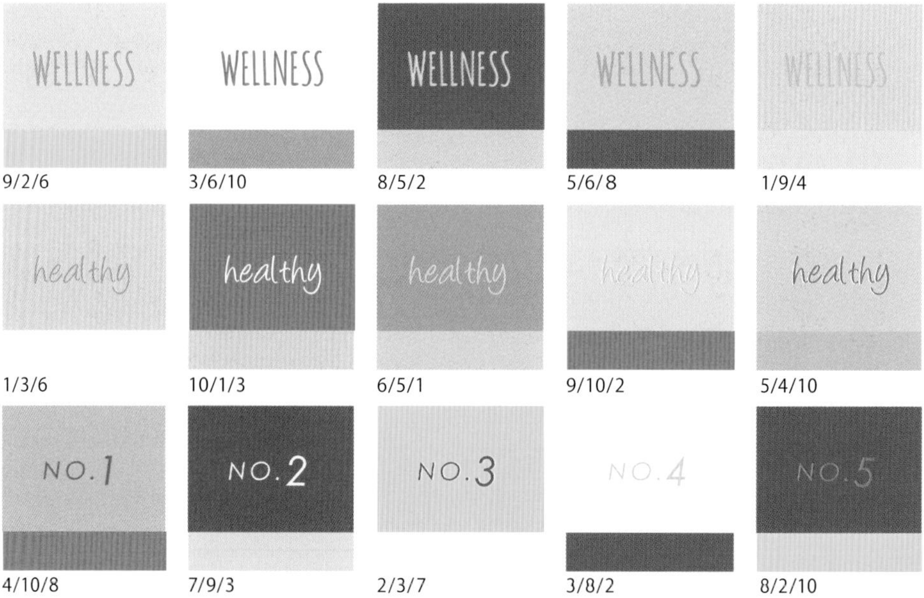
WELLNESS
9/2/6
WELLNESS
3/6/10
WELLNESS
8/5/2
WELLNESS
5/6/8
WELLNESS
1/9/4
healthy
1/3/6
healthy
10/1/3
healthy
6/5/1
healthy
9/10/2
healthy
5/4/10
NO.1
4/10/8
NO.2
7/9/3
NO.3
2/3/7
NO.4
3/8/2
NO.5
8/2/10

4배색

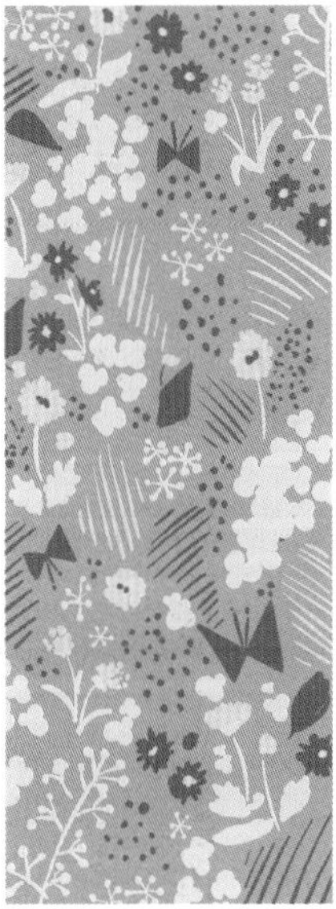

1/6/8/9

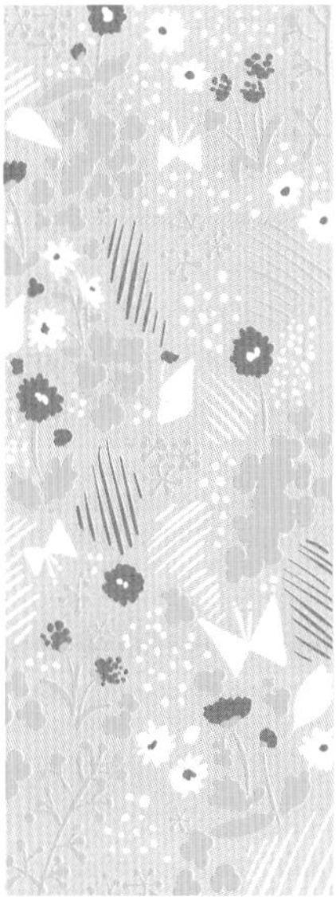

1/2/3/10

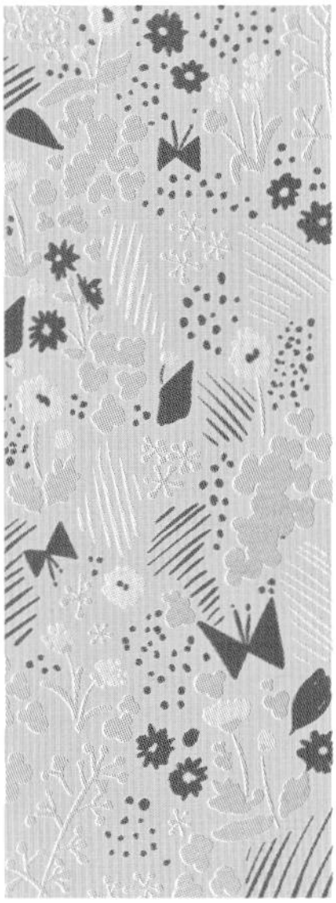

1/2/4/8

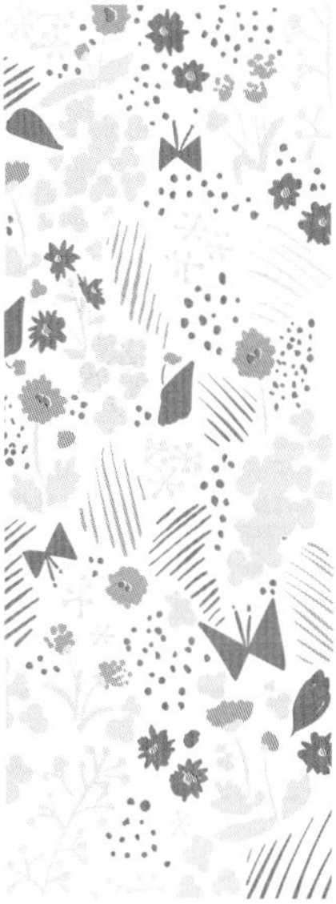

3/6/9/10

5배색

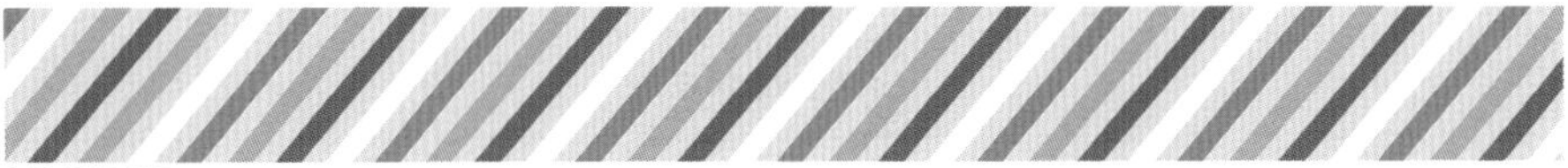

1/3/6/8/10

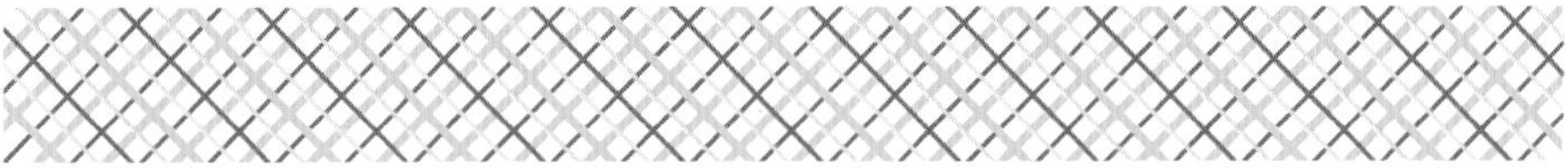

1/2/3/8/9

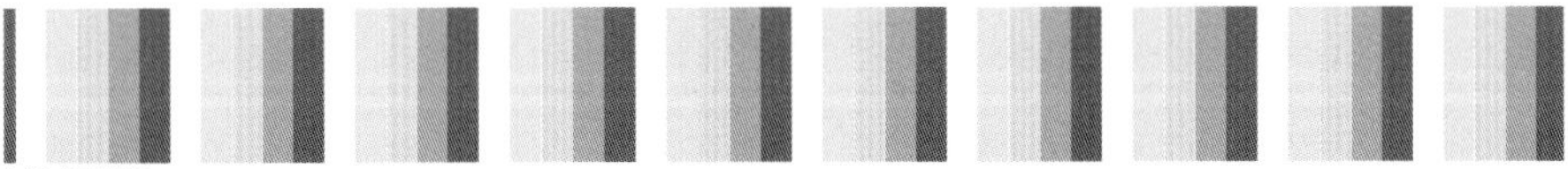

1/3/6/7/9

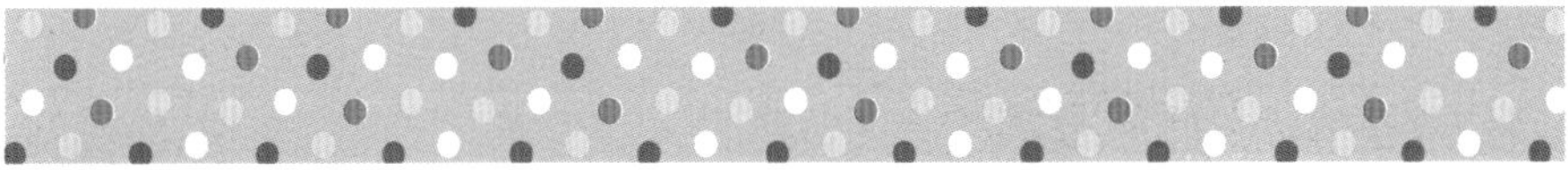

1/3/4/8/10

1/2/3/6/9

겨울 # 건강한 # 스포티 # 여성미 # 요가

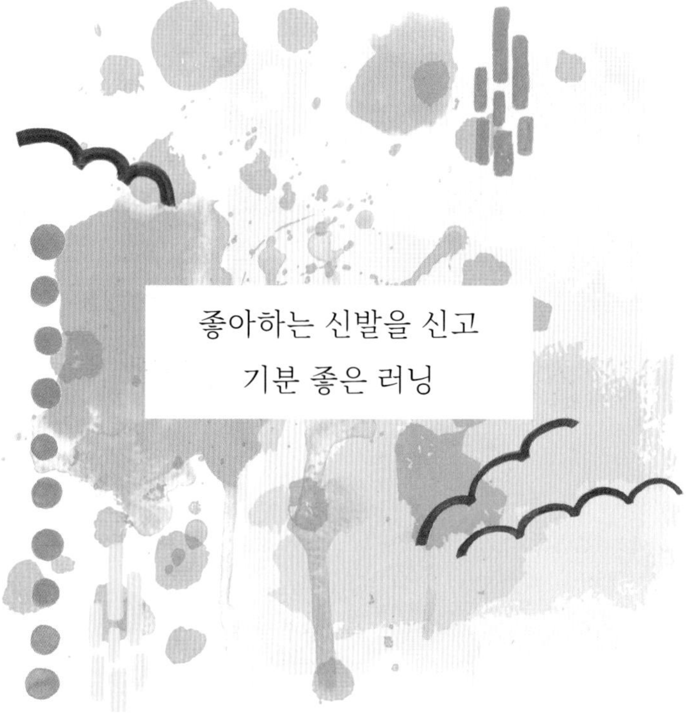

좋아하는 신발을 신고 기분 좋은 러닝

세련된 스포츠 웨어의 색조를 형상화했습니다.
여성스러운 페일 톤에 선명한 핑크가 건강한 느낌의 포인트입니다.

	1	2	3	4	5	6	7	8	9	10
C	10	27	0	6	0	0	17	0	0	6
M	28	25	12	0	0	11	0	13	0	60
Y	35	0	0	23	0	0	7	13	0	0
K	0	8	0	5	6	69	5	0	40	0
R	231	185	252	237	246	115	213	252	181	229
G	194	181	235	240	246	107	232	232	181	132
B	164	212	243	206	246	110	233	220	182	179
HEX	#E7C2A4	#B9B5D4	#FCEBF3	#EDF0CE	#F6F6F6	#736B6E	#D5E8E9	#FCE8DC	#B5B5B6	#E584B3
	베이스	베이스	베이스	우아한	우아한	우아한	베리에이션	베리에이션	베리에이션	포인트

SAMPLE

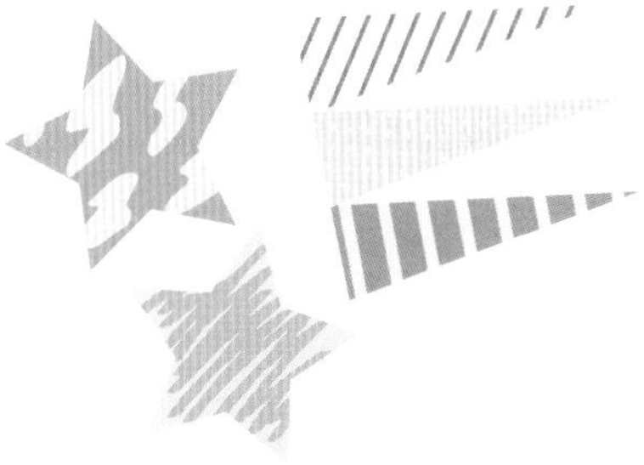

2 배색 pattern

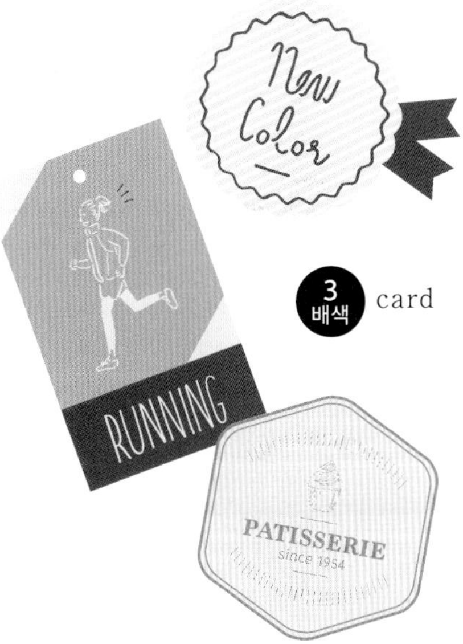

3 배색 card

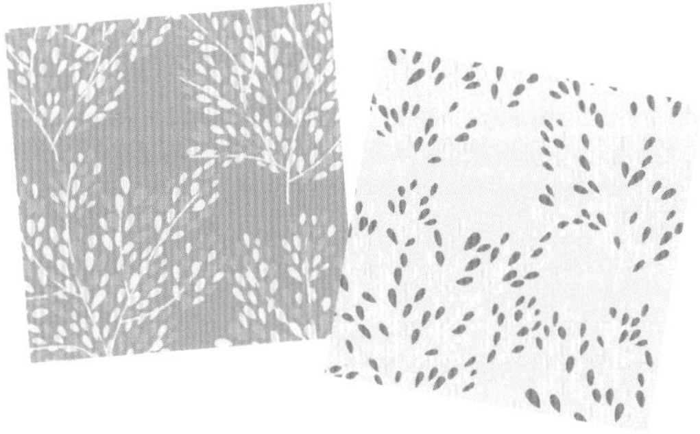

4 배색 flower

5 배색 web

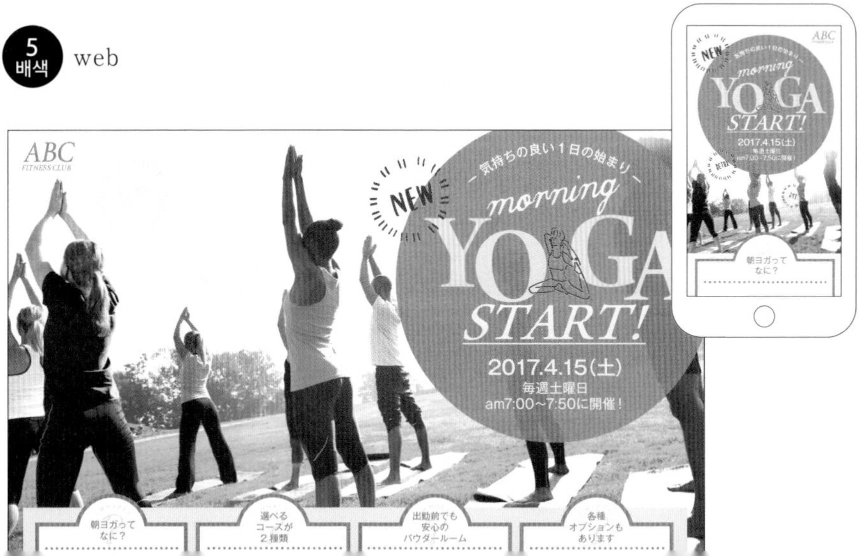

WELLNESS

2배색

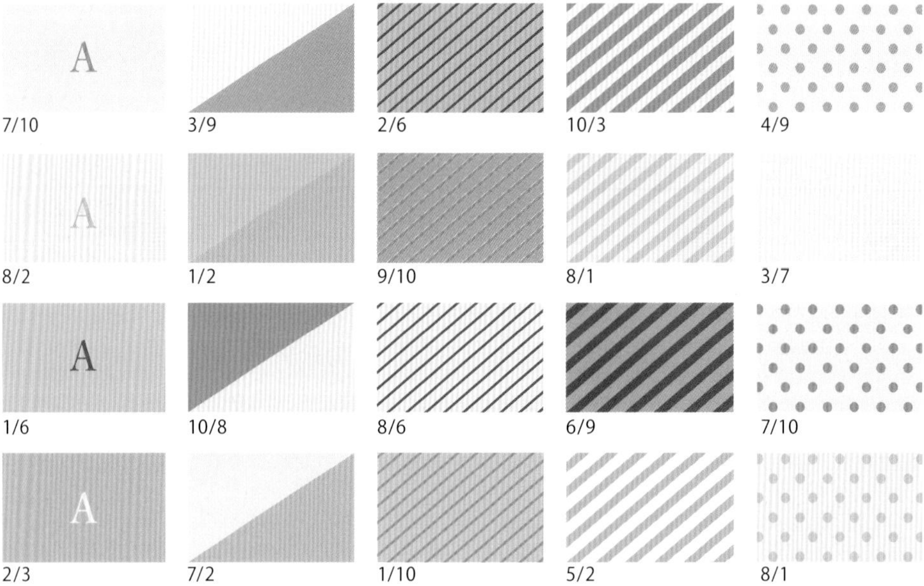

3배색

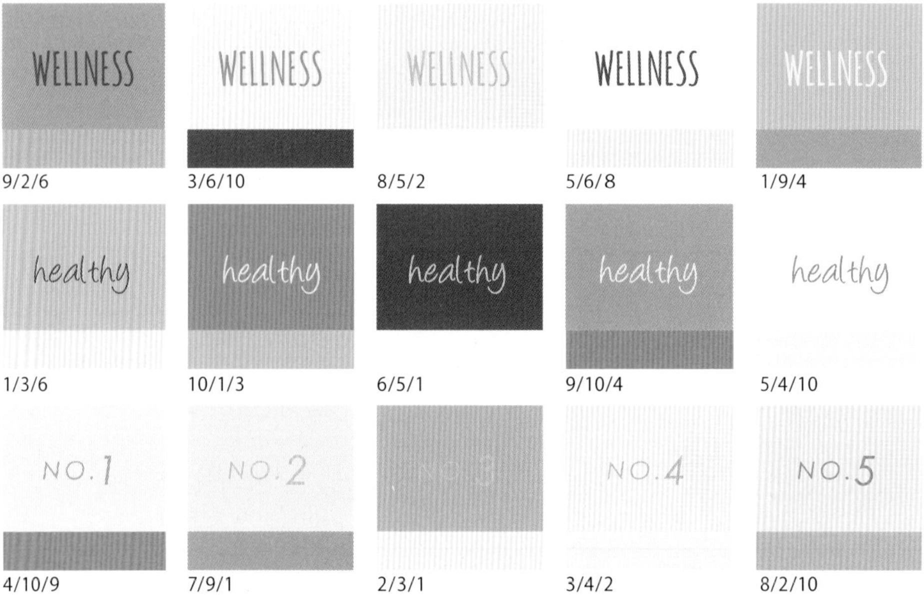

4배색

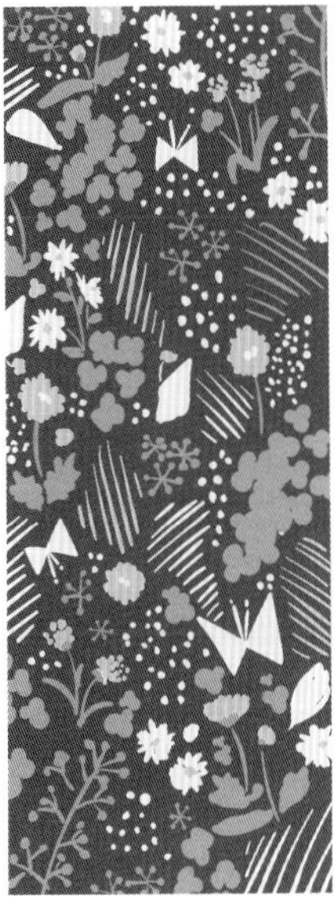
1/6/8/9

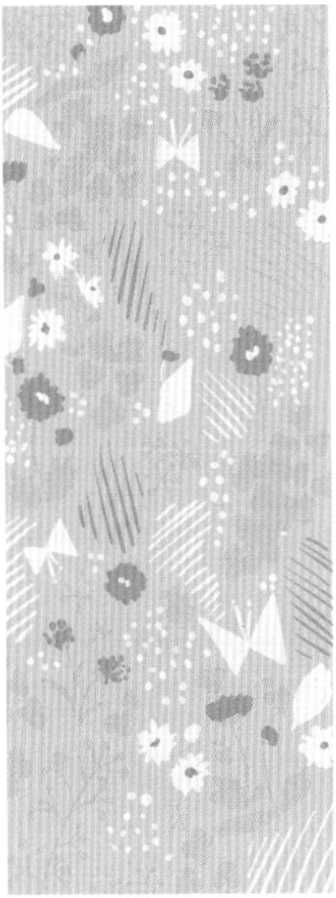
1/2/3/10

1/2/4/8

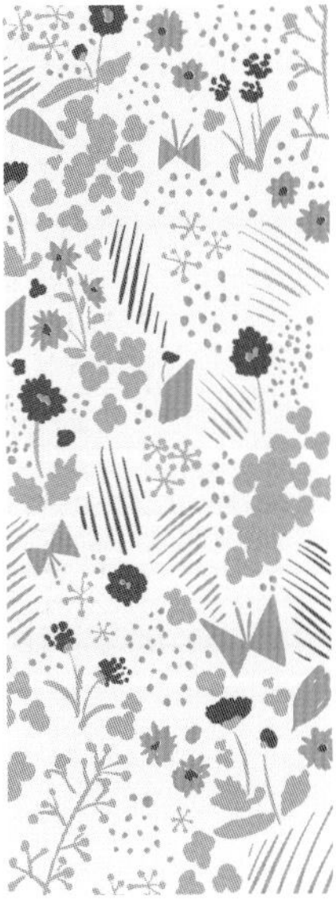
6/7/9/10

5배색

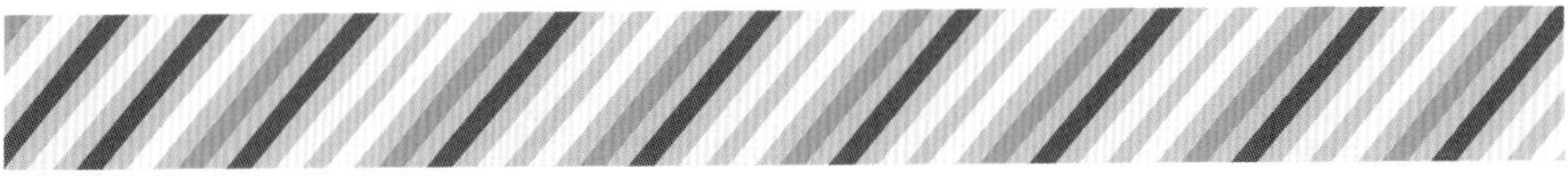
2/3/6/8/10

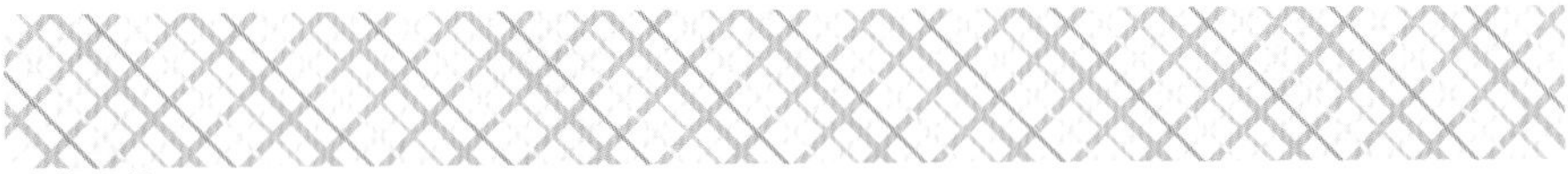
1/2/5/8/9

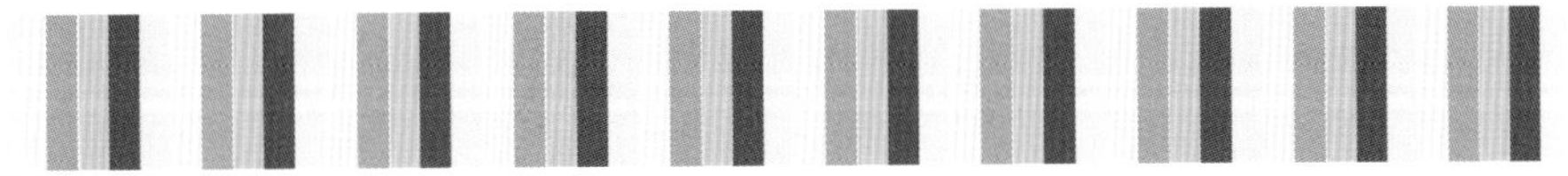
1/3/6/7/9

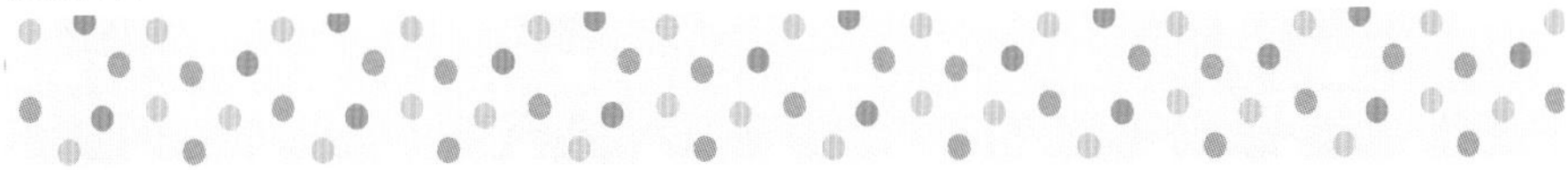
1/4/5/9/10

1/2/3/6/7

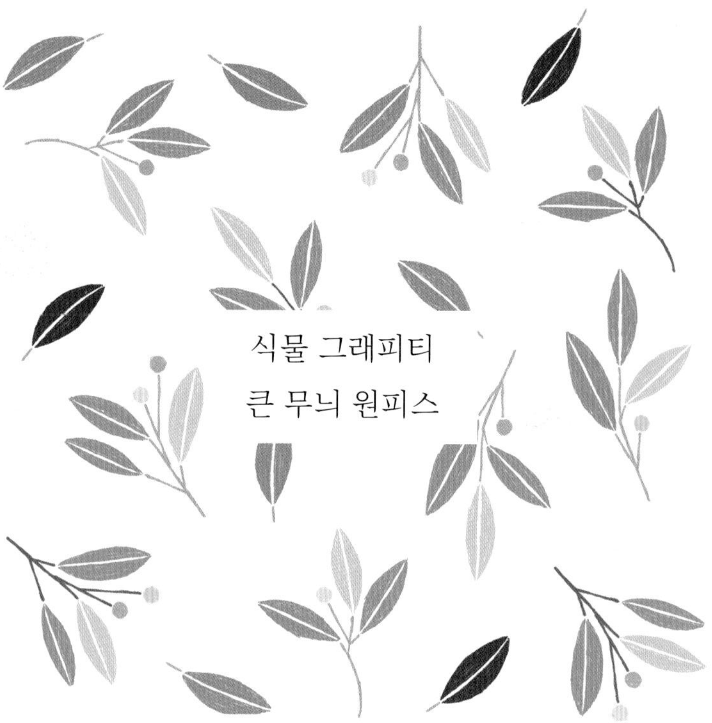

식물 그래피티
큰 무늬 원피스

#여름

이국적

카무플라주

식물

자연

큰 나뭇잎 무늬 원피스를 형상화해서 만들었습니다.
밝은 그린이나 깊이가 있는 네이비에 톤 다운한 핑크를 더하는 것이 포인트입니다.

	1	2	3	4	5	6	7	8	9	10
C	69	60	61	13	9	40	27	0	70	83
M	16	59	37	46	23	0	32	33	18	78
Y	58	59	23	36	18	36	32	16	39	52
K	0	11	0	0	0	0	9	0	0	17
R	78	116	112	221	233	165	185	247	70	61
G	163	101	144	157	206	213	166	193	162	64
B	128	94	171	145	199	181	156	193	160	89
	#4EA380	#74655E	#7090AB	#DD9D91	#E9CEC7	#A5D5B5	#B9A69C	#F7C1C1	#46A2A0	#3D4059
	베이스	베이스	베이스	우아한	우아한	우아한	베리에이션	베리에이션	베리에이션	포인트

SAMPLE

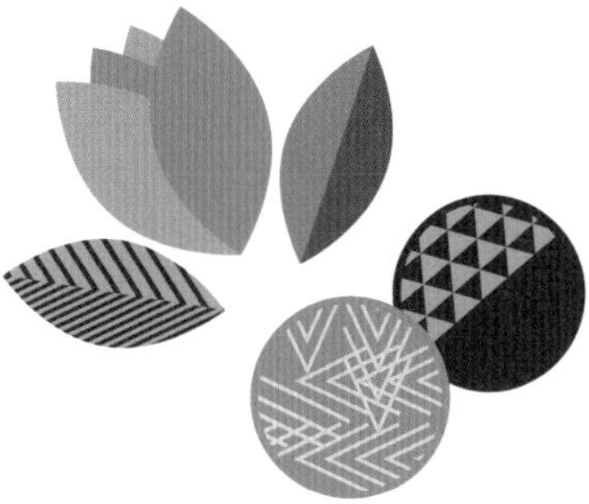

2 배색 pattern

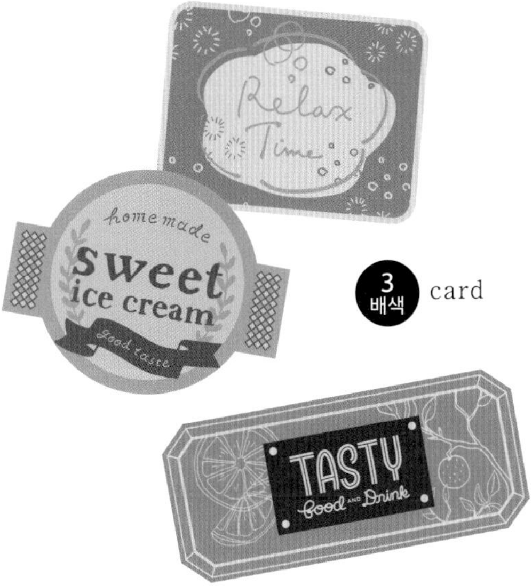

3 배색 card

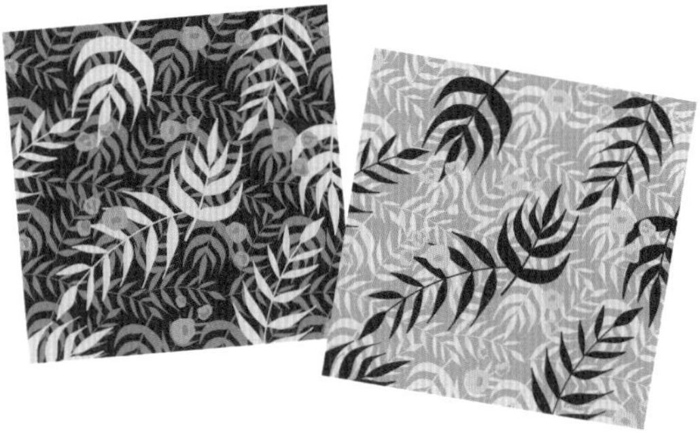

4 배색 flower

5 배색 web

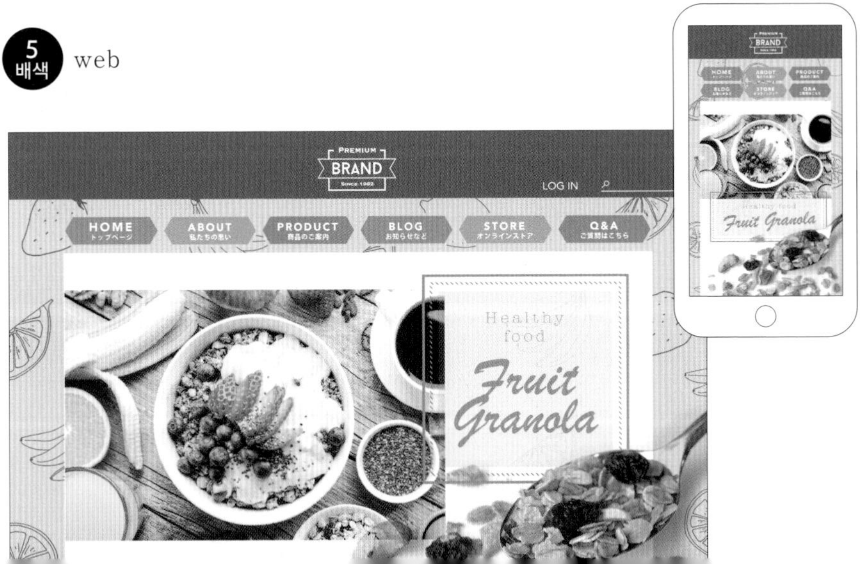

1
2
3
4
5
6
7
8
9
10

2배색

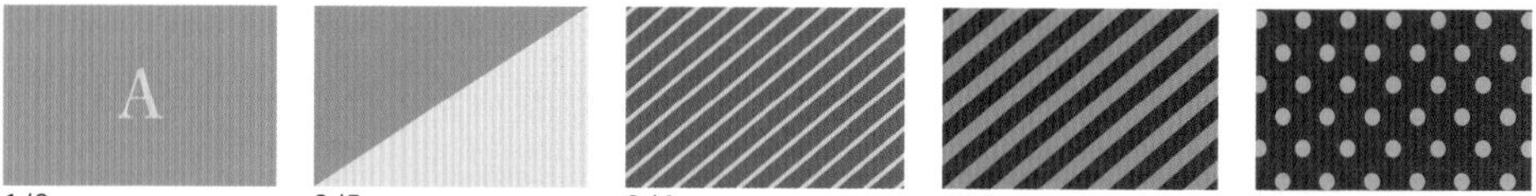

1/8 3/5 2/6 10/3 10/4

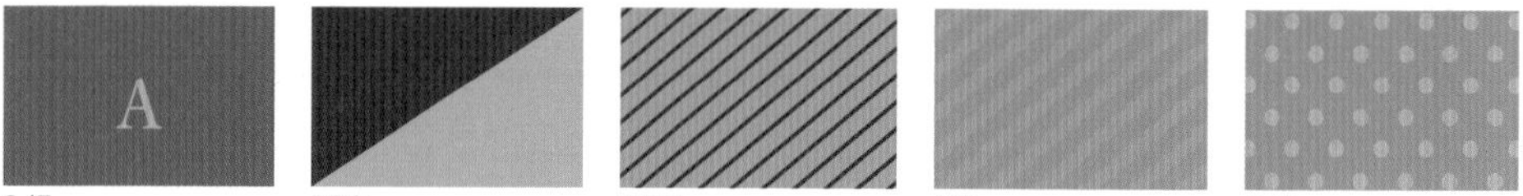

2/7 10/4 9/10 3/1 3/7

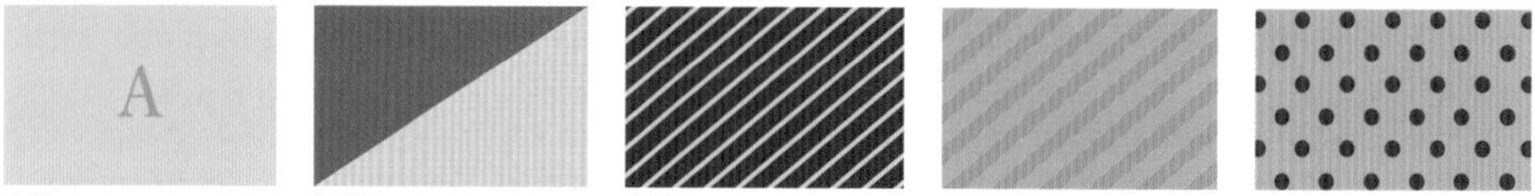

6/1 2/8 10/6 4/1 7/10

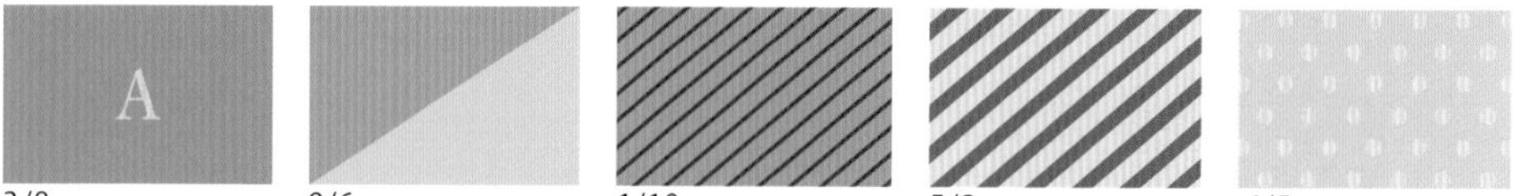

3/8 9/6 1/10 5/2 6/5

3배색

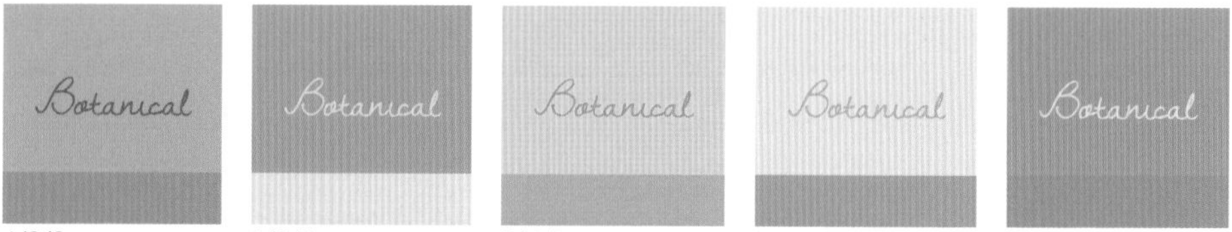

4/3/2 9/5/8 8/4/1 5/9/7 1/3/5

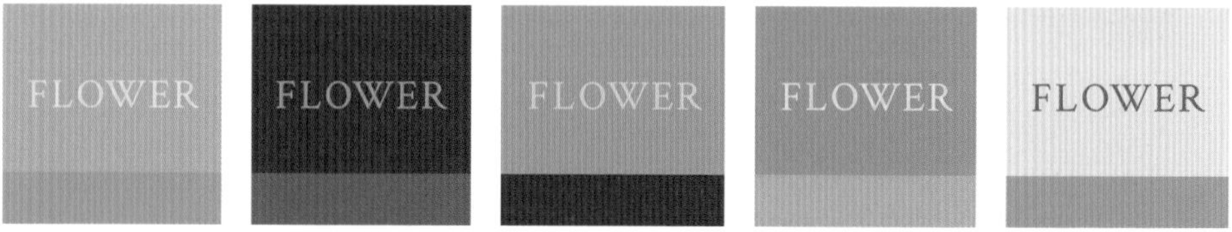

7/9/5 10/2/1 1/10/6 3/7/5 5/1/2

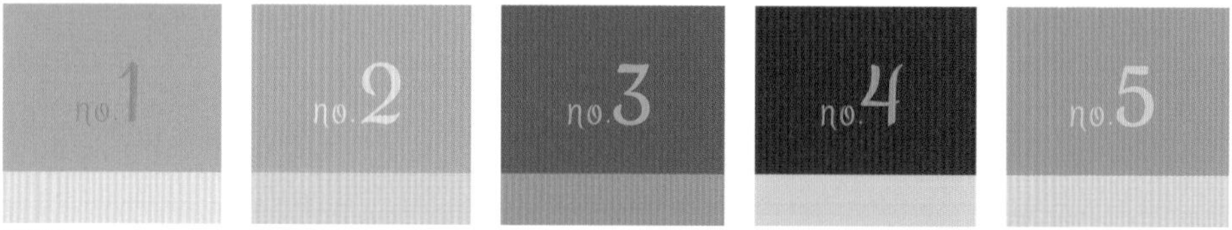

4/5/3 7/8/5 2/1/4 10/6/1 9/8/6

4배색

2/4/8/10

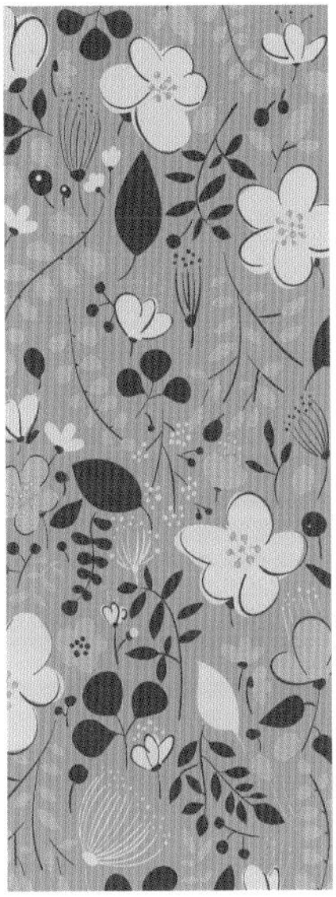

1/6/7/10

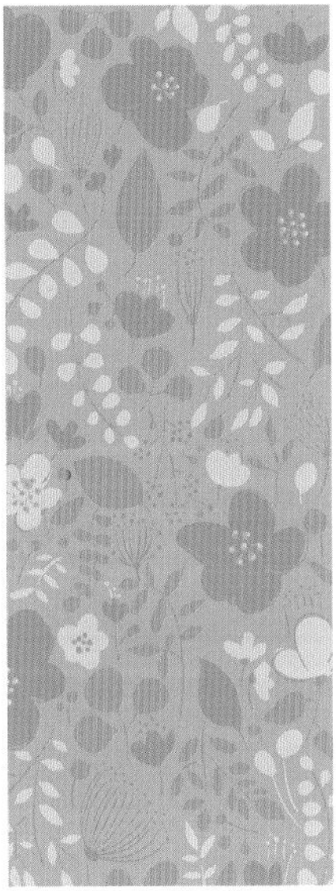

1/3/4/6

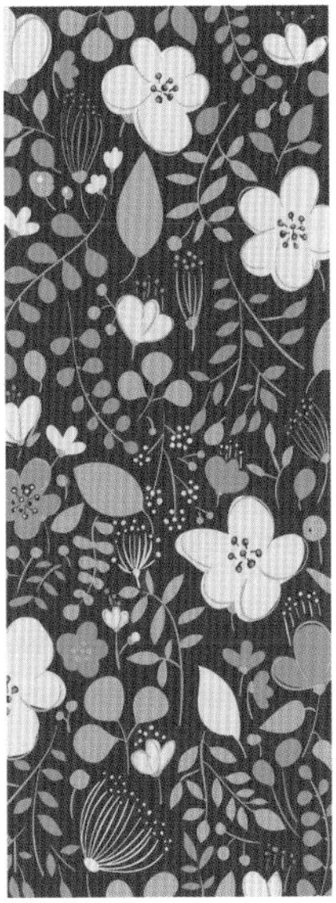

3/5/7/10

5배색

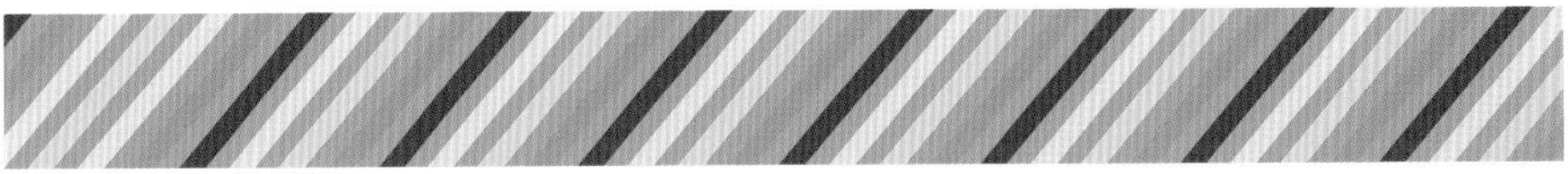

3/5/8/9/10

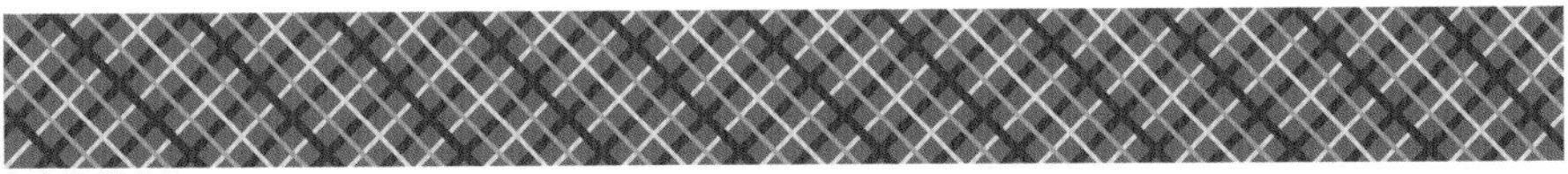

1/2/8/9/10

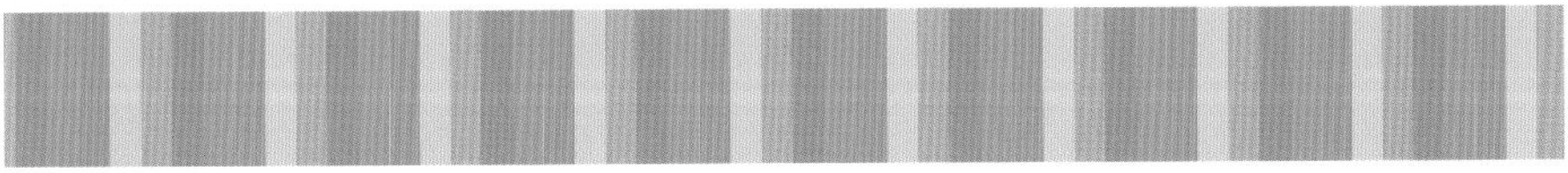

1/3/6/7/9

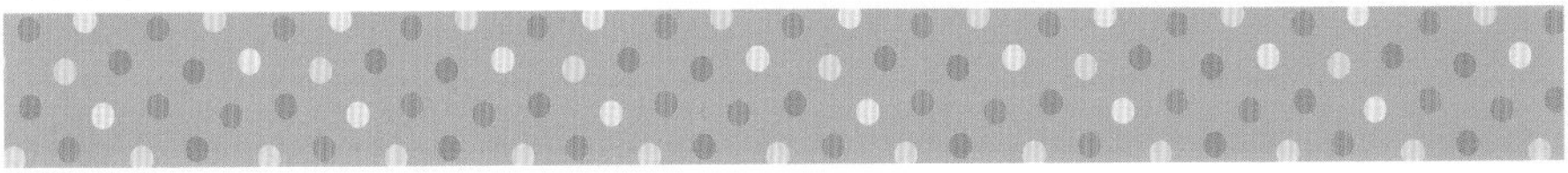

1/3/4/5/8

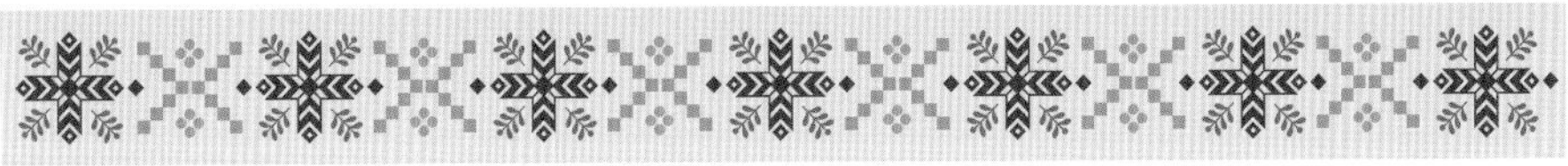

1/2/3/5/10

BOTANICAL

#가을 # 겨울

보헤미안

토속적

남성

자연

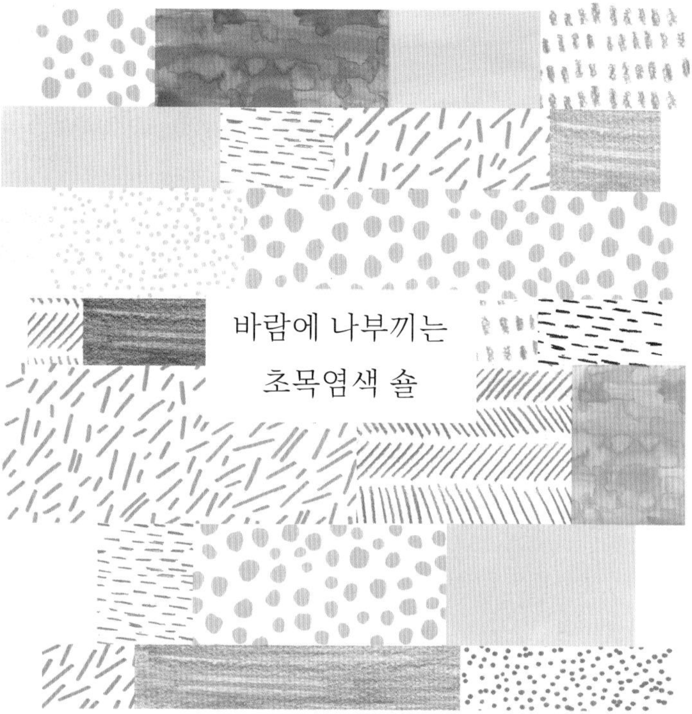

바람에 나부끼는 초목염색 숄

식물 색소로 염색한 아프리카의 직물에 쓰일 듯한 색을 형상화했습니다.
채도를 낮춘 덜 톤의 탁한 흙이나 잎의 색에 소프트 톤의 블루를 더했습니다.

	1	2	3	4	5	6	7	8	9	10
C	24	29	73	38	64	36	65	50	65	59
M	11	21	49	51	20	39	94	29	51	73
Y	22	57	23	80	47	22	91	63	15	100
K	0	0	0	0	0	0	64	0	0	46
R	204	194	81	174	98	176	57	145	106	85
G	214	190	119	133	163	158	9	161	120	54
B	202	125	159	69	145	173	11	111	168	20
	#CCD6CA	#C2BE7D	#51779F	#AE8545	#62A391	#B09EAD	#39090B	#91A16F	#6A78A8	#553614
	베이스			우아한			베리에이션			포인트

SAMPLE

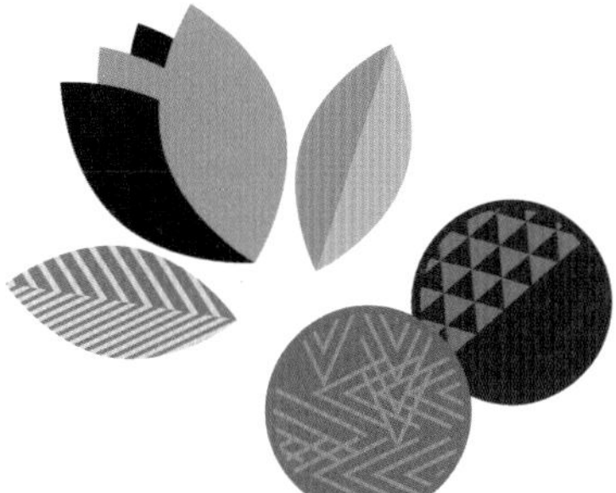

2 배색 pattern

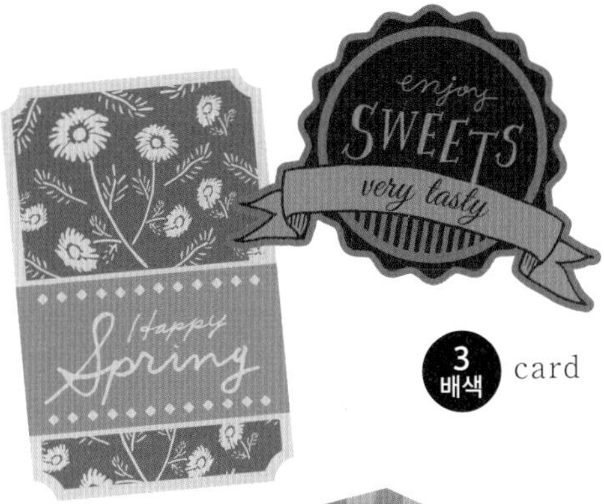

3 배색 card

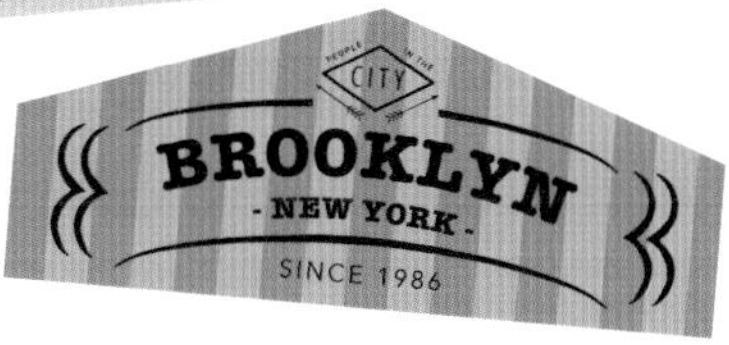

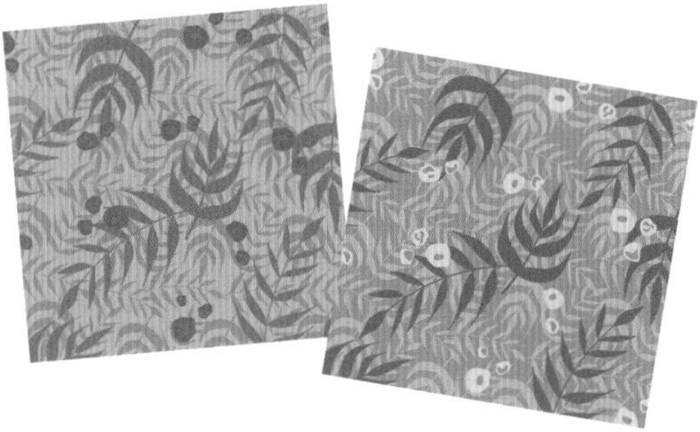

4 배색 flower

5 배색 web

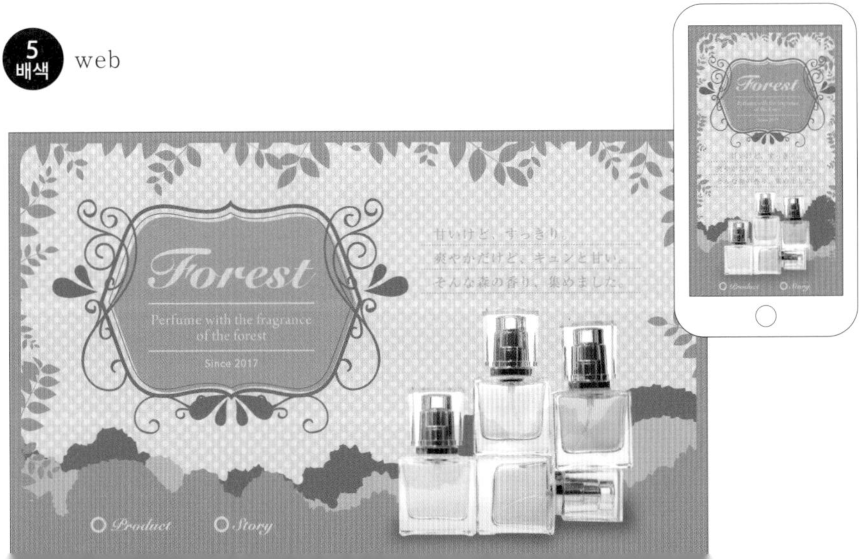

2배색

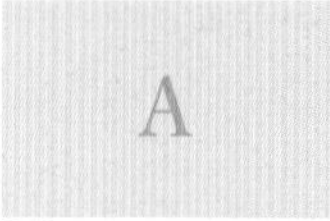

1/8

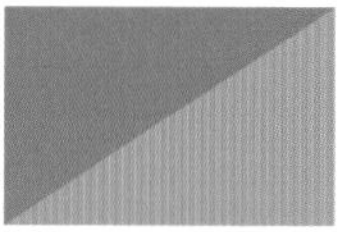
3/5

2/6

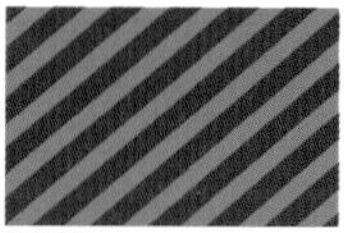
10/3

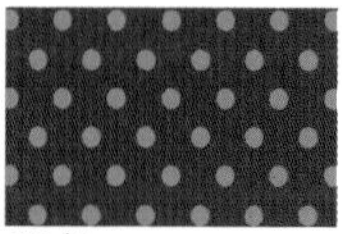
10/4

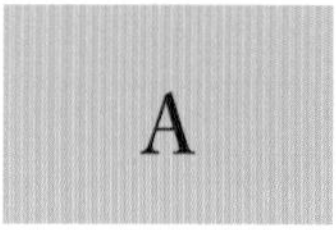

2/7

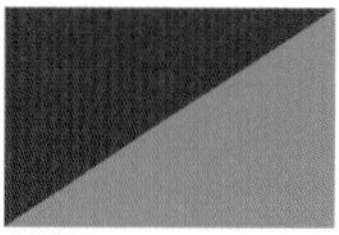
10/4

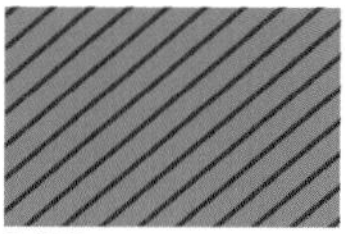
9/10

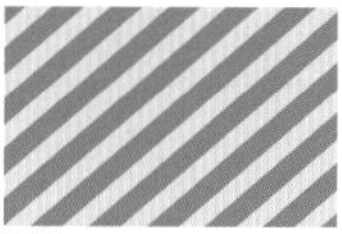
3/1

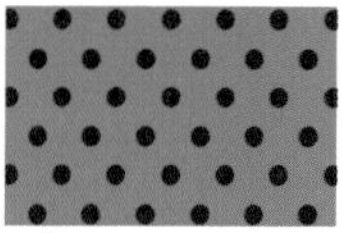
3/7

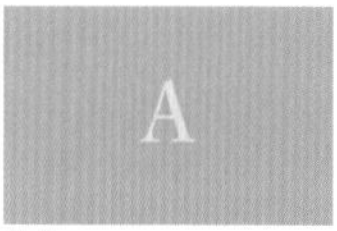

6/1

2/8

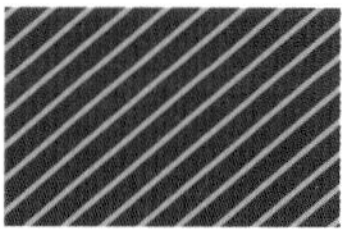
10/6

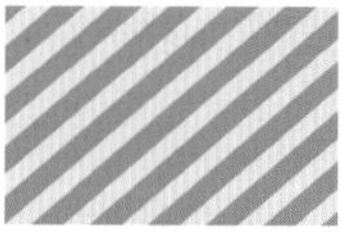
4/1

7/10

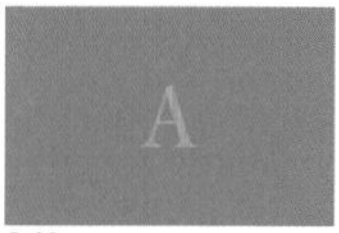

3/8

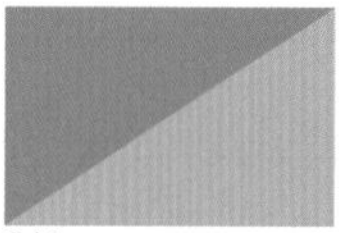
9/6

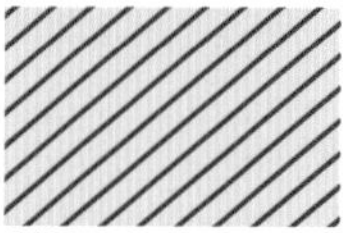
1/10

5/2

6/5

3배색

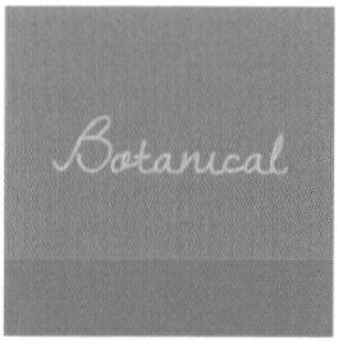

4/3/2

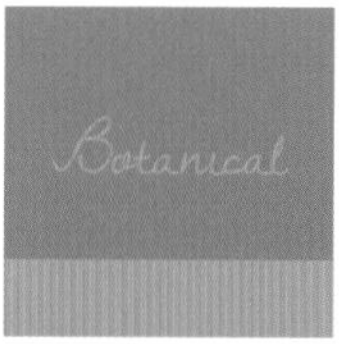

9/5/8

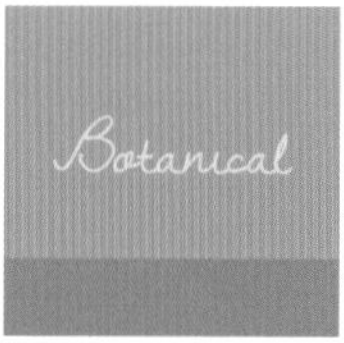

8/4/1

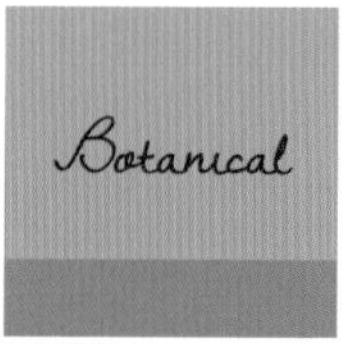

5/9/7

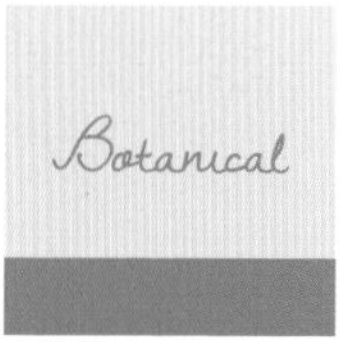

1/3/9

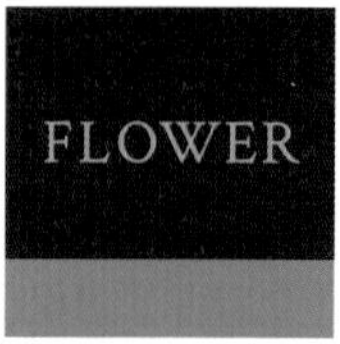

7/9/5

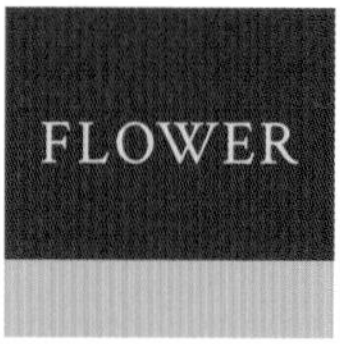

10/2/1

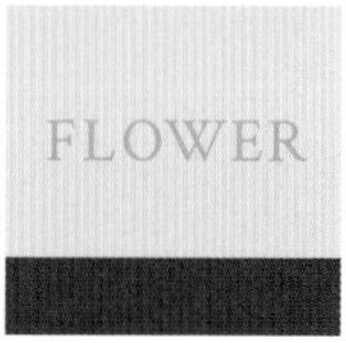

1/10/6

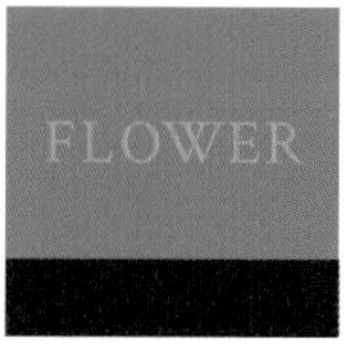

3/7/5

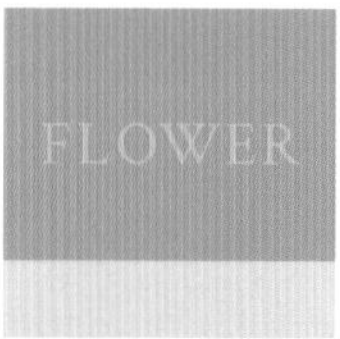

5/1/2

4/5/3

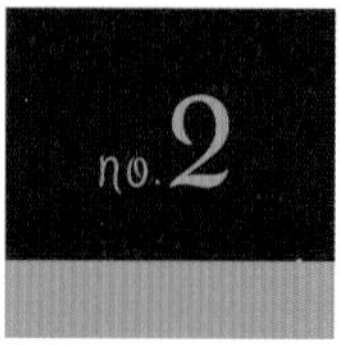

7/8/5

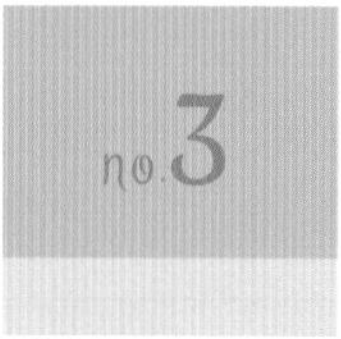

2/1/4

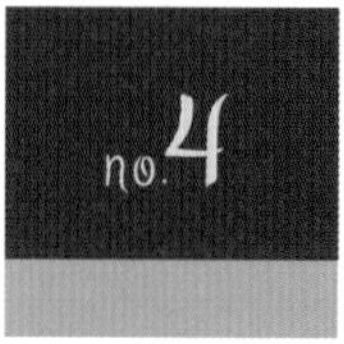

10/6/1

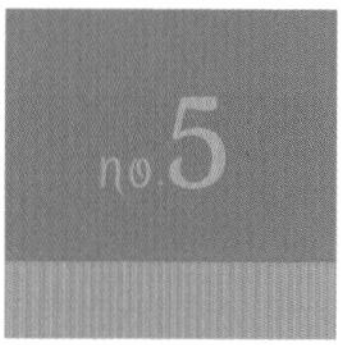

9/8/6

4배색

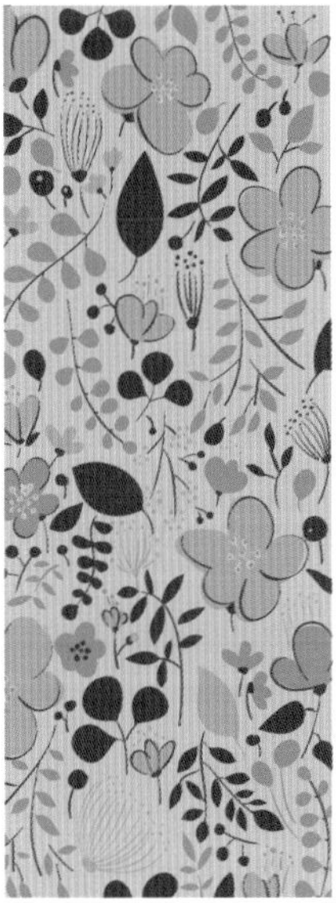
2/4/8/10

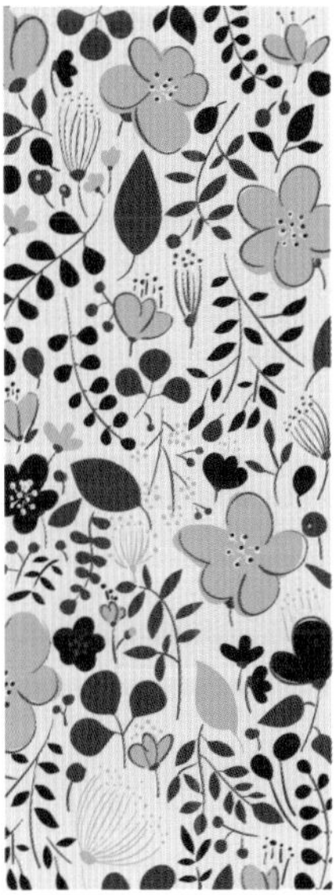
1/6/7/10

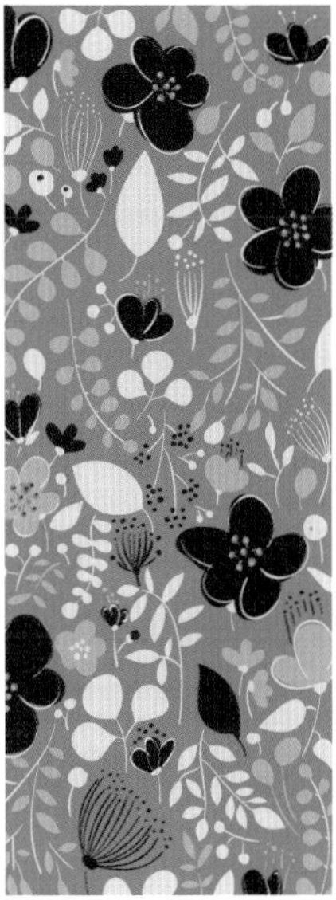
1/3/6/7

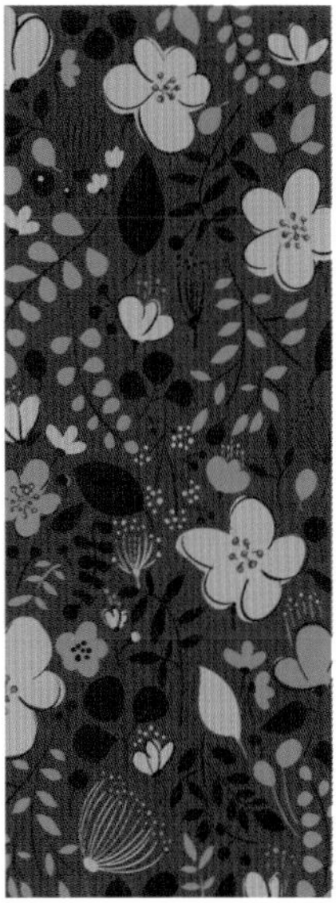
3/5/7/10

5배색

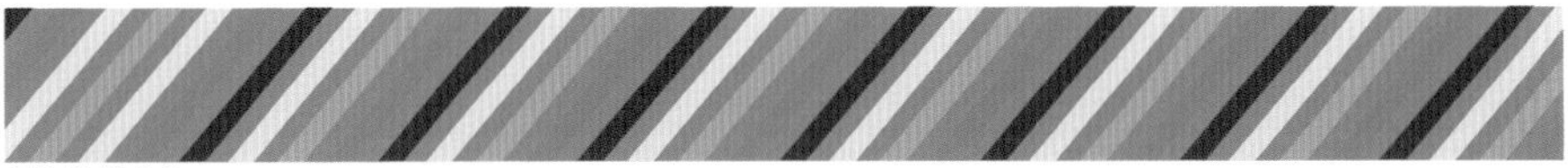
1/3/8/9/10

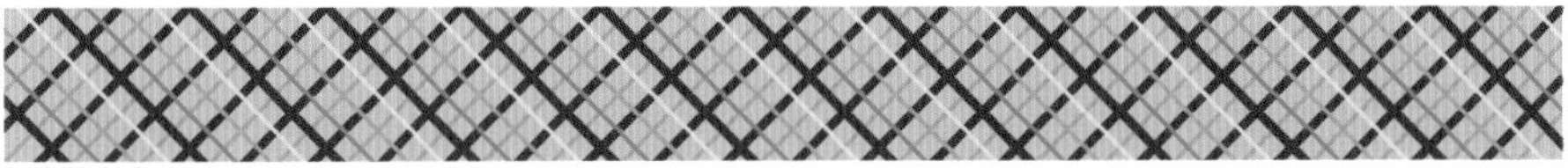
1/2/8/9/10

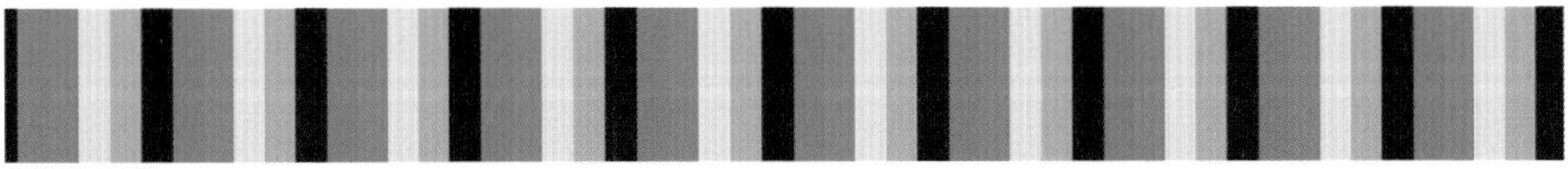
1/3/6/7/9

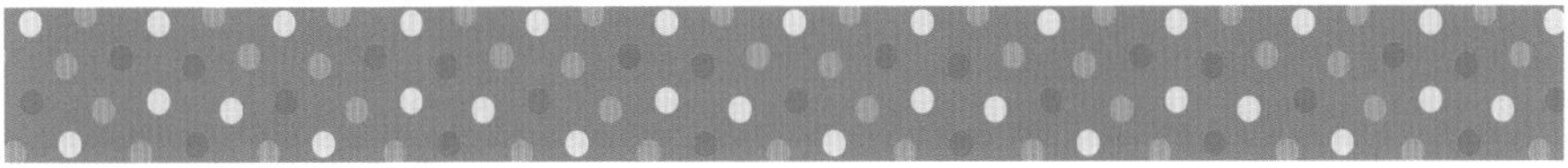
1/3/4/5/8

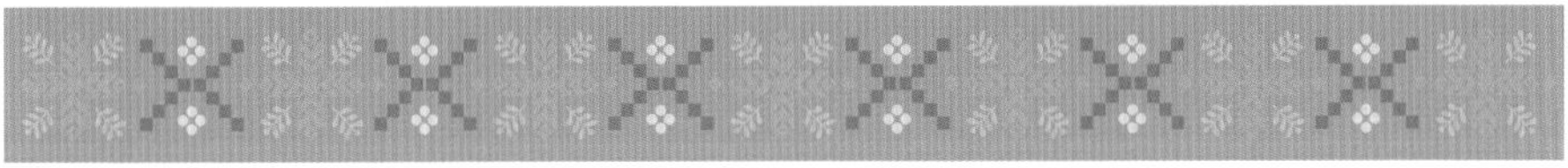
1/2/3/5/6

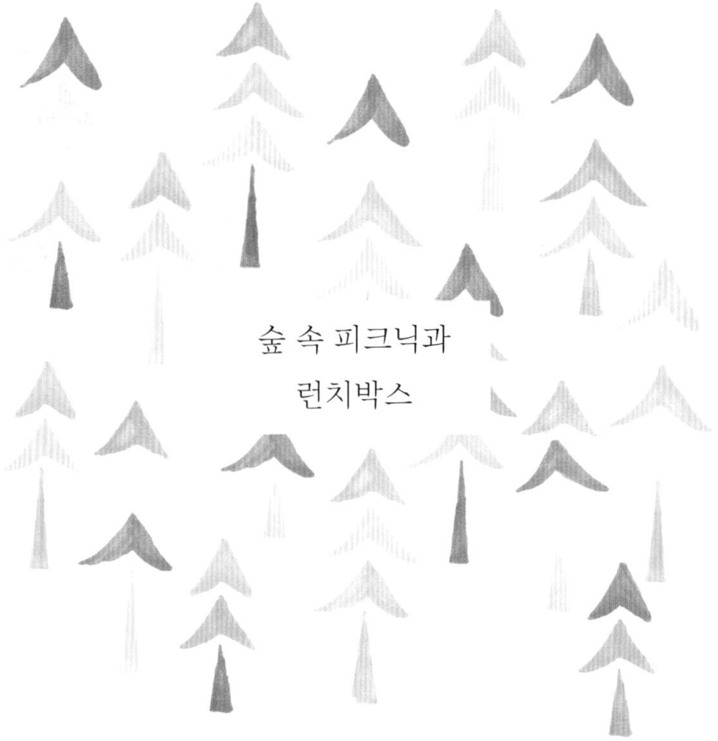

숲 속 피크닉과 런치박스

#가을

#채소

#식사

#자연

#캐주얼

다양한 뿌리채소나 사과, 라즈베리가 진열된 가을의 시장이 연상되는 색조입니다.
페일 톤과 다크 톤, 색조를 혼합하면서 동계색끼리 짜 맞춰 정리했습니다.

	1	2	3	4	5	6	7	8	9	10
C	5	16	46	8	11	19	39	63	87	68
M	4	21	23	30	16	67	31	50	53	77
Y	25	44	43	26	12	52	59	58	91	72
K	0	0	0	0	0	0	0	1	20	40
R	246	221	152	234	230	206	172	114	27	77
G	242	201	175	193	218	111	166	121	91	53
B	205	152	151	178	217	102	117	108	57	52
	#F6F2CD	#DDC998	#98AF97	#EAC1B2	#E6DAD9	#CE6F66	#ACA675	#72796C	#1B5B39	#4D3534
	베이스			우아한			베리에이션			포인트

SAMPLE

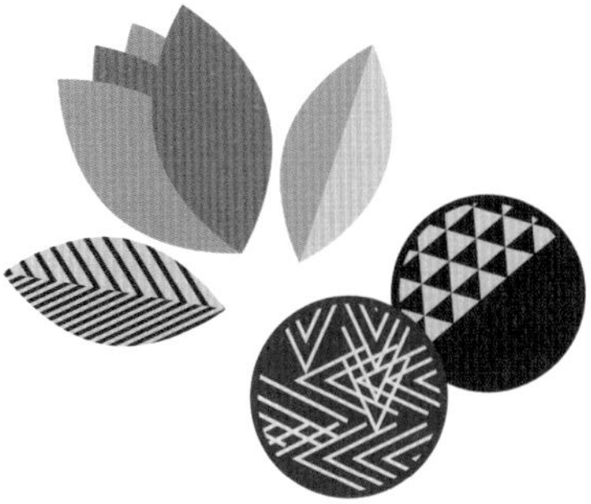

2 배색 pattern

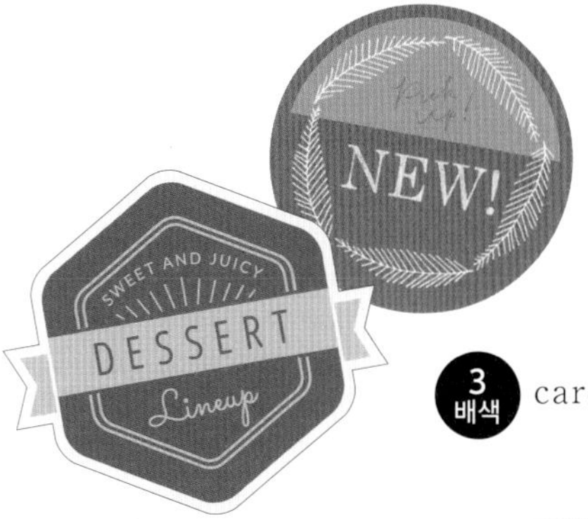

3 배색 card

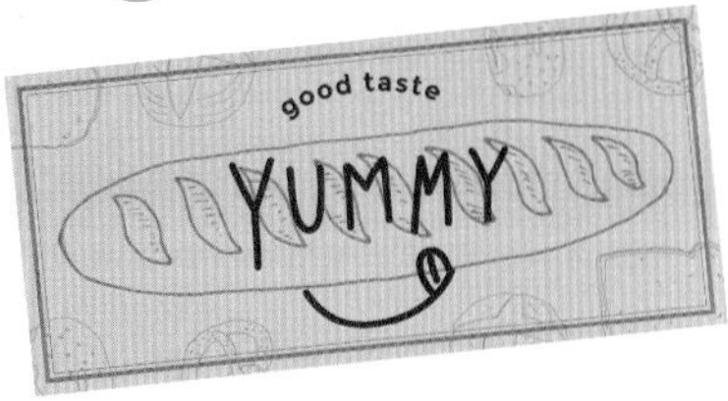

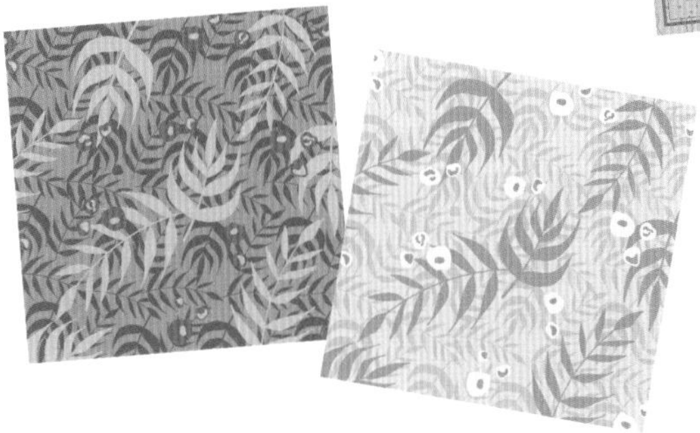

4 배색 flower

5 배색 web

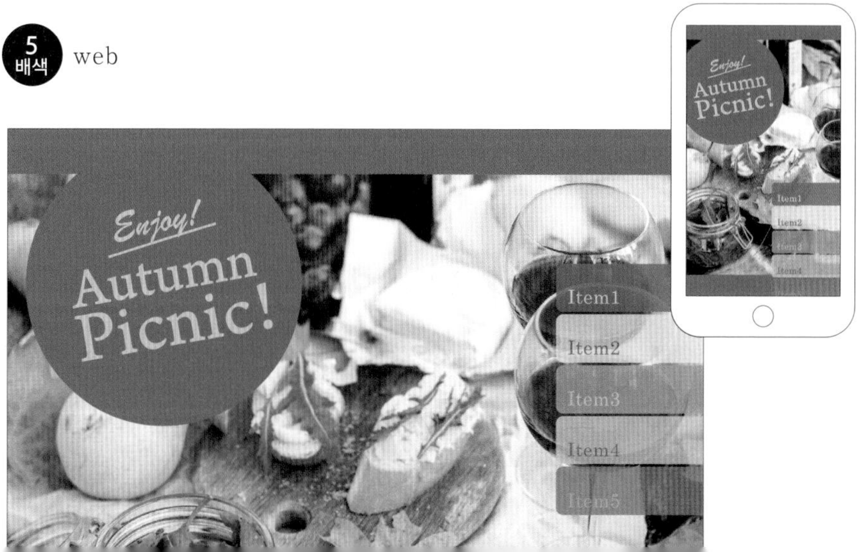

2배색

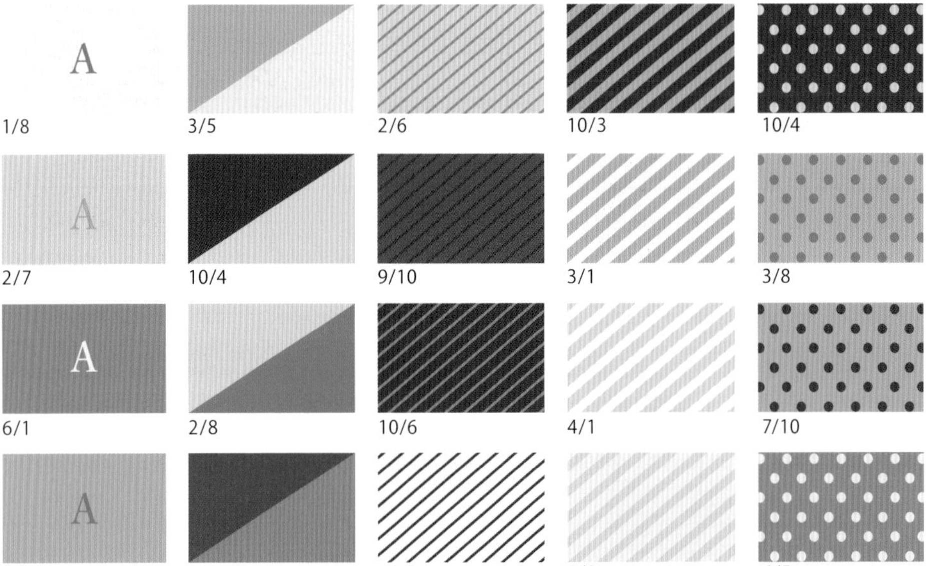

1/8 3/5 2/6 10/3 10/4

2/7 10/4 9/10 3/1 3/8

6/1 2/8 10/6 4/1 7/10

3/8 9/6 1/10 5/2 6/5

3배색

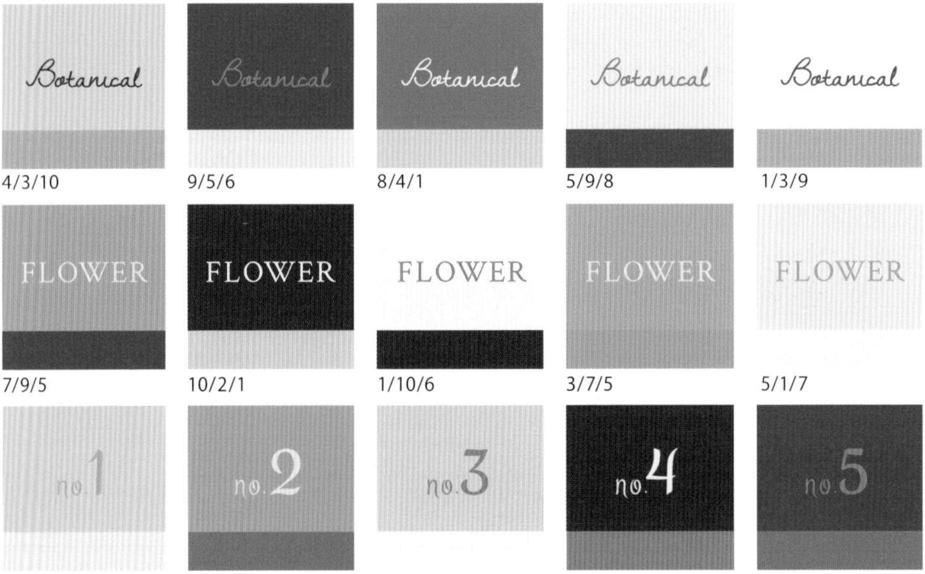

4/3/10 9/5/6 8/4/1 5/9/8 1/3/9

7/9/5 10/2/1 1/10/6 3/7/5 5/1/7

4/5/3 7/8/5 2/1/6 10/6/1 9/8/6

4배색

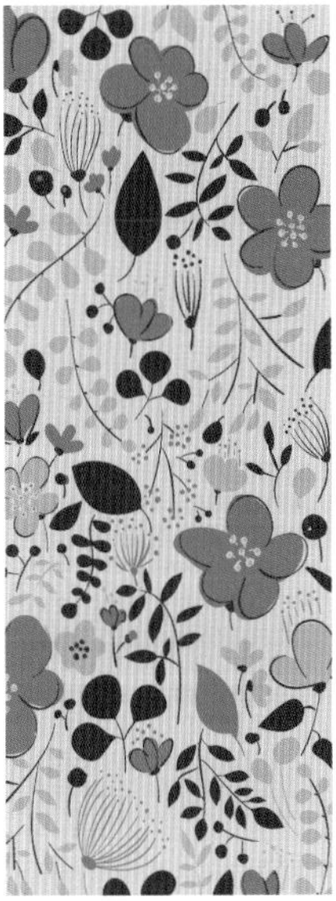
2/3/8/10

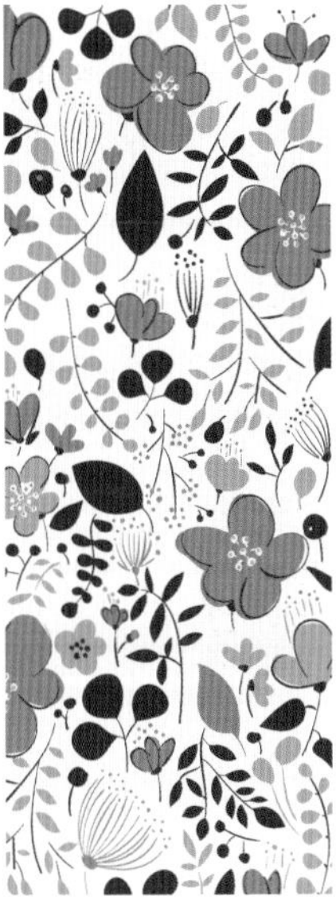
1/6/7/10

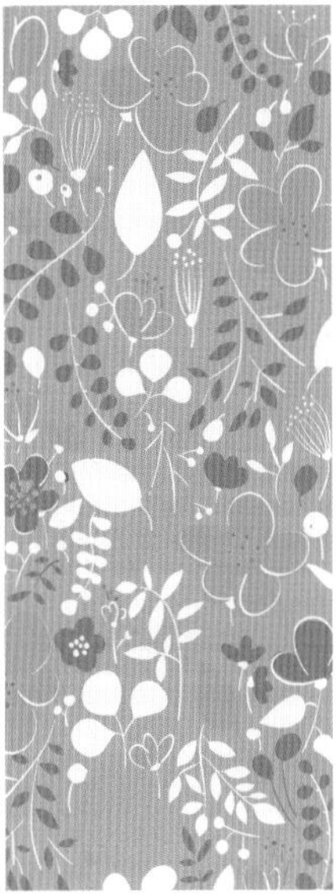
1/3/6/7

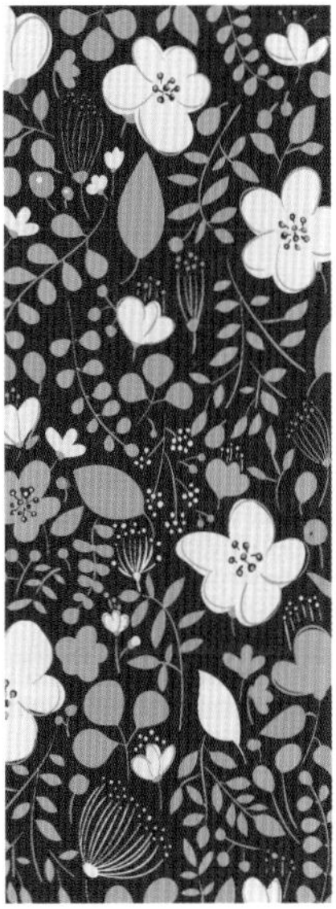
3/5/7/10

5배색

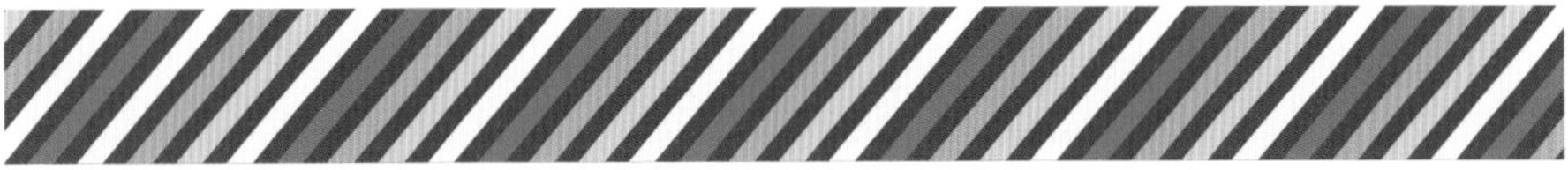
1/2/3/8/9

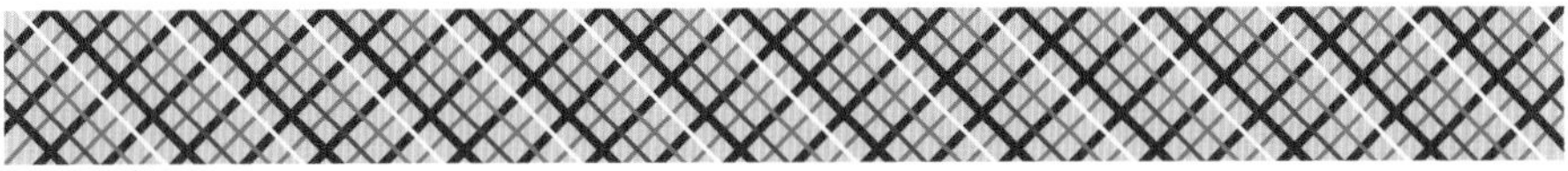
1/2/8/9/10

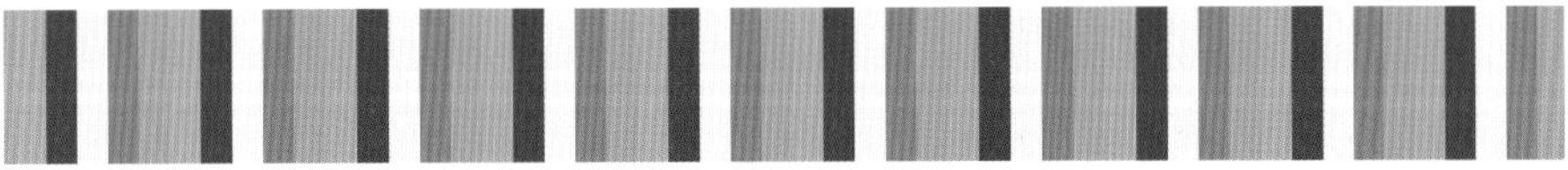
1/3/6/7/9

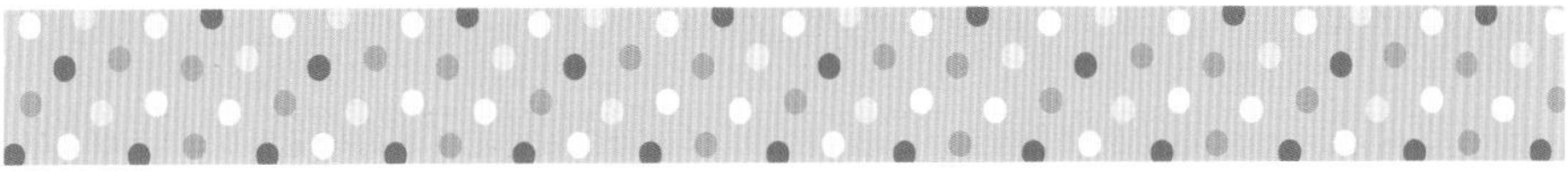
1/3/4/5/8

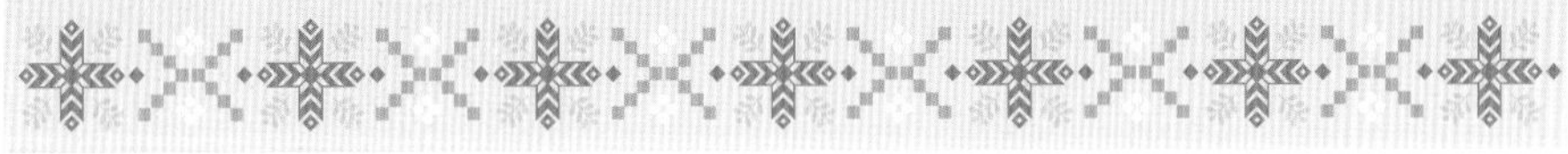
1/2/3/5/6

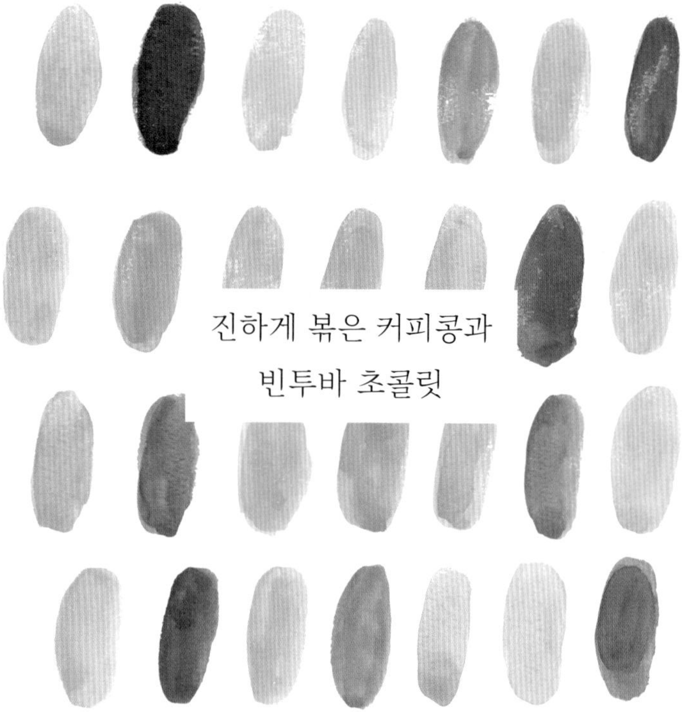

진하게 볶은 커피콩과 빈투바 초콜릿

#가을 #겨울

커피

시크

모던

야성적

커피 자루나 커피콩으로 인테리어된 커피향 그윽한 가게를 형상화했습니다.
그레이시 톤과 브라운의 다크 톤을 맞춰서, 시크하면서 차분한 느낌을 주는 배색입니다.

	1	2	3	4	5	6	7	8	9	10
C	18	33	58	66	62	44	23	27	34	74
M	40	38	75	77	71	42	26	47	64	67
Y	39	33	74	84	72	40	27	61	72	64
K	0	0	20	47	26	0	0	0	0	22
R	213	183	114	73	100	159	205	196	180	77
G	166	161	72	48	72	147	189	147	111	77
B	146	157	63	36	63	142	179	102	76	77
	#D5A692	#B7A19D	#72483F	#493024	#64483F	#9F938E	#CDBDB3	#C49366	#B46F4C	#4D4D4D
	베이스	베이스	베이스	우아한	우아한	우아한	베리에이션	베리에이션	베리에이션	포인트

SAMPLE

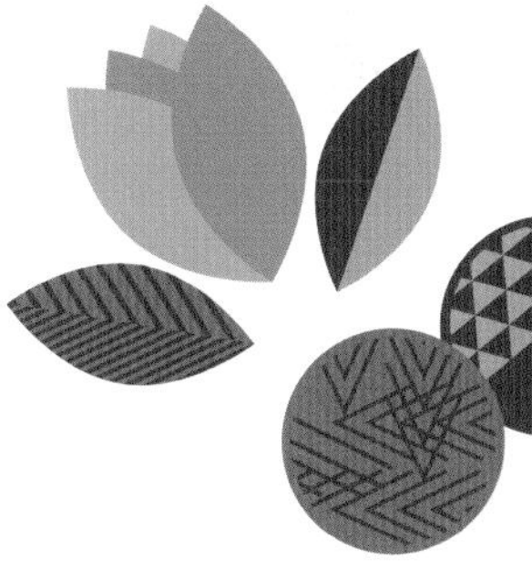

2 배색 pattern

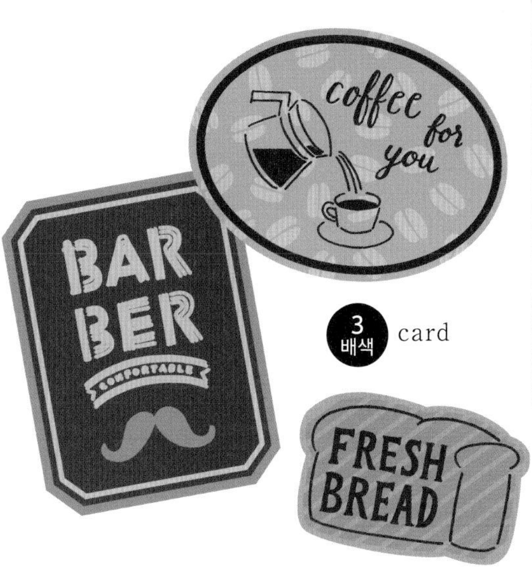

3 배색 card

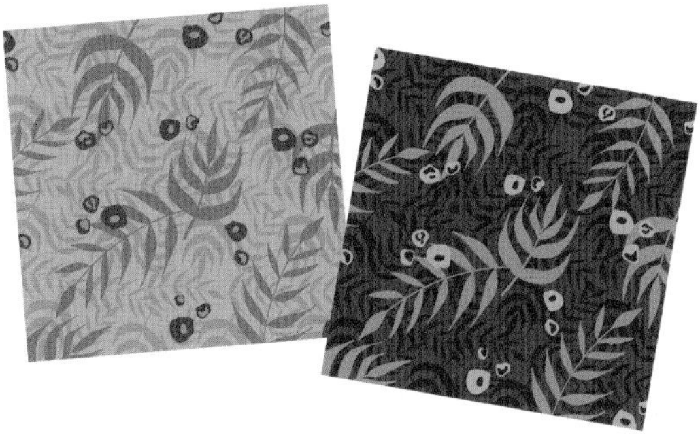

4 배색 flower

5 배색 web

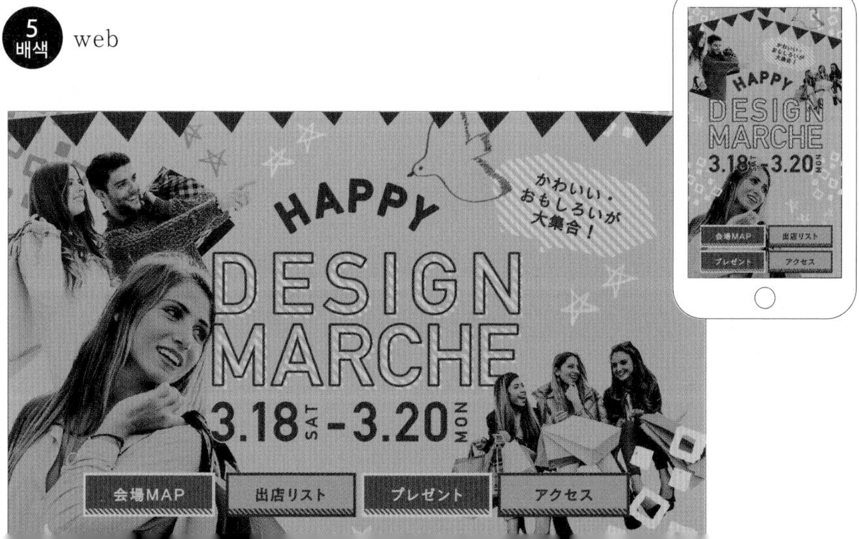

1
2
3
4
5
6
7
8
9
10

2배색

1/10 3/5 2/6 10/3 10/4

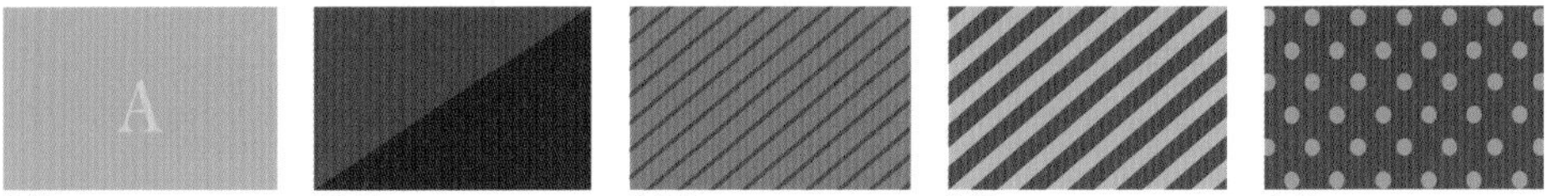

2/7 10/4 9/10 3/1 3/8

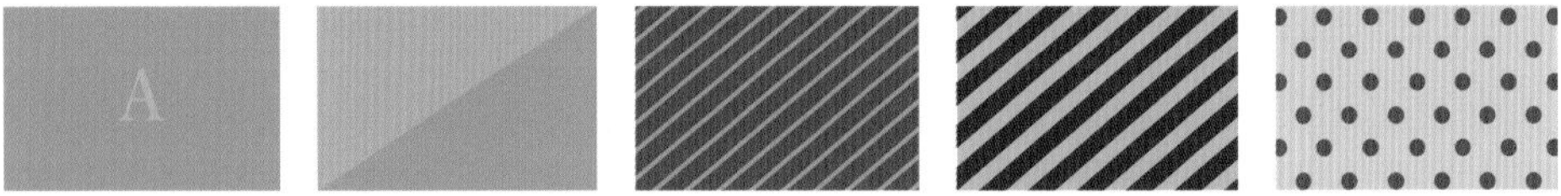

6/1 2/8 10/6 4/1 7/10

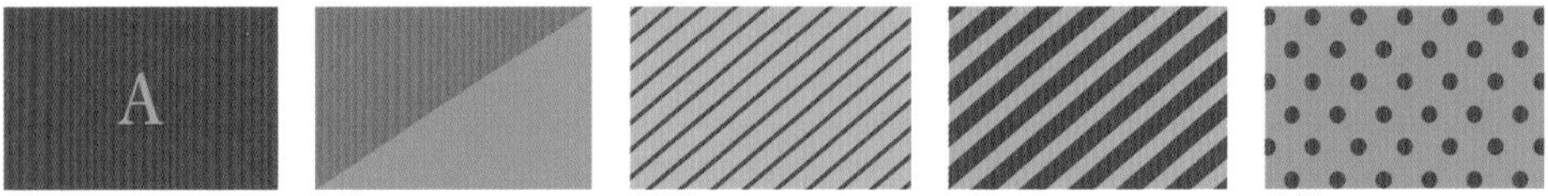

3/2 9/6 1/10 5/2 6/5

3배색

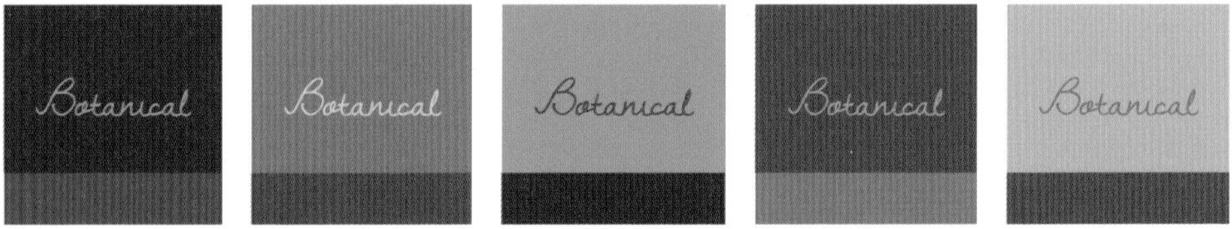

4/3/6 9/5/7 8/4/10 5/9/8 1/3/9

7/9/5 10/2/1 1/10/6 3/7/6 5/1/7

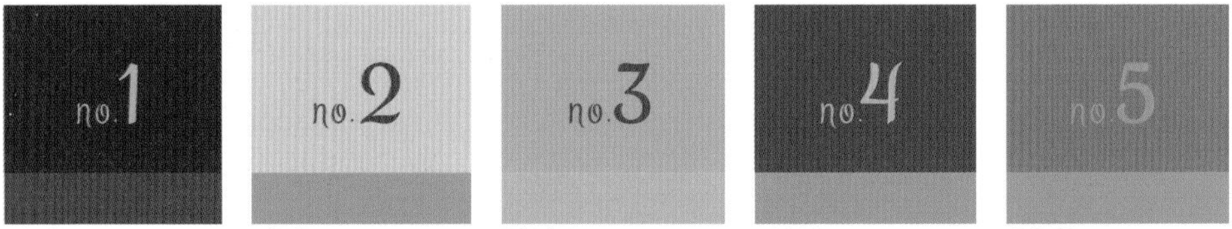

4/5/1 7/8/5 2/1/10 10/6/1 9/8/6

4배색

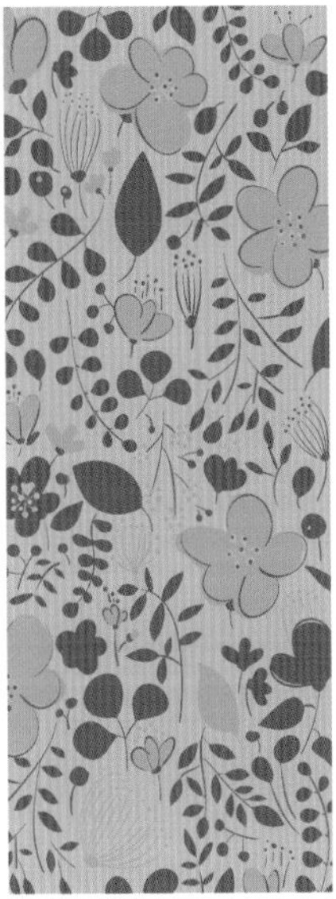
2/3/8/10

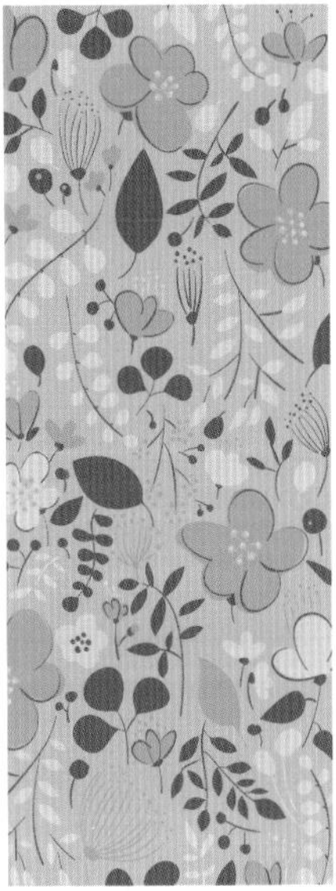
1/6/7/10

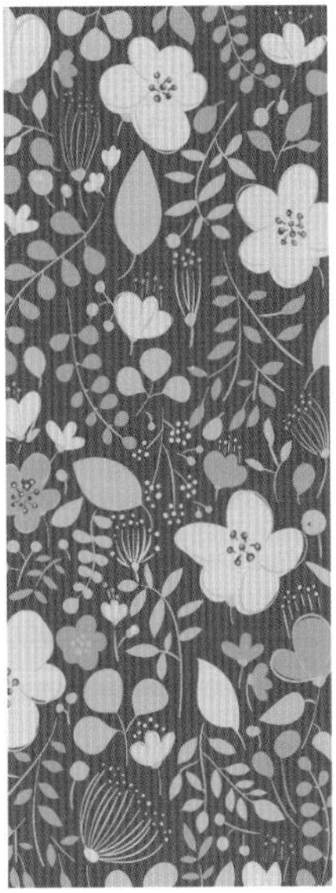
1/3/6/7

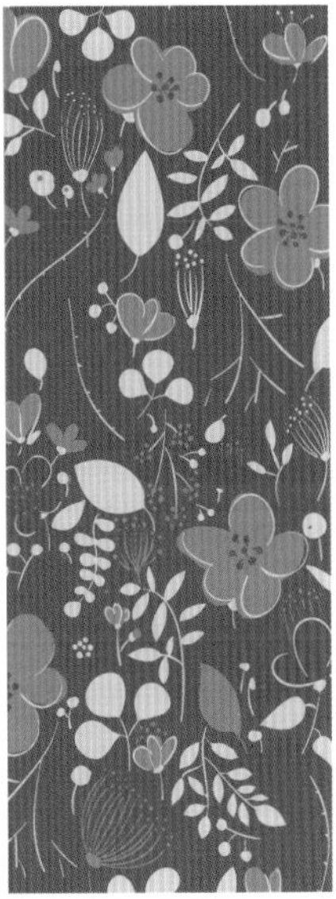
3/7/9/10

5배색

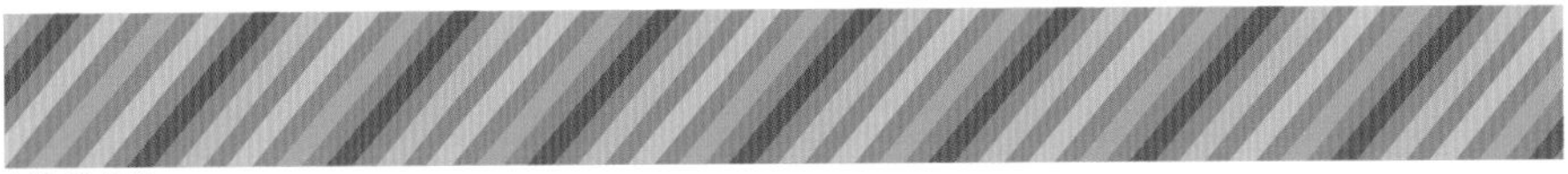
1/2/3/8/9

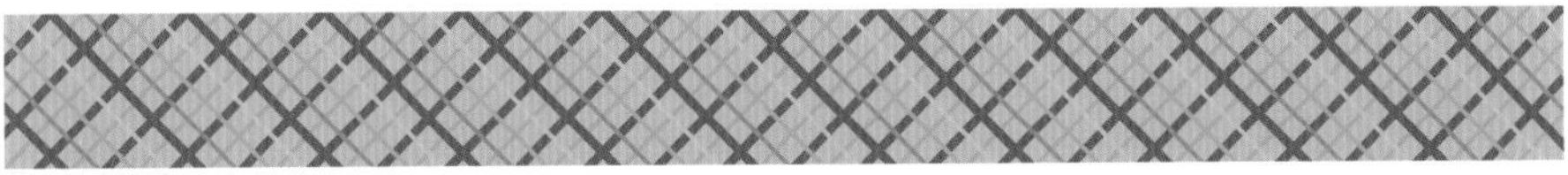
1/2/8/9/10

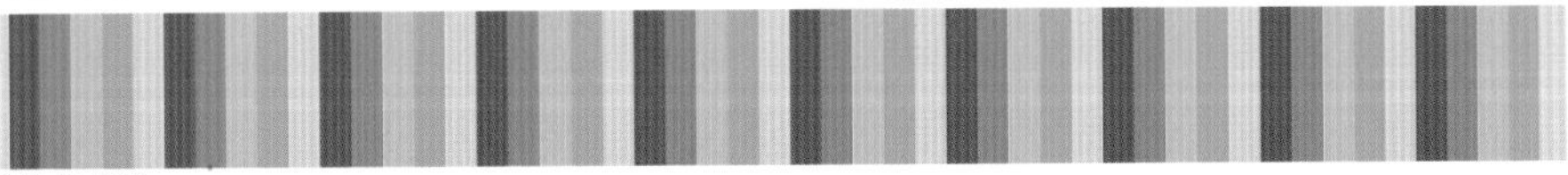
1/3/6/7/9

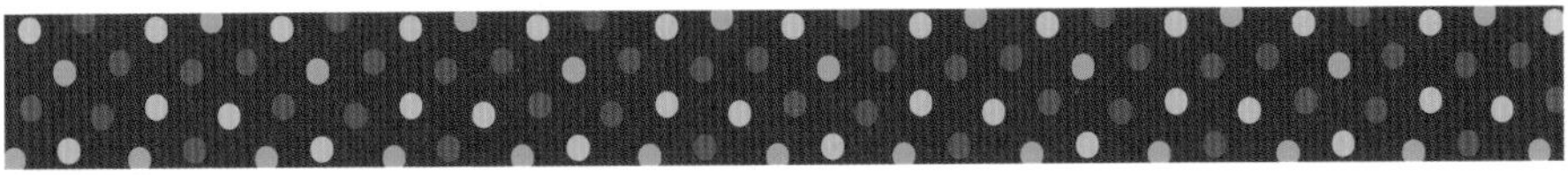
1/3/4/5/8

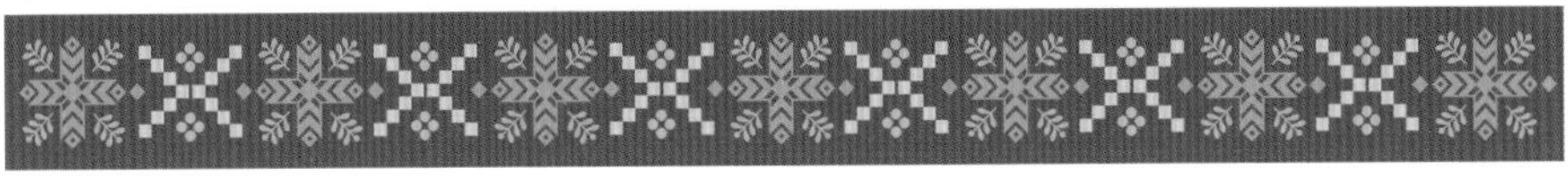
1/2/5/6/7

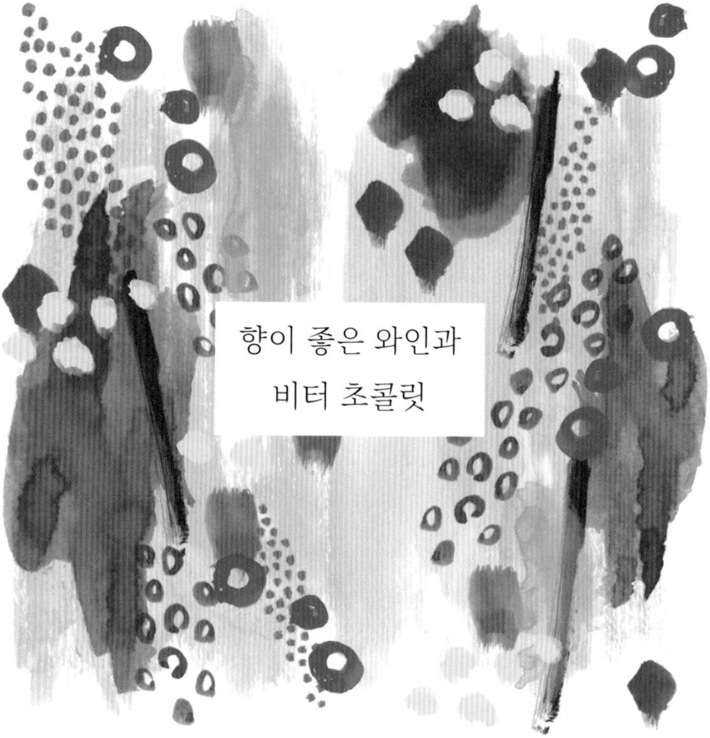

산뜻한 적자색과 오렌지의 보색 대비는 정열적인 느낌을 줍니다.
럭셔리한 디자인은 물론 캐주얼한 디자인에도 인상적으로 사용할 수 있습니다.

	1	2	3	4	5	6	7	8	9	10
C	60	14	25	4	68	83	34	52	21	89
M	100	77	42	22	70	65	75	84	47	75
Y	43	71	54	24	61	33	68	75	31	66
K	3	0	0	0	19	0	0	21	0	40
R	126	213	200	244	94	59	179	124	206	29
G	32	90	157	211	77	91	90	58	152	52
B	93	67	118	190	81	132	76	57	152	60
	#7E205D	#D55A43	#C89D76	#F4D3BE	#5E4D51	#3B5B84	#B35A4C	#7C3A39	#CE9898	#1D343C
	베이스	베이스	베이스	우아한	우아한	우아한	베리에이션	베리에이션	베리에이션	포인트

SAMPLE

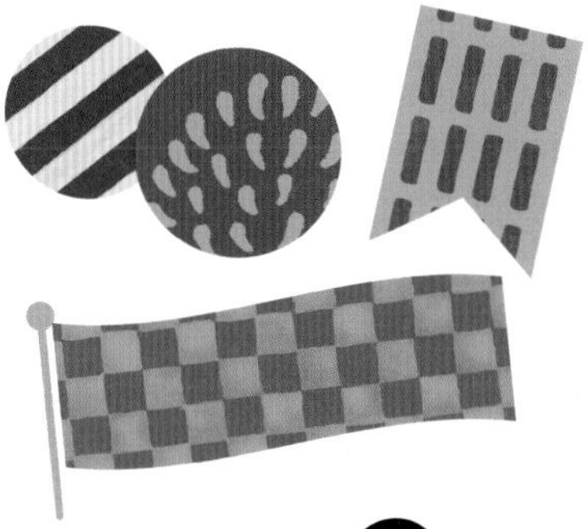

2 배색 pattern

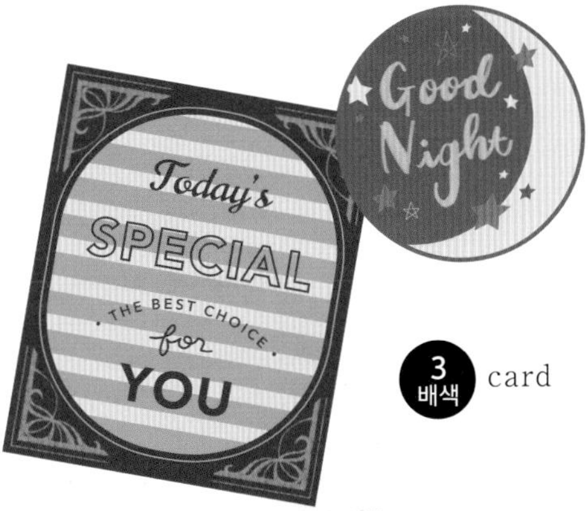

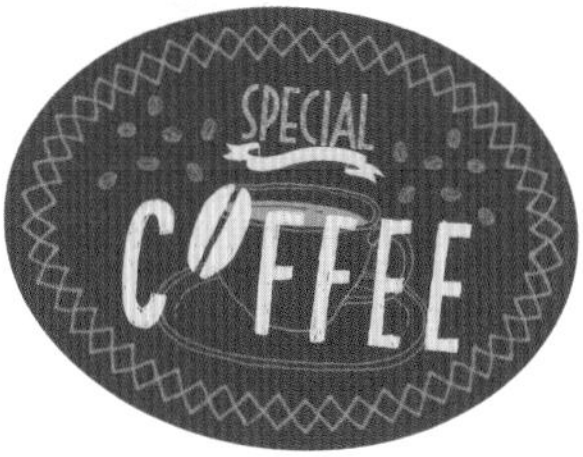

3 배색 card

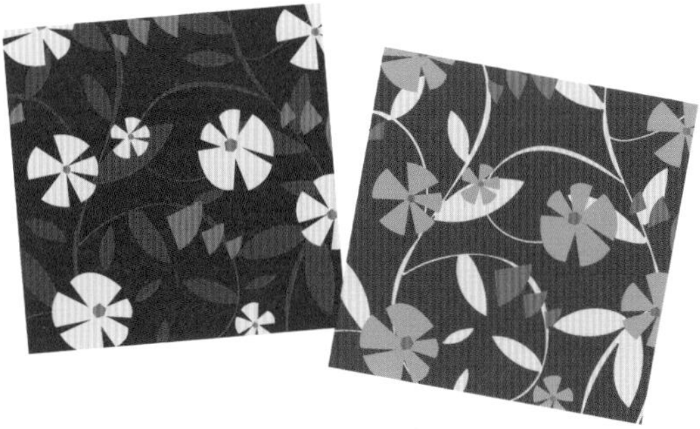

4 배색 flower

5 배색 web

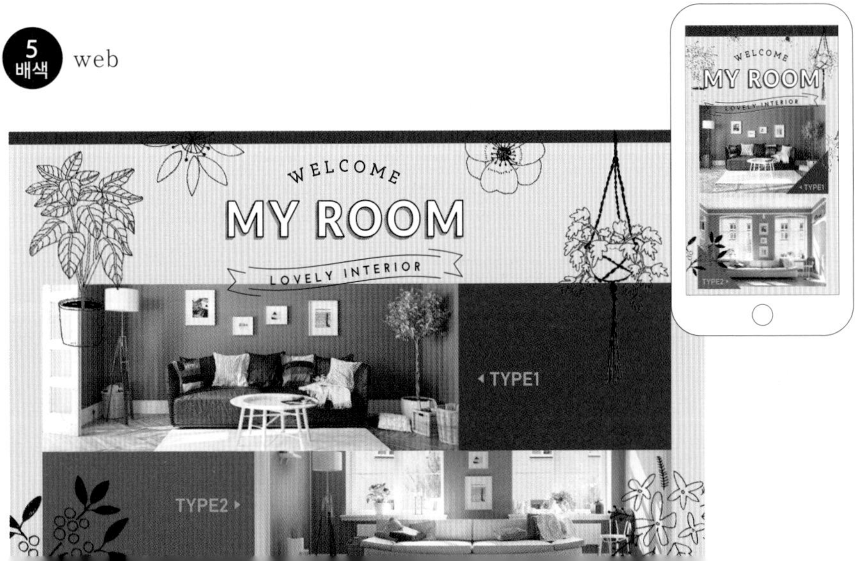

2배색

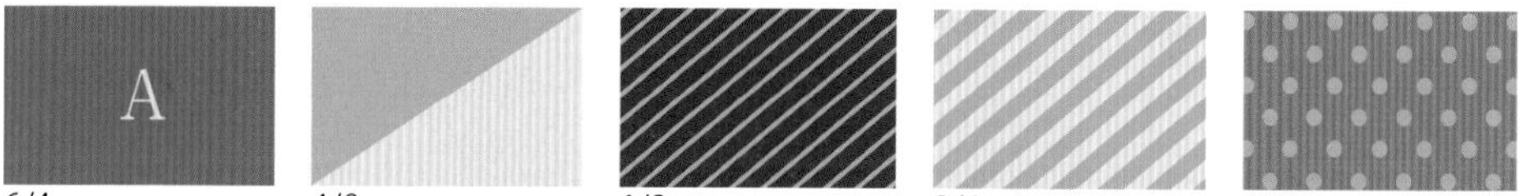

6/4 4/9 1/3 3/4 2/9

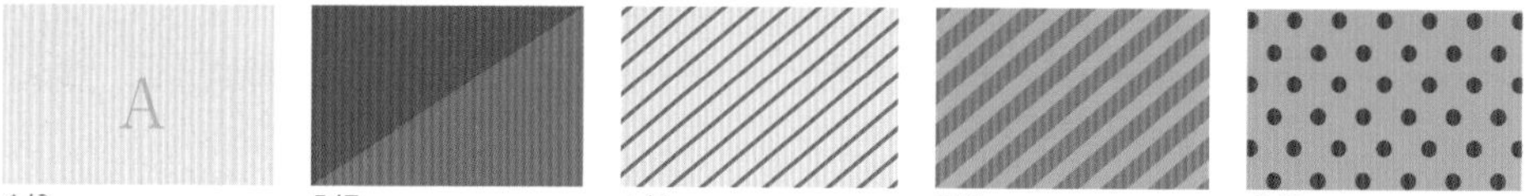

4/3 5/7 4/6 2/9 3/8

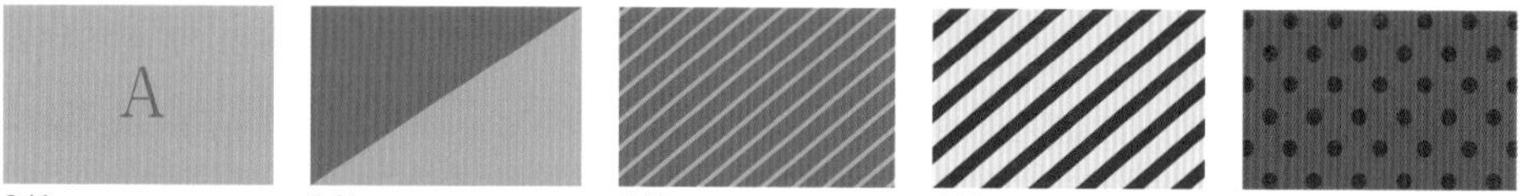

3/6 3/6 6/9 4/1 5/10

9/6 1/4 7/6 6/3 4/6

3배색

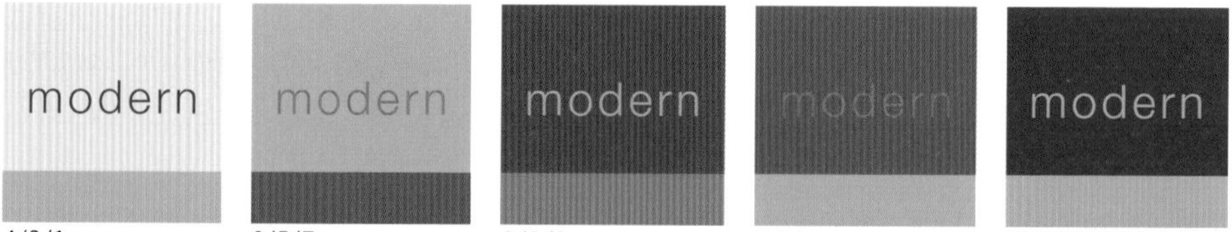

4/3/1 9/5/7 8/2/3 5/9/7 1/3/9

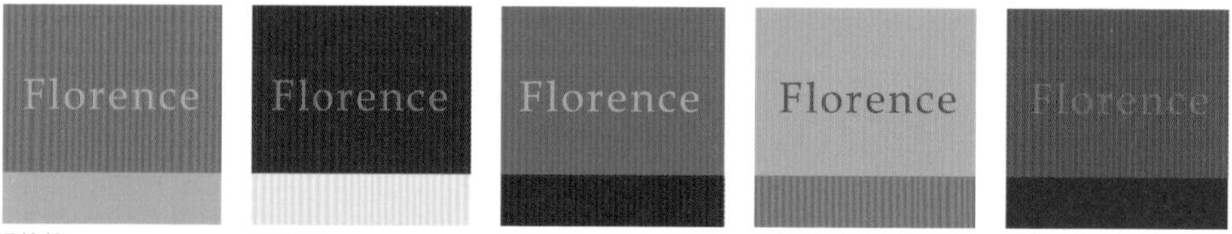

7/9/3 10/4/2 6/10/9 3/2/5 5/1/7

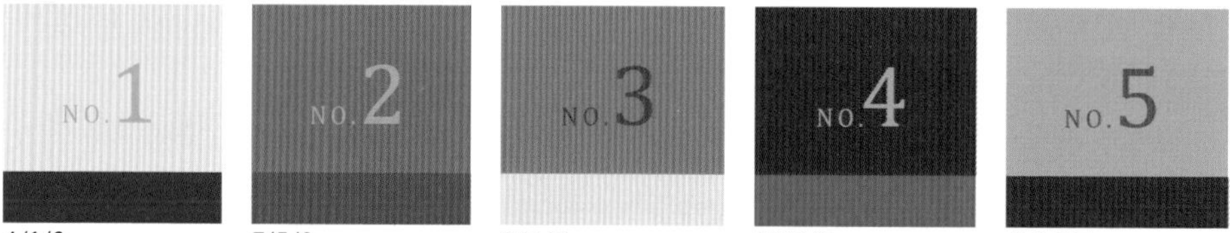

4/1/9 7/5/9 2/4/8 10/6/9 9/10/5

4배색

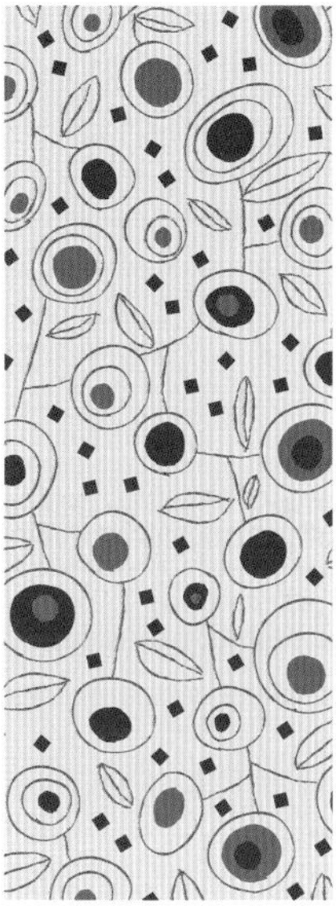
1/4/5/6

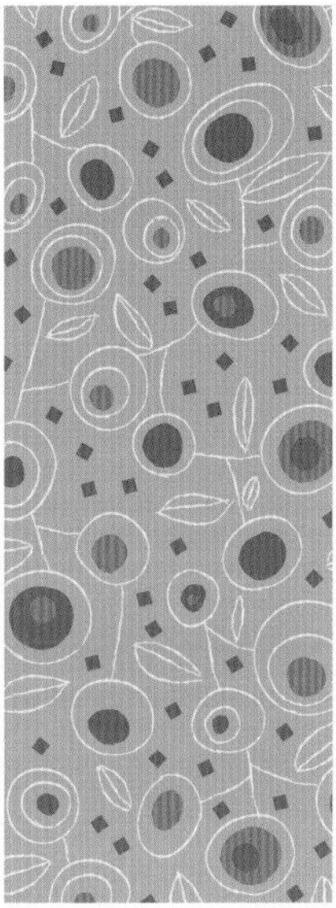
2/3/4/6

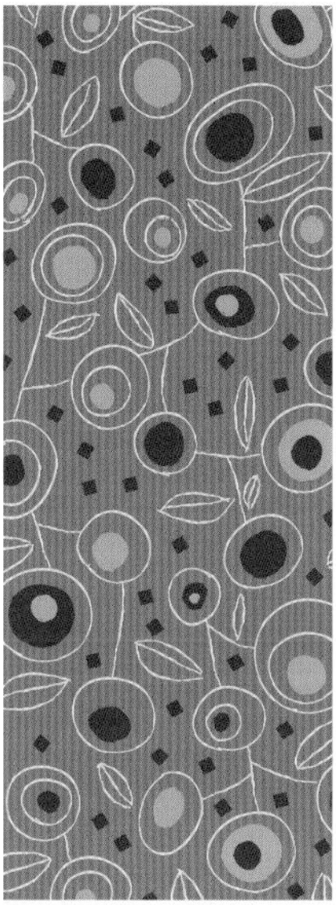
1/2/4/9

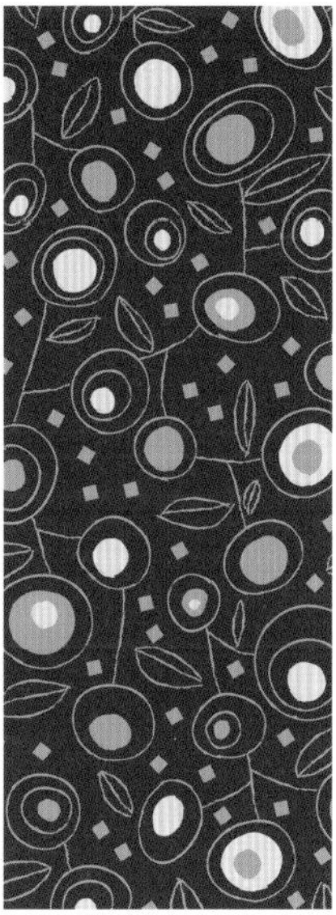
1/3/4/9

5배색

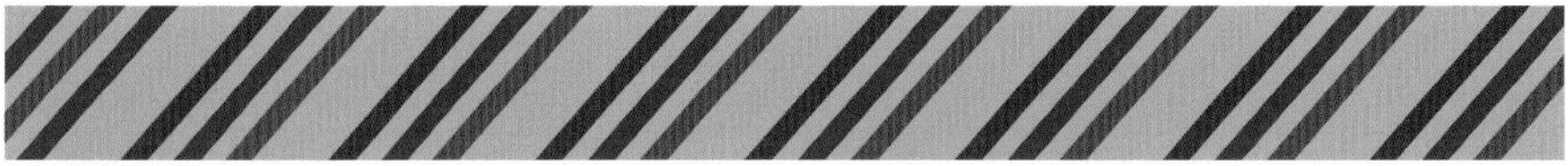
1/3/8/9/10

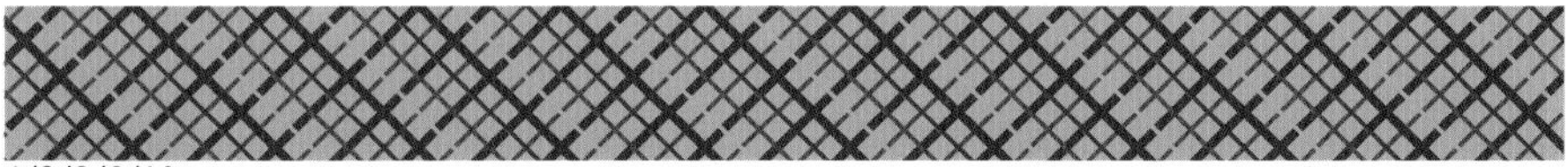
1/3/8/9/10

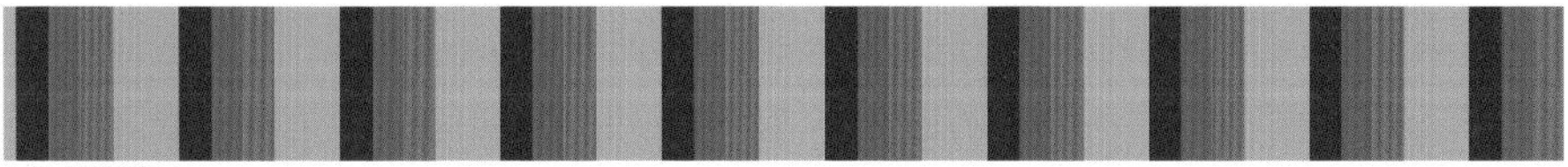
1/3/6/7/9

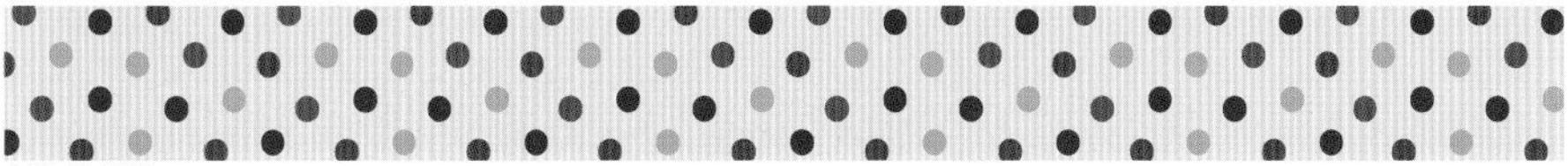
1/3/4/5/8

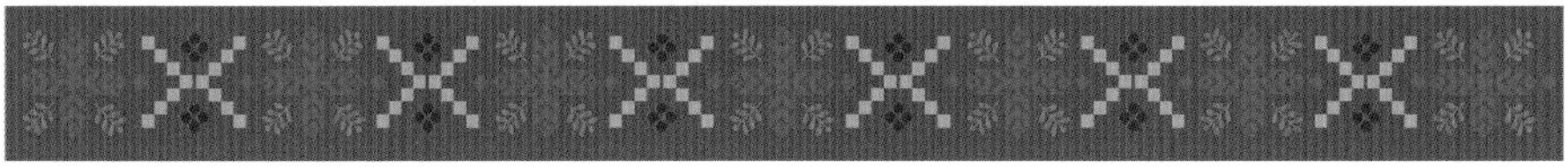
1/2/3/5/6

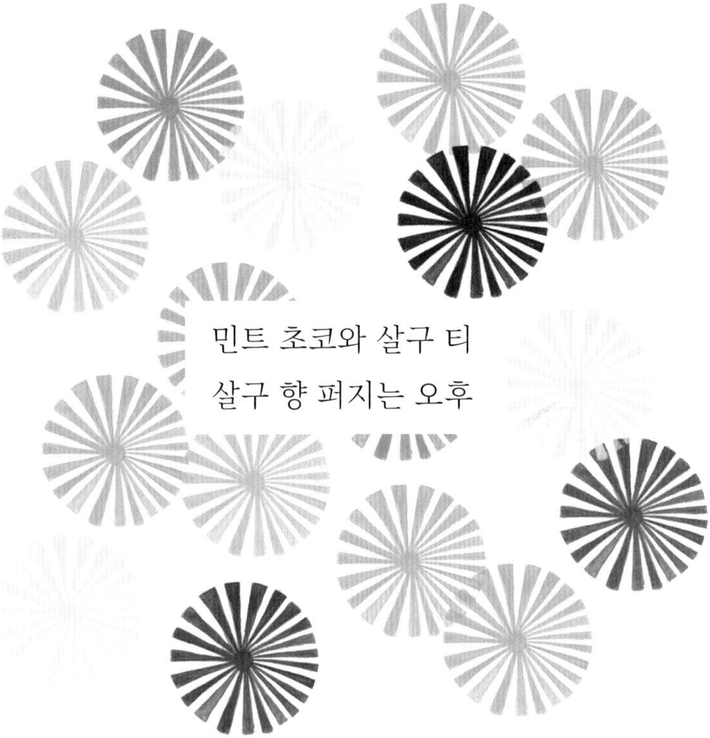

민트 초코와 살구 티
살구 향 퍼지는 오후

#가을 #겨울

한색

부드러운

내추럴

노스탤직

캐주얼

민트 컬러와 브라운과 코럴 톤을 혼합하여
내추럴하면서 차분하고 모던한 느낌을 연출했습니다.

	1	2	3	4	5	6	7	8	9	10
C	49	52	32	8	11	1	10	23	90	91
M	9	64	46	38	9	38	10	43	62	71
Y	32	71	52	31	11	44	11	66	43	66
K	0	8	0	0	0	0	22	0	2	35
R	140	136	185	232	232	245	198	204	17	21
G	193	99	146	177	230	180	195	156	92	60
B	181	76	119	162	226	139	192	95	121	66
	#8CC1B5	#88634C	#B99277	#E8B1A2	#E8E6E2	#F5B48B	#C6C3C0	#CC9C5F	#115C79	#153C42
	베이스			우아한			베리에이션			포인트

SAMPLE

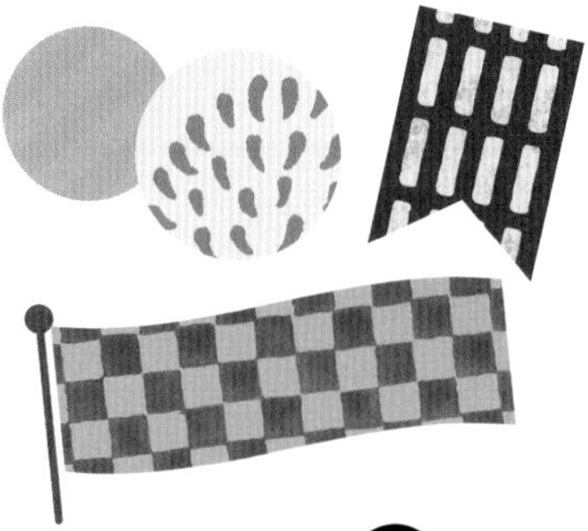

2 배색 pattern

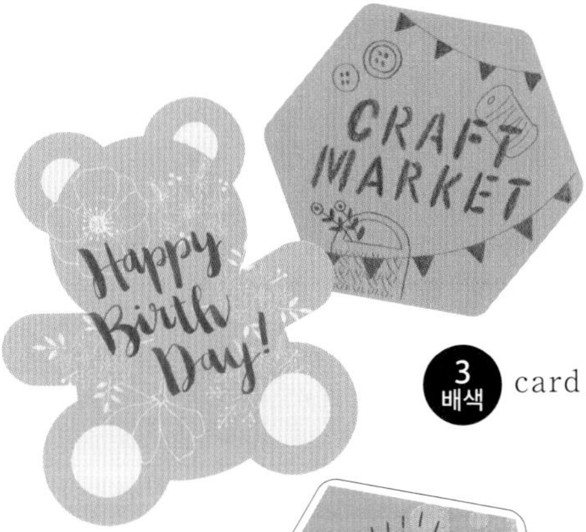

3 배색 card

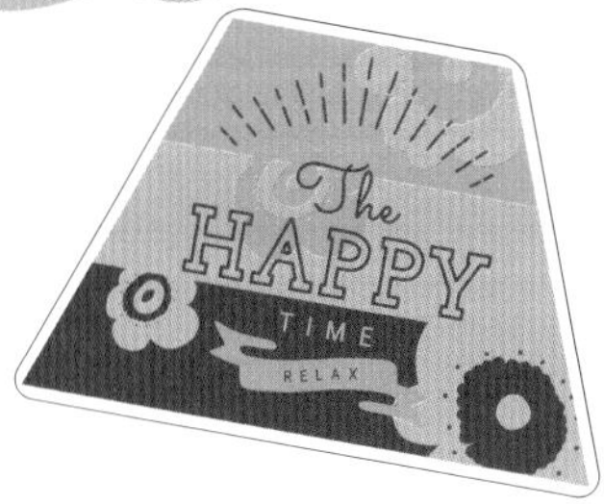

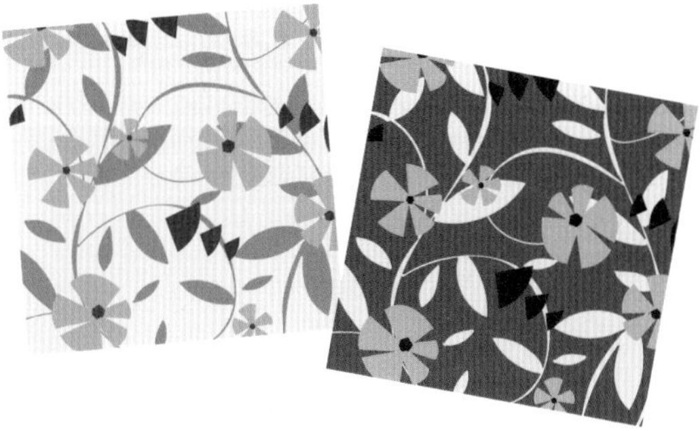

4 배색 flower

5 배색 web

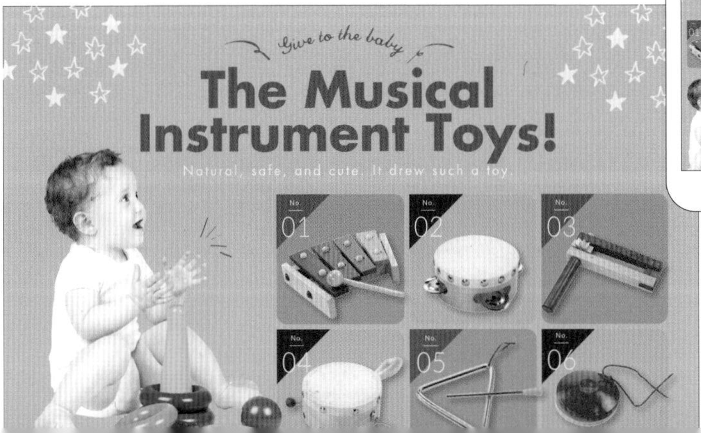

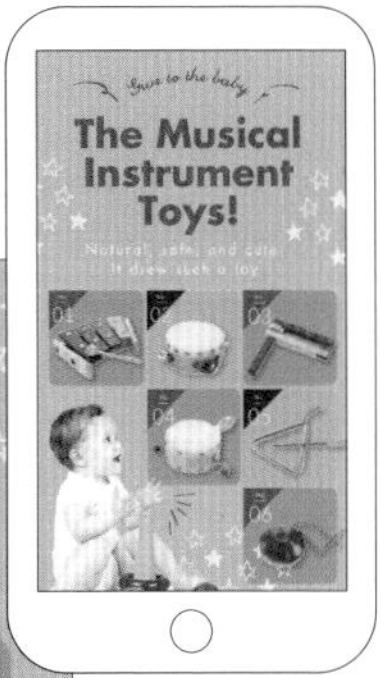

2배색

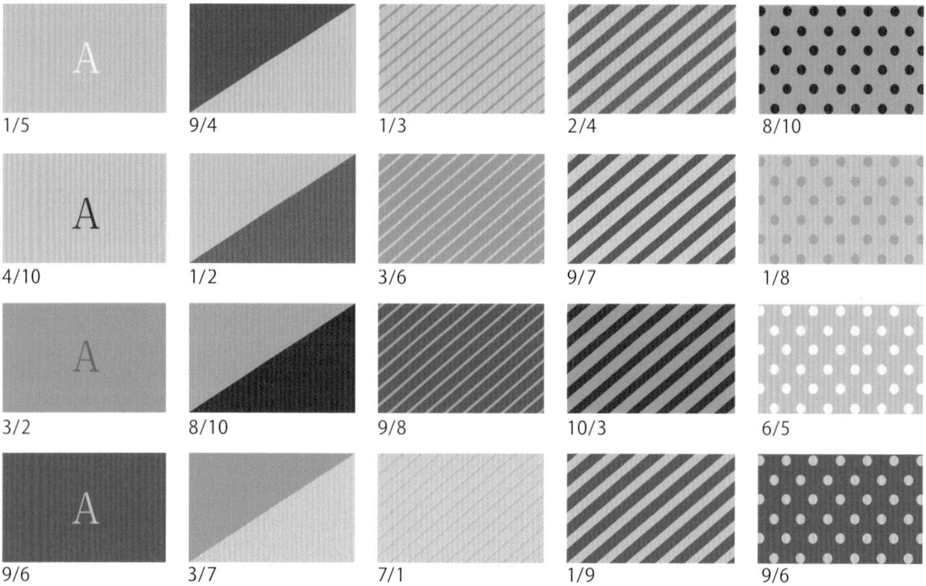
A
1/5
9/4
1/3
2/4
8/10
A
4/10
1/2
3/6
9/7
1/8
A
3/2
8/10
9/8
10/3
6/5
A
9/6
3/7
7/1
1/9
9/6

3배색

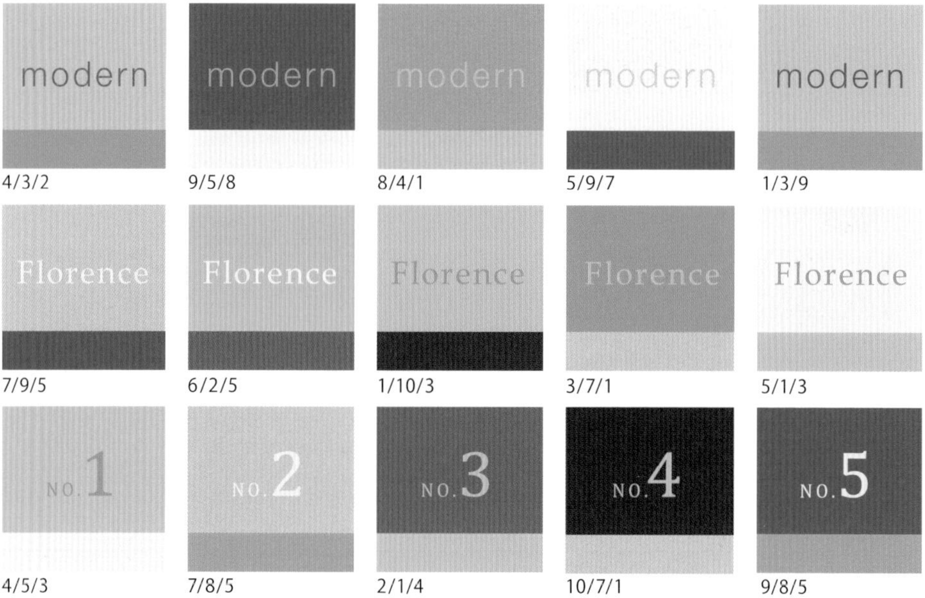
modern
4/3/2
modern
9/5/8
modern
8/4/1
modern
5/9/7
modern
1/3/9
Florence
7/9/5
Florence
6/2/5
Florence
1/10/3
Florence
3/7/1
Florence
5/1/3
NO.1
4/5/3
NO.2
7/8/5
NO.3
2/1/4
NO.4
10/7/1
NO.5
9/8/5

4배색

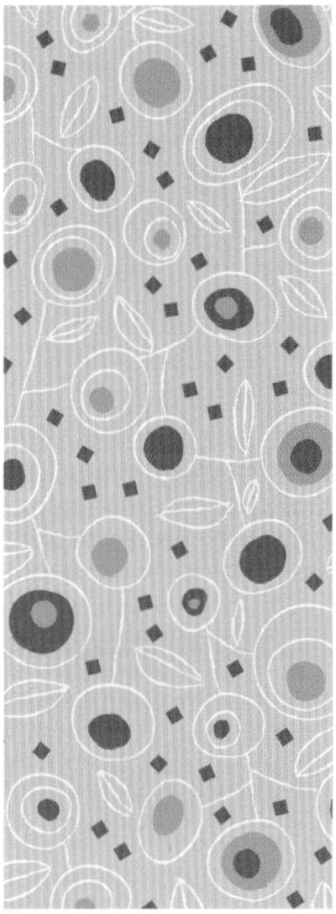
3/4/5/9

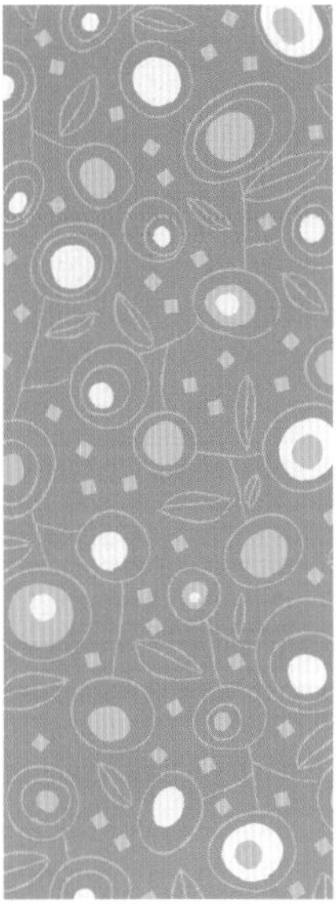
1/3/5/6

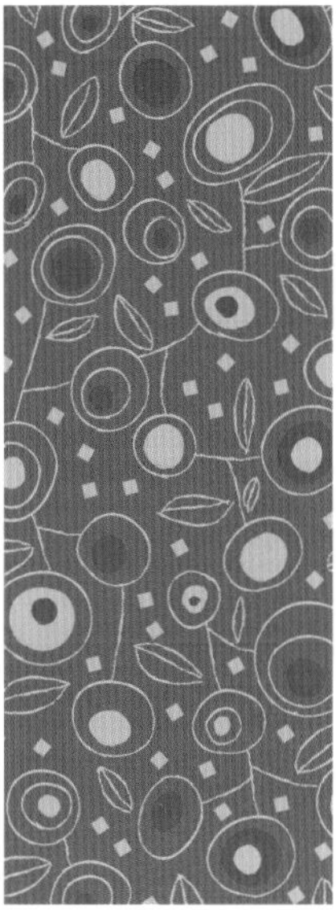
1/2/7/9

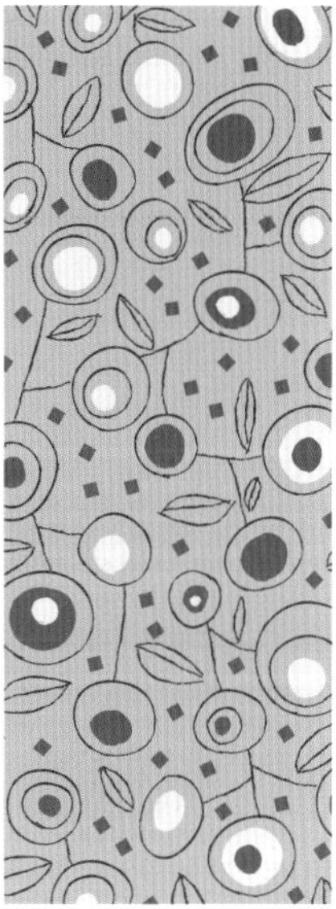
1/5/9/10

5배색

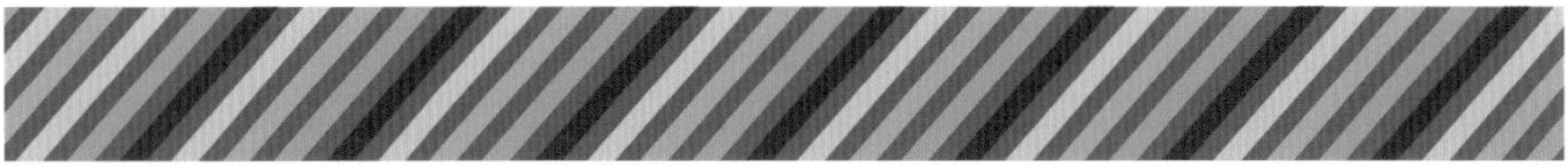
1/3/8/9/10

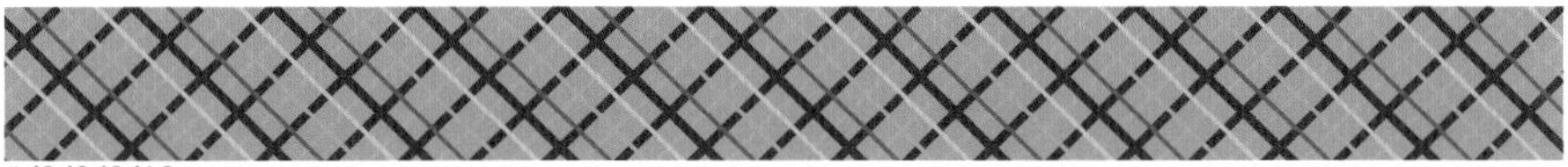
1/3/8/9/10

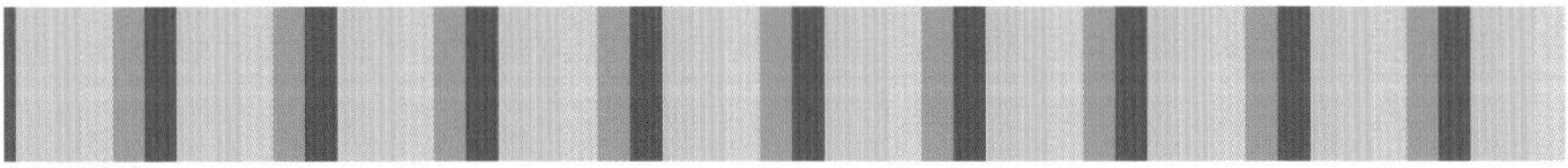
1/3/6/7/9

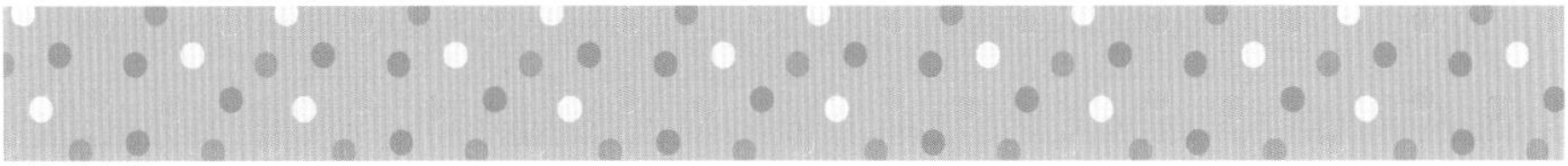
1/3/4/5/8

1/2/3/5/6

사막을 달리는 바람 일렁이는 오아시스

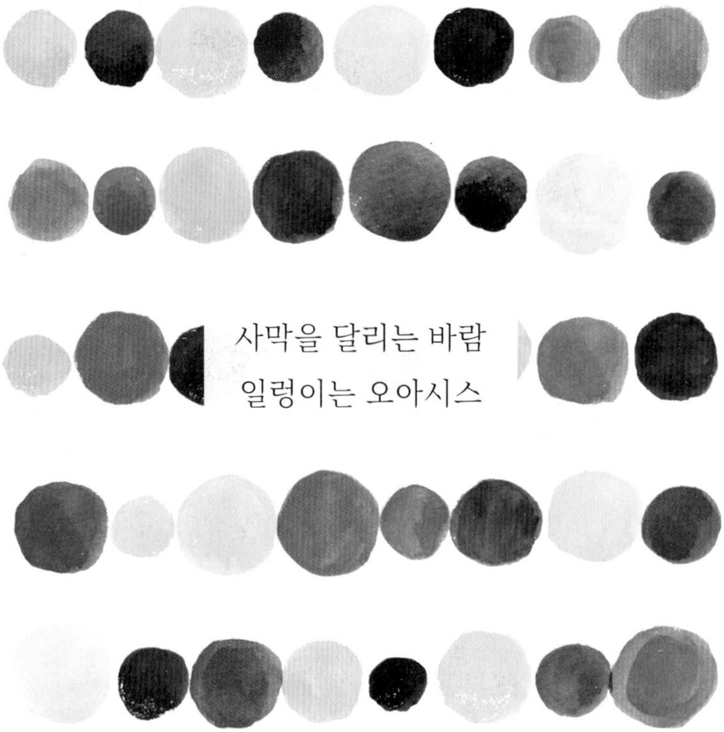

캐멀과 샌드 베이지, 사막의 모래와 같은 색을 모아 블루와 조합했습니다.
이런 남성적인 모던함도 인테리어나 패션에 쉽게 적용할 수 있는 조합입니다.

	1	2	3	4	5	6	7	8	9	10
C	17	0	42	100	7	1	10	0	72	0
M	0	0	54	80	8	24	37	0	59	0
Y	14	19	67	16	49	53	76	0	0	0
K	9	15	59	22	9	45	64	88	0	95
R	207	230	89	0	229	166	115	68	88	47
G	225	228	66	55	217	137	84	64	103	39
B	215	200	43	120	142	86	25	63	175	37
	#CFE1D7	#E6E4C8	#59422B	#003778	#E5D98E	#A68956	#735419	#44403F	#5867AF	#2F2725
	베이스			우아한			베리에이션			포인트

SAMPLE

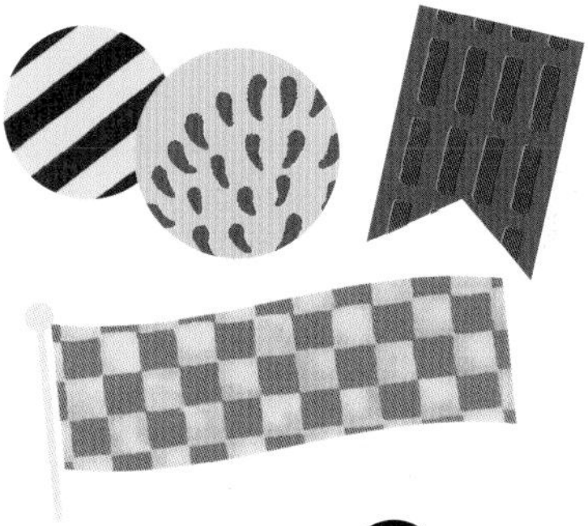

2 배색 pattern

3 배색 card

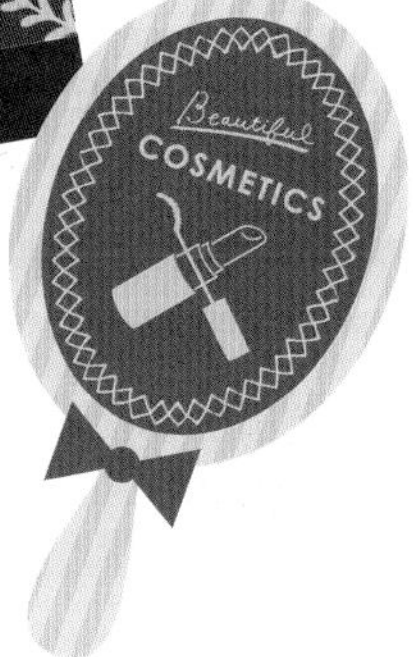

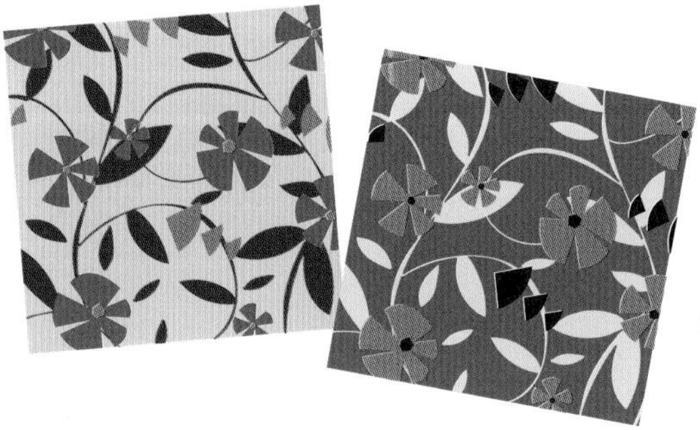

4 배색 flower

5 배색 web

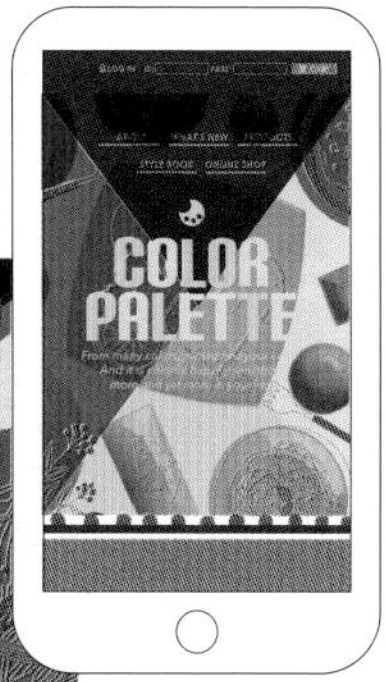

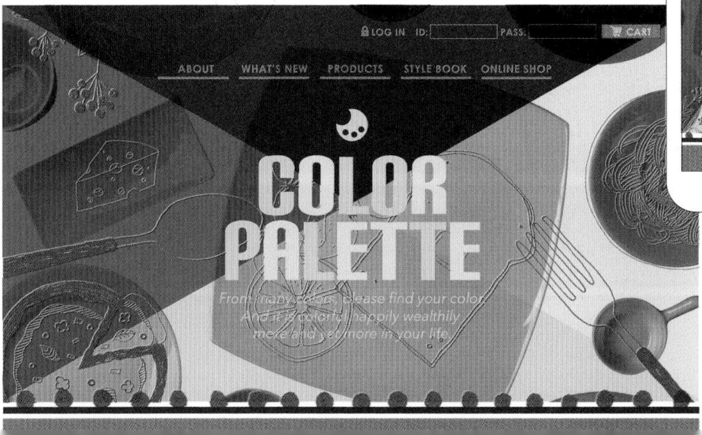

2배색

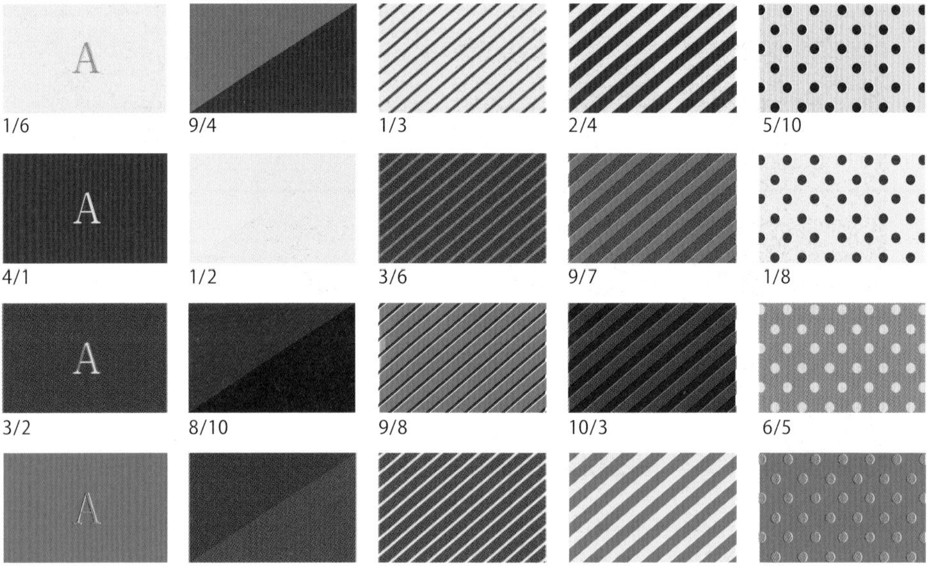

1/6 9/4 1/3 2/4 5/10

4/1 1/2 3/6 9/7 1/8

3/2 8/10 9/8 10/3 6/5

9/6 3/7 7/1 1/9 9/6

3배색

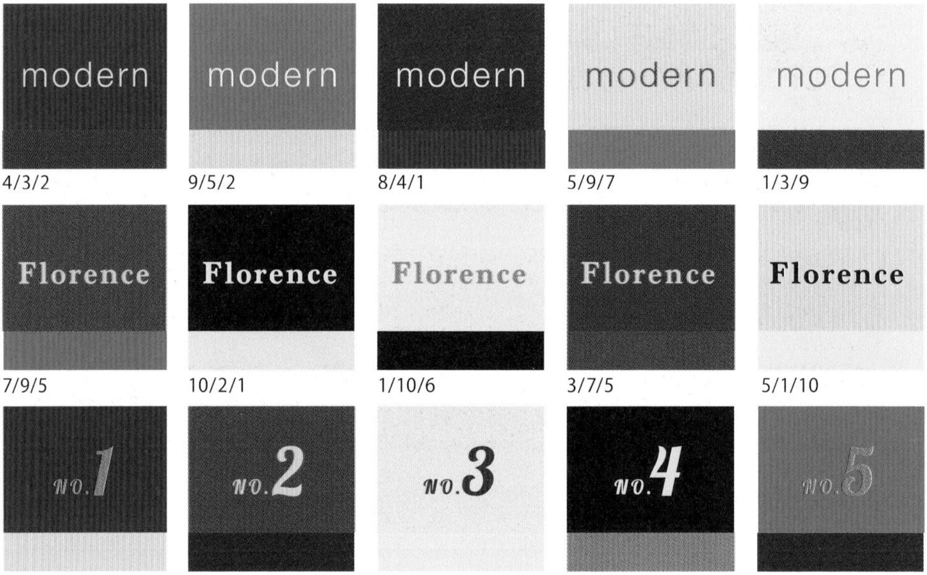

4/3/2 9/5/2 8/4/1 5/9/7 1/3/9

7/9/5 10/2/1 1/10/6 3/7/5 5/1/10

4/5/6 7/8/5 2/1/4 10/6/1 9/8/6

4배색

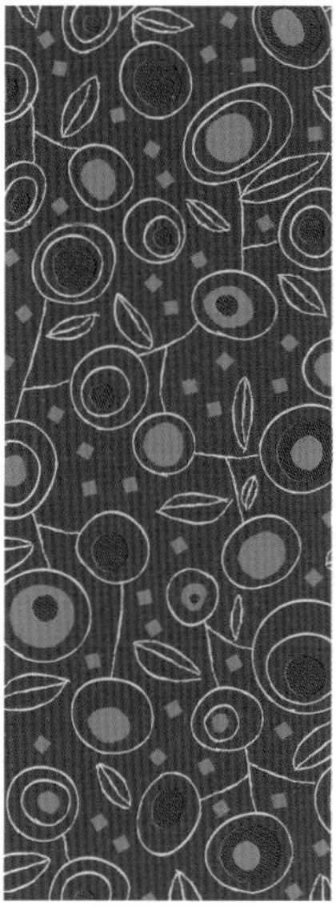
3/4/5/9

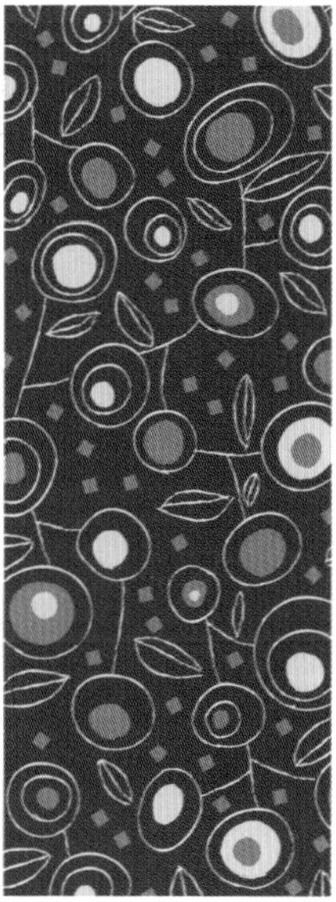
1/3/5/6

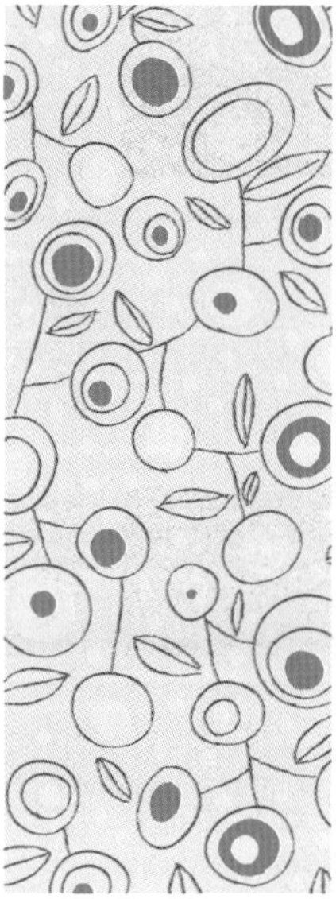
1/2/7/9

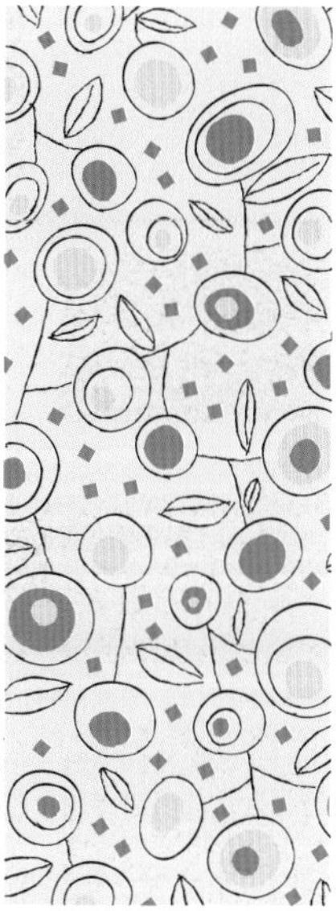
1/5/9/10

5배색

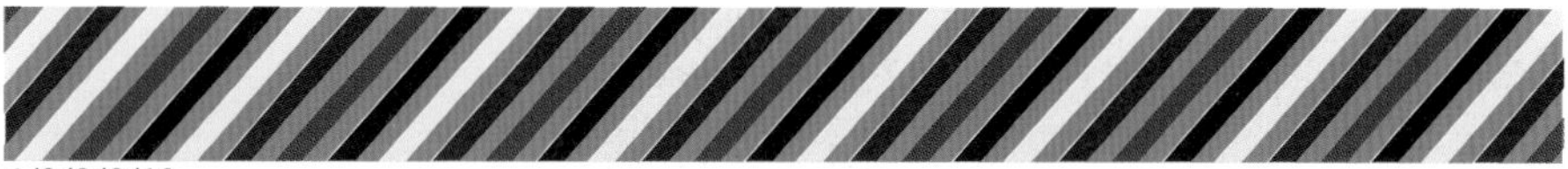
1/3/8/9/10

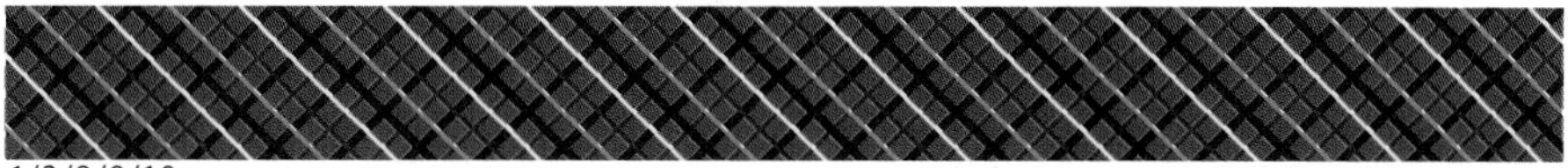
1/3/8/9/10

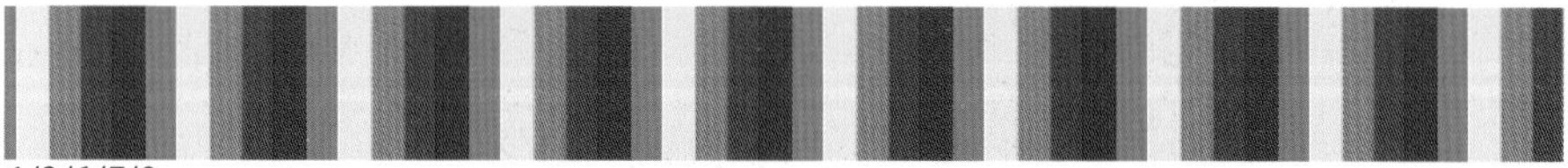
1/3/6/7/9

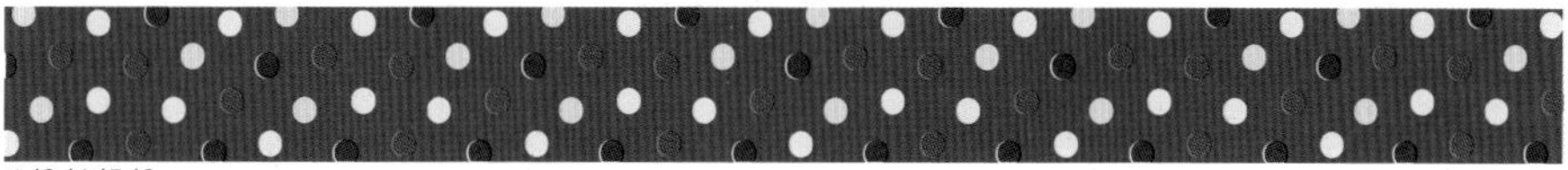
1/3/4/5/8

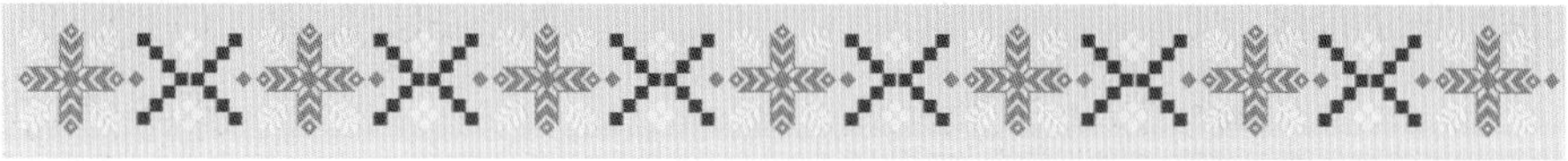
1/2/3/5/6

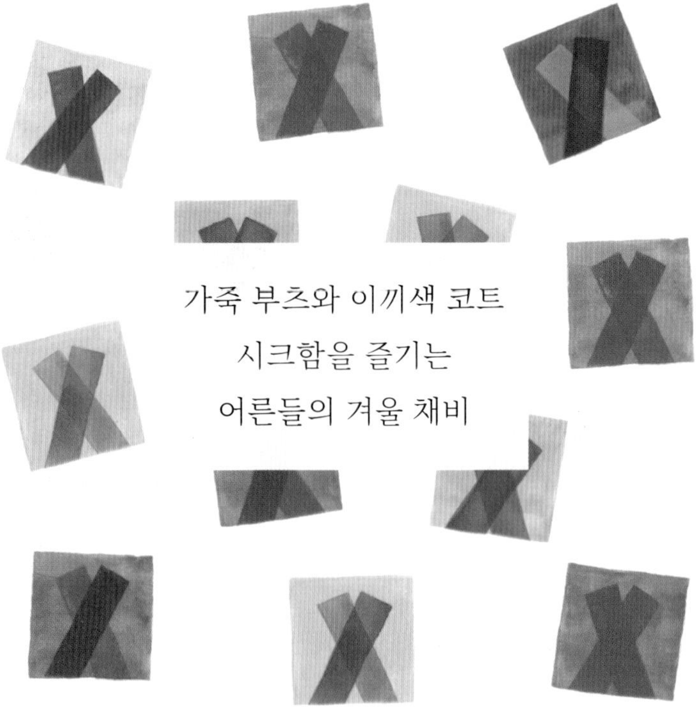

가죽 부츠와 이끼색 코트
시크함을 즐기는
어른들의 겨울 채비

#가을 #겨울

시크

모던

성숙한

엘레강스

시크하면서 차분한 컬러링이어서 가을과 겨울의 패션과 인테리어에 안성맞춤입니다.
포인트로 바이올렛을 더하면 한층 우아해집니다.

	1	2	3	4	5	6	7	8	9	10
C	38	33	64	90	73	76	66	77	61	81
M	10	38	64	59	56	66	77	69	62	85
Y	40	41	73	70	68	76	64	55	81	35
K	0	0	14	20	19	45	34	25	18	8
R	172	183	106	13	78	54	86	68	109	74
G	201	160	90	84	94	60	57	72	91	59
B	166	144	72	78	80	49	63	84	61	109
	#ACC9A6	#B7A090	#6A5A48	#0D544E	#4E5E50	#363C31	#56393F	#444854	#6D5B3D	#4A3B6D
	베이스			우아한			베리에이션			포인트

SAMPLE

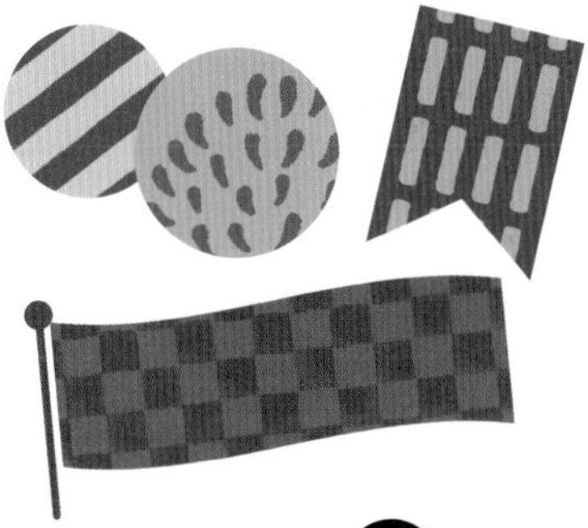

2 배색 pattern

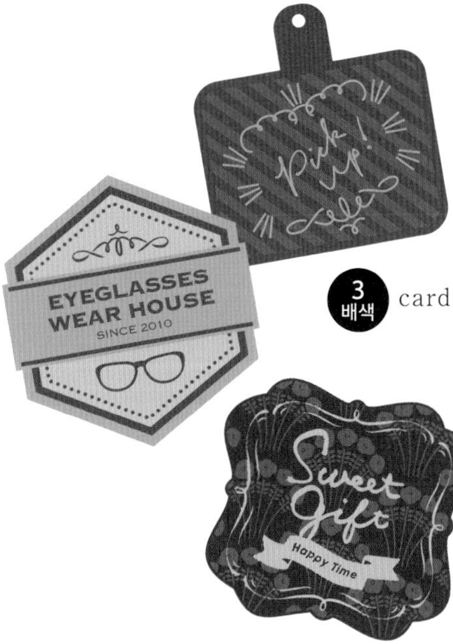

3 배색 card

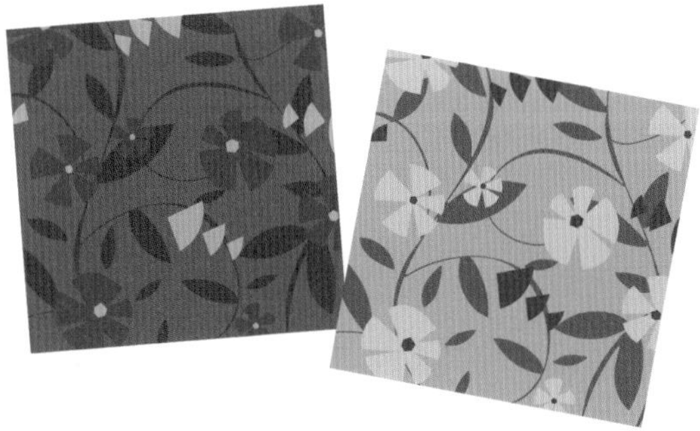

4 배색 flower

5 배색 web

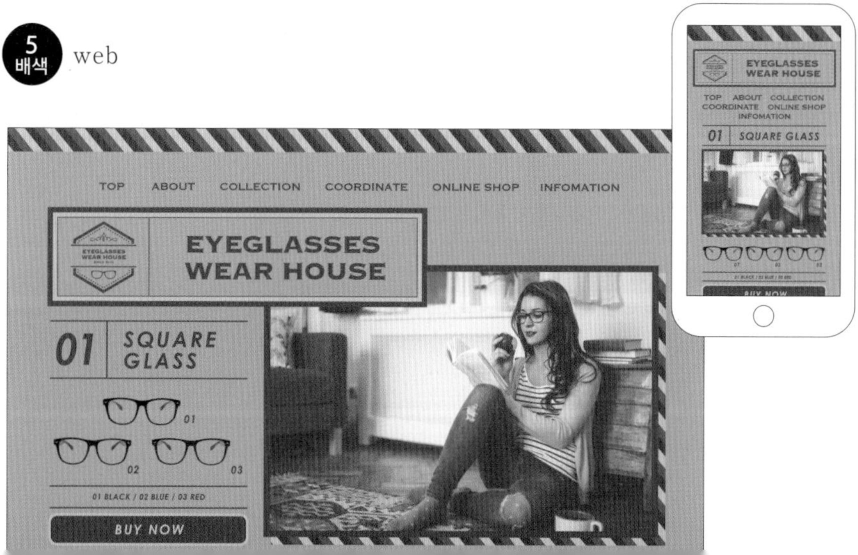

2배색

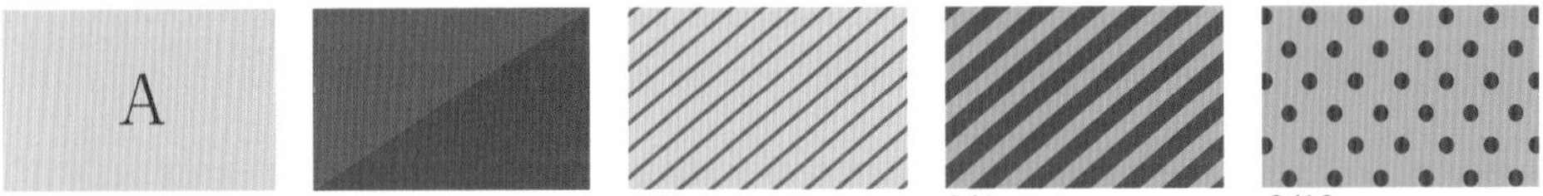

1/6 9/4 1/3 2/4 2/10

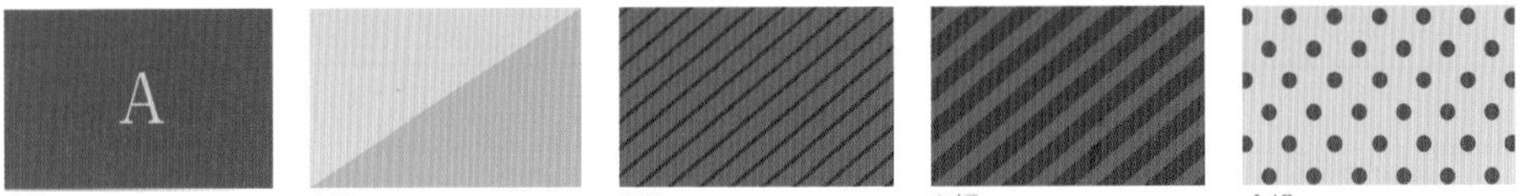

4/1 1/2 3/6 9/7 1/8

2/10 5/6 9/8 10/3 6/5

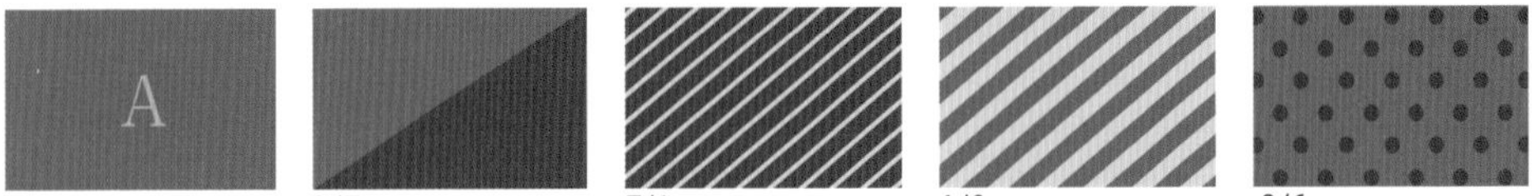

9/2 3/7 7/1 1/9 9/6

3배색

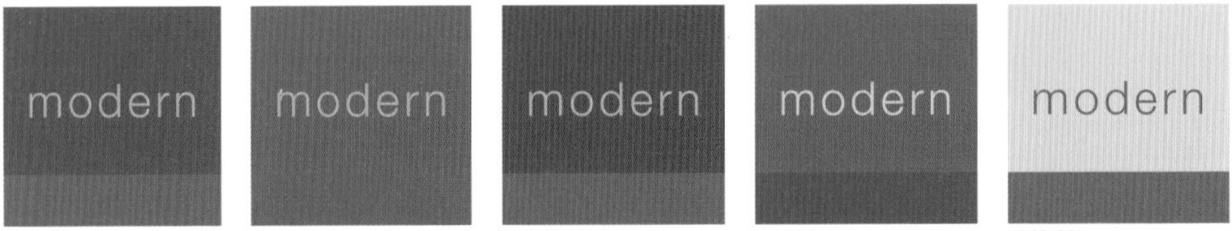

4/3/2 9/5/2 8/9/2 5/4/1 1/3/9

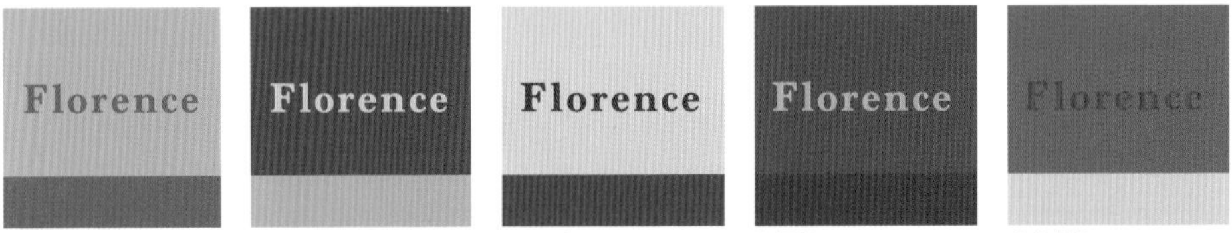

2/9/5 10/2/1 1/10/6 8/7/2 5/1/10

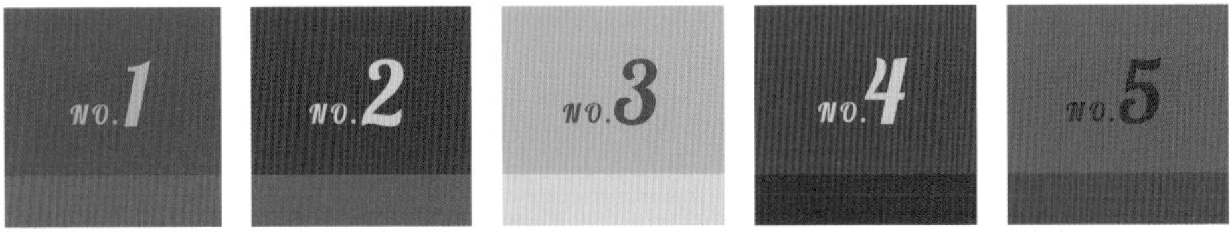

4/3/2 7/5/1 2/1/4 10/6/1 9/8/6

4배색

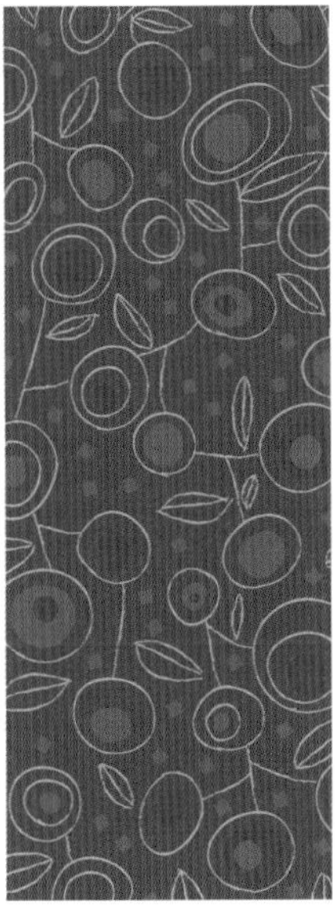
2/8/9/10

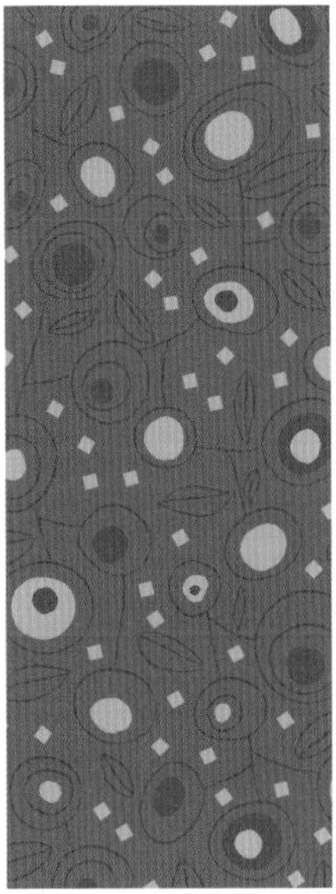
2/3/4/10

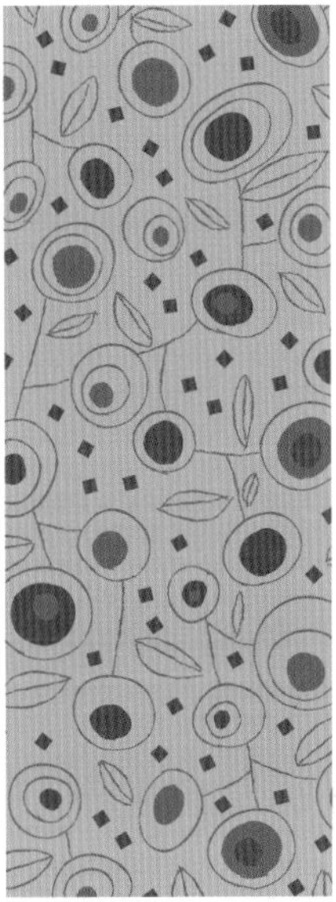
2/5/9/10

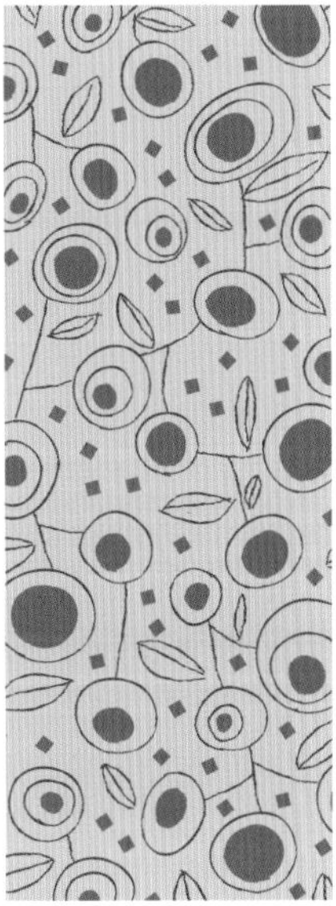
1/3/5/6

5배색

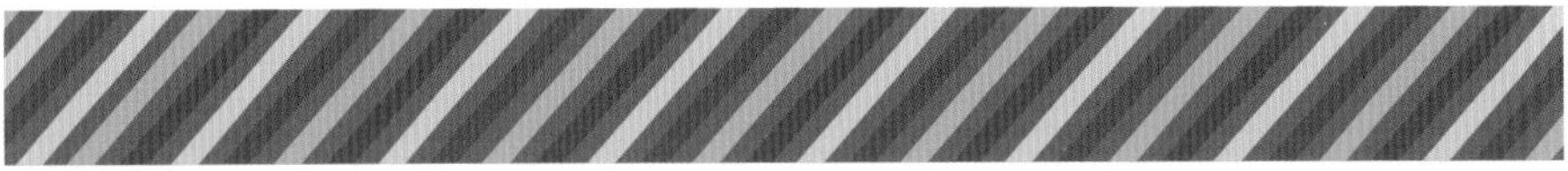
1/2/8/9/10

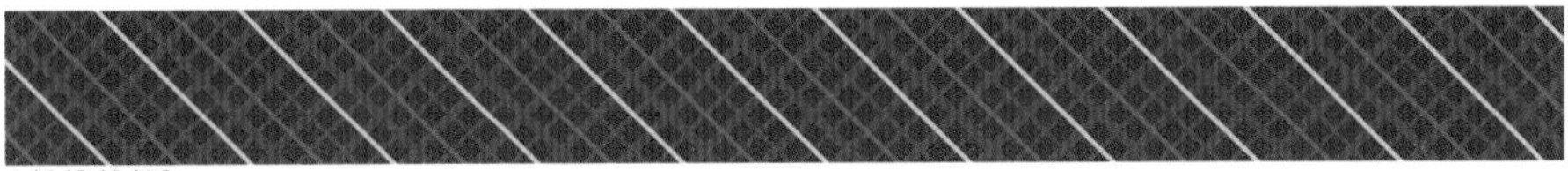
1/6/8/9/10

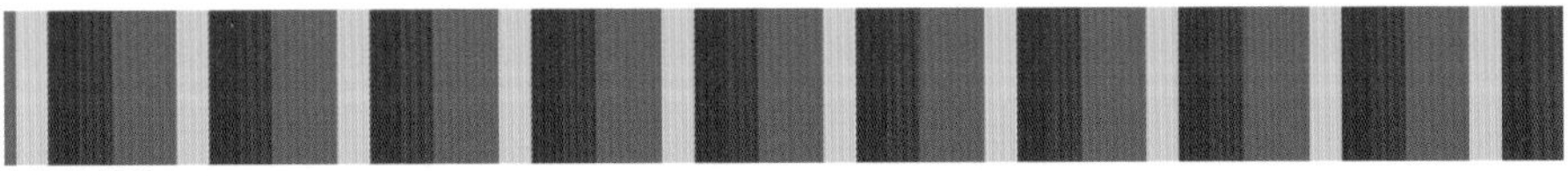
1/3/6/7/9

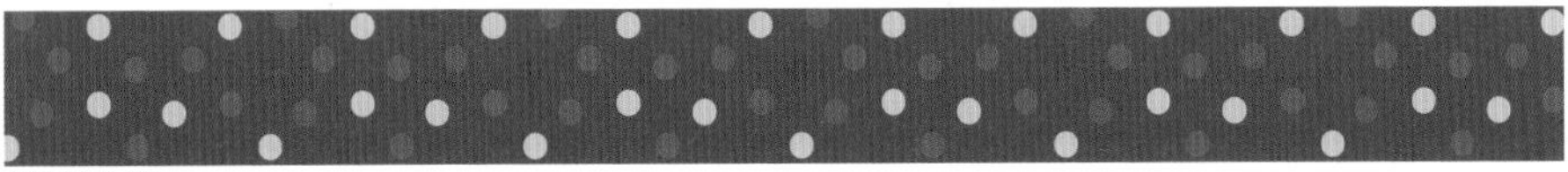
1/3/4/5/8

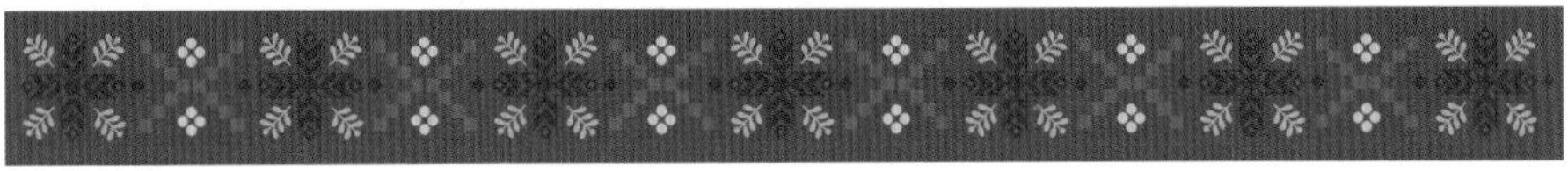
1/2/3/6/8

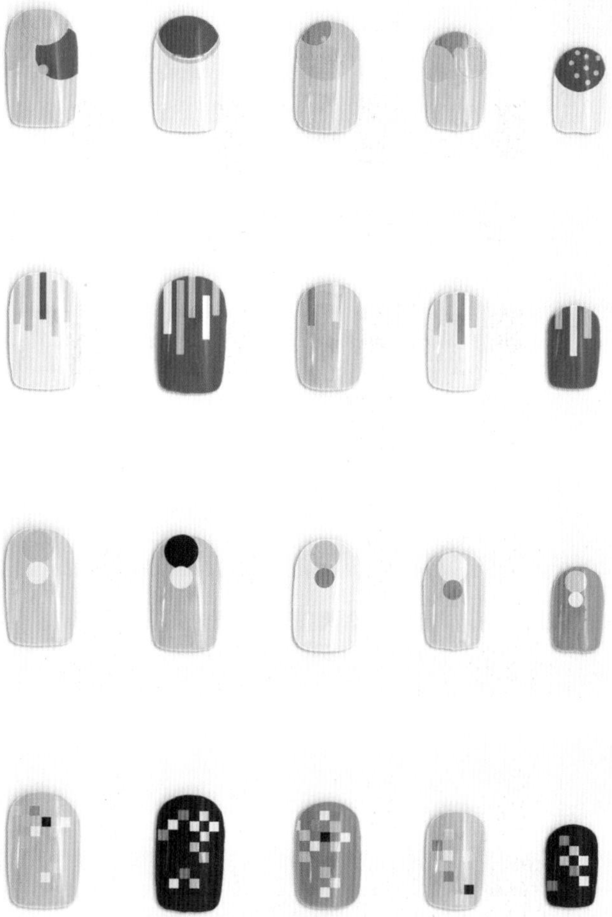

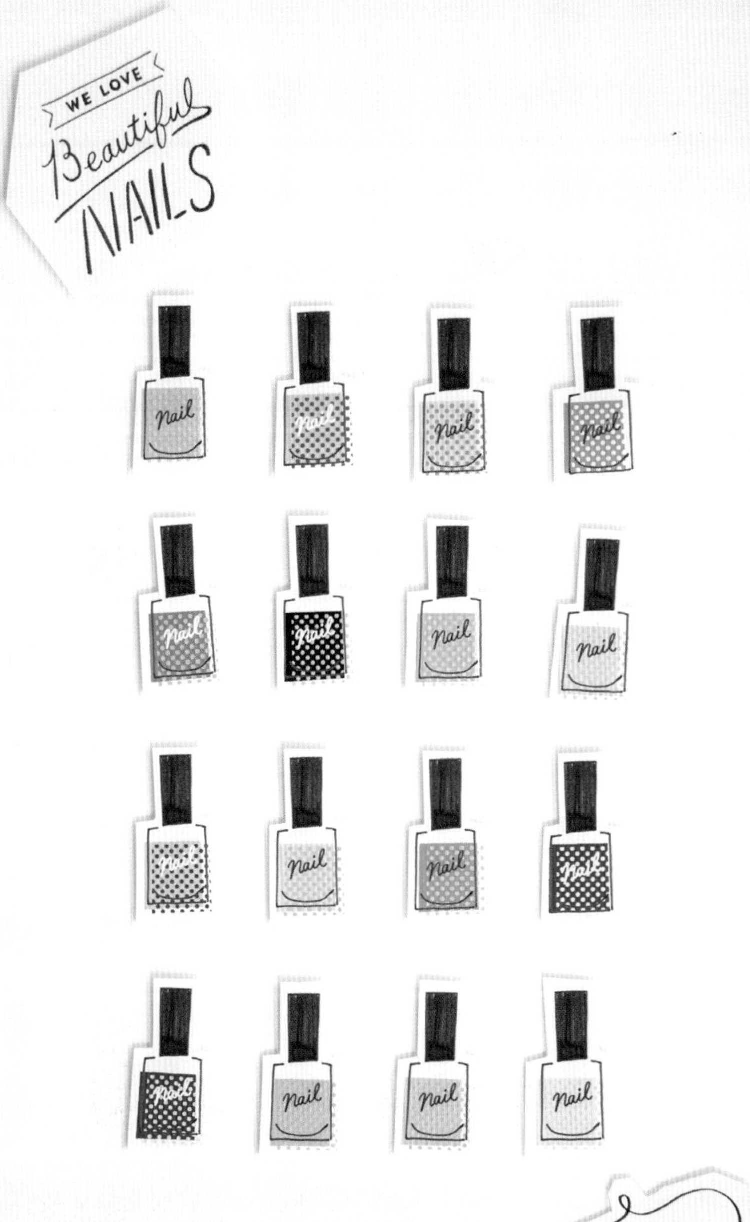
WE LOVE
Beautiful
NAILS
nail
nail
nail
nail
nail
nail
nail
nail
nail
nail
nail
nail
nail
nail
nail
nail
cute color

CLASSIC

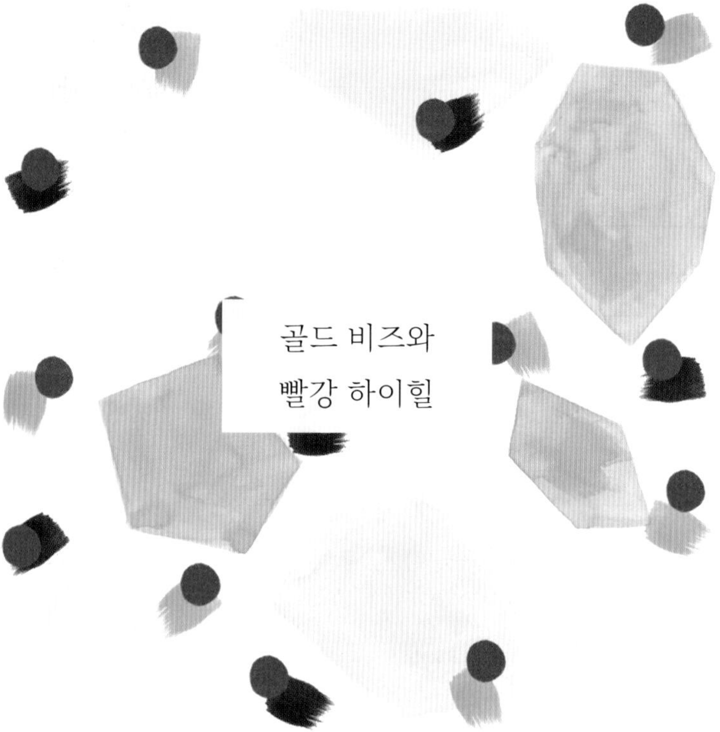

골드 비즈와 빨강 하이힐

겨울
파티
호화로움
시크
모던

골드의 장식성을 살린 그러데이션에 그레이, 레드, 블랙의 포인트를 더해
화려하면서 모던한 파티 컬러를 연출했습니다.

	1	2	3	4	5	6	7	8	9	10
C	5	46	64	18	12	35	25	52	16	87
M	12	30	29	0	16	37	42	34	99	87
Y	5	58	47	13	30	57	55	38	90	87
K	0	0	0	0	0	0	0	0	0	77
R	243	154	103	217	229	180	200	138	207	13
G	231	163	152	237	215	160	157	154	23	4
B	234	119	139	229	184	116	116	151	39	4
	#F3E7EA	#9AA377	#67988B	#D9EDE5	#E5D7B8	#B4A074	#C89D74	#8A9A97	#CF1727	#0D0404
	베이스			우아한			베리에이션			포인트

SAMPLE

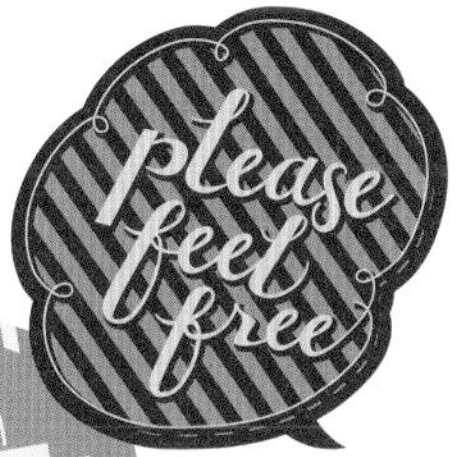

3 배색 card

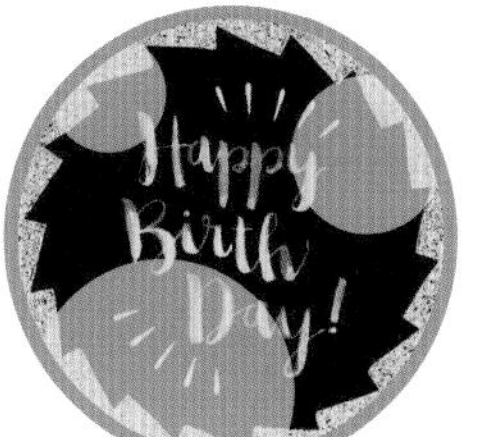

2 배색 pattern

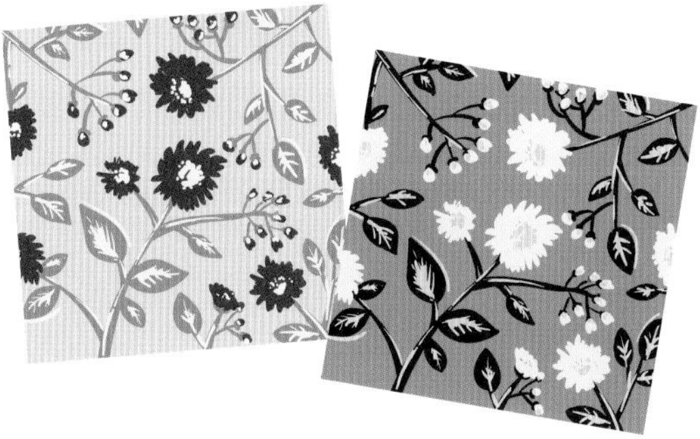

4 배색 flower

5 배색 web

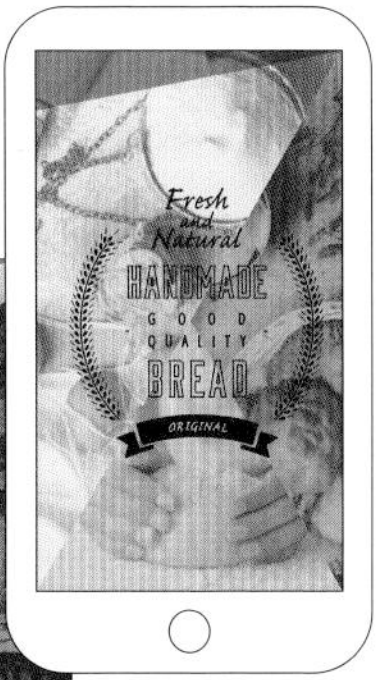

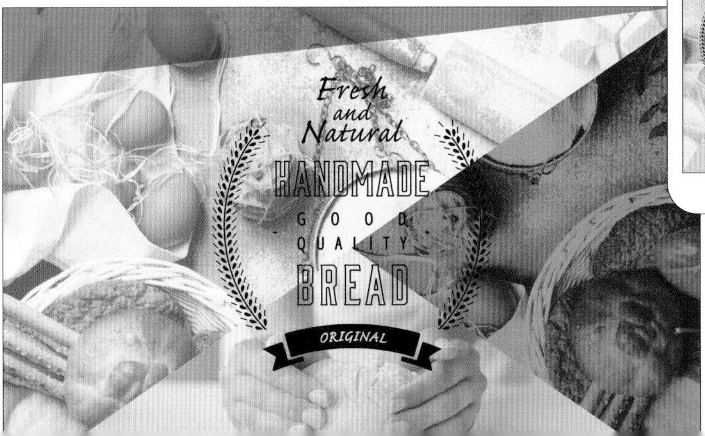

1
2
3
4
5
6
7
8
9
10

2배색

6/4 | 9/7 | 1/3 | 3/4 | 8/7

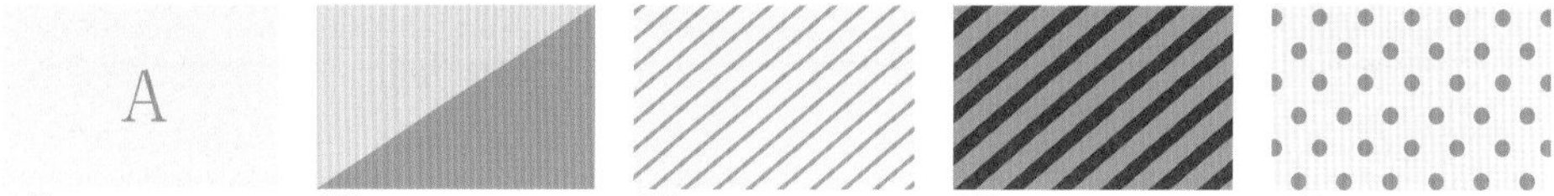

4/3 | 5/2 | 4/6 | 7/9 | 1/8

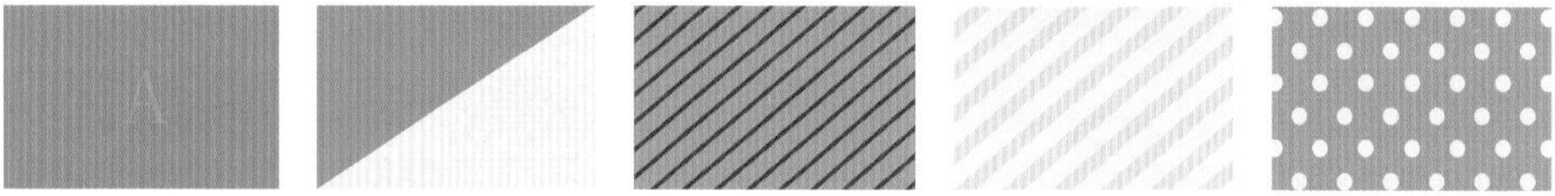

3/6 | 8/1 | 6/9 | 4/5 | 6/4

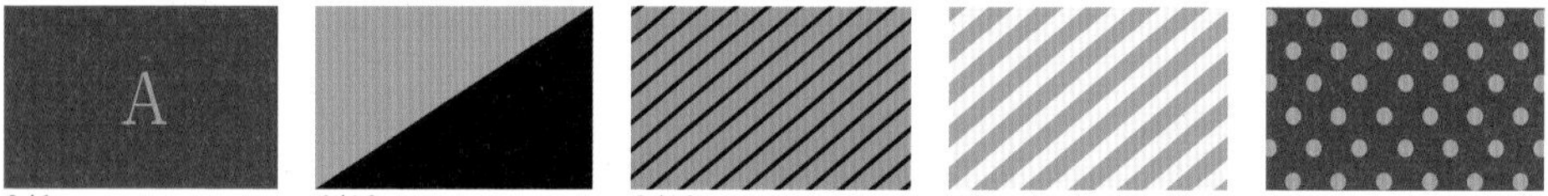

9/6 | 6/10 | 8/10 | 6/1 | 9/6

3배색

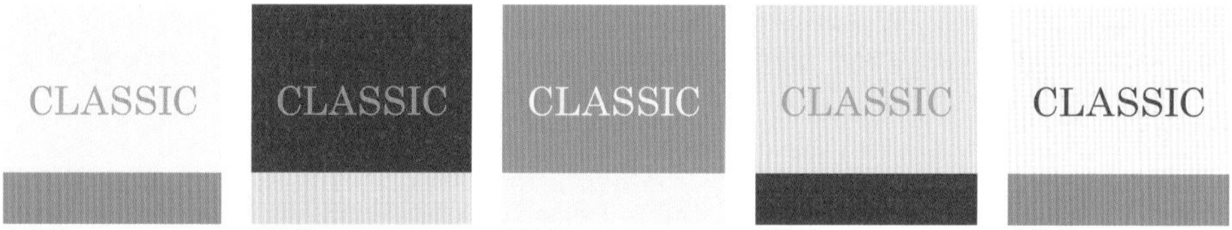

4/3/2 | 9/5/8 | 8/4/1 | 5/9/7 | 1/3/9

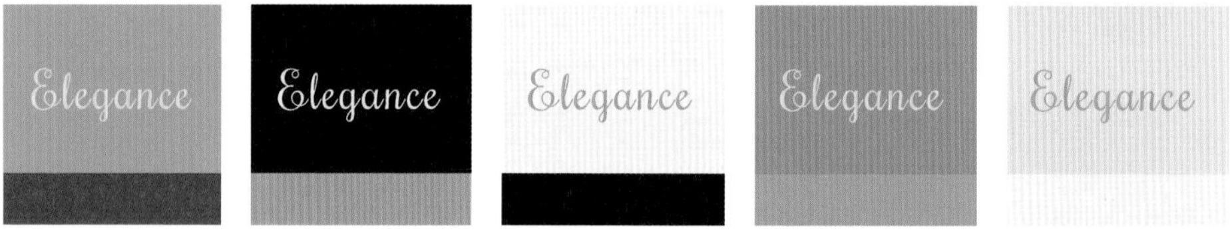

7/9/5 | 10/2/1 | 1/10/2 | 3/7/5 | 5/1/2

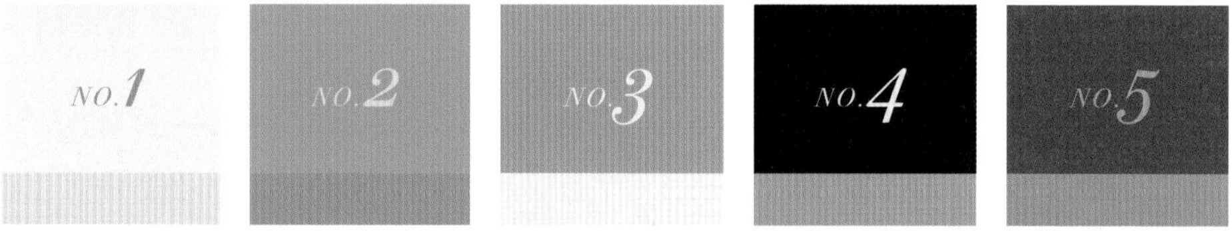

4/5/3 | 7/8/5 | 2/1/4 | 10/6/1 | 9/8/6

4배색

1/2/4/10

1/3/6/8

3/4/5/10

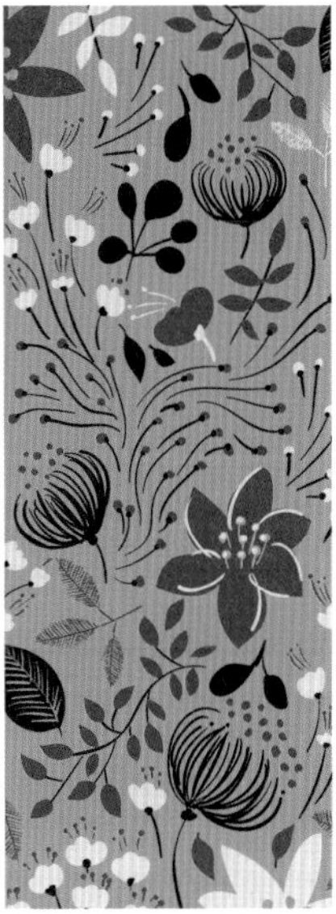

5/8/9/10

5배색

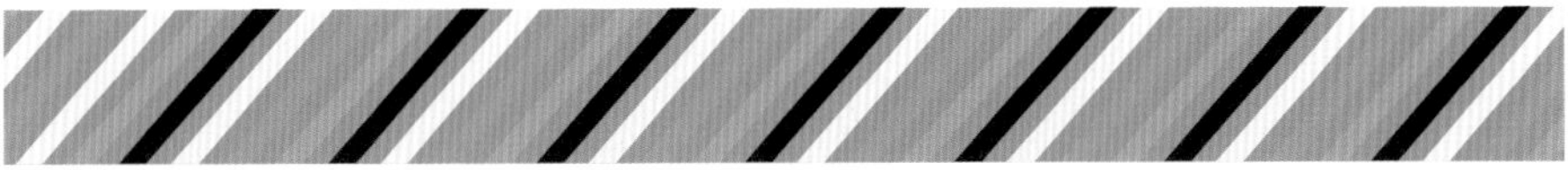

1/2/3/8/10

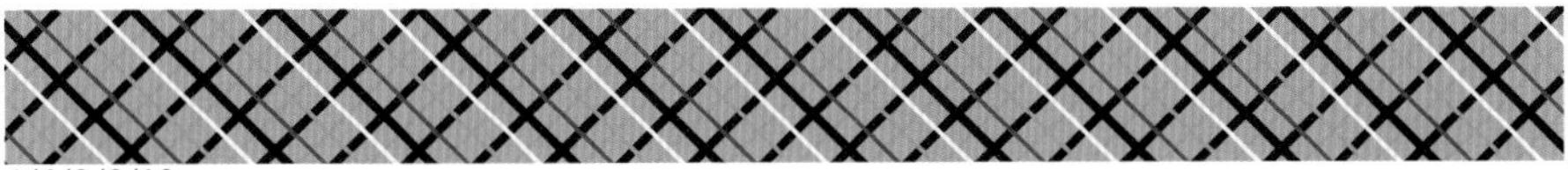

1/6/8/9/10

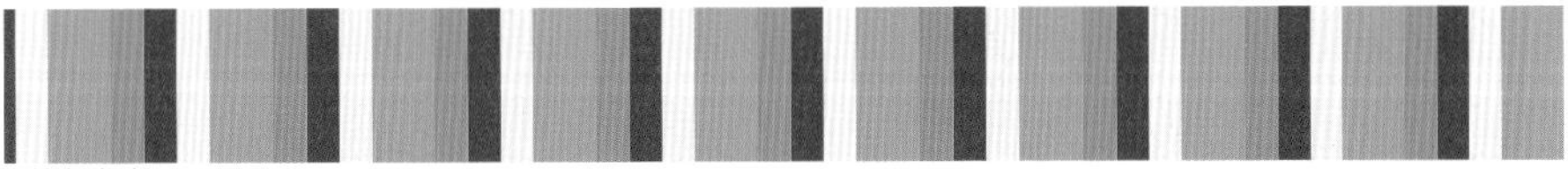

1/3/6/7/9

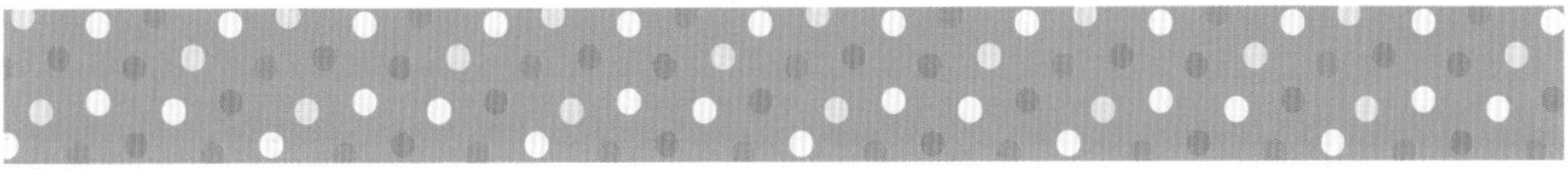

1/3/5/7/8

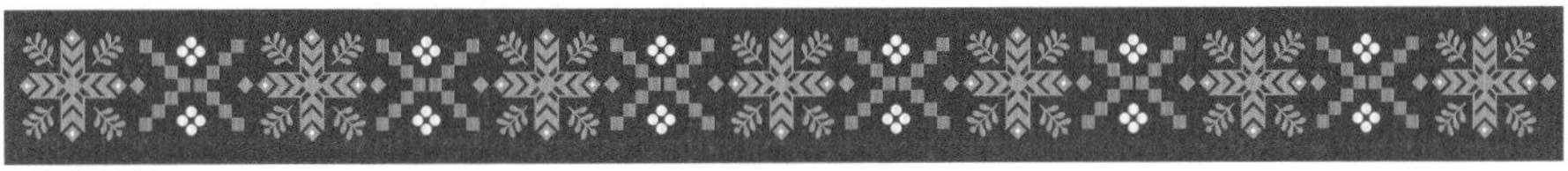

1/2/3/6/9

별이 쏟아지는 밤

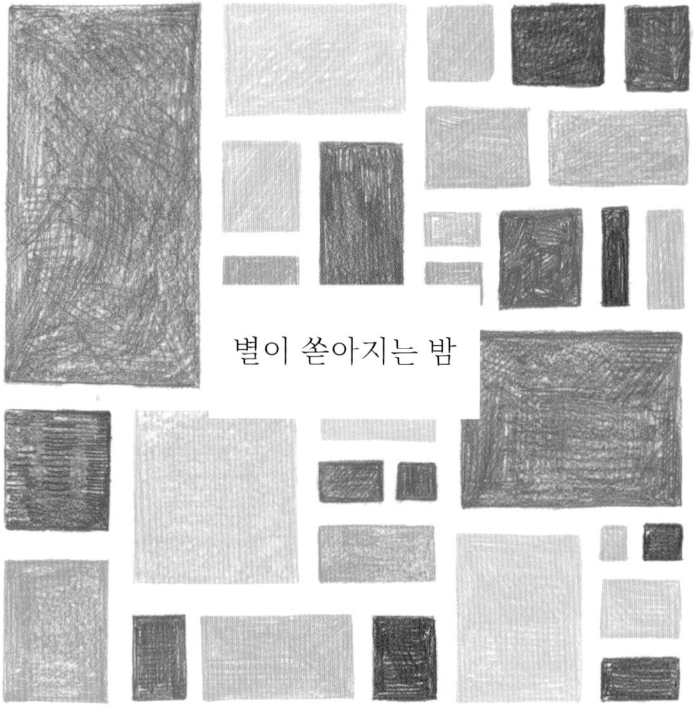

#겨울

#밤

#마녀

#판타스틱

#성숙한

블루의 중간색과 그레이를 맞추고 같은 톤의 보색을 포인트로 씁니다.
밤하늘과 달빛을 형상화한 조합입니다.

	1	2	3	4	5	6	7	8	9	10
C	79	82	28	49	24	34	81	91	27	11
M	60	56	21	32	14	24	54	75	40	28
Y	17	32	17	31	58	38	74	39	17	58
K	0	0	0	0	0	0	16	1	0	0
R	67	53	194	145	206	182	54	37	194	230
G	100	104	195	160	205	183	96	76	162	191
B	155	141	201	165	127	160	77	117	181	118
	#43649B	#35688D	#C2C3C9	#91A0A5	#CECD7F	#B6B7A0	#36604D	#254C75	#C2A2B5	#E6BF76
	베이스			우아한			베리에이션			포인트

SAMPLE

2 배색 pattern

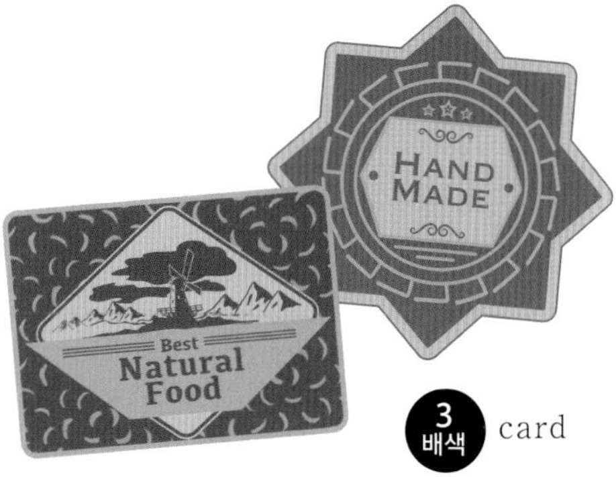

3 배색 card

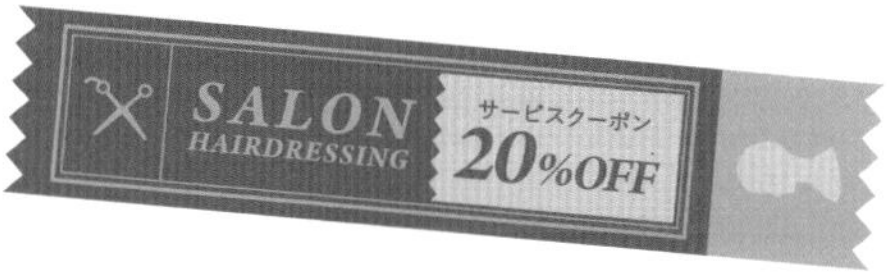

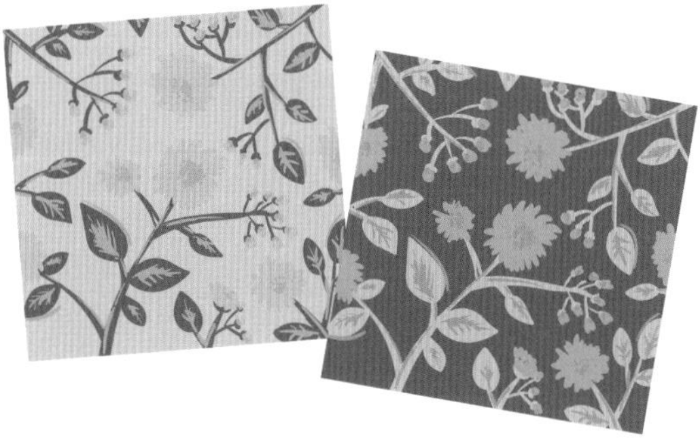

4 배색 flower

5 배색 web

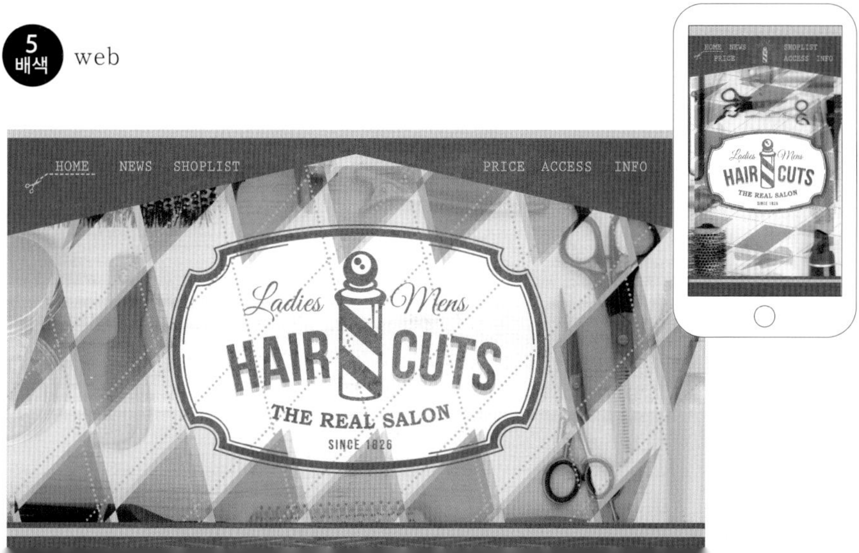

1
2
3
4
5
6
7
8
9
10

2배색

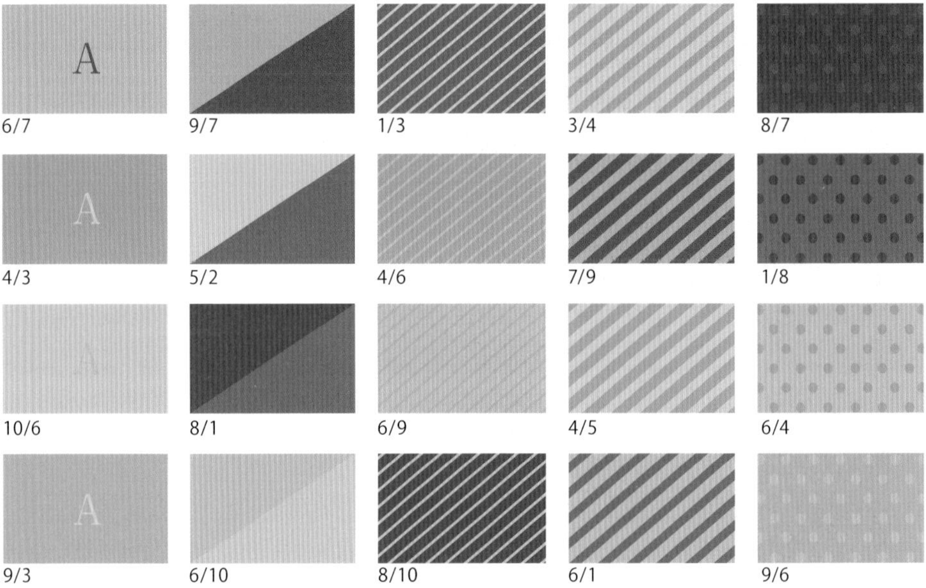
A
6/7
9/7
1/3
3/4
8/7
A
4/3
5/2
4/6
7/9
1/8
10/6
8/1
6/9
4/5
6/4
A
9/3
6/10
8/10
6/1
9/6

3배색

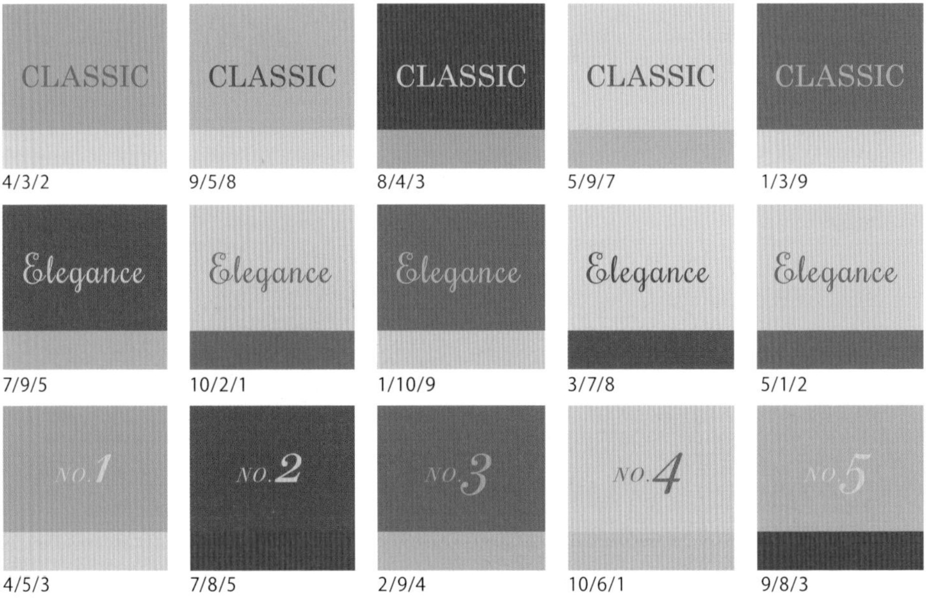
CLASSIC
4/3/2
CLASSIC
9/5/8
CLASSIC
8/4/3
CLASSIC
5/9/7
CLASSIC
1/3/9
Elegance
7/9/5
Elegance
10/2/1
Elegance
1/10/9
Elegance
3/7/8
Elegance
5/1/2
NO.1
4/5/3
NO.2
7/8/5
NO.3
2/9/4
NO.4
10/6/1
NO.5
9/8/3

4배색

2/4/9/8

1/5/6/8

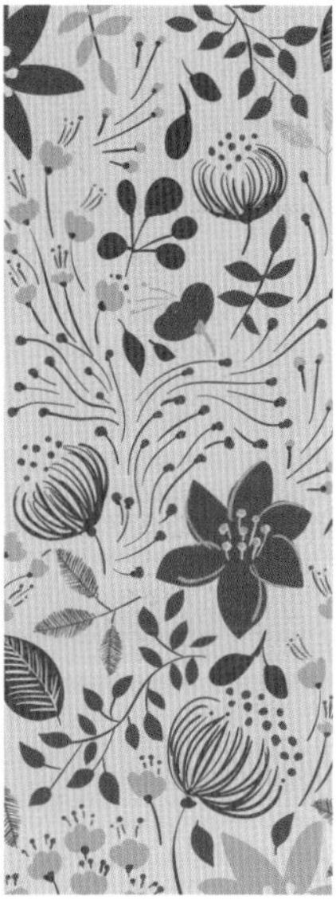
3/4/7/8

3/4/5/9

5배색

1/2/3/8/10

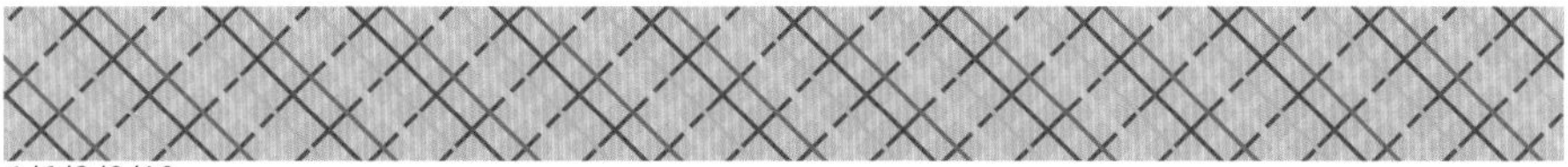
1/6/8/9/10

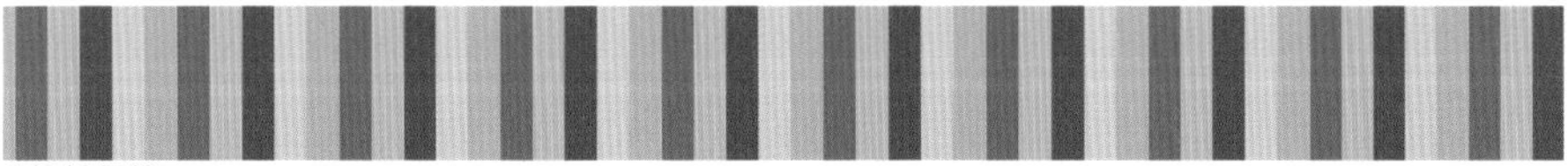
1/3/6/7/9

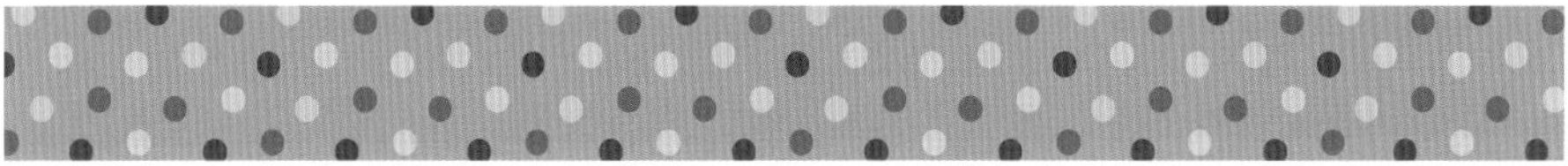
1/3/4/5/8

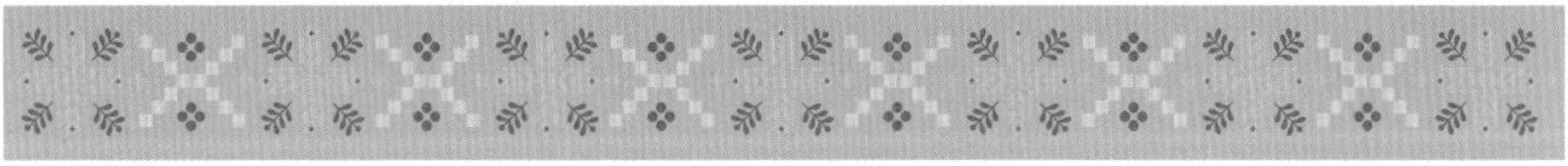
1/2/3/6/9

CLASSIC

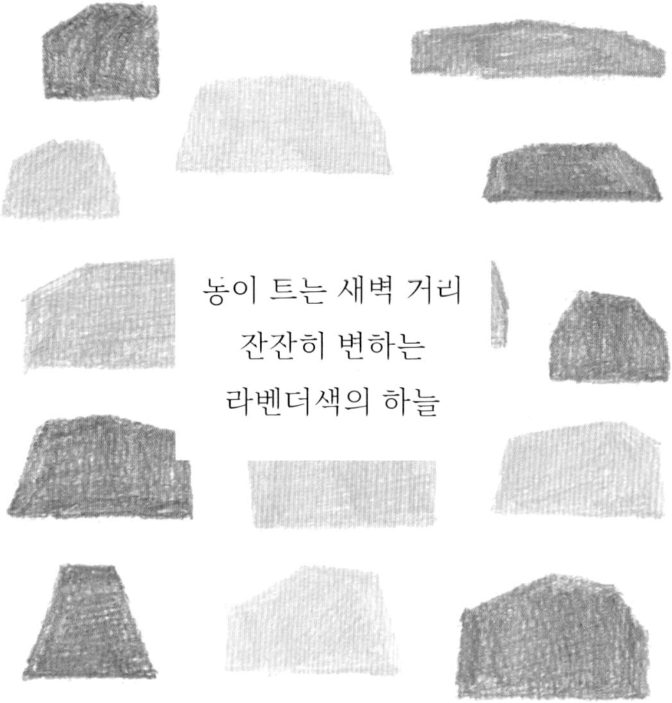

놓이 트는 새벽 거리
잔잔히 변하는
라벤더색의 하늘

#가을

밤

시크

엘레강스

섹시

라벤더나 팬지를 연상시키는 퍼플과 옐로의 조합으로
짧게만 볼 수 있는 동틀 무렵의 하늘을 형상화했습니다.

	1	2	3	4	5	6	7	8	9	10
C	49	43	28	72	20	41	30	84	86	40
M	59	85	42	58	31	43	25	63	81	64
Y	55	50	12	78	68	27	28	25	16	4
K	6	2	0	19	0	0	0	0	0	0
R	144	160	192	82	212	165	190	51	60	166
G	110	67	158	92	179	148	186	94	67	109
B	102	94	185	67	96	161	178	143	137	167
	#906E66	#A0435E	#C09EB9	#525C43	#D4B360	#A594A1	#BEBAB2	#335E8F	#3C4389	#A66DA7
	베이스			우아한			베리에이션			포인트

SAMPLE

2 배색 pattern

3 배색 card

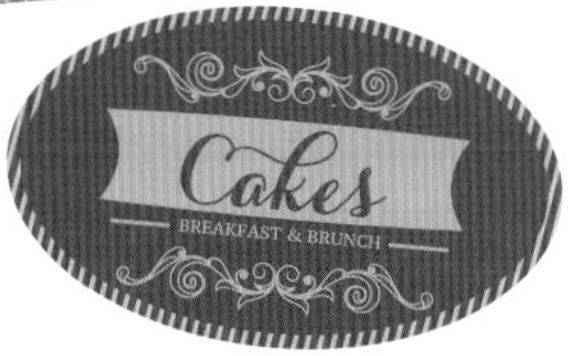

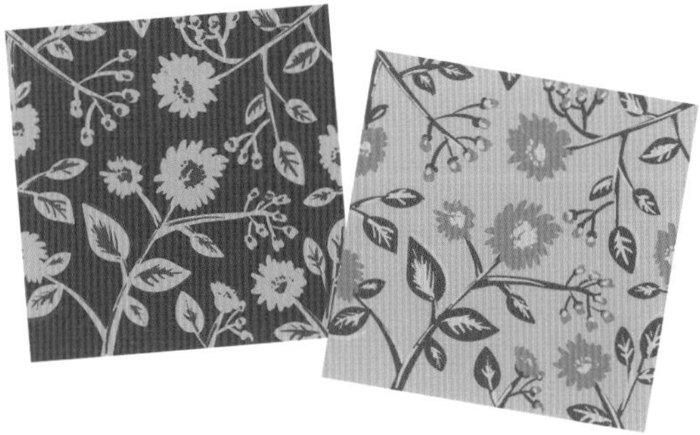

4 배색 flower

5 배색 web

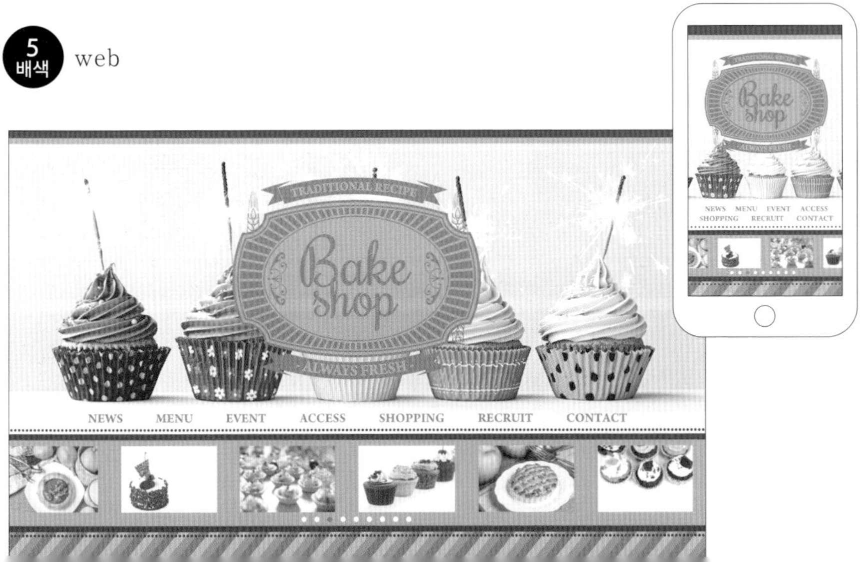

2배색

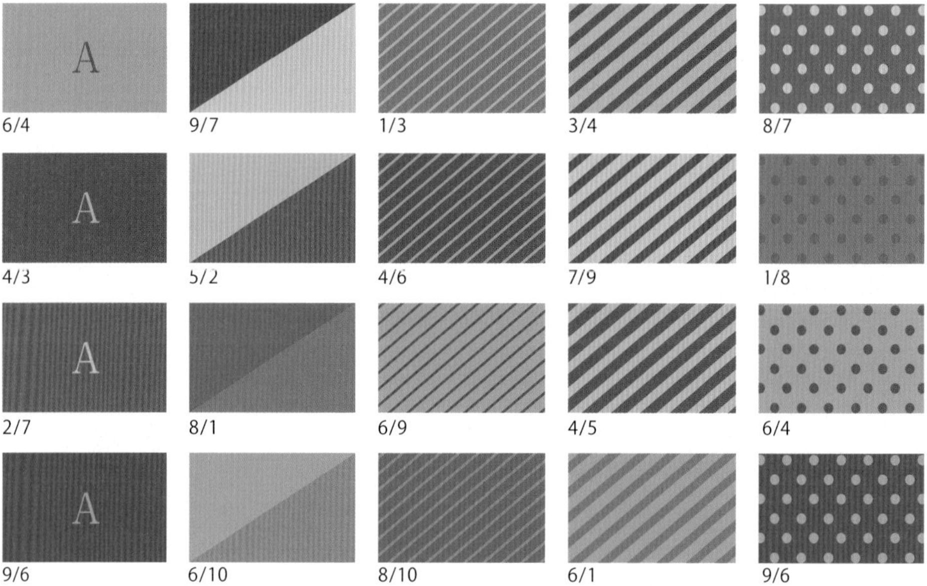
A
6/4
9/7
1/3
3/4
8/7
A
4/3
5/2
4/6
7/9
1/8
A
2/7
8/1
6/9
4/5
6/4
A
9/6
6/10
8/10
6/1
9/6

3배색

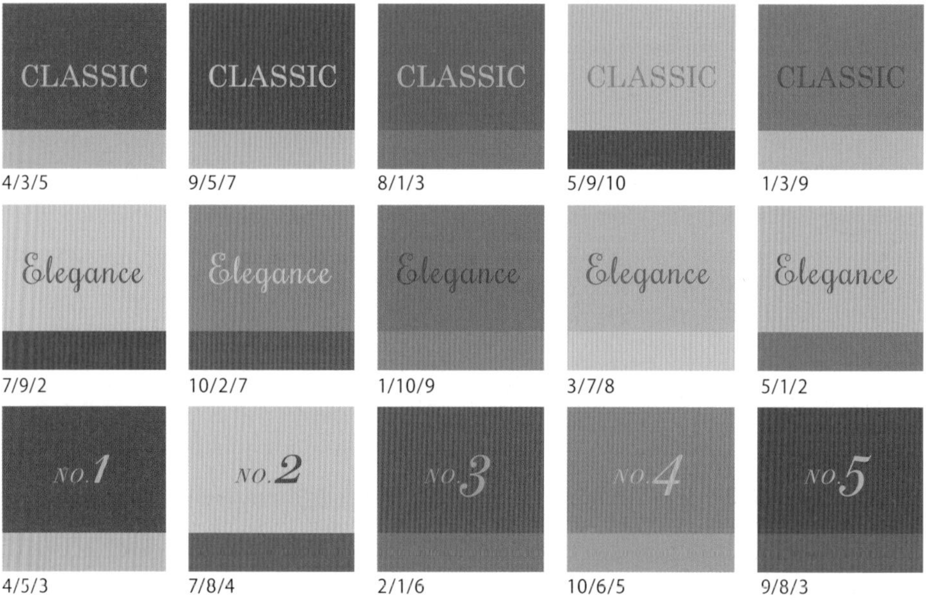
CLASSIC
4/3/5
CLASSIC
9/5/7
CLASSIC
8/1/3
CLASSIC
5/9/10
CLASSIC
1/3/9
Elegance
7/9/2
Elegance
10/2/7
Elegance
1/10/9
Elegance
3/7/8
Elegance
5/1/2
NO.1
4/5/3
NO.2
7/8/4
NO.3
2/1/6
NO.4
10/6/5
NO.5
9/8/3

4배색

2/3/6/8

1/5/6/8

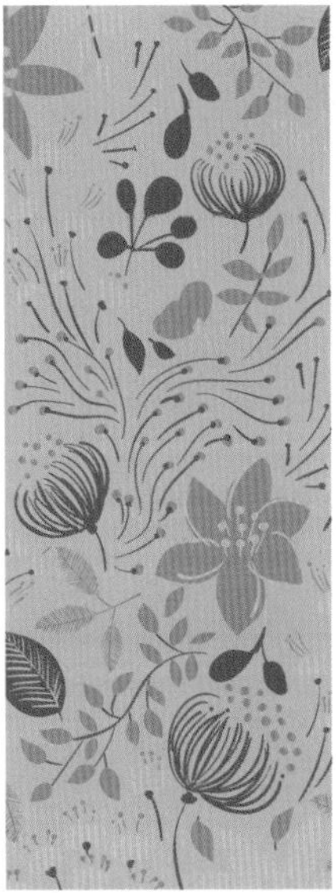

3/4/5/10

5/7/8/9

5배색

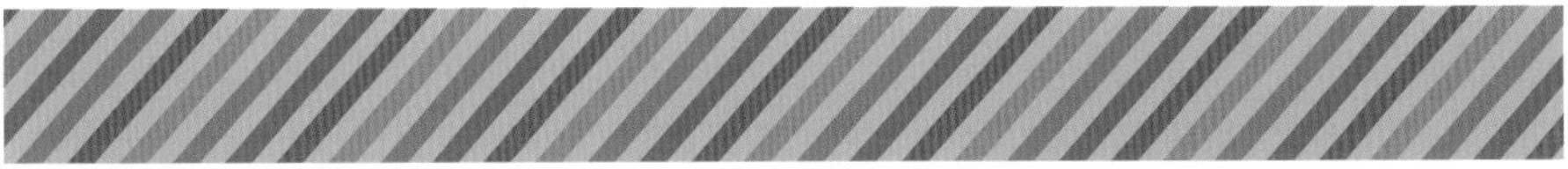

1/2/3/8/10

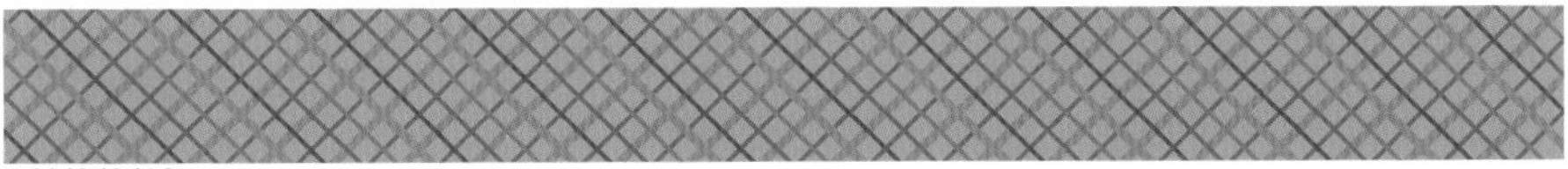

1/6/8/9/10

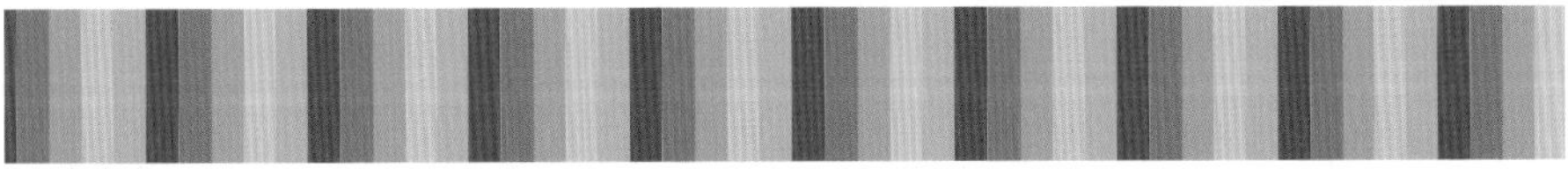

1/3/6/7/9

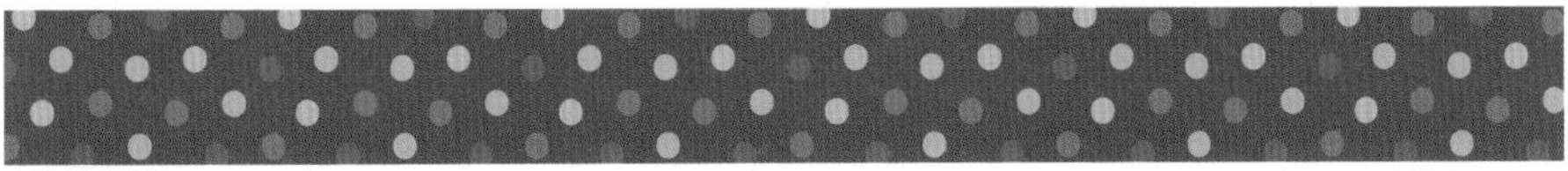

1/3/4/5/8

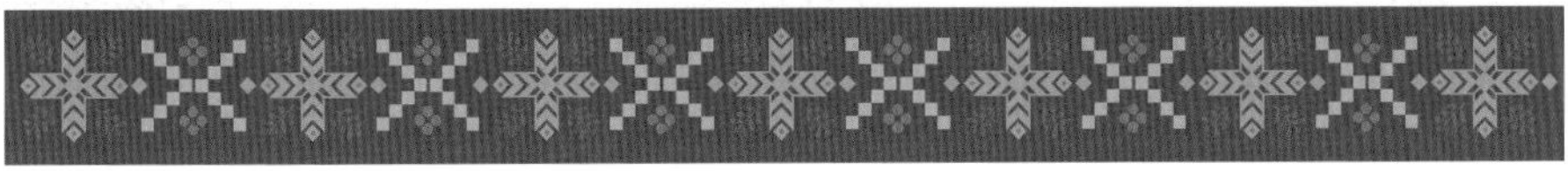

1/2/3/6/9

1
2
3
4
5
6
7
8
9
10

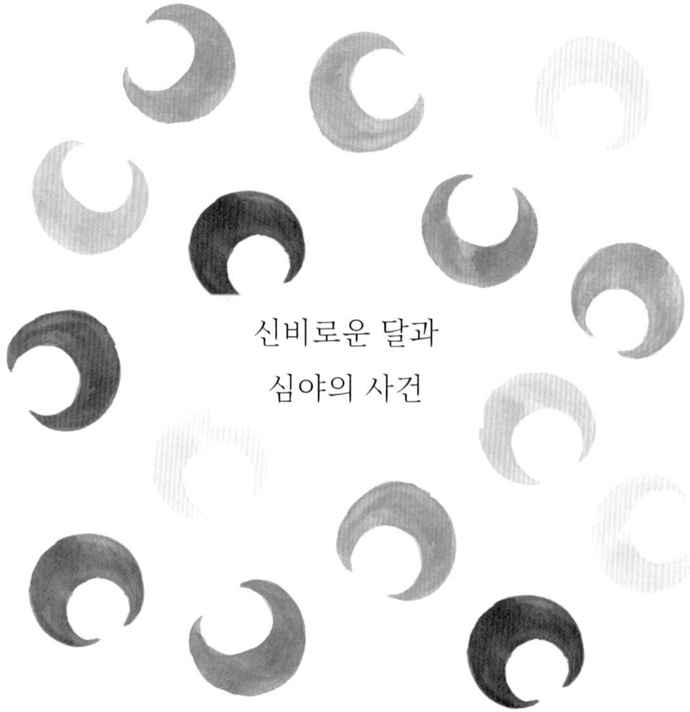

신비로운 달과 심야의 사건

#겨울

#밤

#엘레강스

#섹시

#성숙한

푸른빛을 띤 퍼플과 네이비의 성숙한 분위기에 옅은 핑크를 더해서
신비하면서 소녀 감성이 묻어나는 느낌을 연출했습니다.

	1	2	3	4	5	6	7	8	9	10
C	12	20	75	20	60	82	63	50	90	96
M	21	41	56	22	44	68	53	45	84	92
Y	15	20	34	16	43	58	18	21	41	59
K	0	0	8	0	0	20	0	0	7	44
R	228	208	76	211	119	57	112	144	48	18
G	208	164	102	200	133	75	118	139	61	31
B	206	176	132	202	135	86	162	167	105	58
	#E4D0CE	#D0A4B0	#4C6684	#D3C8CA	#778587	#394B56	#7076A2	#908BA7	#303D69	#121F3A
	베이스			우아한			베리에이션			포인트

SAMPLE

2 배색 pattern

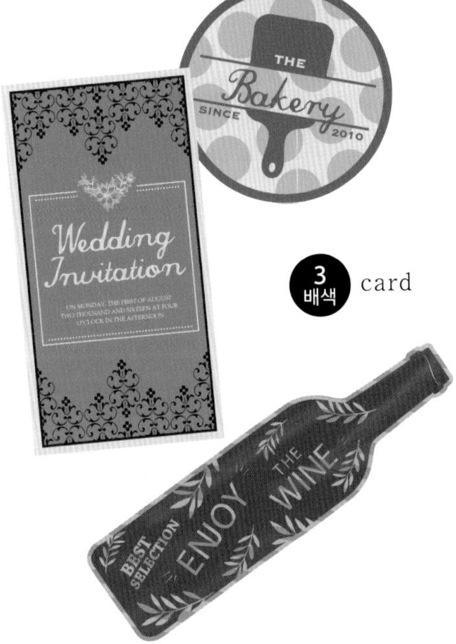

3 배색 card

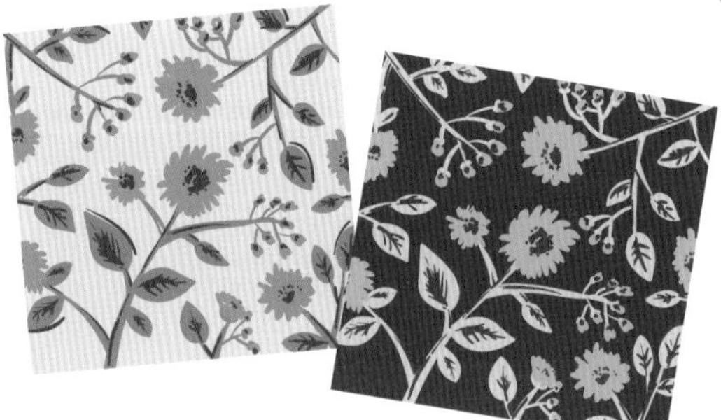

4 배색 flower

5 배색 web

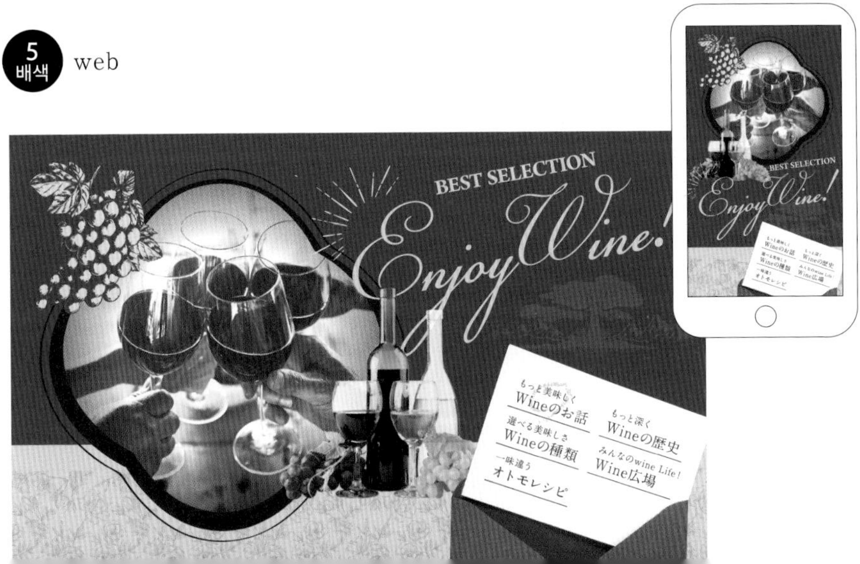

2배색

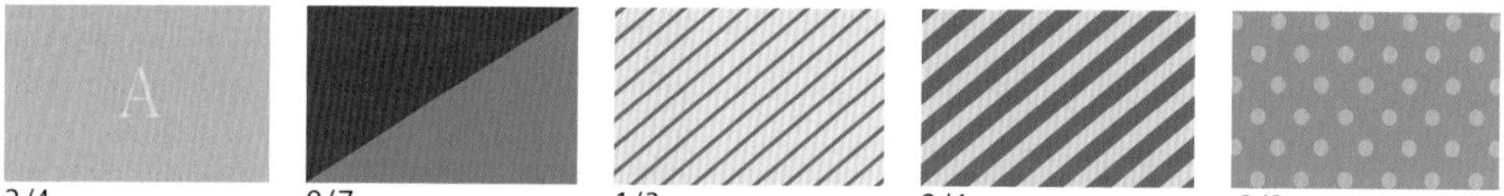

2/4 9/7 1/3 3/4 8/2

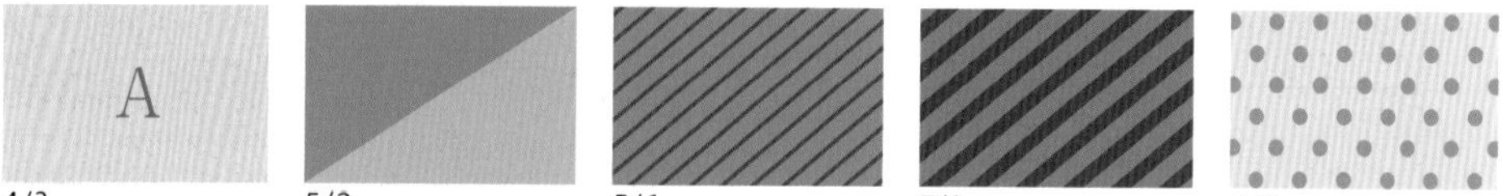

4/3 5/2 5/6 7/9 1/8

3/1 8/1 6/9 4/5 6/4

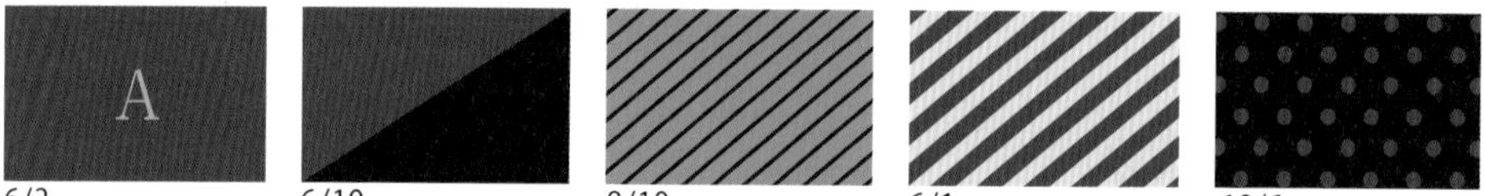

6/2 6/10 8/10 6/1 10/6

3배색

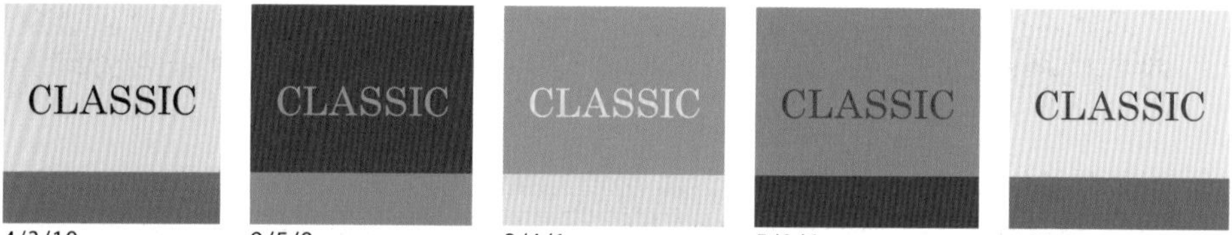

4/3/10 9/5/8 8/4/1 5/9/6 1/3/9

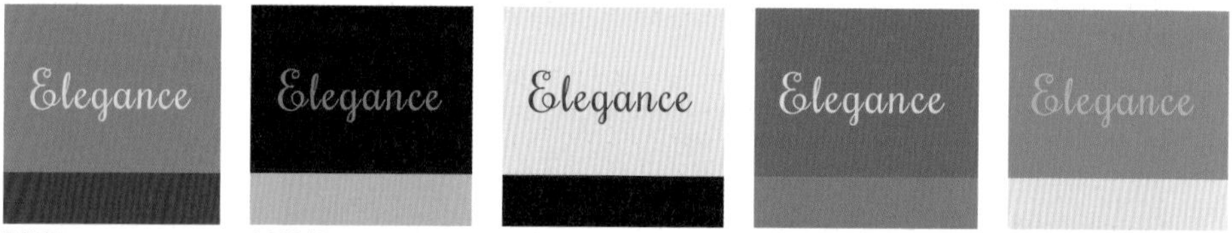

7/9/1 10/2/7 1/10/9 3/7/1 5/1/2

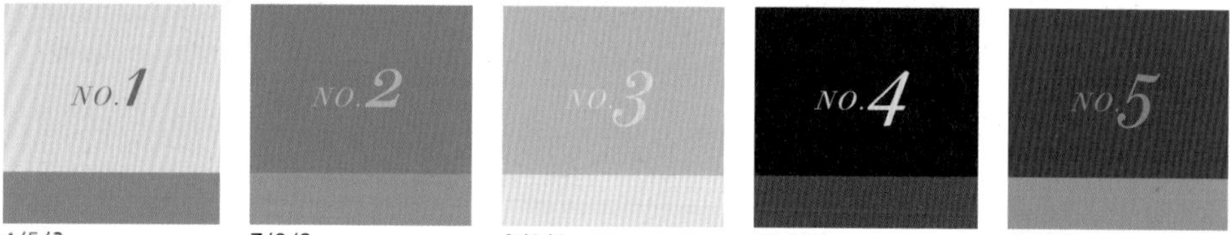

4/5/3 7/8/2 2/1/4 10/6/1 9/8/5

4배색

1/2/7/10

1/5/6/8

3/4/5/10

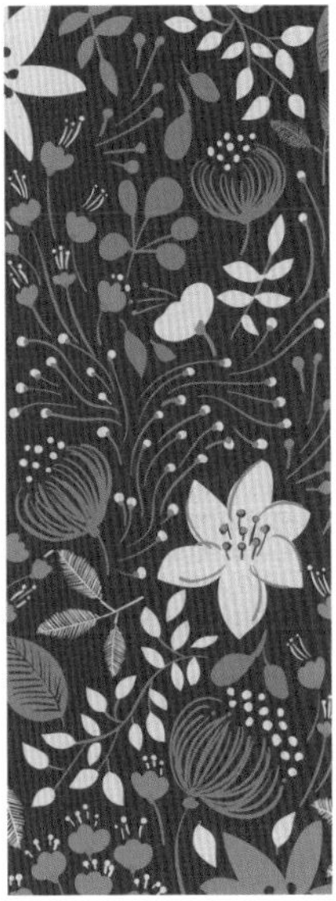
4/5/7/9

5배색

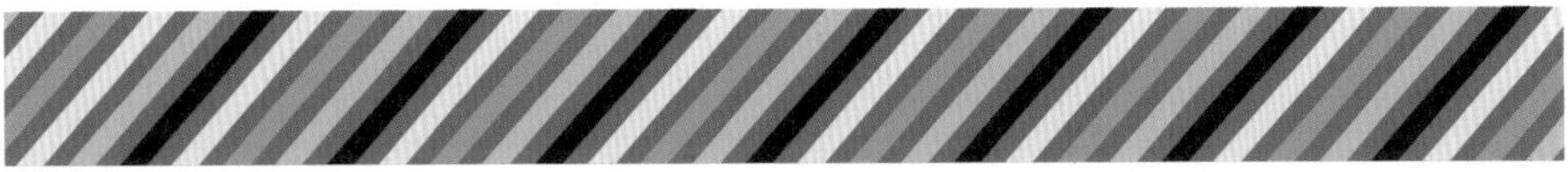
1/2/3/8/10

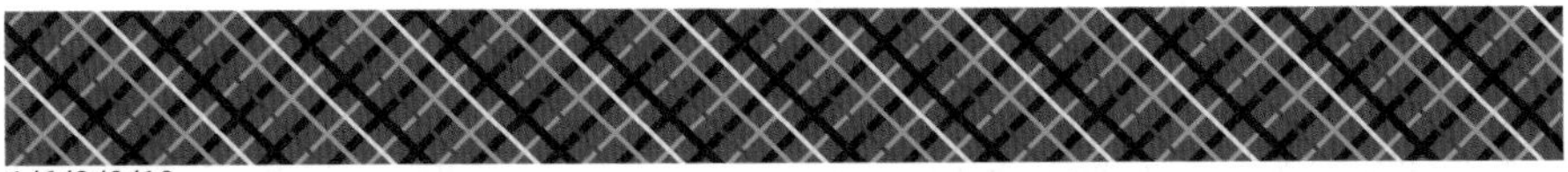
1/6/8/9/10

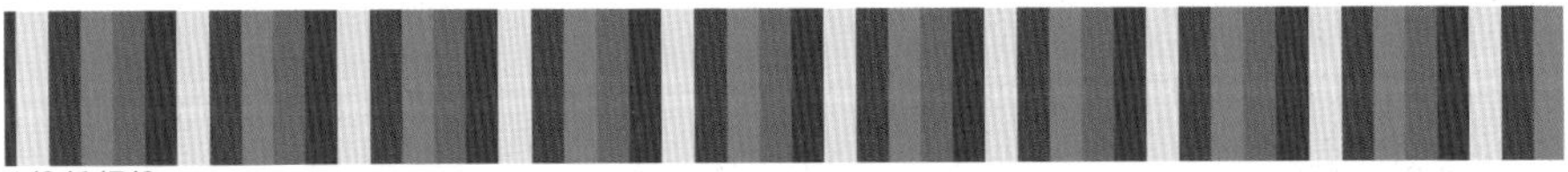
1/3/6/7/9

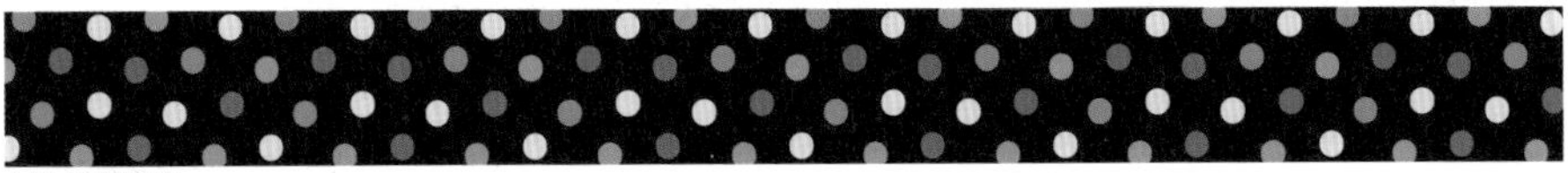
1/3/5/8/10

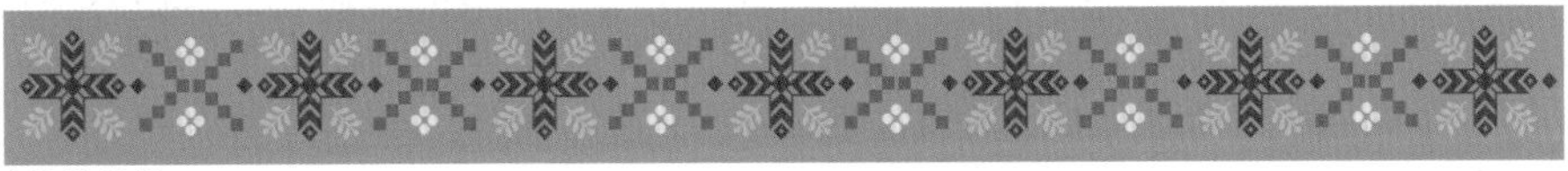
1/2/3/6/8

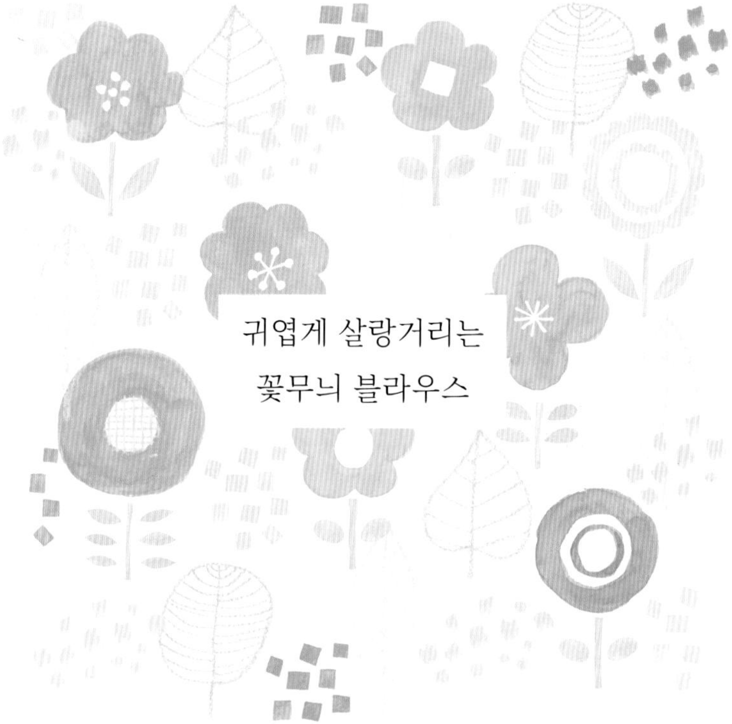

귀엽게 살랑거리는 꽃무늬 블라우스

#가을
#레트로
#소프트
#따뜻한
#정다운

복고풍의 정겨운 색의 배합은 포트나 컨트리풍 이미지에도 어울리는데
그레이를 이용해서 촌스럽지 않도록 마무리하였습니다.

	1	2	3	4	5	6	7	8	9	10
C	9	17	16	11	29	8	7	23	36	3
M	48	13	12	13	26	5	15	30	49	23
Y	49	47	12	20	29	34	30	63	96	80
K	0	0	0	0	0	0	0	0	0	0
R	228	221	221	232	192	240	240	206	179	247
G	155	214	221	222	185	236	220	179	136	203
B	121	151	220	205	175	186	185	108	37	63
	#E49D79	#DDD697	#DDDDDC	#E8DECD	#C0B9AF	#F0ECBA	#F0DCB9	#CEB36C	#B38825	#F7CB3F
	베이스			우아한			베리에이션			포인트

SAMPLE

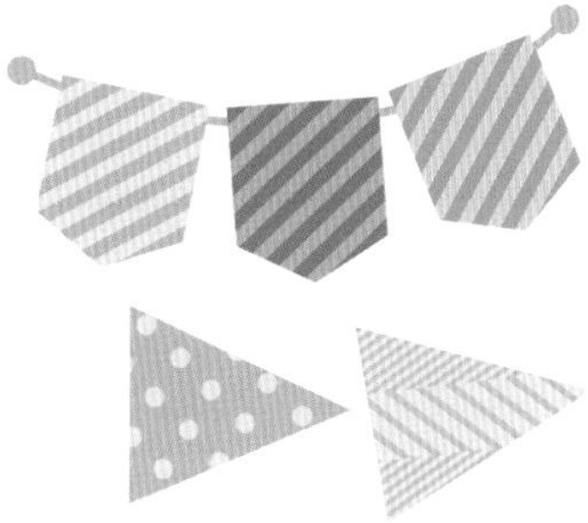

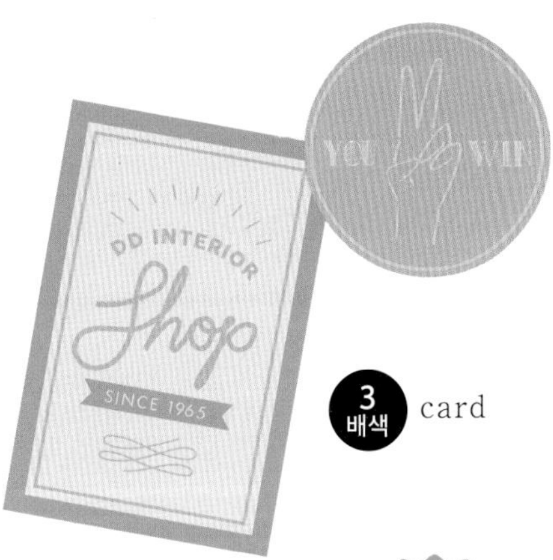

3 배색 card

2 배색 pattern

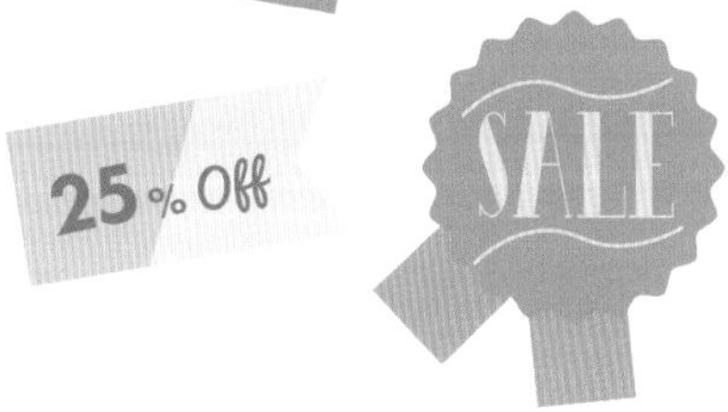

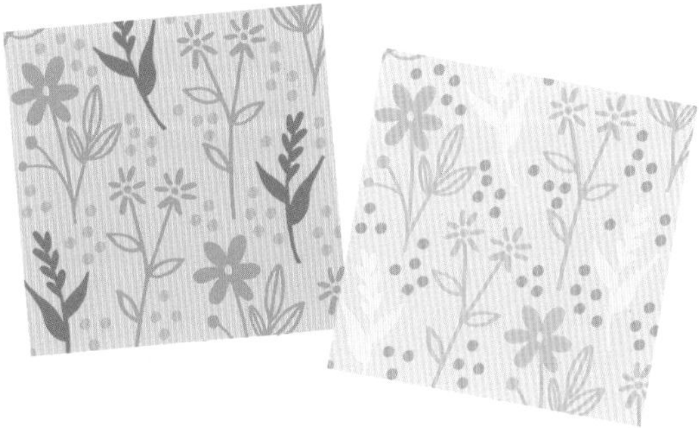

4 배색 flower

5 배색 web

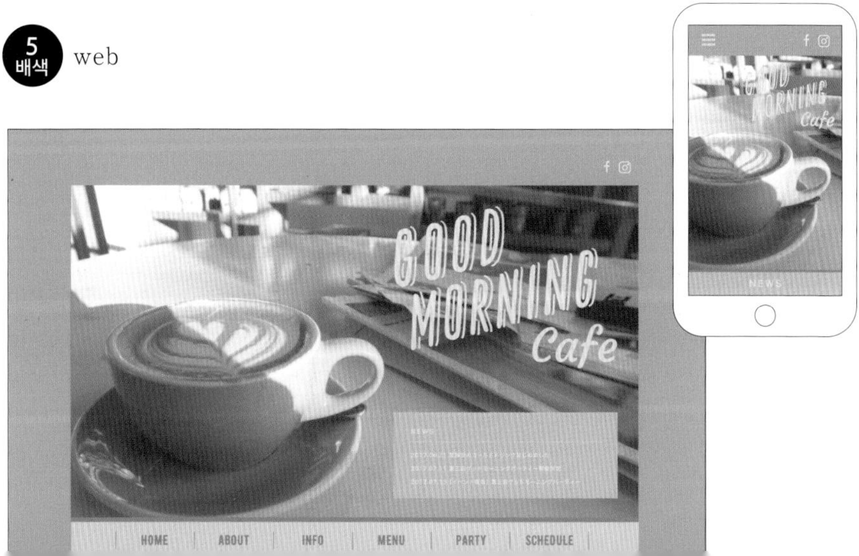

1
2
3
4
5
6
7
8
9
10

2배색

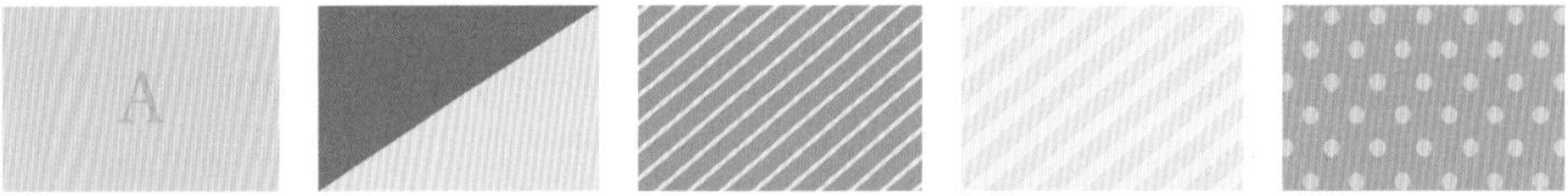

2/5 9/7 1/3 3/6 8/2

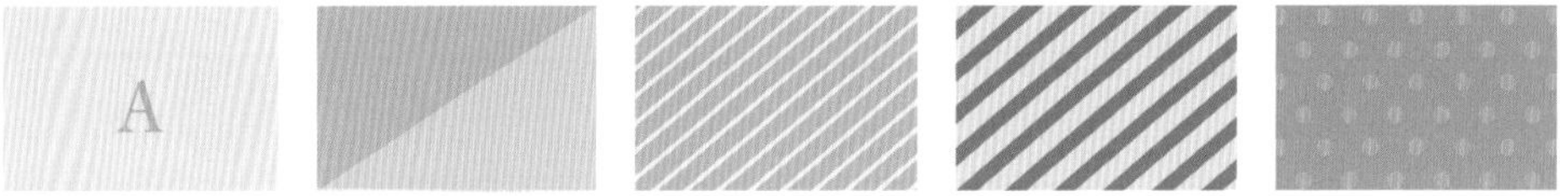

4/8 5/2 5/6 7/9 1/8

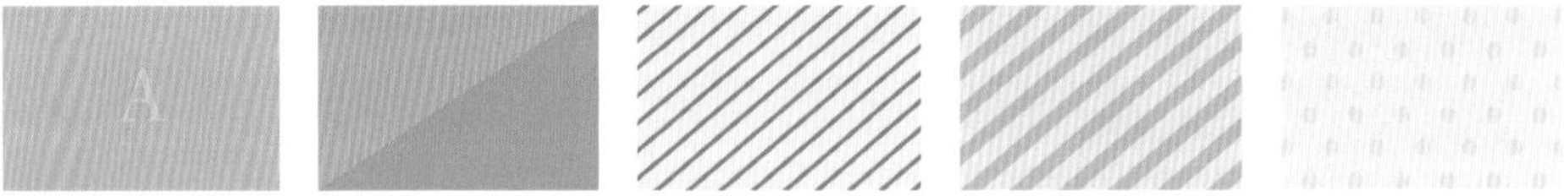

5/10 8/1 6/9 4/5 6/4

1/3 6/10 8/10 6/1 10/6

3배색

4/3/8 9/5/2 8/4/1 5/9/7 1/3/9

7/9/5 10/2/1 1/10/2 3/7/5 5/1/7

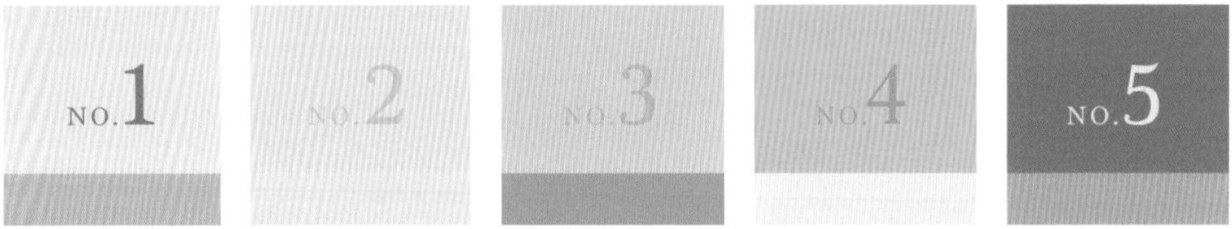

4/5/9 7/3/10 2/1/5 10/6/1 9/8/6

4배색

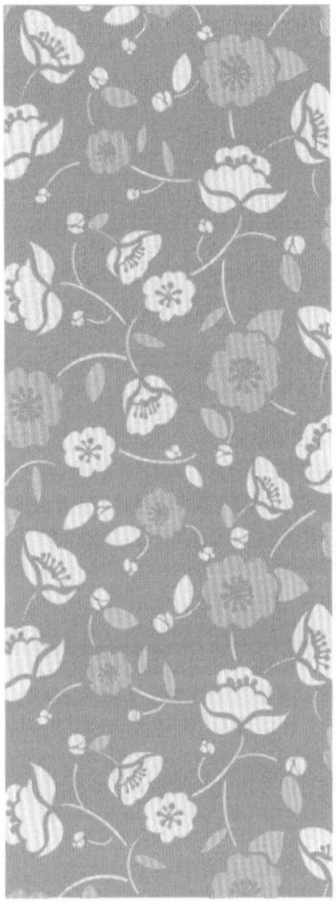
1/4/5/10

2/3/5/7

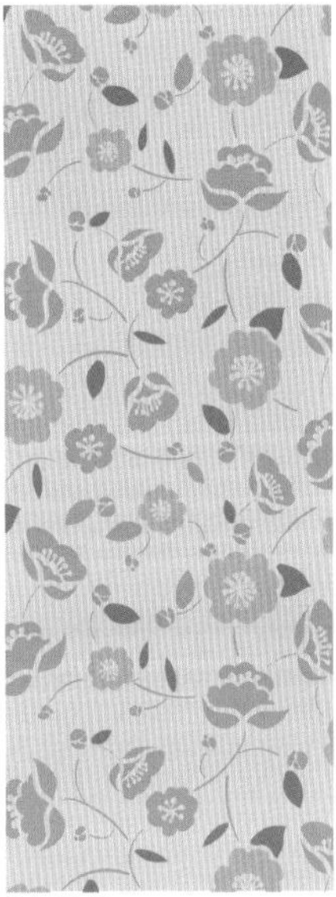
1/2/8/9

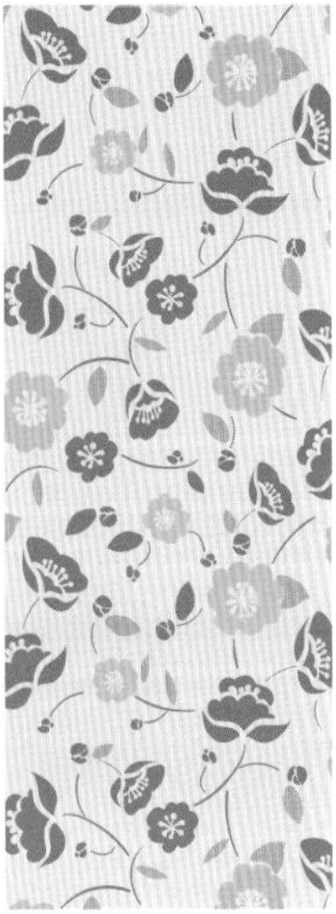
4/8/9/10

5배색

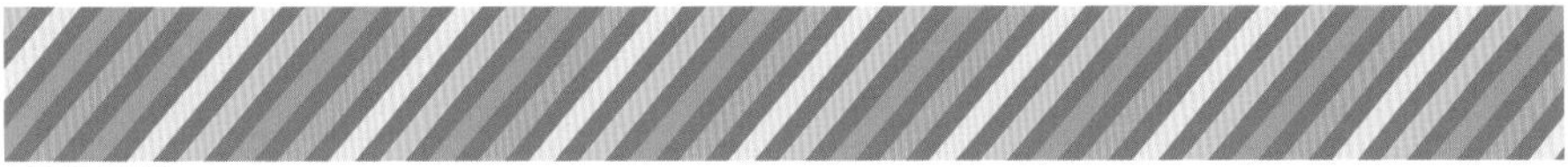
1/3/8/9/10

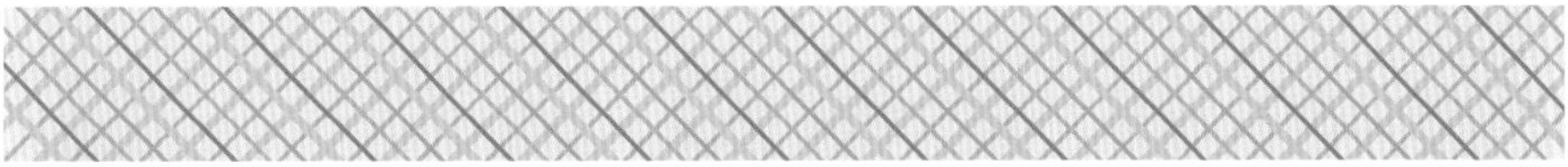
1/3/8/9/10

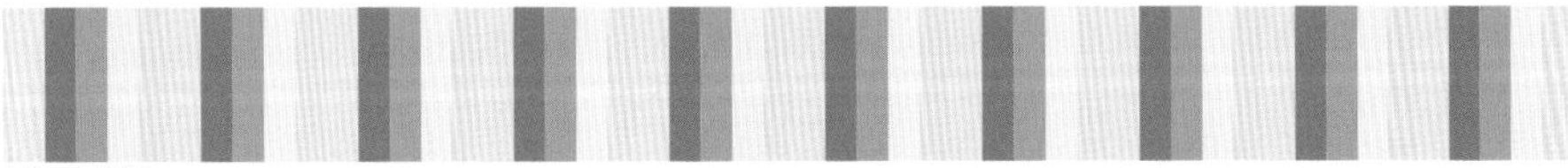
1/3/6/7/9

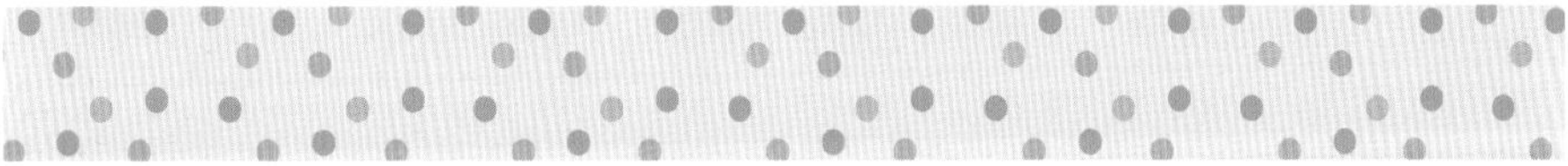
1/3/4/5/8

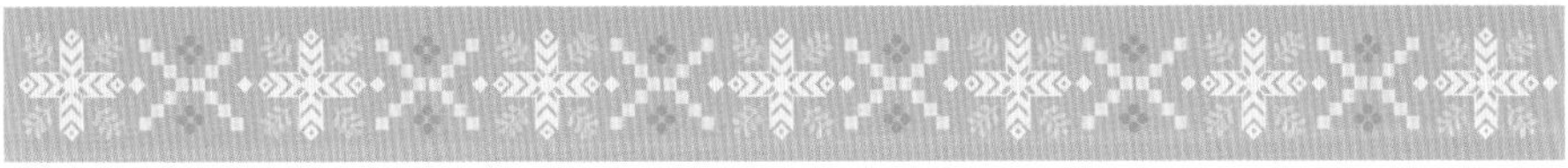
1/2/3/5/6

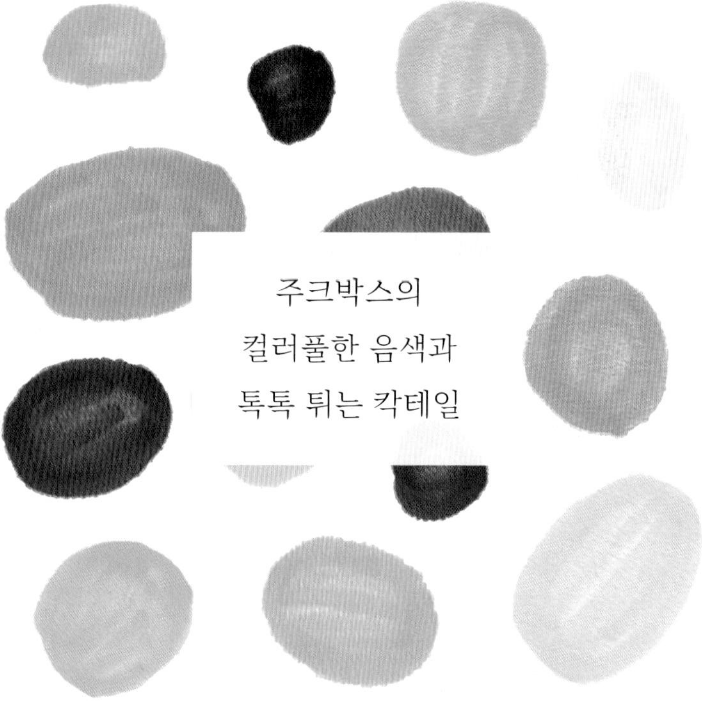

주크박스의 컬러풀한 음색과 톡톡 튀는 칵테일

#가을 #겨울

컬러풀

레트로

팝

캐주얼

색과 색이 서로 부딪치면서 재미있는 대비를 이루는 팝 느낌의 배색입니다.
옛 정취가 풍기는 미국의 어느 모텔이나 카페의 간판처럼 컬러풀한 디자인에 어울립니다.

	1	2	3	4	5	6	7	8	9	10
C	41	10	58	39	69	91	64	0	2	92
M	2	21	21	86	100	94	3	47	8	65
Y	25	78	78	26	48	57	25	53	38	85
K	0	0	0	0	18	43	0	0	0	48
R	161	235	122	168	97	33	79	243	252	0
G	211	202	164	64	29	29	187	161	236	55
B	201	72	88	121	80	59	196	114	175	42
	#A1D3C9	#EBCA48	#7AA458	#A84079	#611D50	#211D3B	#4FBBC4	#F3A172	#FCECAF	#00372A
	베이스			우아한			베리에이션			포인트

SAMPLE

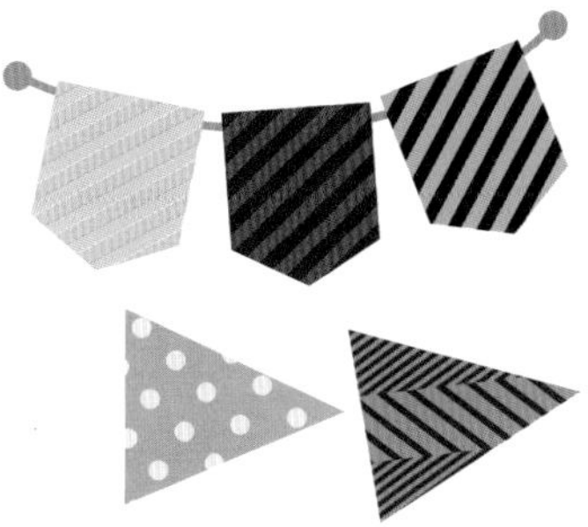

2 배색 pattern

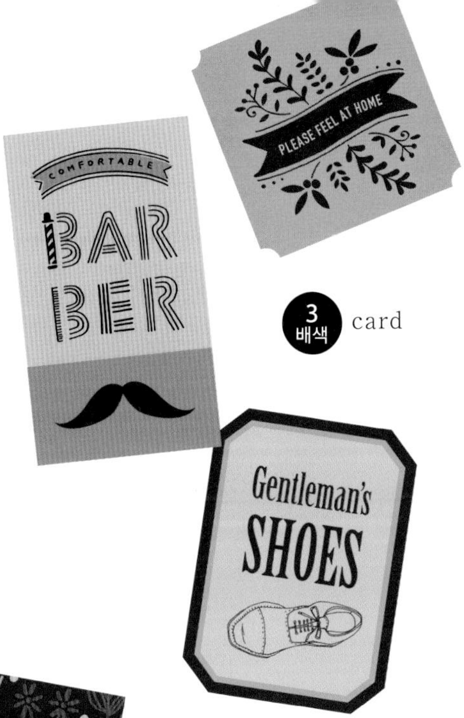

3 배색 card

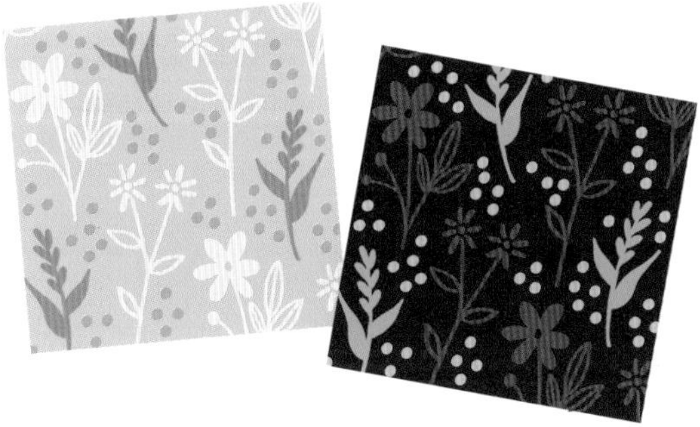

4 배색 flower

5 배색 web

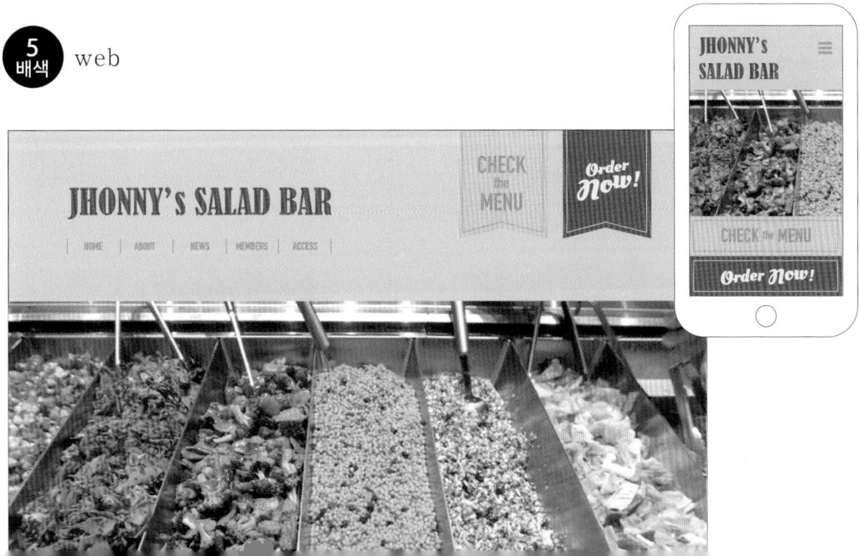

2배색

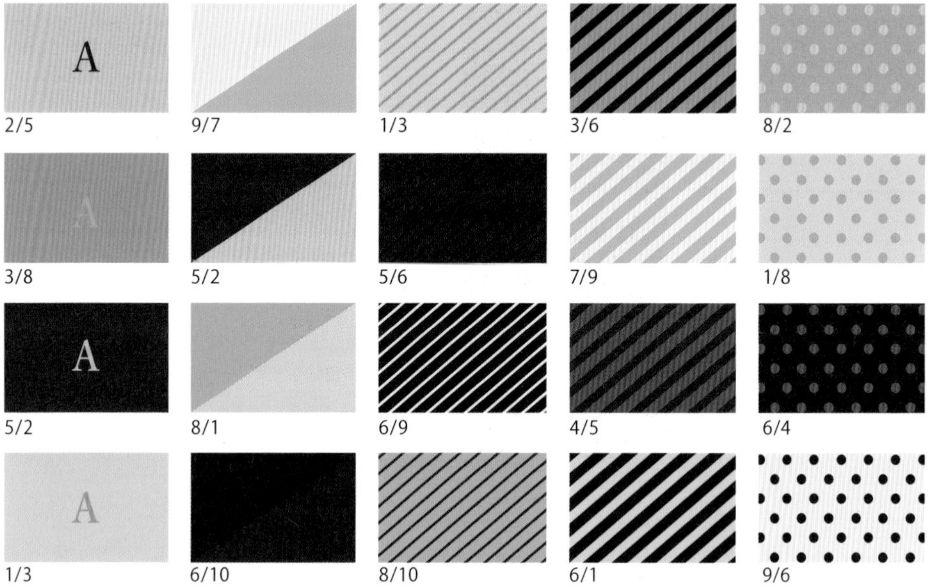
A
2/5
9/7
1/3
3/6
8/2
A
3/8
5/2
5/6
7/9
1/8
A
5/2
8/1
6/9
4/5
6/4
A
1/3
6/10
8/10
6/1
9/6

3배색

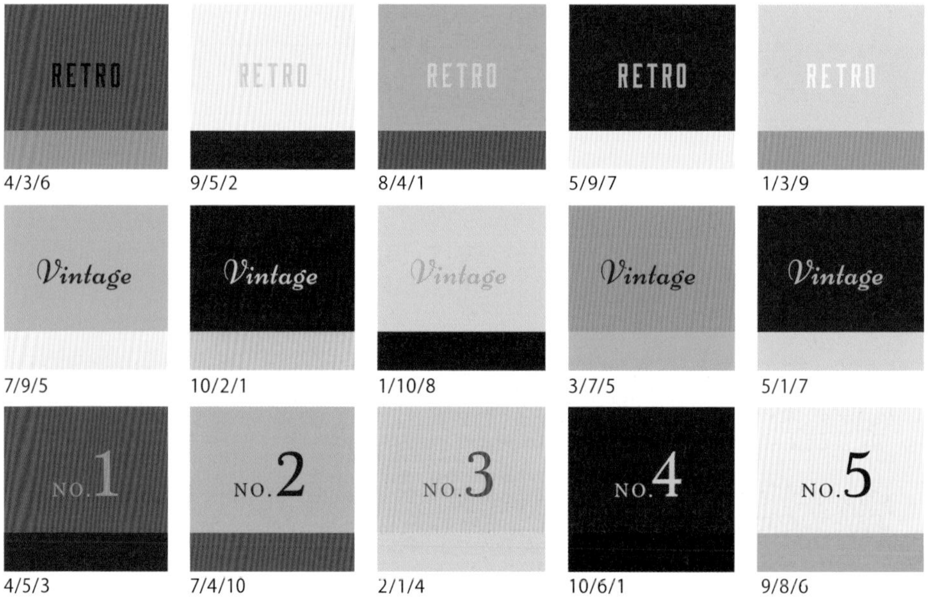
RETRO
4/3/6
RETRO
9/5/2
RETRO
8/4/1
RETRO
5/9/7
RETRO
1/3/9
Vintage
7/9/5
Vintage
10/2/1
Vintage
1/10/8
Vintage
3/7/5
Vintage
5/1/7
NO.1
4/5/3
NO.2
7/4/10
NO.3
2/1/4
NO.4
10/6/1
NO.5
9/8/6

4배색

1/2/3/9

4/6/8/9

5/7/8/9

2/3/4/9

5배색

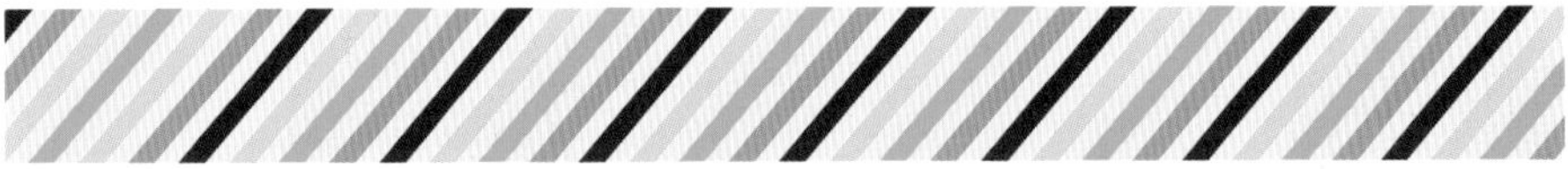

1/3/8/9/10

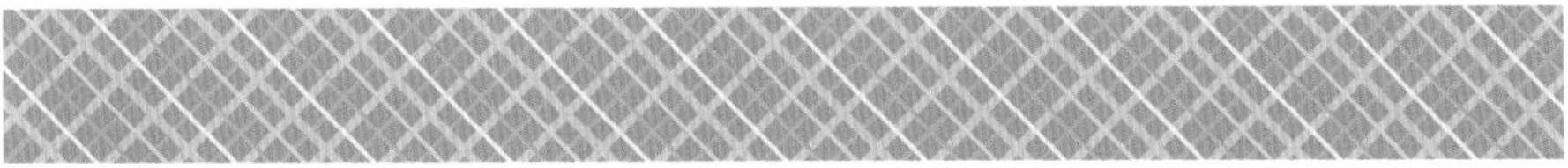

1/2/3/8/9

1/3/6/7/9

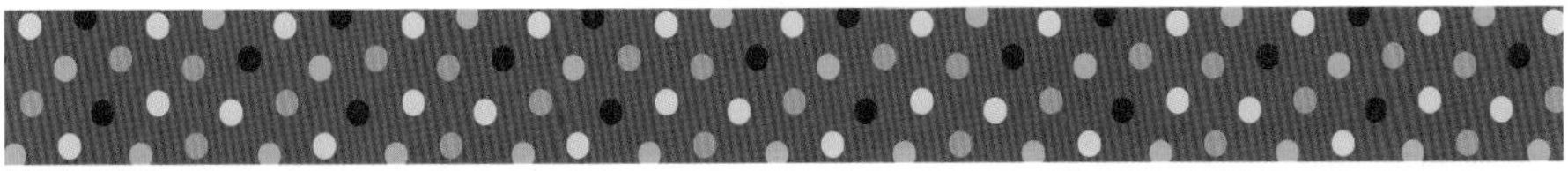

1/3/4/5/8

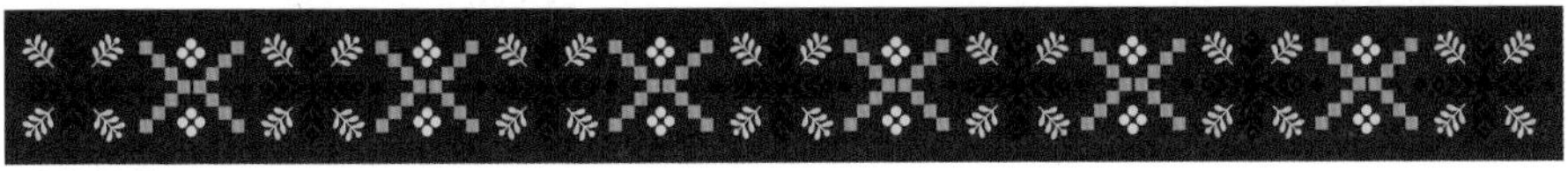

1/2/3/5/6

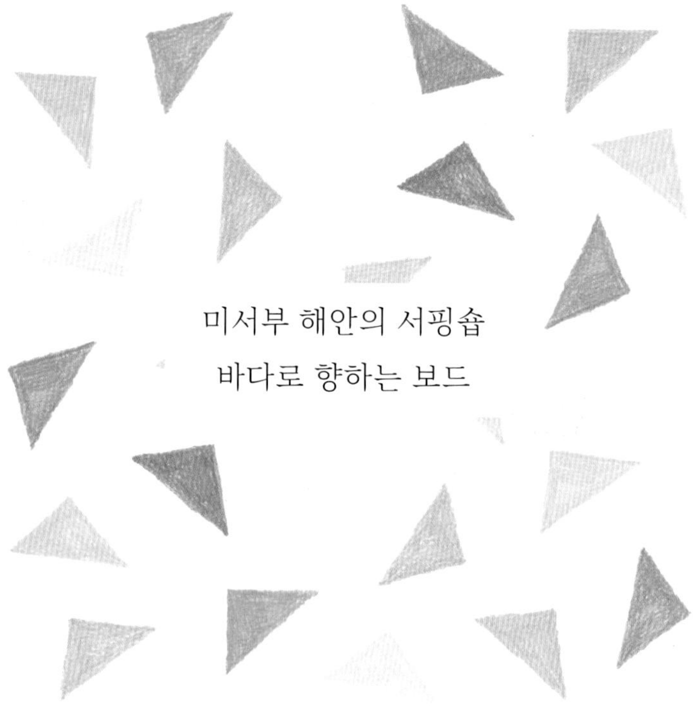

미서부 해안의 서핑숍
바다로 향하는 보드

#가을

#레트로

#미국

#빈티지

#캐주얼

보이시한 그레이 베이스에 브론즈나 골드로 성숙미를 더했습니다.
남자 아이에게도 잘 어울릴 법한 아메리칸 빈티지 캐주얼의 색조입니다.

	1	2	3	4	5	6	7	8	9	10
C	11	29	54	28	36	26	29	15	0	79
M	6	17	22	16	58	22	22	12	67	50
Y	11	20	17	27	66	62	28	17	61	30
K	0	0	0	0	0	0	0	0	0	0
R	232	192	126	194	177	201	192	223	237	59
G	235	201	172	202	122	190	192	221	116	114
B	229	199	196	188	89	114	181	211	86	148
	#E8EBE5	#C0C9C7	#7EACC4	#C2CABC	#B17A59	#C9BE72	#C0C0B5	#DFDDD3	#ED7456	#3B7294
	베이스	베이스	베이스	우아한	우아한	우아한	베리에이션	베리에이션	베리에이션	포인트

SAMPLE

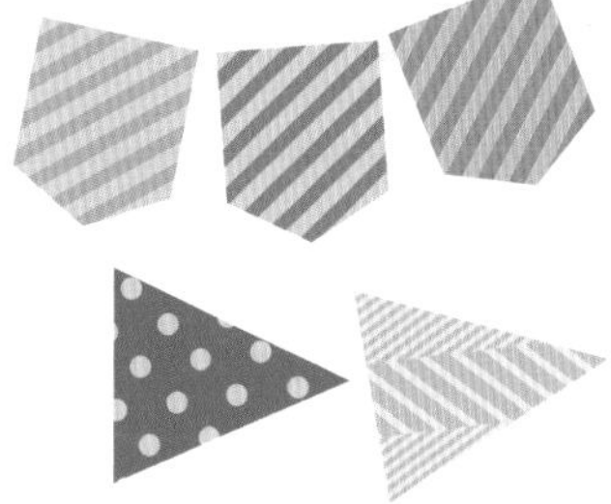

2 배색 pattern

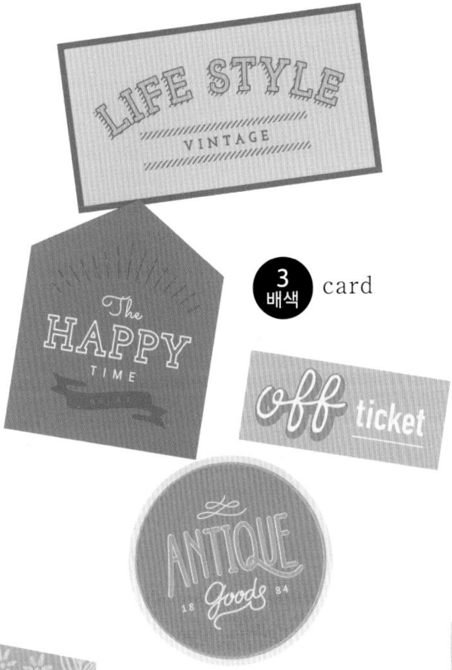

3 배색 card

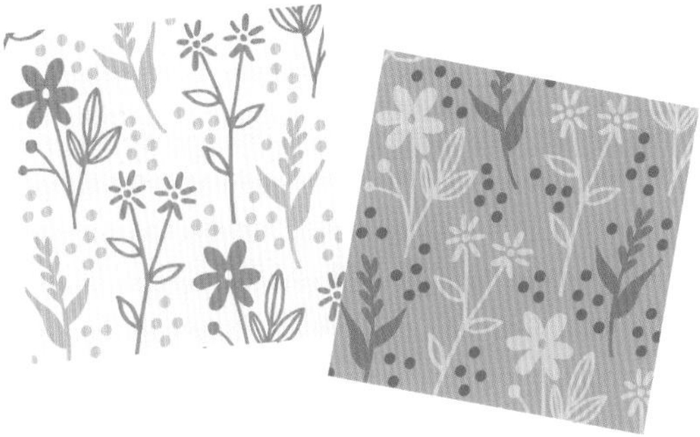

4 배색 flower

5 배색 web

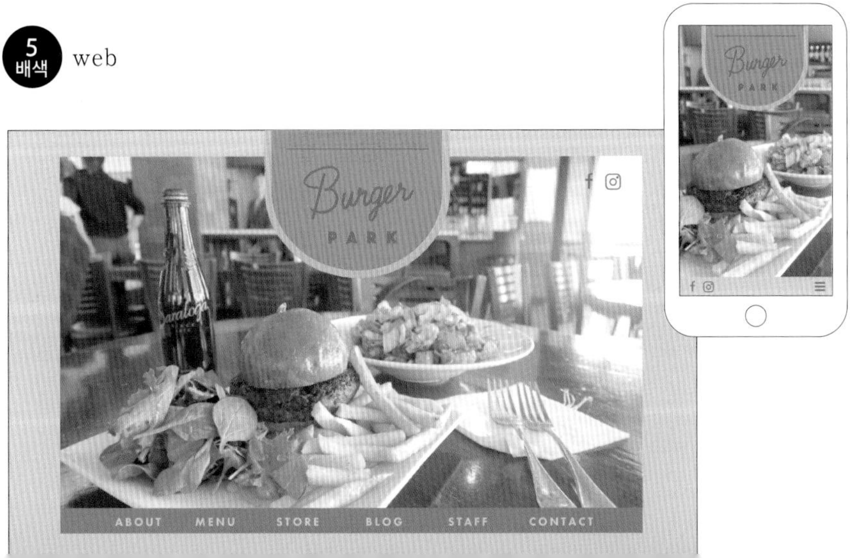

2배색

2/5 9/3 1/3 3/6 8/2

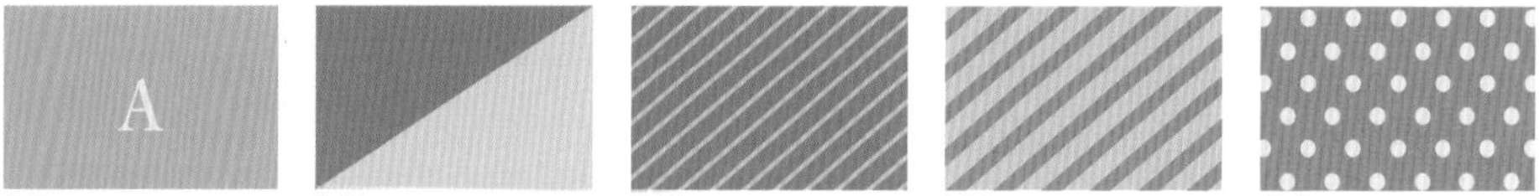

3/8 5/2 5/6 7/9 9/8

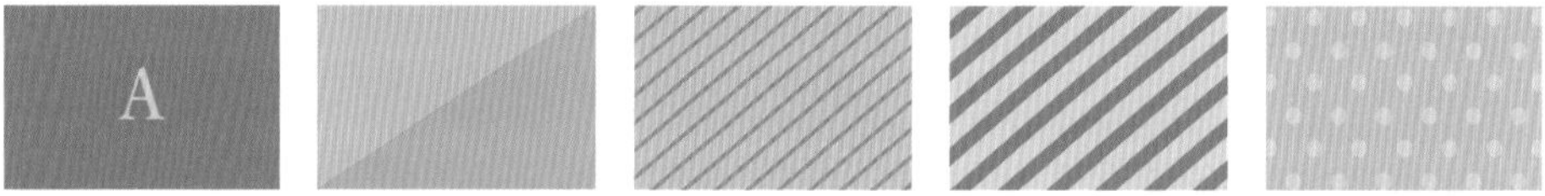

5/2 6/3 6/9 4/5 6/4

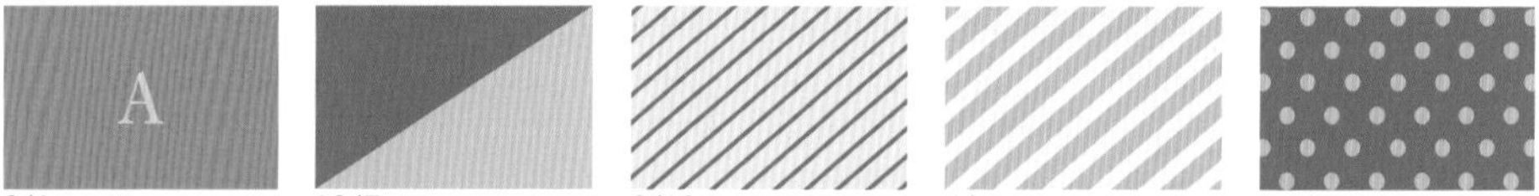

9/4 10/7 8/10 6/1 10/6

3배색

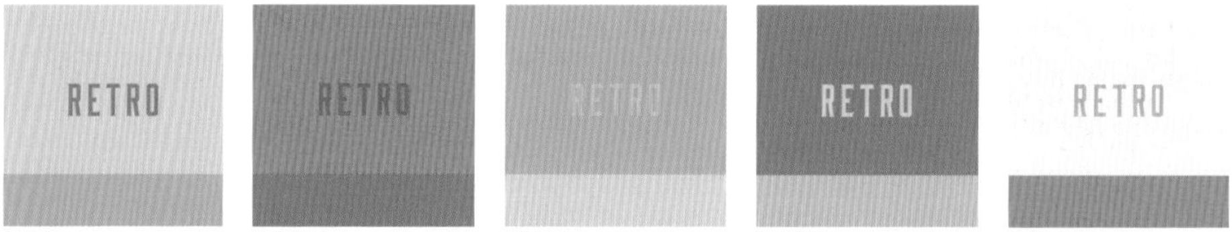

4/3/5 9/5/10 3/4/6 5/6/2 1/9/3

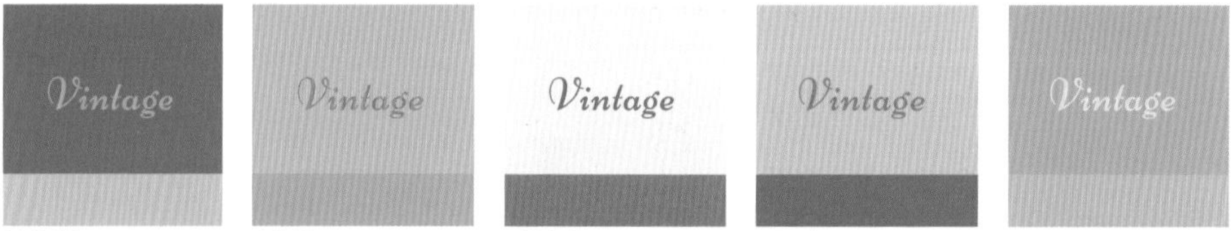

10/7/3 6/3/9 1/5/10 7/10/5 3/6/8

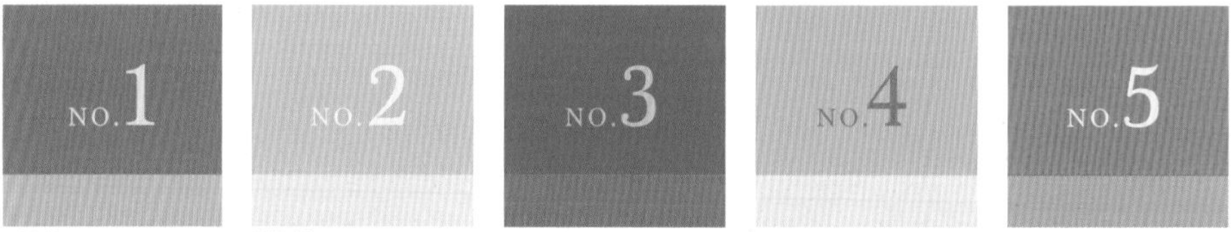

5/6/8 7/8/1 10/5/7 6/8/5 9/3/1

4배색

6/7/8/9

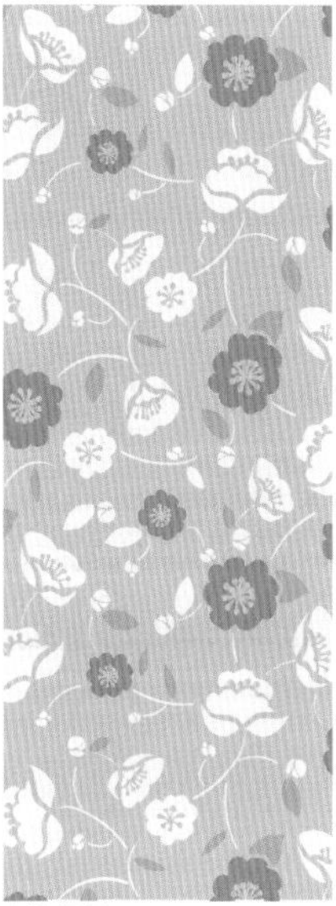
1/3/7/9

1/2/6/10

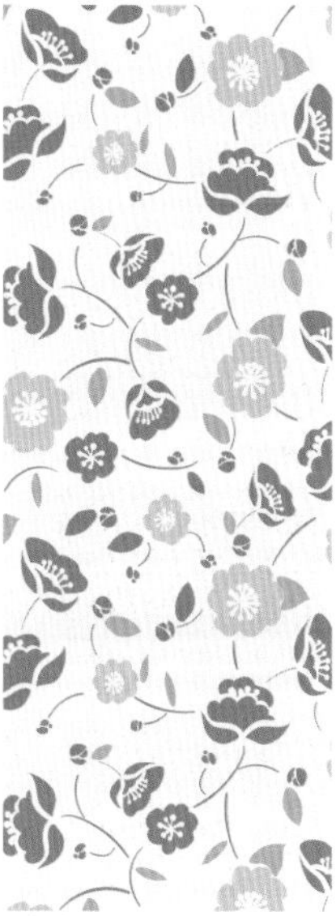
1/3/5/7

5배색

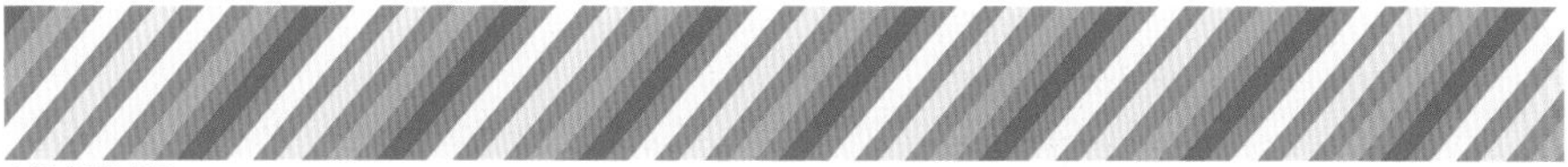
1/3/8/9/10

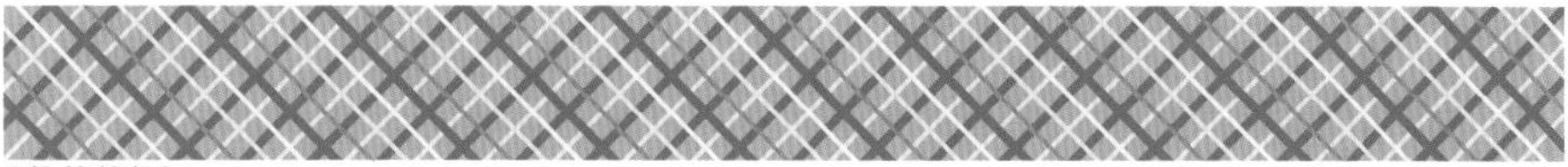
1/3/8/9/10

1/3/6/7/9

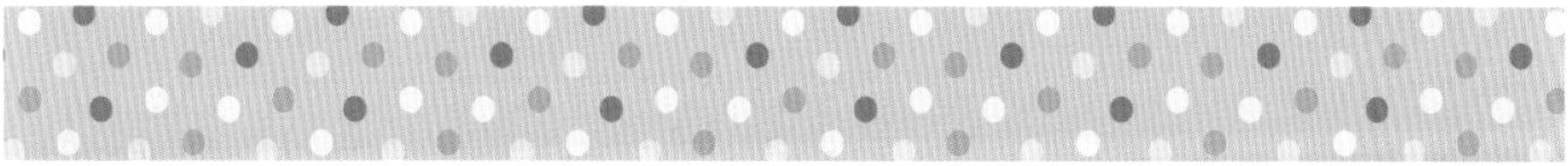
1/3/4/5/8

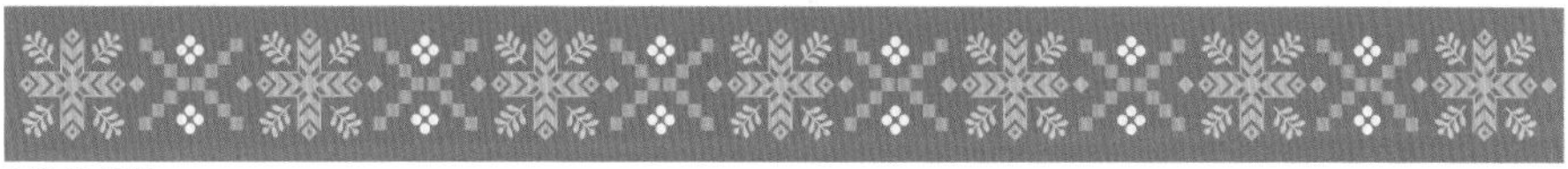
1/2/3/5/6

RETRO

유럽의 문구점
기하학무늬의 책 표지

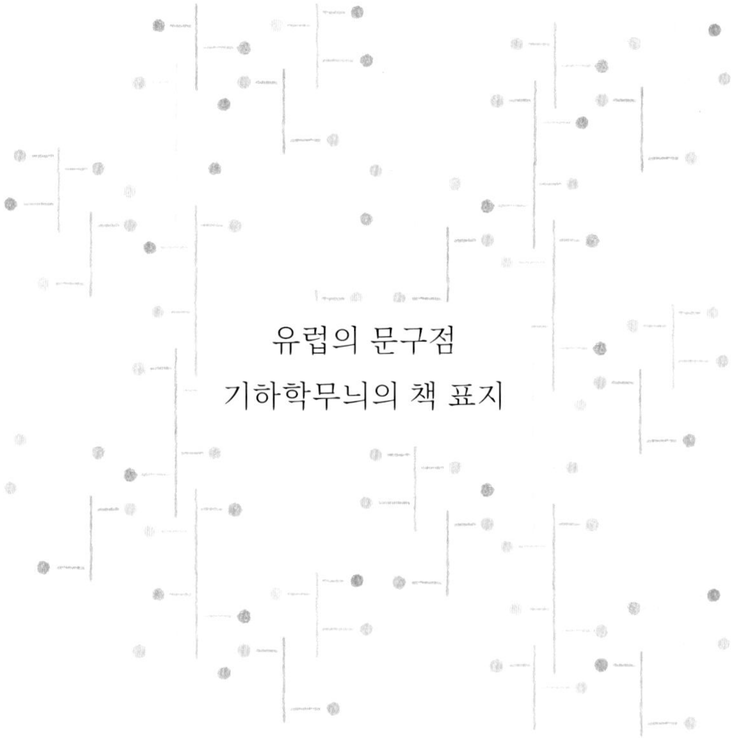

#가을

#레트로

#캐주얼

#그리운

#북유럽

캐주얼하면서도 차분한 빈티지 컬러입니다.
귀여움이 과하지 않아 남자를 위한 디자인에도 활용할 수 있습니다.

	1	2	3	4	5	6	7	8	9	10
C	31	54	41	75	23	45	26	13	37	14
M	76	19	31	28	6	16	61	15	40	29
Y	56	65	38	24	89	40	90	30	77	92
K	0	0	0	0	0	0	0	0	0	0
R	184	132	165	49	211	154	196	227	177	225
G	88	171	167	146	214	186	119	216	152	184
B	92	112	154	176	43	162	45	185	78	25
	#B8585C	#84AB70	#A5A79A	#3192B0	#D3D62B	#9ABAA2	#C4772D	#E3D8B9	#B1984E	#E1B819
	베이스			우아한			베리에이션			포인트

SAMPLE

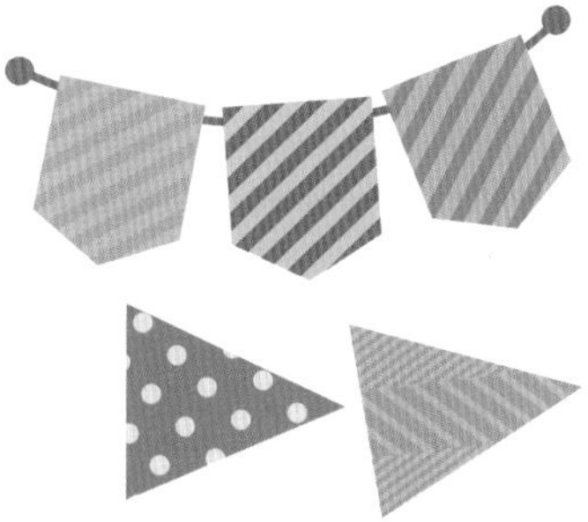

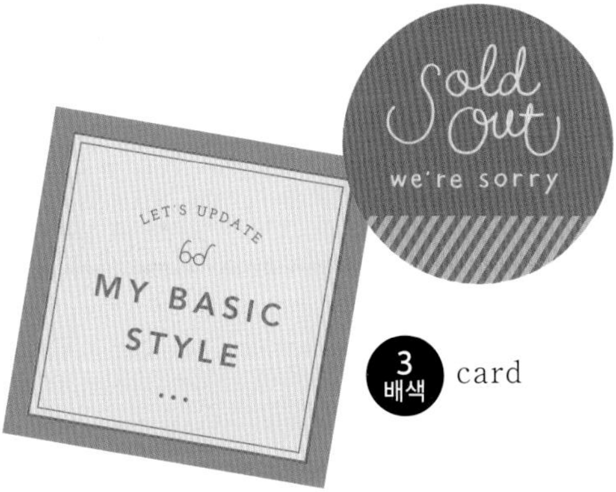

3 배색 card

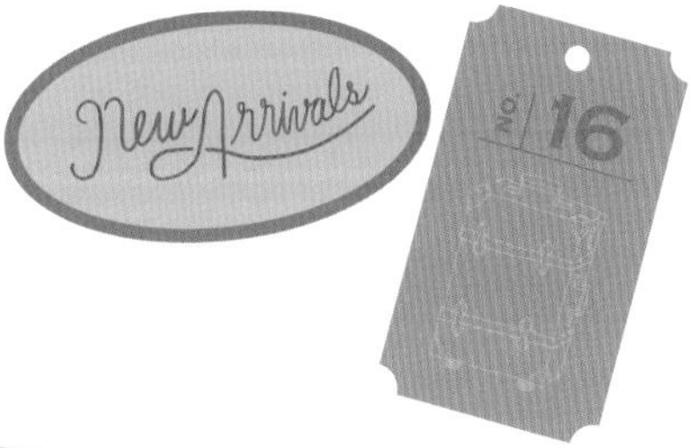

2 배색 pattern

4 배색 flower

5 배색 web

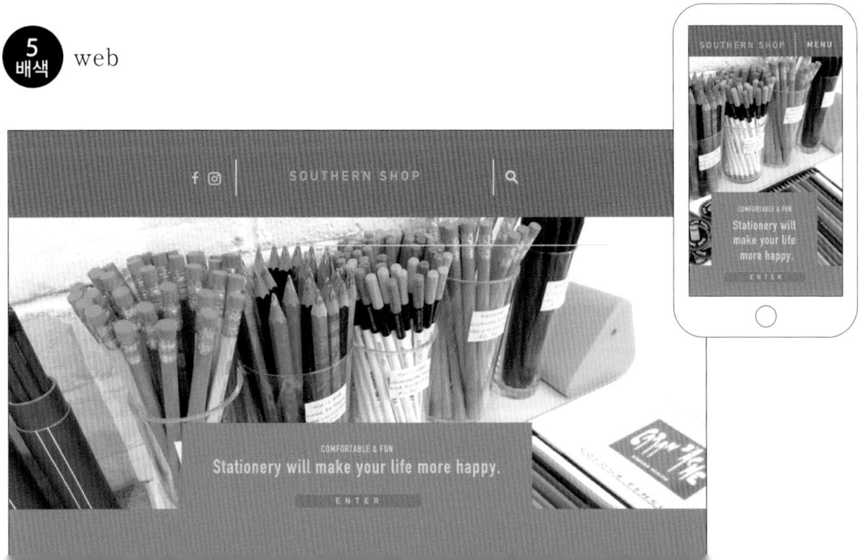

1

2

3

4

5

6

7

8

9

10

2배색

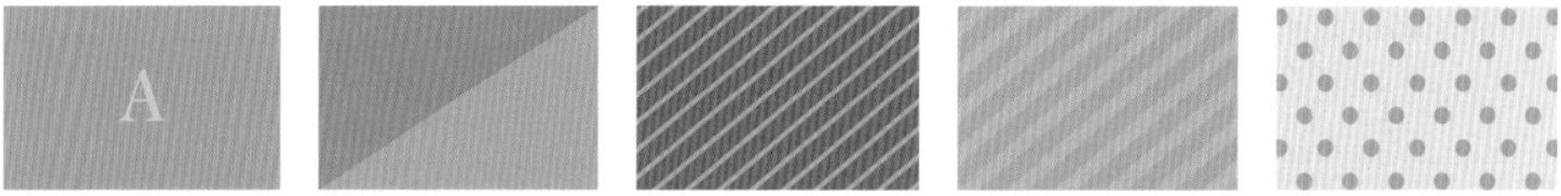

2/5 | 4/3 | 1/3 | 3/6 | 8/2

3/8 | 5/2 | 5/6 | 7/9 | 9/8

5/2 | 6/3 | 6/9 | 4/5 | 6/4

9/5 | 10/7 | 8/10 | 6/1 | 10/6

3배색

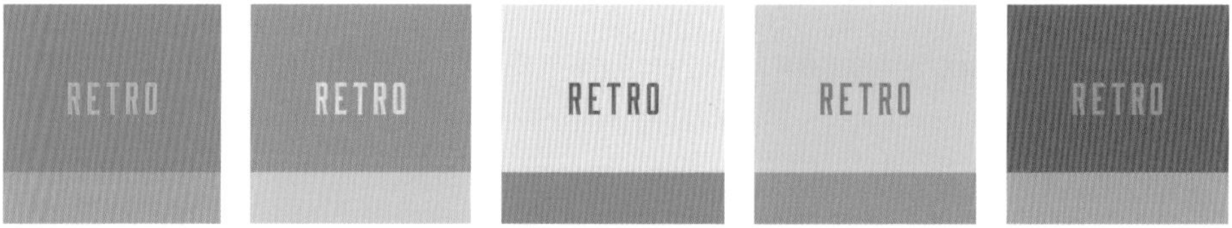

4/3/10 | 9/5/8 | 8/4/1 | 5/9/7 | 1/3/9

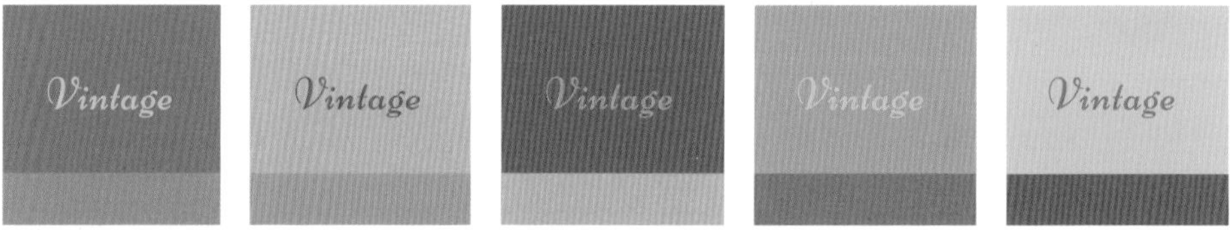

7/9/5 | 10/2/1 | 1/10/2 | 3/7/5 | 5/1/7

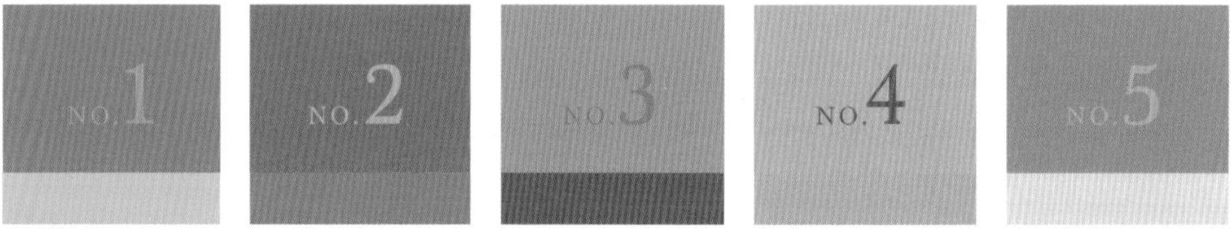

4/5/3 | 7/4/10 | 2/1/4 | 10/6/1 | 9/8/6

4배색

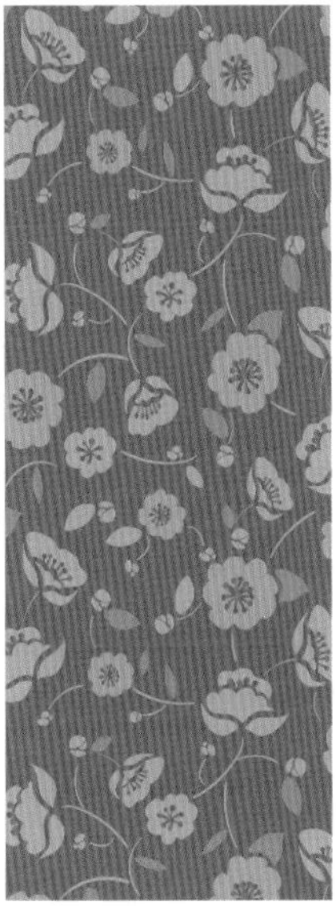
1/2/3/4

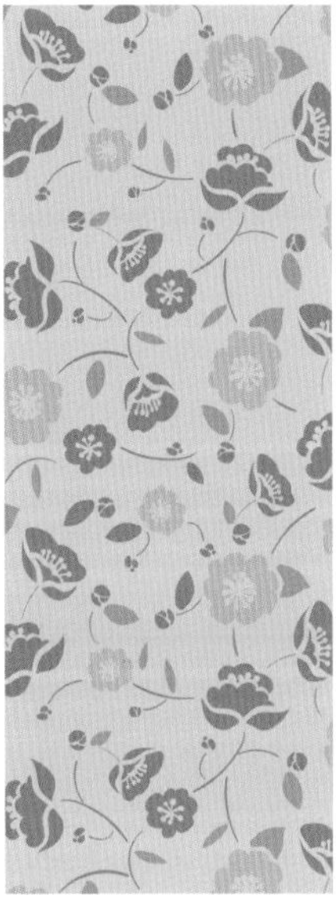
5/6/7/9

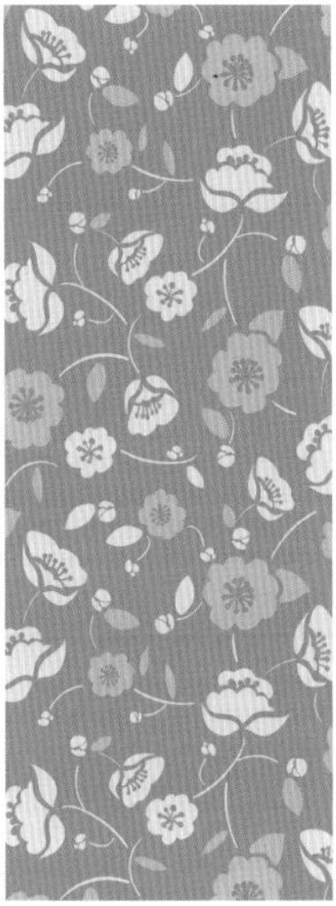
4/6/8/10

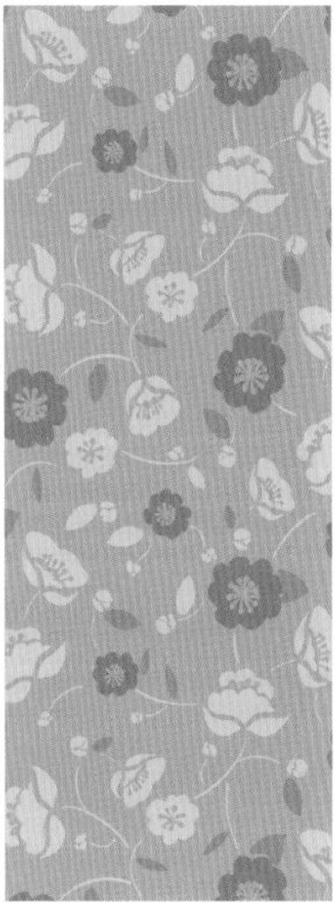
3/4/5/7

5배색

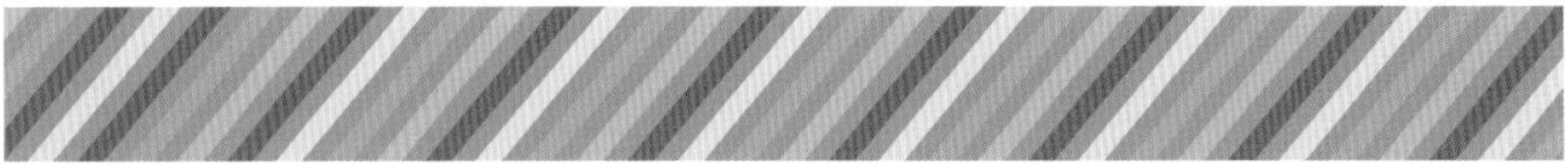
1/3/8/9/10

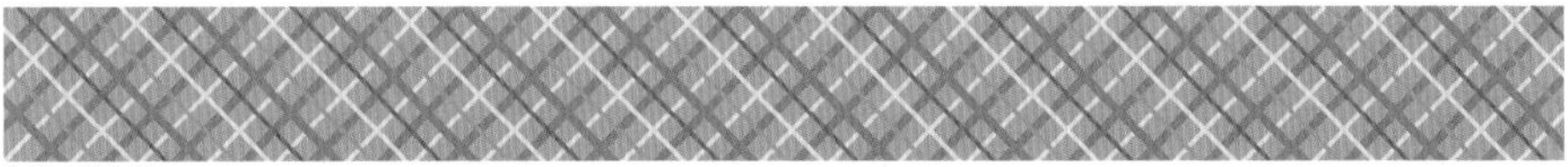
1/2/7/8/9

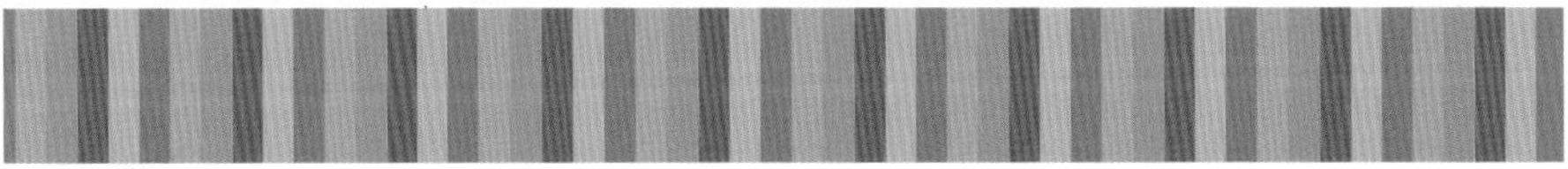
1/3/6/7/9

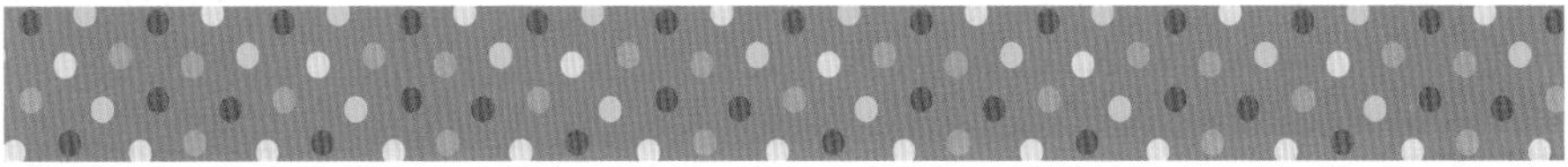
1/3/4/5/8

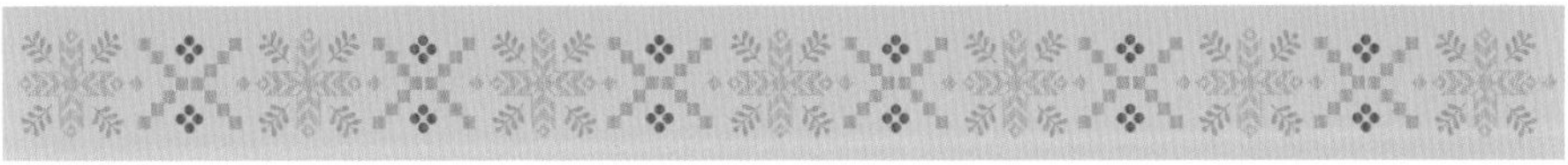
1/2/3/5/6

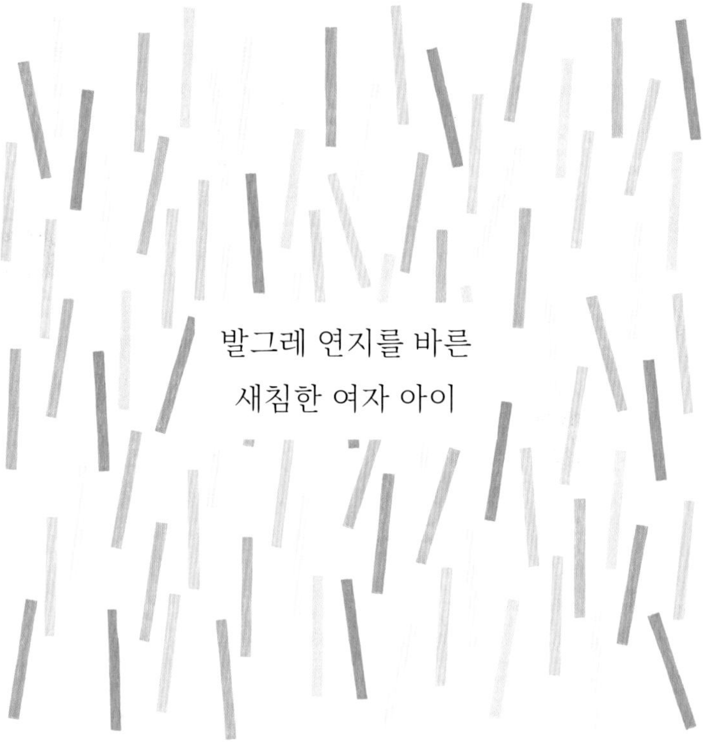

발그레 연지를 바른 새침한 여자 아이

#봄 #겨울

소녀감성

일본풍

레트로

1~6의 색은 수수한 배색이지만, 7~10까지의 색이 더해지면 한순간에 귀여움이 폭발합니다.
레트로 감성의 이미지에도 잘 맞습니다.

	1	2	3	4	5	6	7	8	9	10
C	35	20	3	43	57	21	7	23	30	42
M	23	22	12	21	21	20	66	35	2	7
Y	31	11	13	28	33	23	56	24	18	43
K	0	0	0	0	0	0	0	0	0	0
R	179	211	248	158	119	209	227	204	189	161
G	185	200	231	182	169	202	117	174	223	201
B	174	211	220	180	170	192	96	176	216	162
	#B3B9AE	#D3C8D3	#F8E7DC	#9EB6B4	#77A9AA	#D1CAC0	#E37560	#CCAEB0	#BDDFD8	#A1C9A2
	베이스			우아한			베리에이션			포인트

SAMPLE

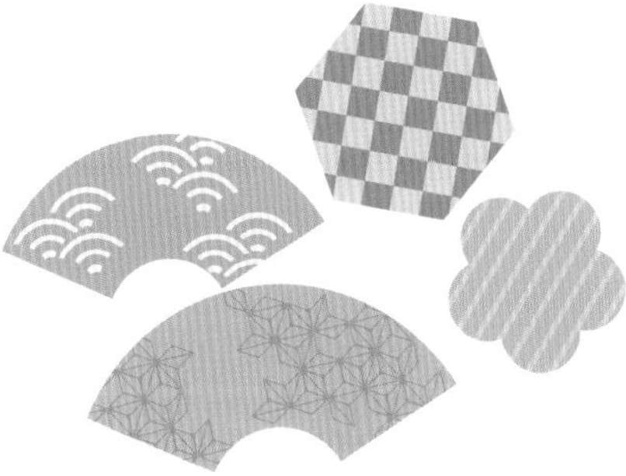

2 배색 pattern

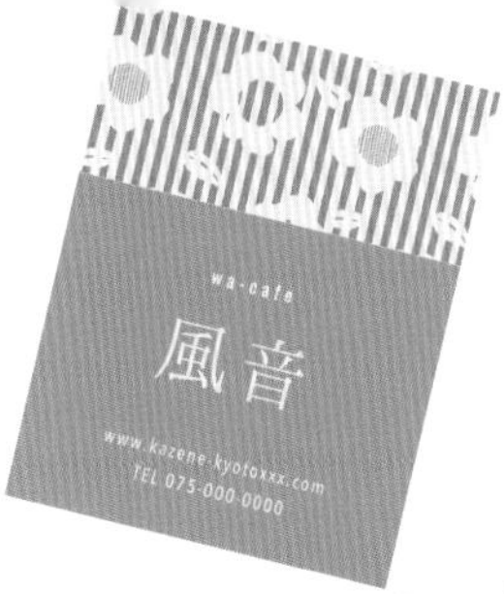

3 배색 card

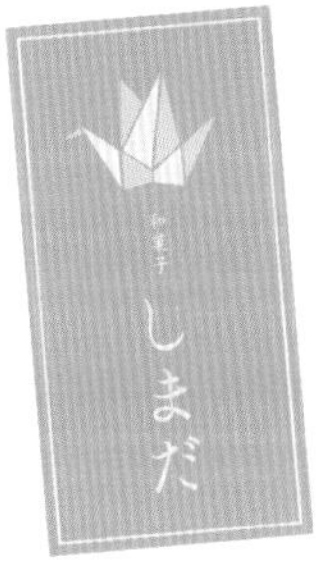

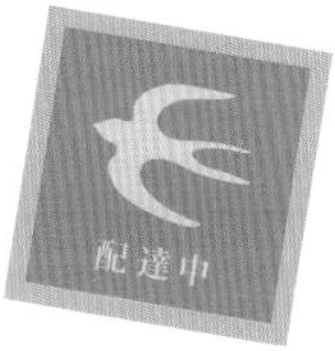

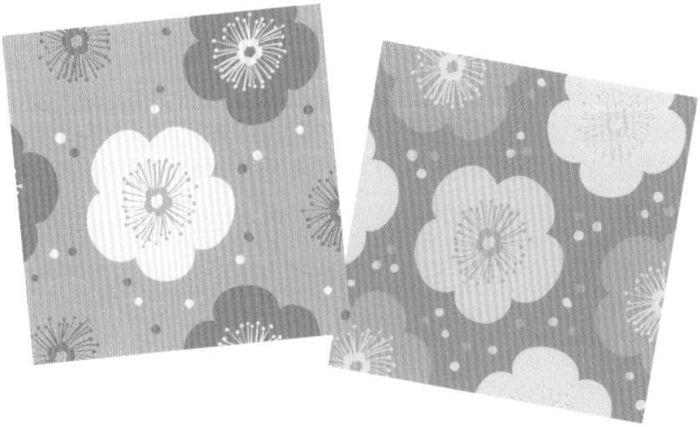

4 배색 flower

5 배색 web

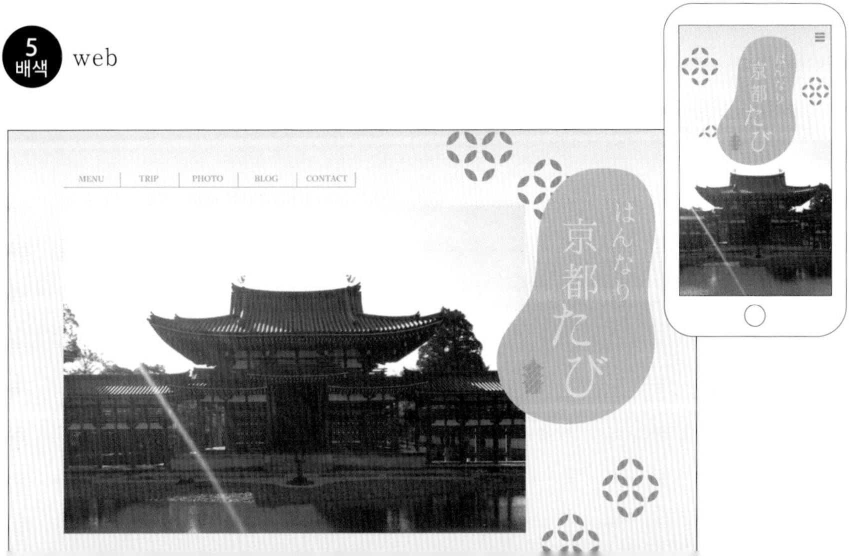

2배색

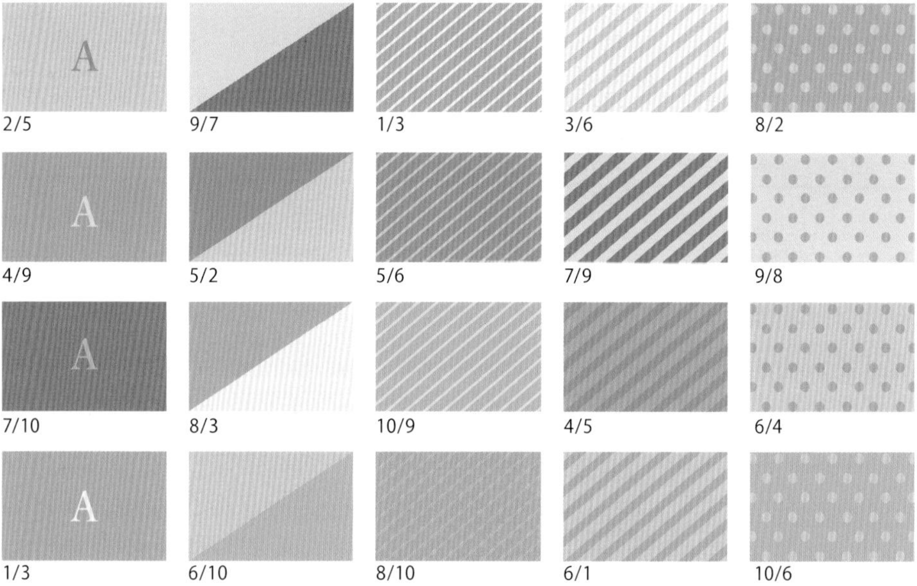
A
2/5
9/7
1/3
3/6
8/2
A
4/9
5/2
5/6
7/9
9/8
A
7/10
8/3
10/9
4/5
6/4
A
1/3
6/10
8/10
6/1
10/6

3배색

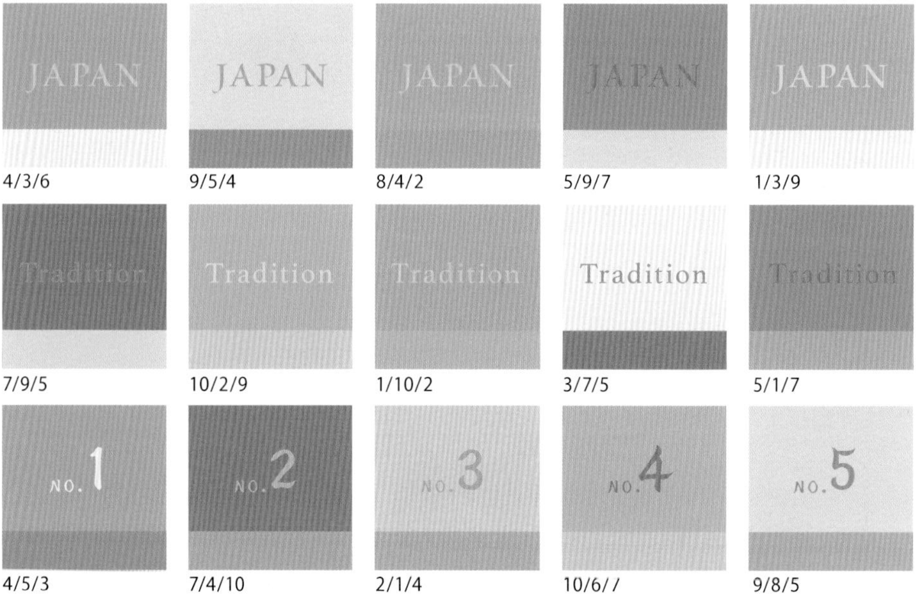
JAPAN
4/3/6
JAPAN
9/5/4
JAPAN
8/4/2
JAPAN
5/9/7
JAPAN
1/3/9
Tradition
7/9/5
Tradition
10/2/9
Tradition
1/10/2
Tradition
3/7/5
Tradition
5/1/7
NO.1
4/5/3
NO.2
7/4/10
NO.3
2/1/4
NO.4
10/6/7
NO.5
9/8/5

4배색

3/4/8/9

1/2/5/7

1/2/3/10

1/5/8/9

5배색

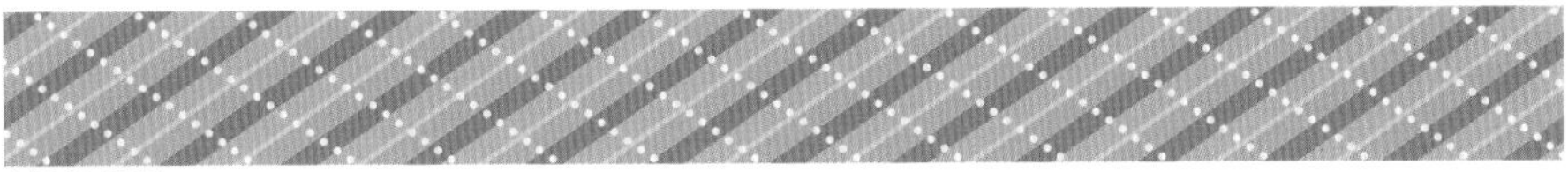
1/3/4/6/7

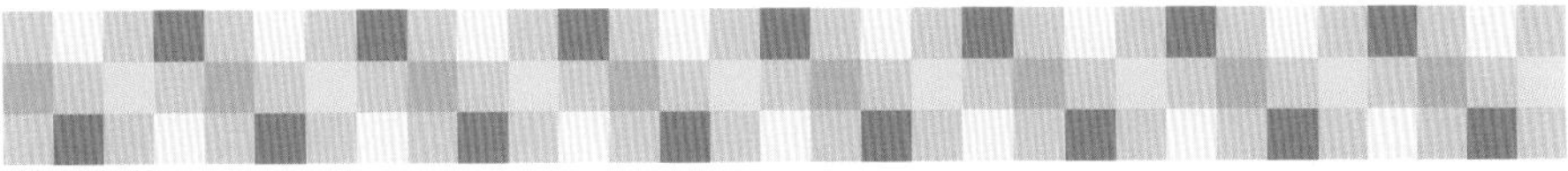
3/6/7/8/9

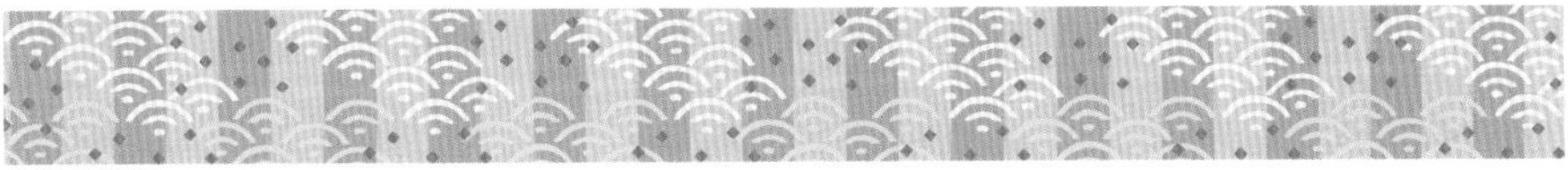
2/3/4/7/9

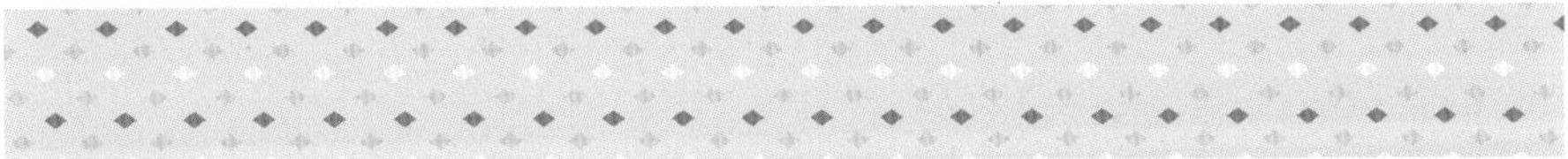
2/3/6/7/9

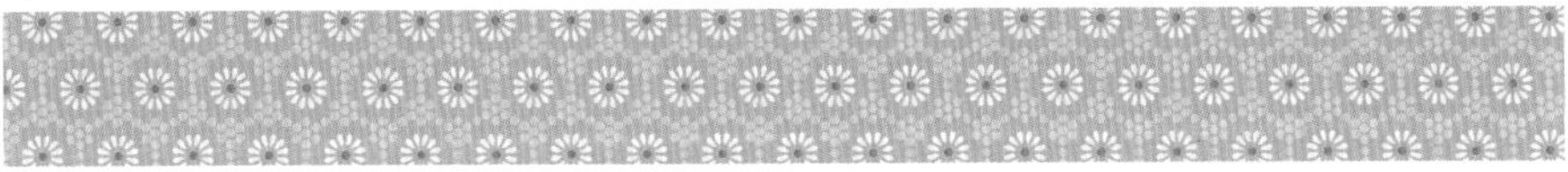
1/2/3/6/7

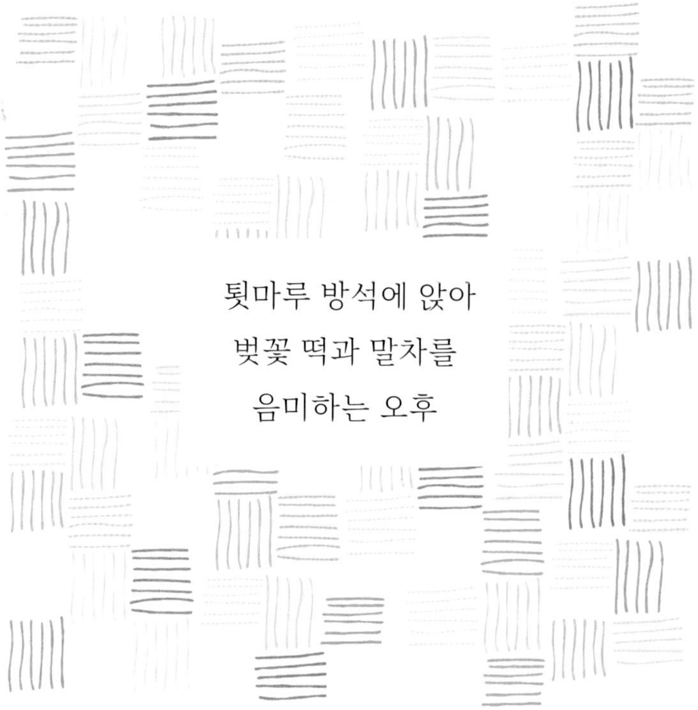

#봄

일본풍

벚꽃

귀여운

여자아이

벚꽃이 만개한 봄을 연상시키는 핑크 베이스의 배색입니다.
4~6의 색으로 수수함, 7~9의 색으로 차분한 상쾌함을 더했습니다.

	1	2	3	4	5	6	7	8	9	10
C	0	4	1	5	38	21	0	19	25	11
M	27	13	58	51	58	22	7	36	9	69
Y	12	28	24	43	50	45	3	17	22	60
K	0	0	0	0	0	0	0	0	0	0
R	248	246	238	234	172	211	254	211	201	220
G	205	227	138	151	121	196	244	175	216	109
B	206	191	151	129	113	149	244	186	204	88
	#F8CDCE	#F6E3BF	#EE8A97	#EA9781	#AC7971	#D3C495	#FEF4F4	#D3AFBA	#C9D8CC	#DC6D58
	베이스			우아한			베리에이션			포인트

SAMPLE

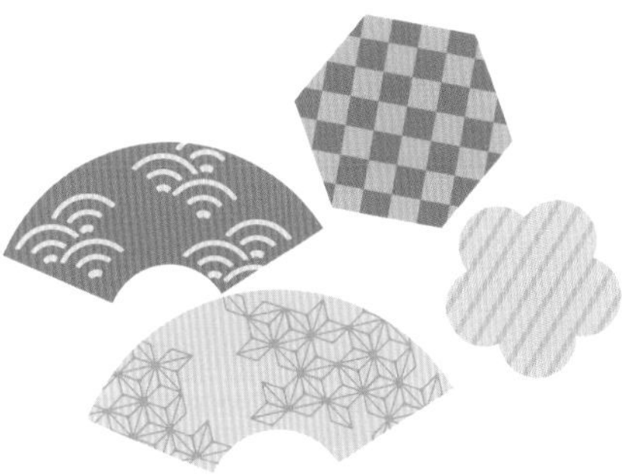

2 배색 pattern

3 배색 card

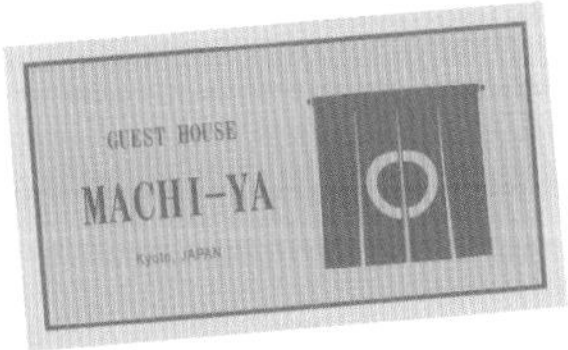

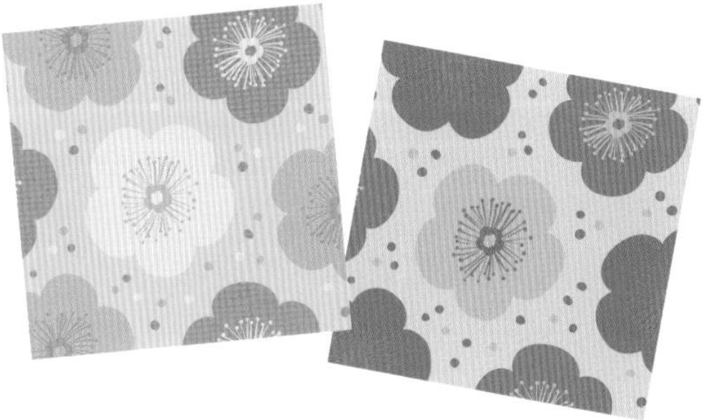

4 배색 flower

5 배색 web

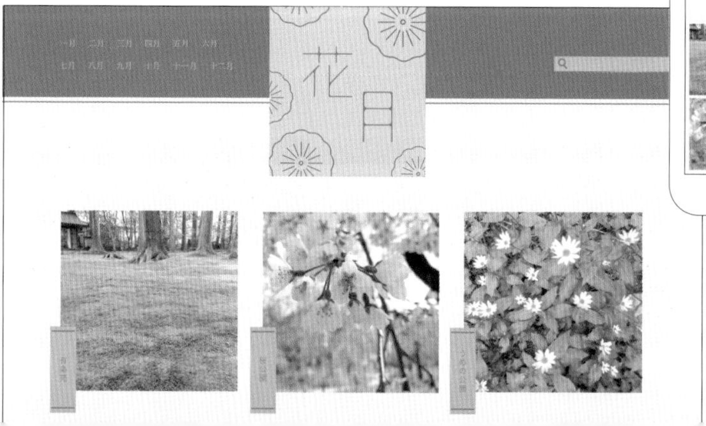

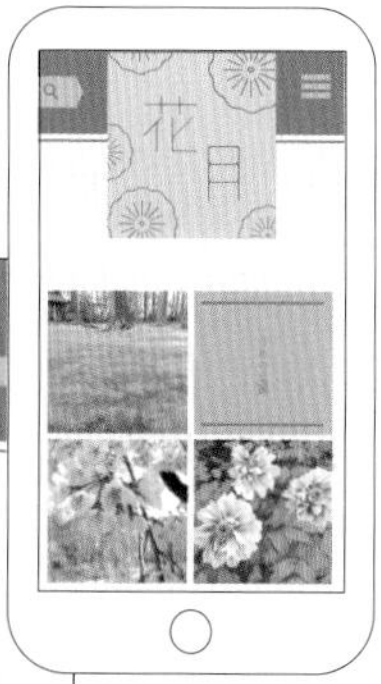

1
2
3
4
5
6
7
8
9
10

2배색

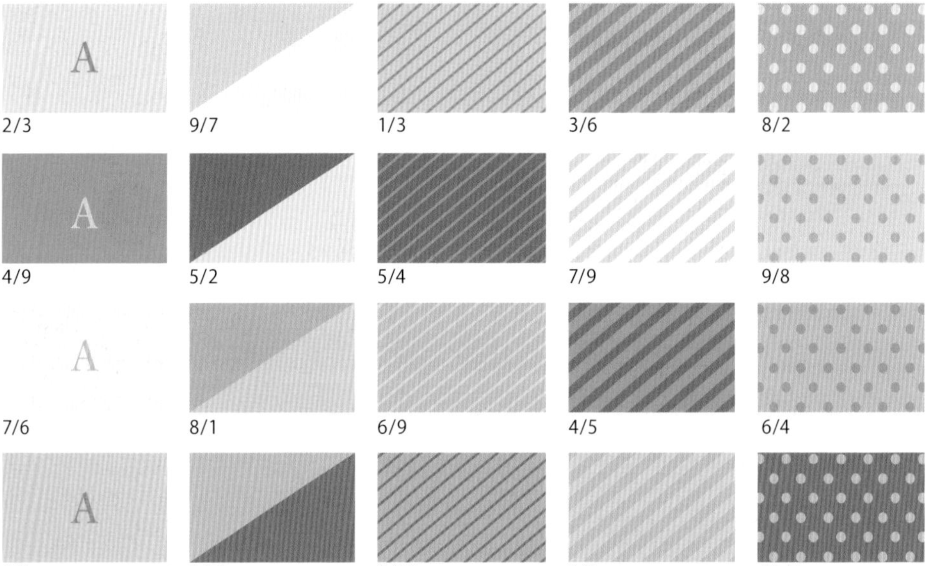

2/3 9/7 1/3 3/6 8/2
4/9 5/2 5/4 7/9 9/8
7/6 8/1 6/9 4/5 6/4
1/3 6/10 8/10 6/1 10/6

3배색

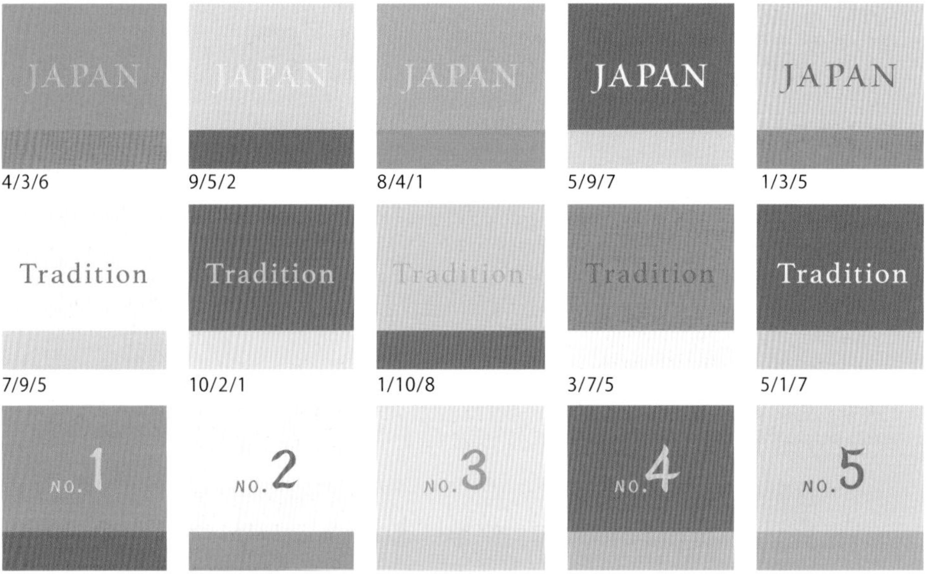

4/3/6 9/5/2 8/4/1 5/9/7 1/3/5
7/9/5 10/2/1 1/10/8 3/7/5 5/1/7
4/5/9 7/4/10 2/1/4 10/6/1 9/8/5

4배색

2/3/8/9

2/4/5/9

1/7/9/10

1/2/4/5

5배색

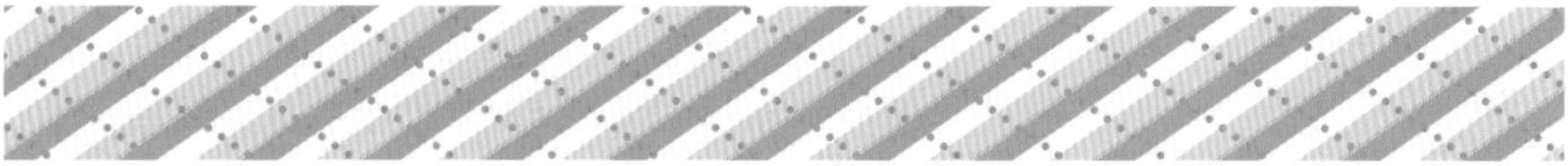
1/3/4/6/7

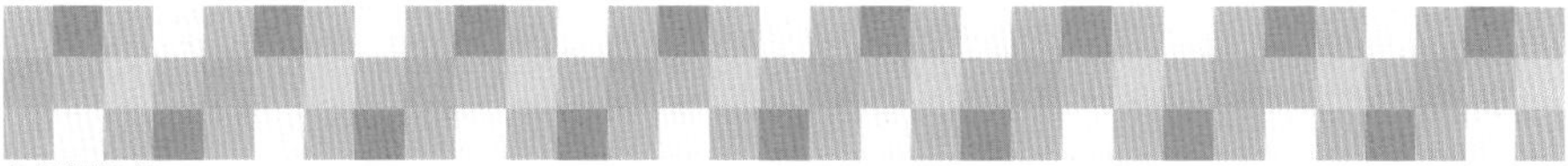
3/6/7/8/9

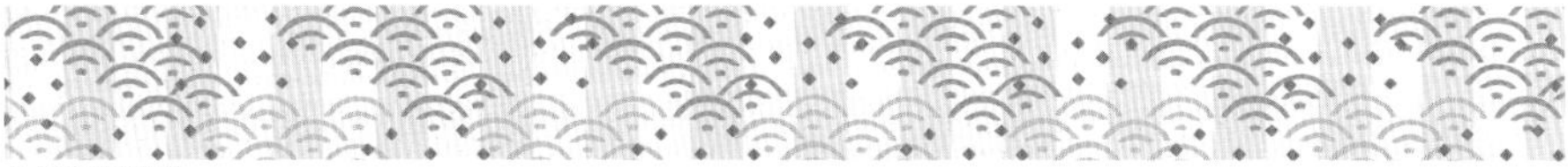
2/3/6/7/10

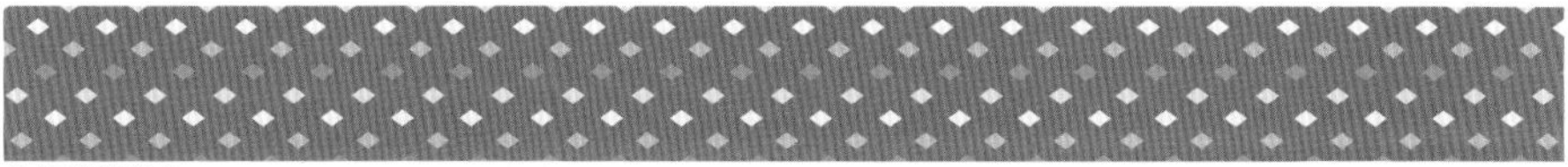
2/3/6/7/10

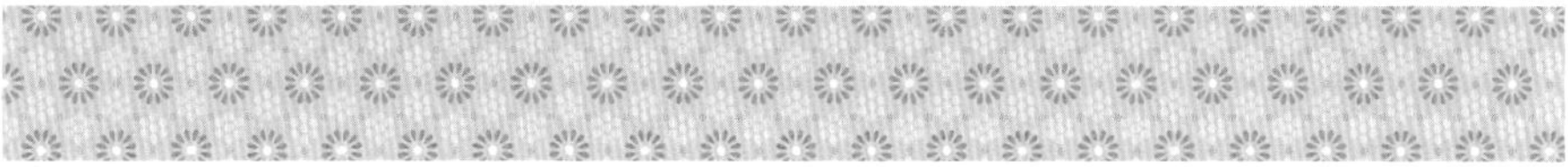
1/2/3/6/7

작은 화과자
한 조각의 행복

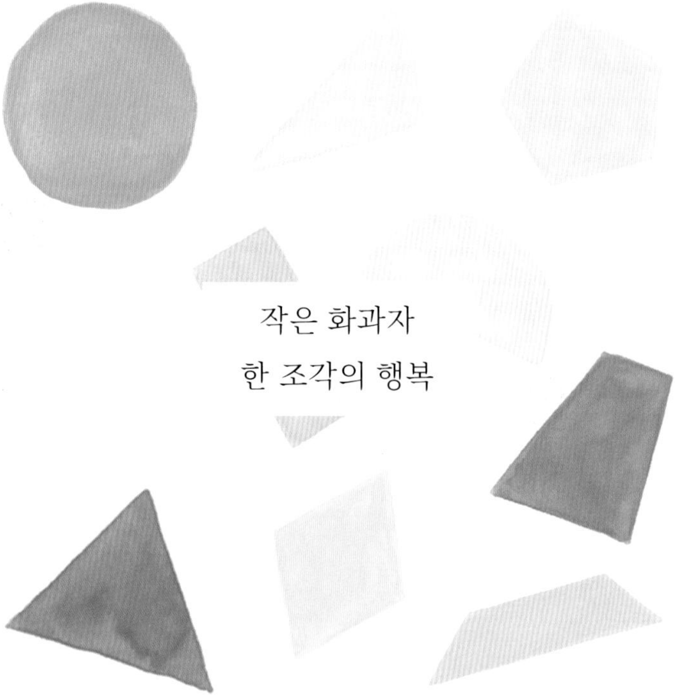

#봄

일본풍

귀여운

레트로

소녀감성

1~6의 색은 얌전하고 차분한 인상을 주는데, 여기에 그린이 더해지면
장난끼가 느껴집니다. 더불어 주홍색으로 강조하면 귀여움이 한층 더 올라갑니다.

	1	2	3	4	5	6	7	8	9	10
C	15	6	0	13	1	62	18	6	38	18
M	21	8	0	8	13	49	25	0	11	66
Y	9	35	0	13	17	29	11	51	67	57
K	0	0	5	0	0	0	0	0	0	0
R	221	244	247	228	251	115	214	246	174	208
G	206	233	248	230	230	125	196	242	196	113
B	216	181	248	223	212	151	208	150	109	95
	#DDCED8	#F4E9B5	#F7F8F8	#E4E6DF	#FBE6D4	#737D97	#D6C4D0	#F6F296	#AEC46D	#D0715F
	베이스	베이스	베이스	우아한	우아한	우아한	베리에이션	베리에이션	베리에이션	포인트

SAMPLE

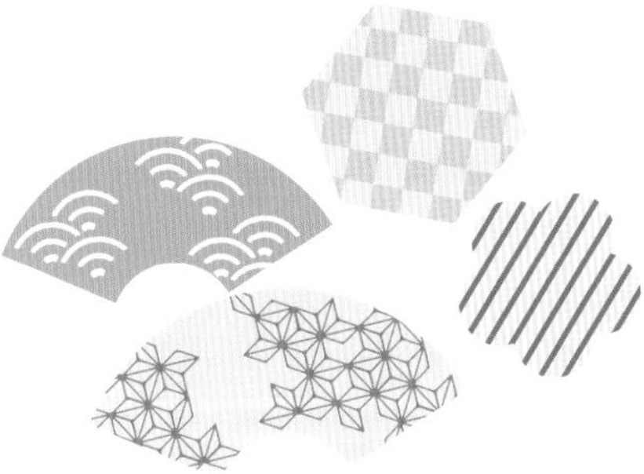

2 배색 pattern

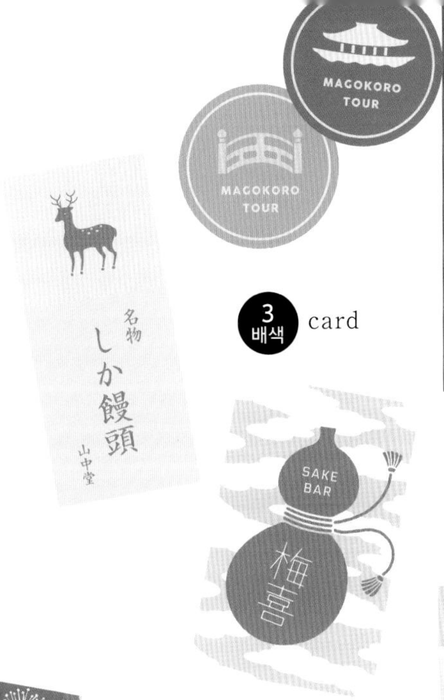

3 배색 card

4 배색 flower

5 배색 web

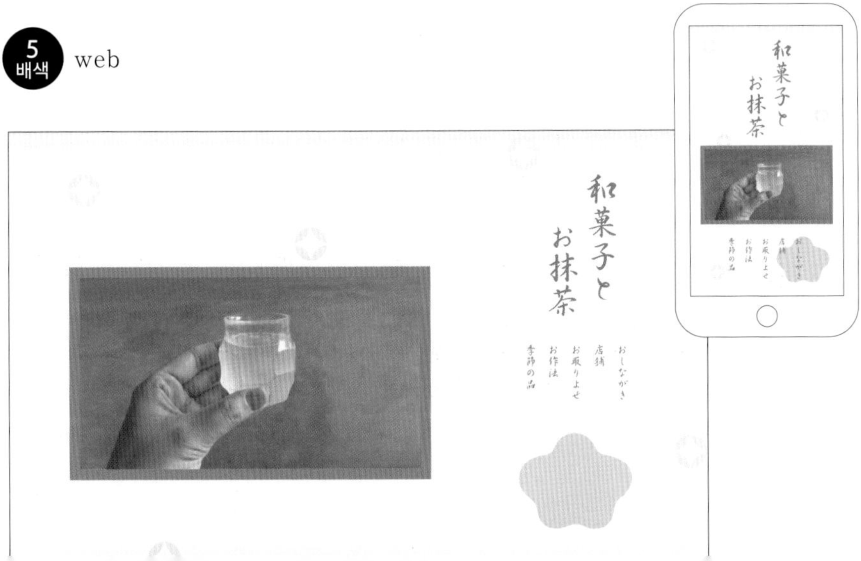

2배색

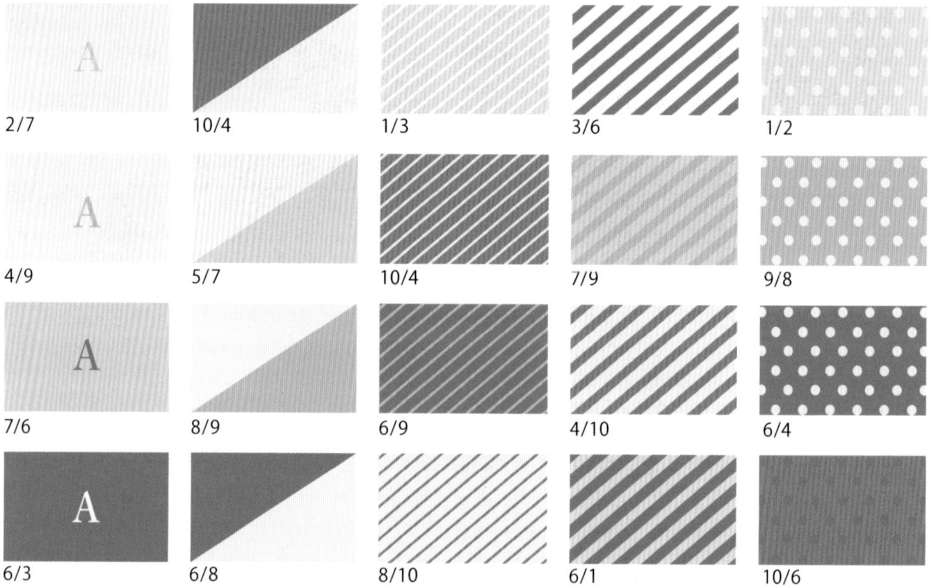
A
2/7
10/4
1/3
3/6
1/2
A
4/9
5/7
10/4
7/9
9/8
A
7/6
8/9
6/9
4/10
6/4
A
6/3
6/8
8/10
6/1
10/6

3배색

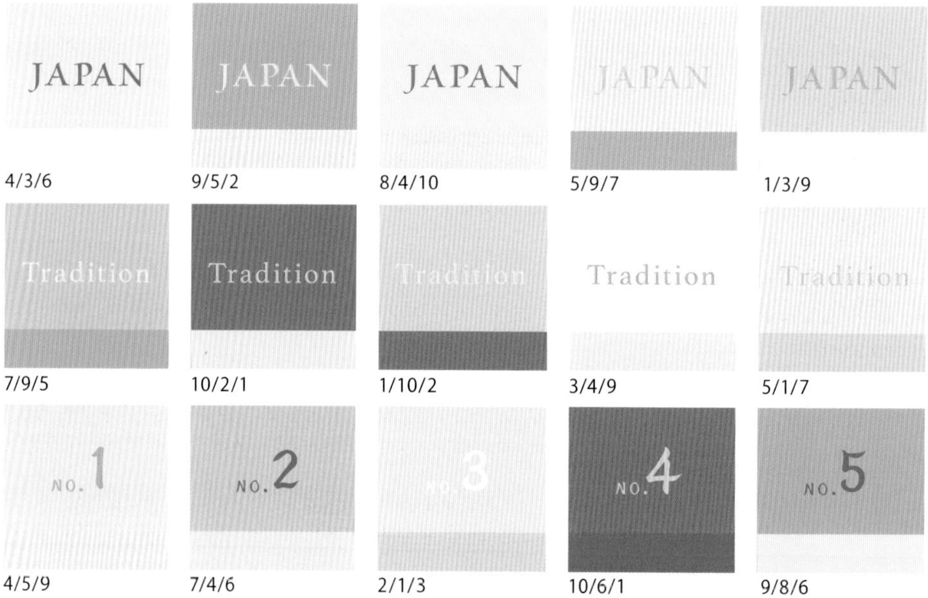
JAPAN
4/3/6
JAPAN
9/5/2
JAPAN
8/4/10
JAPAN
5/9/7
JAPAN
1/3/9
Tradition
7/9/5
Tradition
10/2/1
Tradition
1/10/2
Tradition
3/4/9
Tradition
5/1/7
NO. 1
4/5/9
NO. 2
7/4/6
NO. 3
2/1/3
NO. 4
10/6/1
NO. 5
9/8/6

4배색

1/2/6/9

4/6/7/9

3/4/7/10

4/6/7/10

5배색

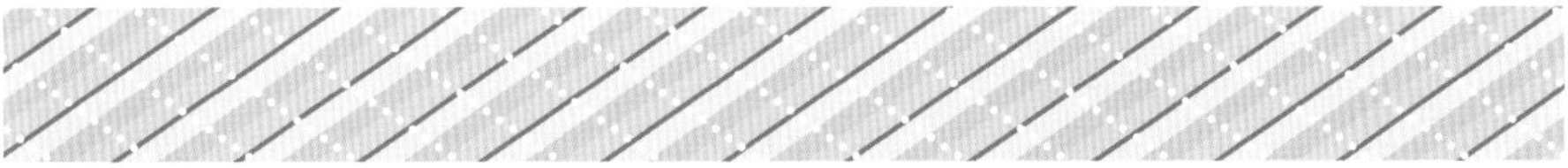
1/3/4/6/7

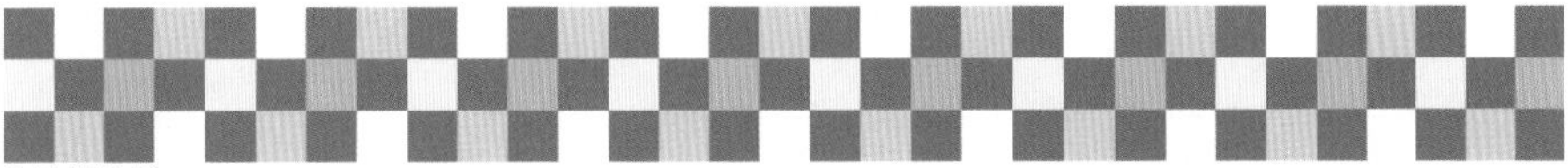
3/6/7/8/9

2/3/6/7/10

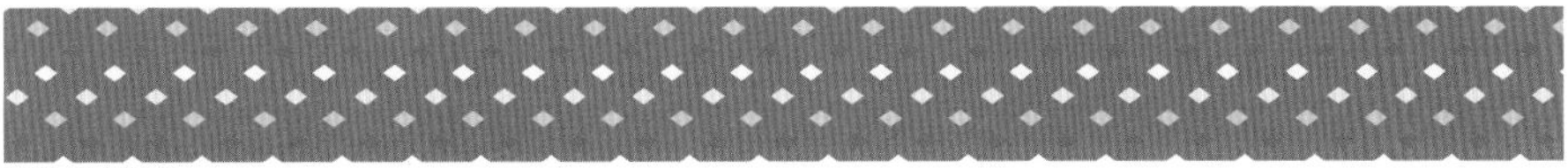
2/3/6/7/10

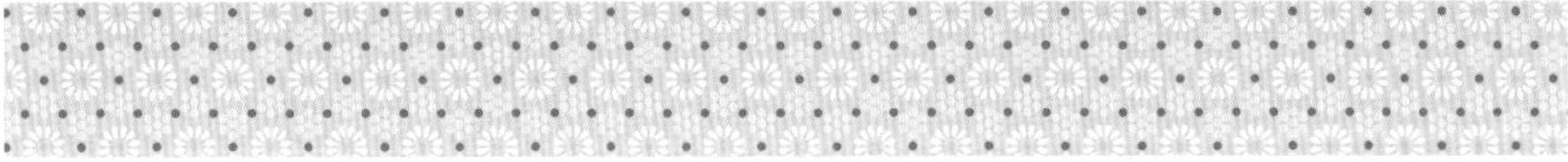
1/2/3/6/7

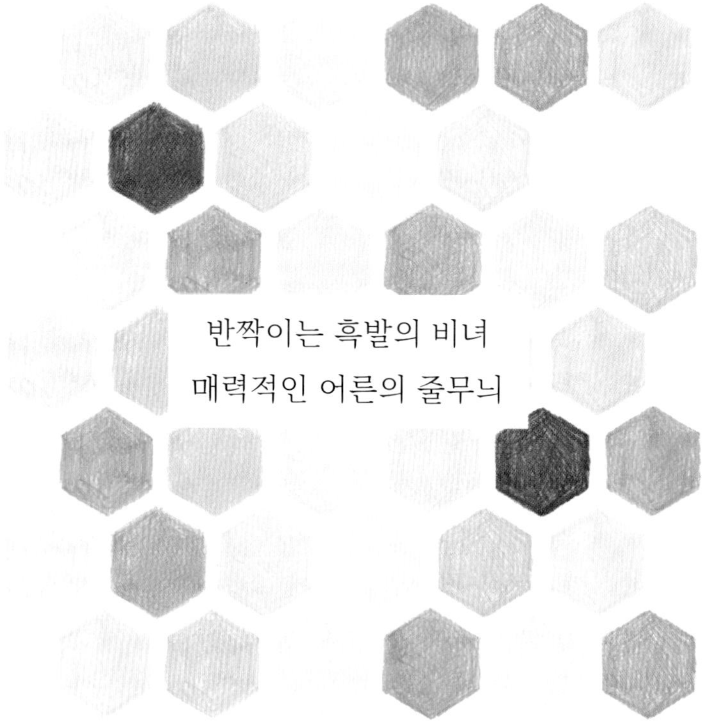

반짝이는 흑발의 비녀
매력적인 어른의 줄무늬

#가을

일본풍

세련

레트로

성숙한

세련된 성인 여성이 입고 있는 줄무늬의 기모노를 형상화했습니다.
수수한 페일 톤과 주홍색의 귀여움 가운데서 다크 브라운이 돋보입니다.

	1	2	3	4	5	6	7	8	9	10
C	6	38	7	13	1	46	18	19	10	58
M	12	17	70	8	13	49	25	8	11	63
Y	17	28	67	13	17	29	57	33	46	61
K	0	0	5	6	17	0	0	0	0	67
R	242	171	219	220	223	154	217	216	236	58
G	228	192	104	222	205	134	192	222	223	43
B	213	184	73	215	189	152	123	184	155	39
	#F2E4D5	#ABC0B8	#DB6849	#DCDED7	#DFCDBD	#9A8698	#D9C07B	#D8DEB8	#ECDF9B	#3A2B27
	베이스			우아한			베리에이션			포인트

SAMPLE

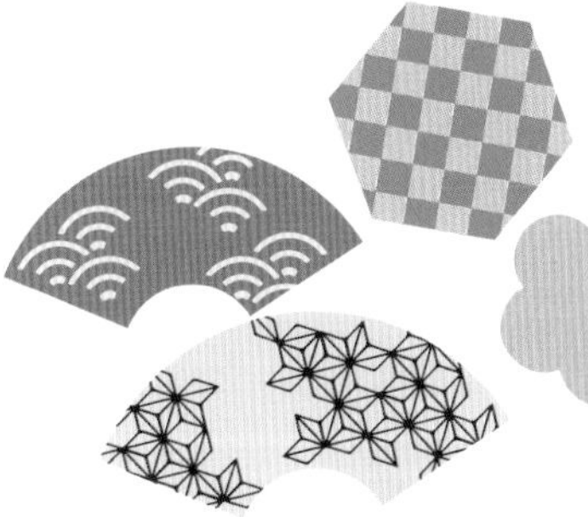

2 배색 pattern

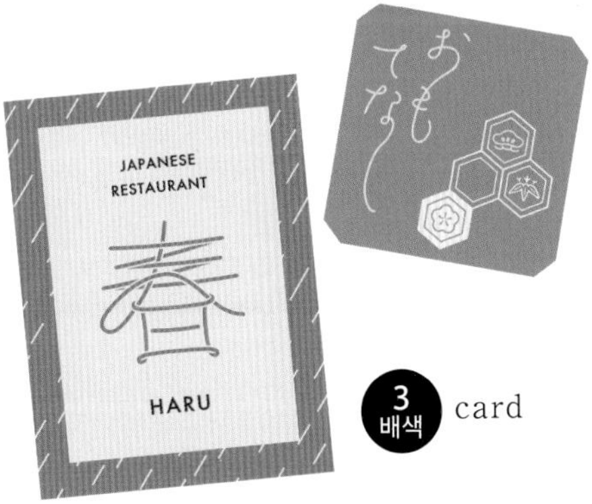

3 배색 card

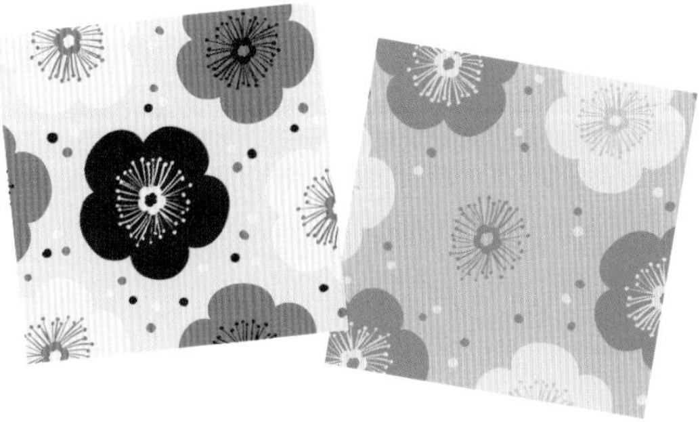

4 배색 flower

5 배색 web

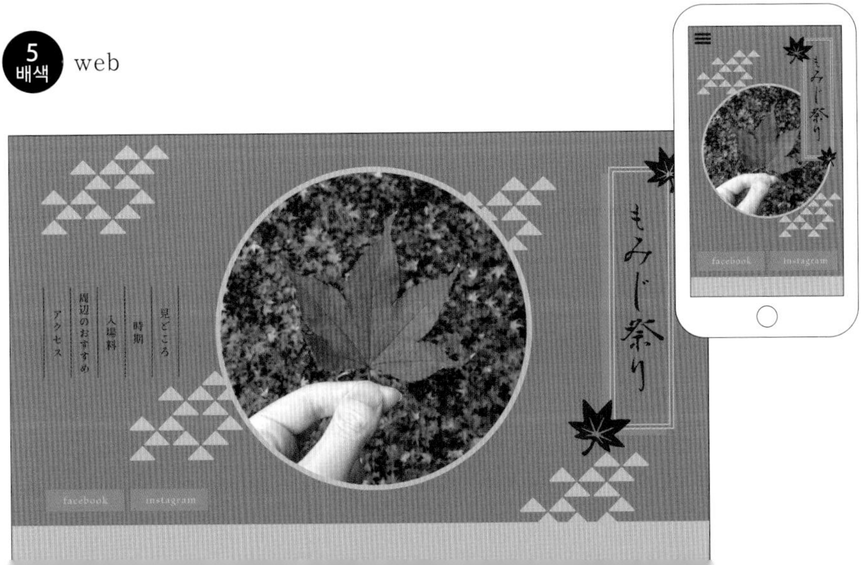

2배색

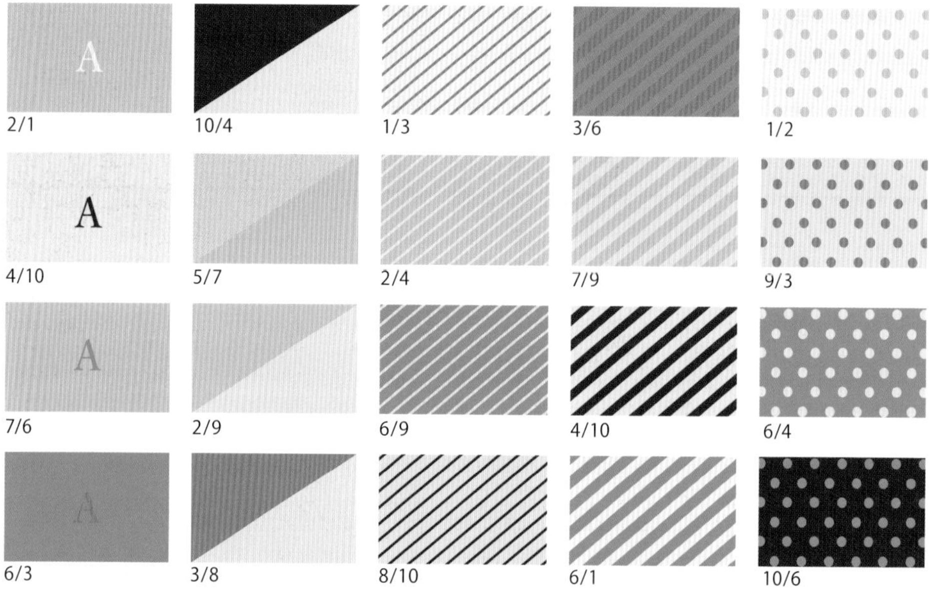
A
2/1
10/4
1/3
3/6
1/2
A
4/10
5/7
2/4
7/9
9/3
A
7/6
2/9
6/9
4/10
6/4
A
6/3
3/8
8/10
6/1
10/6

3배색

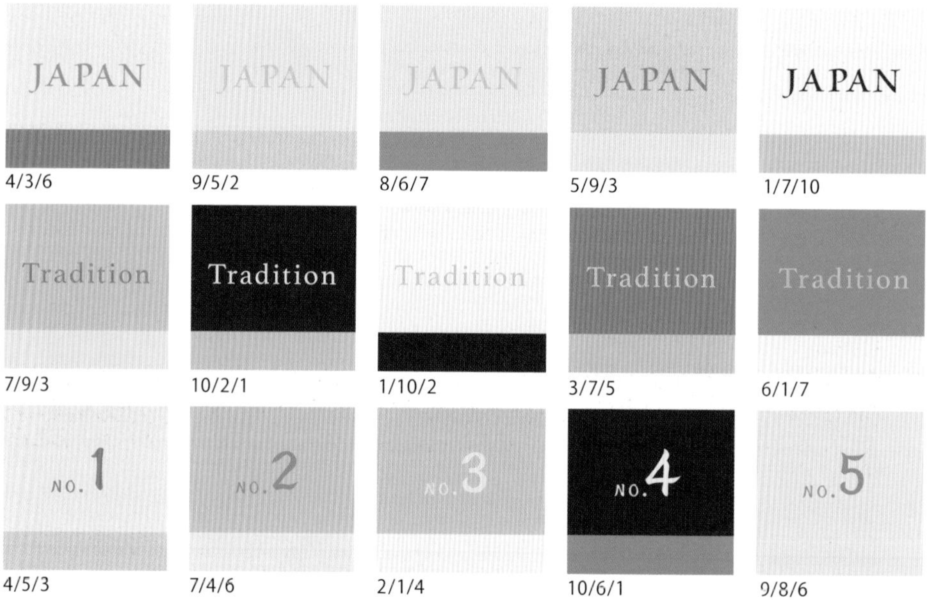
JAPAN
4/3/6
JAPAN
9/5/2
JAPAN
8/6/7
JAPAN
5/9/3
JAPAN
1/7/10
Tradition
7/9/3
Tradition
10/2/1
Tradition
1/10/2
Tradition
3/7/5
Tradition
6/1/7
NO.1
4/5/3
NO.2
7/4/6
NO.3
2/1/4
NO.4
10/6/1
NO.5
9/8/6

4배색

1/2/3/6

4/6/7/10

2/3/6/9

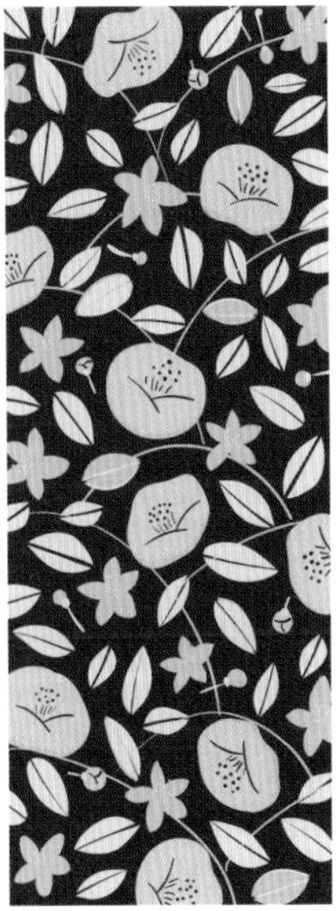
2/5/9/10

5배색

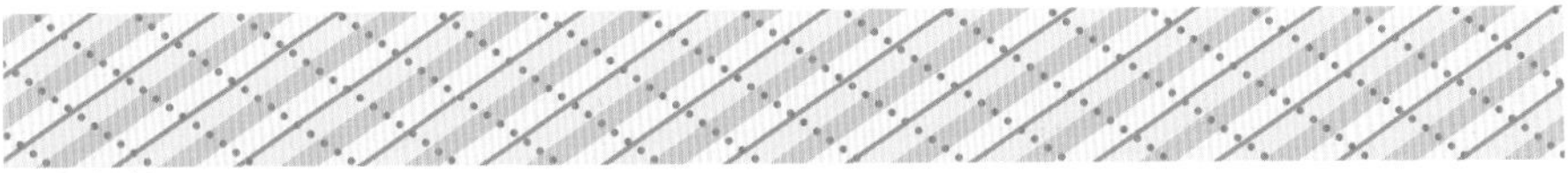
1/3/4/6/7

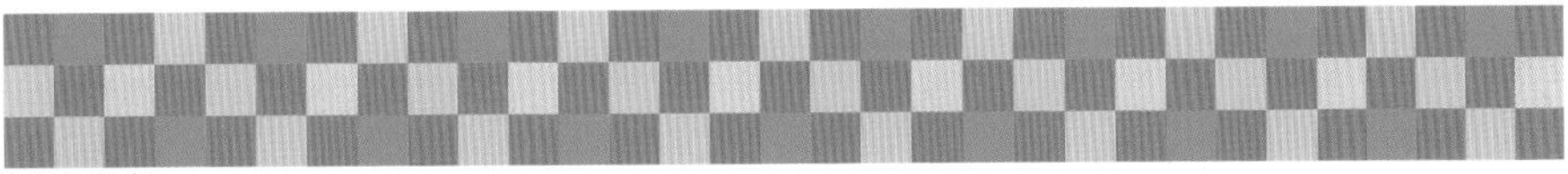
2/3/5/6/7

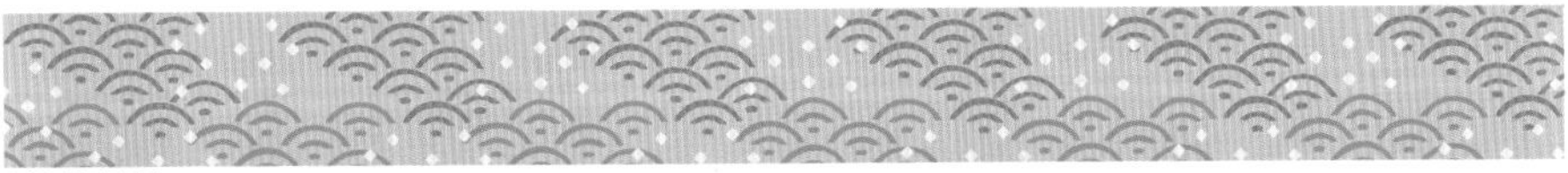
1/2/3/6/7

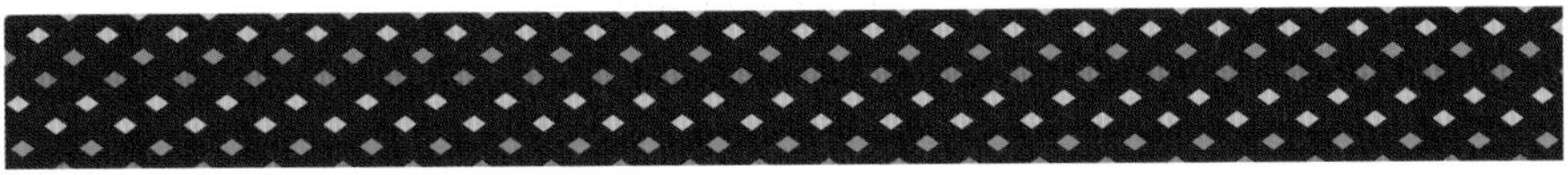
2/3/6/7/10

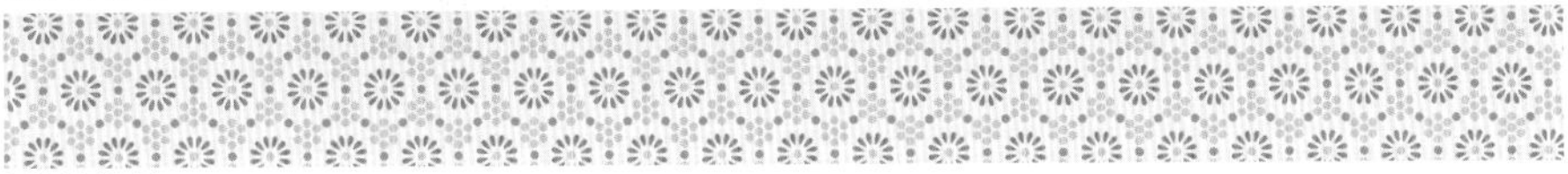
1/2/3/6/7

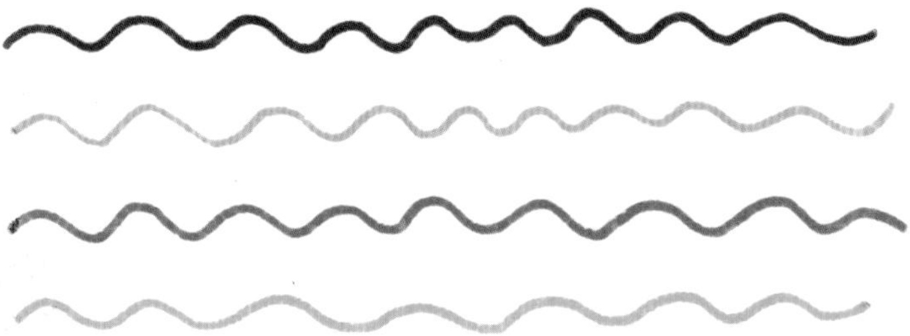

갈매기가 모여드는
해변가의 마켓

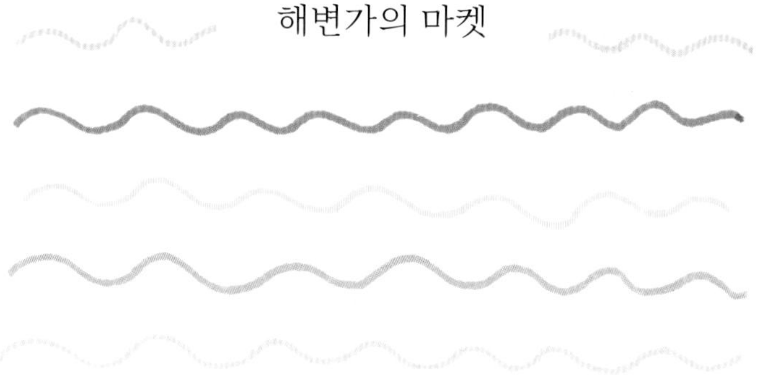

#봄 #여름

북유럽

밝은

컬러풀

팝

북유럽풍의 블루, 옐로, 블랙의 배색에 라이트 톤의 핑크와 코럴을 조합했습니다.
여기에서 3색, 5색을 어떻게 조합해도 북유럽풍 컬러를 표현할 수 있습니다.

	1	2	3	4	5	6	7	8	9	10
C	39	0	0	85	1	3	7	96	74	86
M	15	0	4	50	31	3	66	84	43	88
Y	0	0	93	0	19	0	56	47	5	86
K	0	40	0	16	0	0	0	15	0	78
R	164	181	255	3	246	249	227	22	69	13
G	196	181	236	99	196	249	117	57	127	1
B	232	182	0	166	190	252	96	94	188	3
	#A4C4E8	#B5B5B6	#FFEC00	#0363A6	#F6C4BE	#F9F9FC	#E37560	#16395E	#457FBC	#0D0103
	베이스			우아한			베리에이션			포인트

SAMPLE

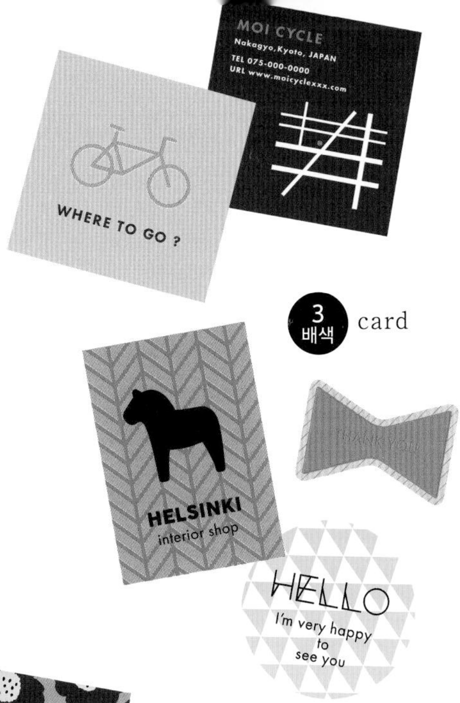

3 배색 card

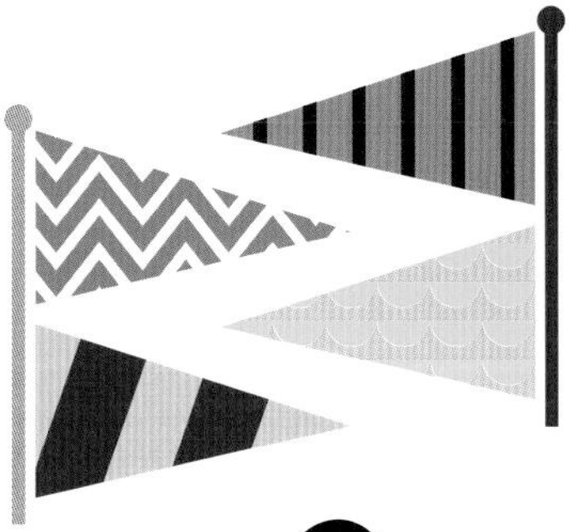

2 배색 pattern

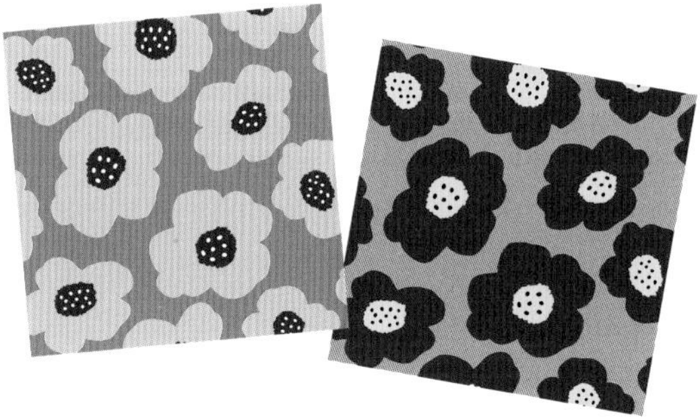

4 배색 flower

5 배색 web

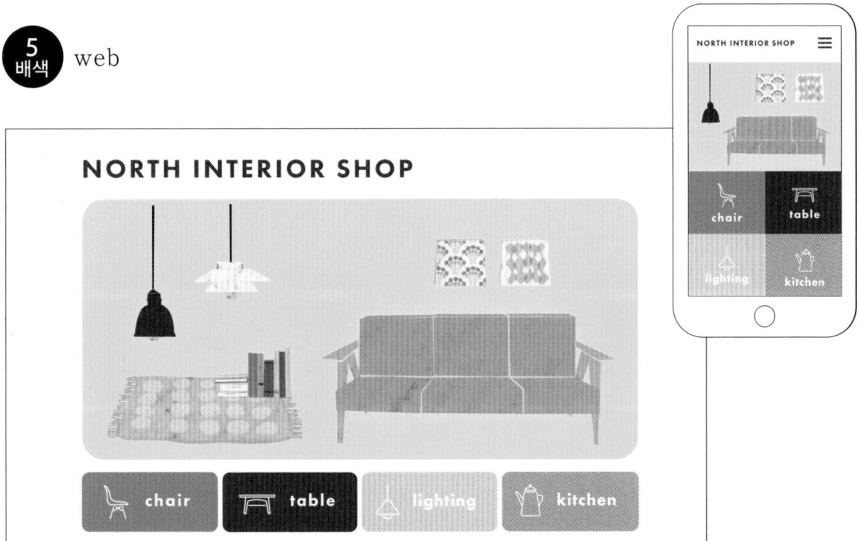

2배색

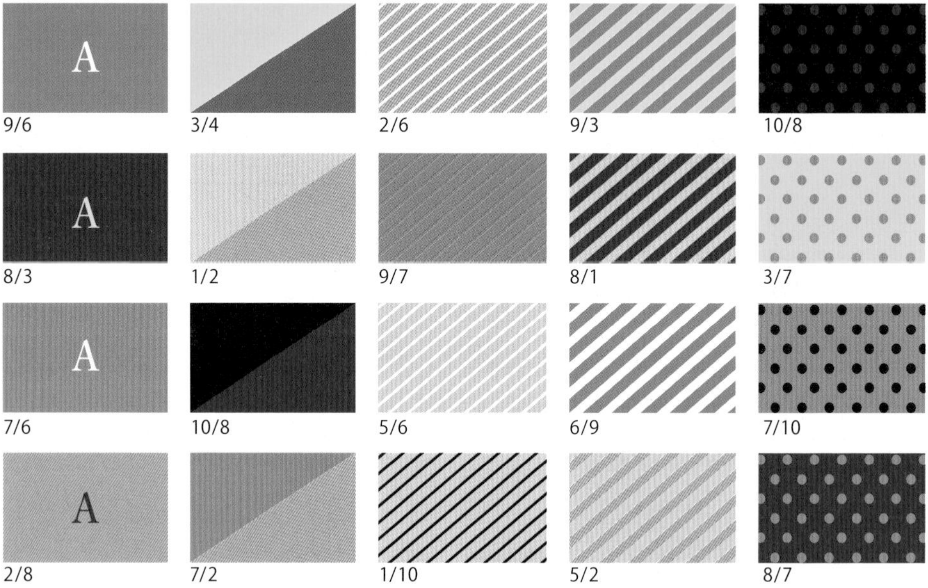

A
9/6
3/4
2/6
9/3
10/8
A
8/3
1/2
9/7
8/1
3/7
A
7/6
10/8
5/6
6/9
7/10
A
2/8
7/2
1/10
5/2
8/7

3배색

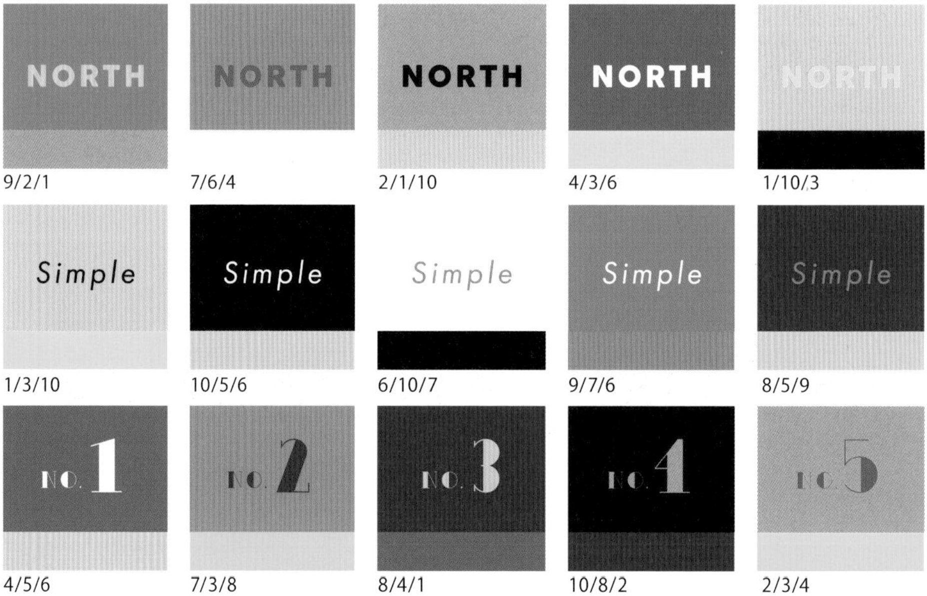

NORTH
9/2/1
NORTH
7/6/4
NORTH
2/1/10
NORTH
4/3/6
NORTH
1/10/3
Simple
1/3/10
Simple
10/5/6
Simple
6/10/7
Simple
9/7/6
Simple
8/5/9
NO.1
4/5/6
NO.2
7/3/8
NO.3
8/4/1
NO.4
10/8/2
NO.5
2/3/4

4배색

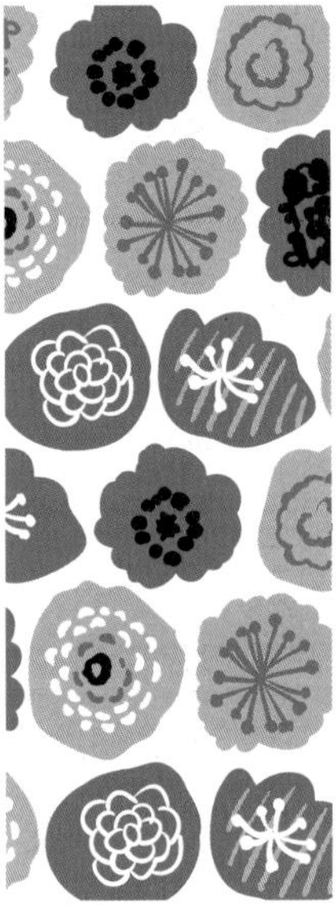

2/4/6/10

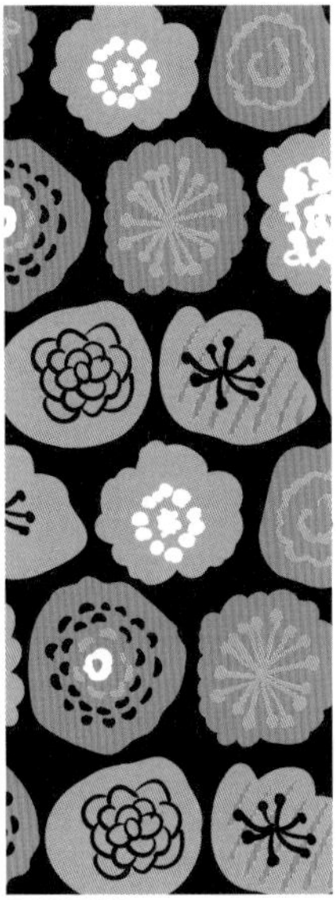

2/6/7/10

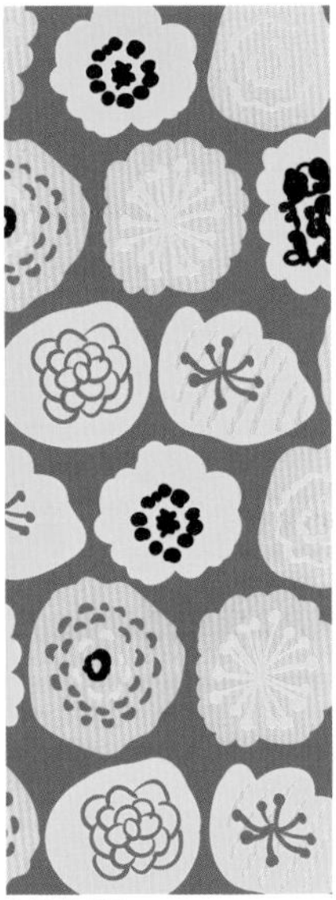

1/3/4/10

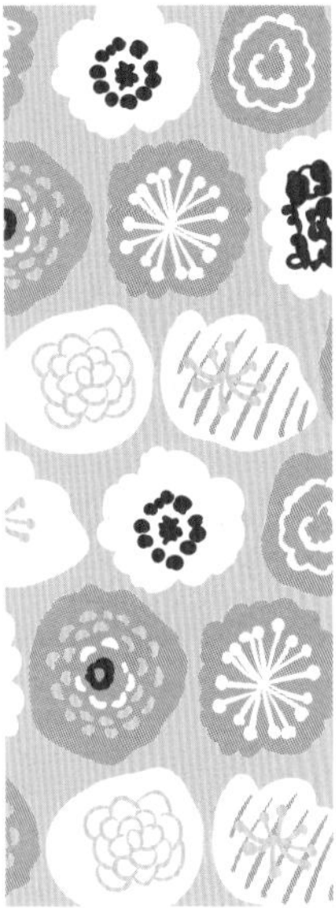

2/5/6/8

5배색

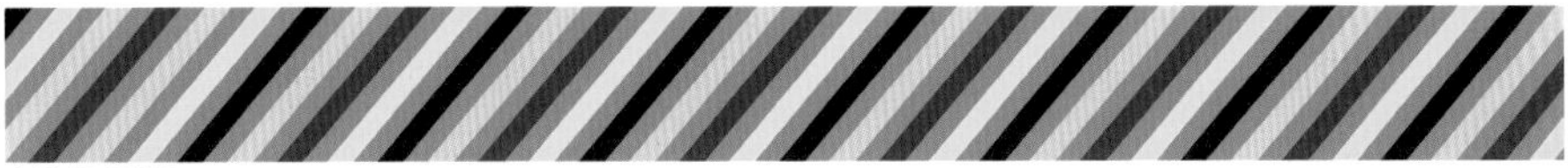

1/3/8/9/10

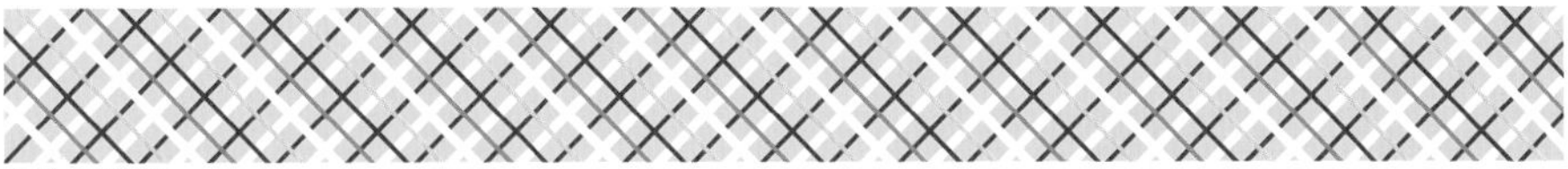

1/3/6/8/9

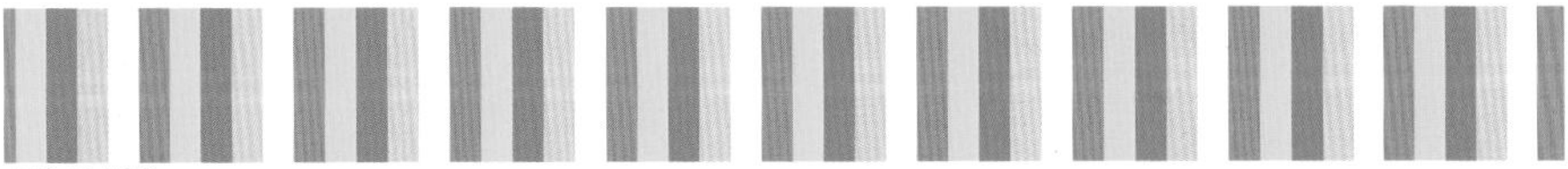

1/3/6/7/9

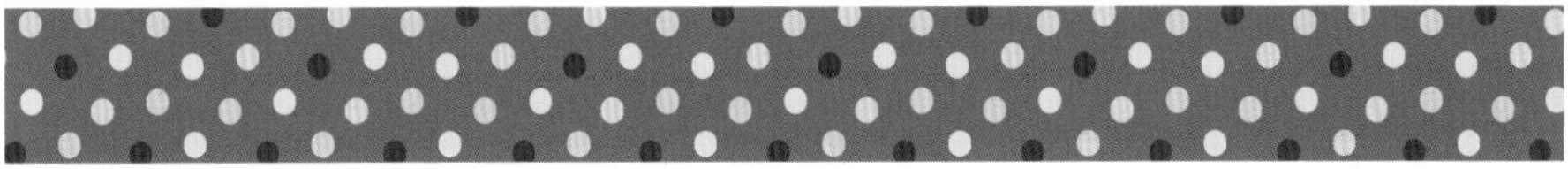

1/3/4/5/8

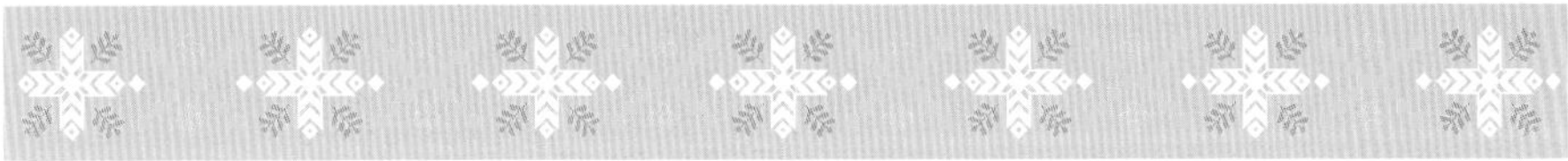

1/2/3/5/6

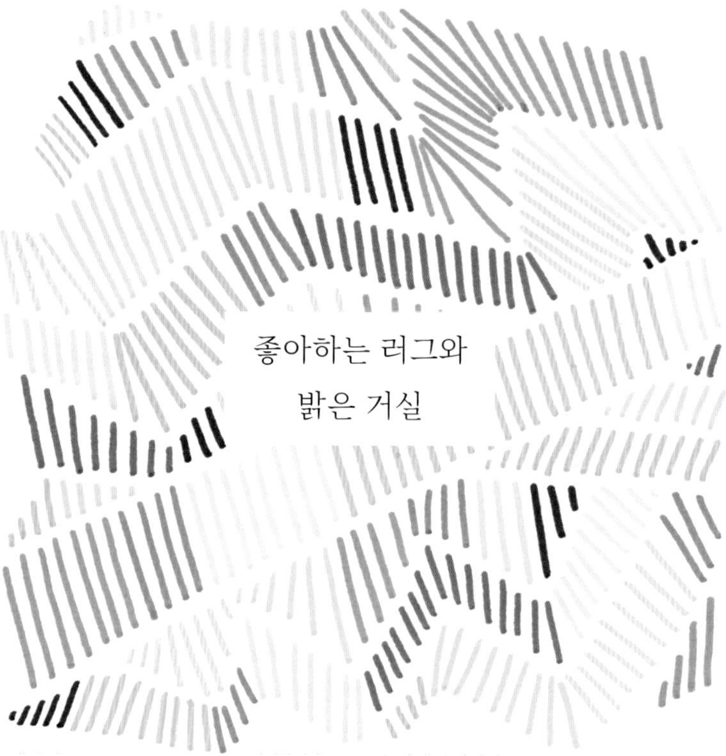

좋아하는 러그와 밝은 거실

#봄 #여름

북유럽

인테리어

컬러풀

팝

북유럽풍의 인테리어에서 사용하는 색을 형상화했습니다.
그레이와 민트 블루의 그러데이션에 선명한 오렌지나 옐로를 보여 주는 배색입니다.

	1	2	3	4	5	6	7	8	9	10
C	18	48	0	34	60	20	39	6	66	93
M	1	0	71	26	68	19	2	31	58	89
Y	21	40	92	63	100	32	24	84	51	88
K	13	0	0	0	27	0	0	0	3	79
R	199	141	237	183	104	212	166	239	107	4
G	216	204	106	178	76	203	213	186	106	0
B	196	172	26	111	34	177	203	51	112	1
	#C7D8C4	#8DCCAC	#ED6A1A	#B7B26F	#684C22	#D4CBB1	#A6D5CB	#EFBA33	#6B6A70	#040001
	베이스			우아한			베리에이션			포인트

SAMPLE

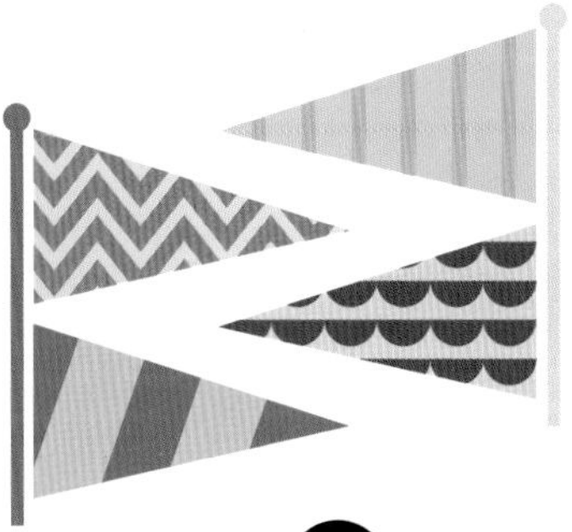

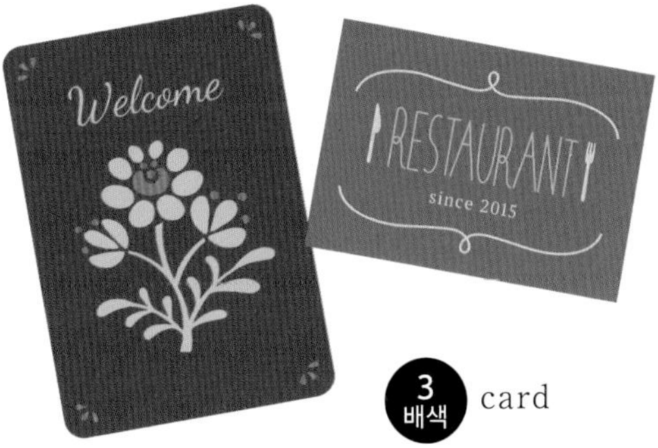

3 배색 card

2 배색 pattern

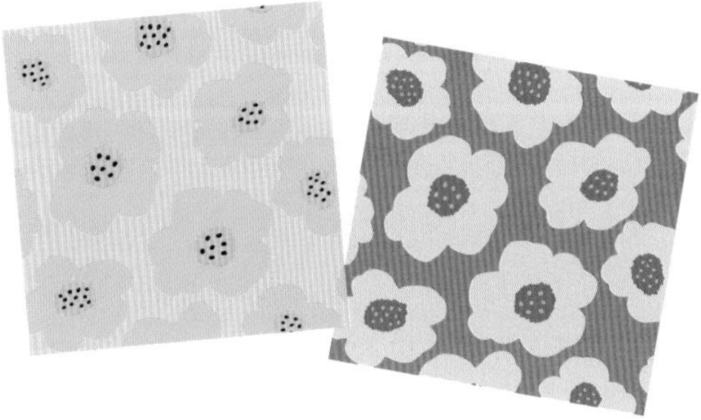

4 배색 flower

5 배색 web

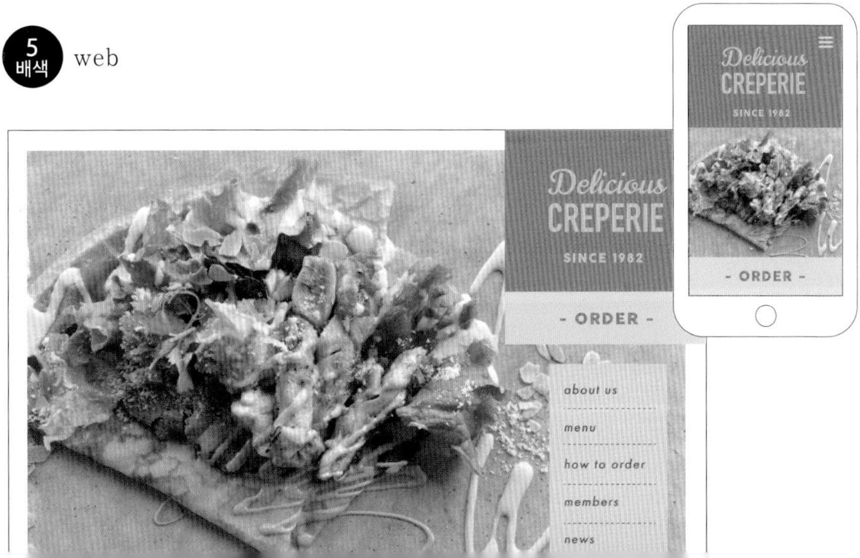

2배색

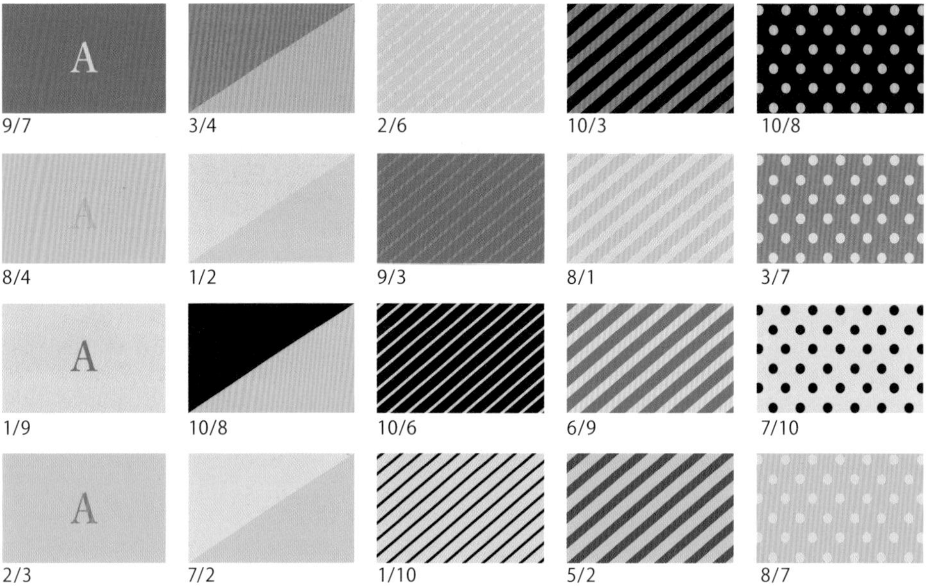
A
9/7
3/4
2/6
10/3
10/8
A
8/4
1/2
9/3
8/1
3/7
A
1/9
10/8
10/6
6/9
7/10
A
2/3
7/2
1/10
5/2
8/7

3배색

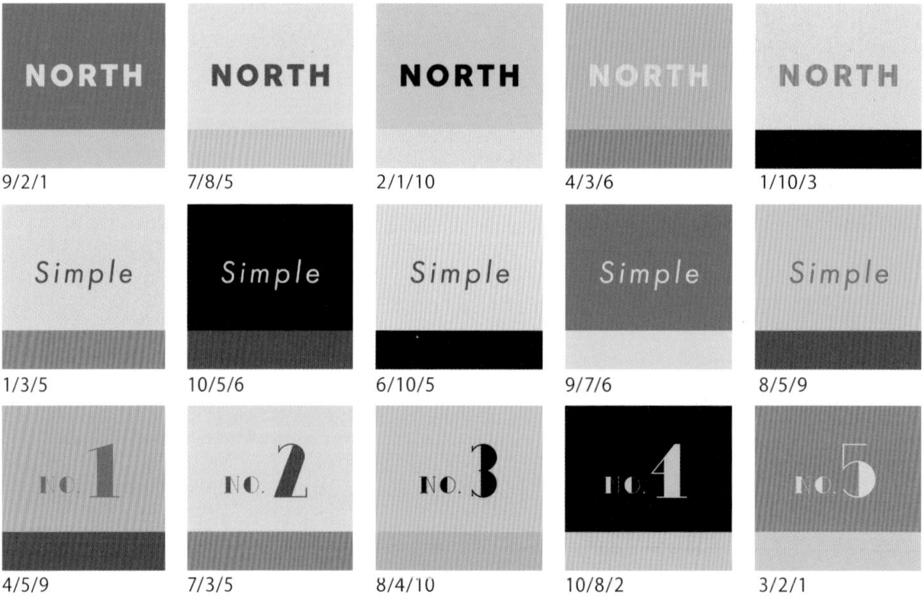
NORTH
9/2/1
NORTH
7/8/5
NORTH
2/1/10
NORTH
4/3/6
NORTH
1/10/3
Simple
1/3/5
Simple
10/5/6
Simple
6/10/5
Simple
9/7/6
Simple
8/5/9
NO.1
4/5/9
NO.2
7/3/5
NO.3
8/4/10
NO.4
10/8/2
NO.5
3/2/1

4배색

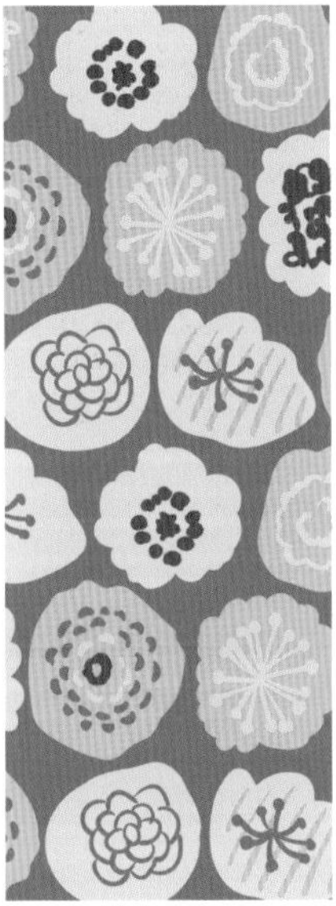

5/7/8/9

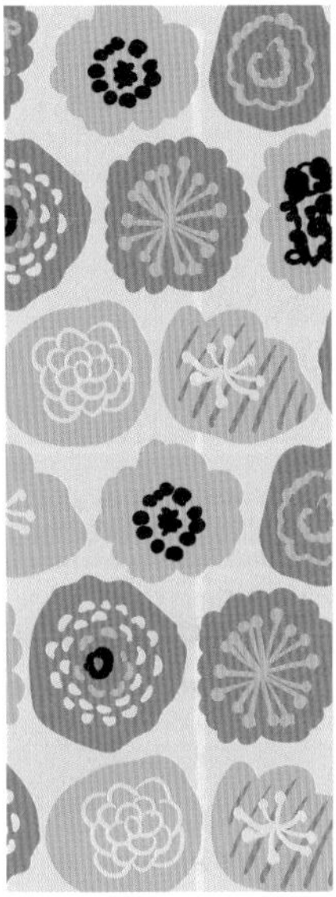

1/3/4/10

5/6/7/10

1/2/5/9

5배색

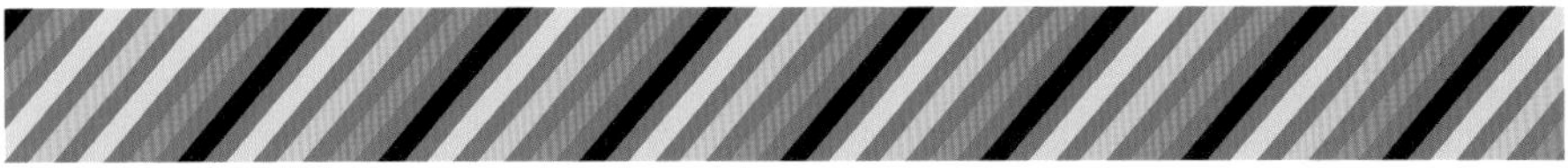

1/3/8/9/10

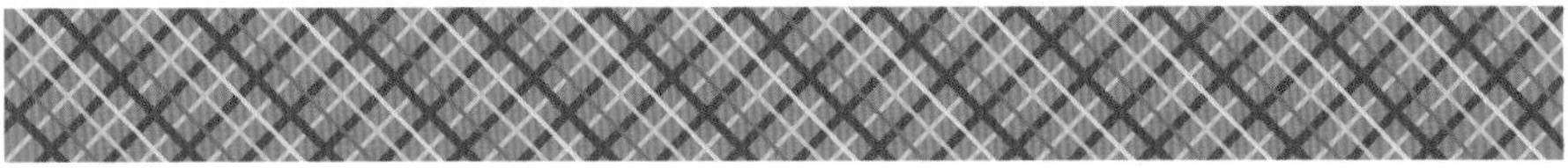

1/3/5/8/9

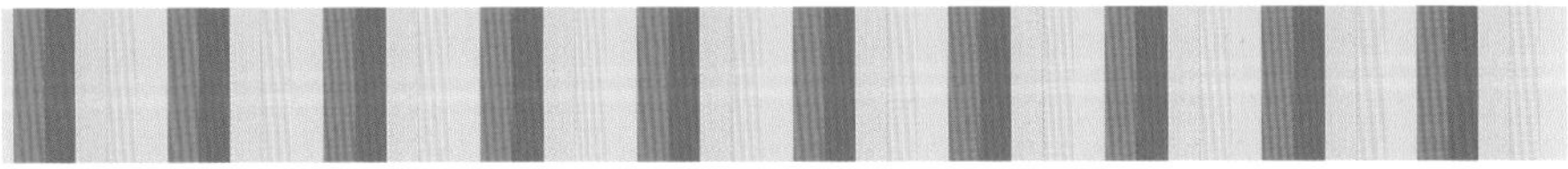

1/3/6/7/9

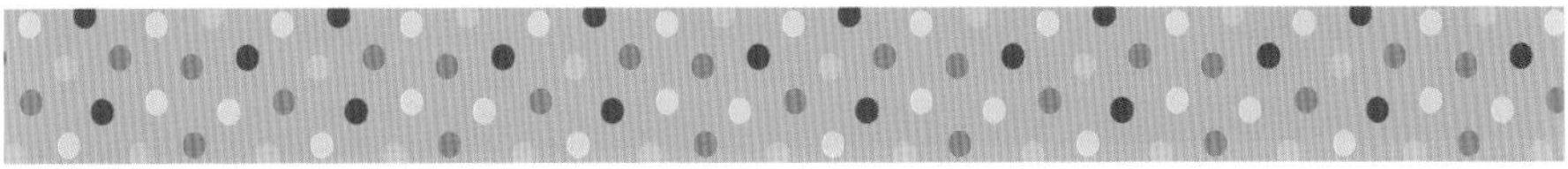

1/3/4/5/8

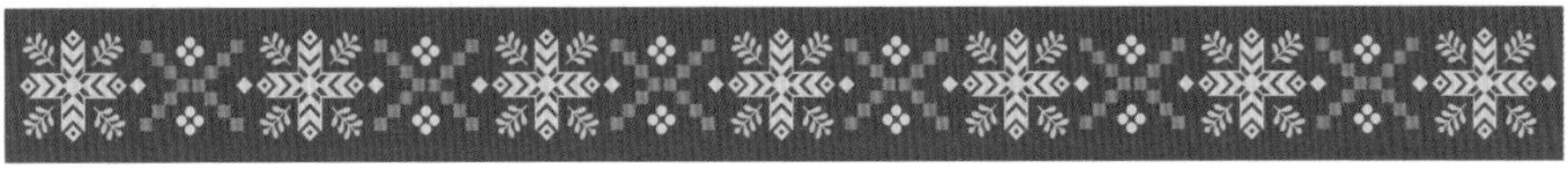

1/2/3/5/6

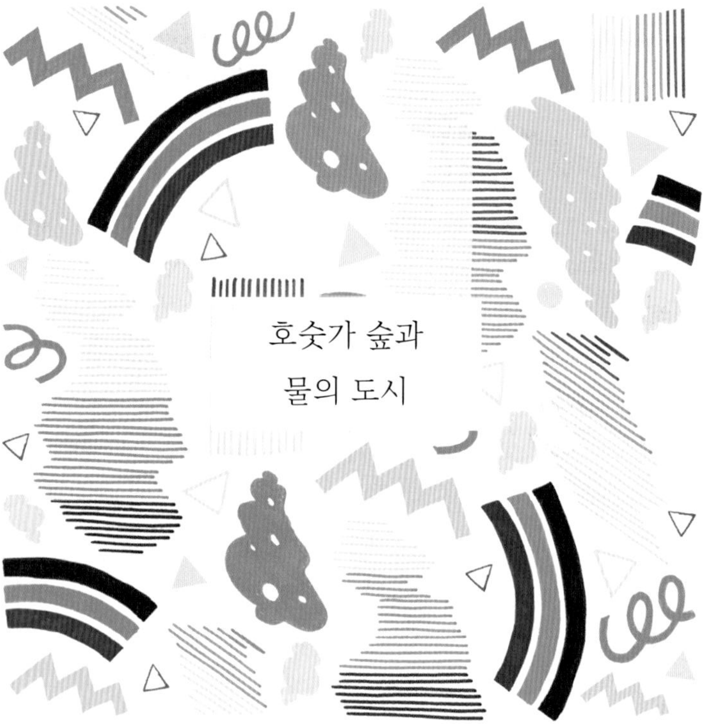

#겨울 #여름

한색

차가운

물

정적

호수와 숲이 가득한 스웨덴을 형상화했습니다. 차갑고 추운 계절에 찾아오는 봄처럼, 강한 톤의 블루 가운데 라이트 페일 톤의 그린과 핑크가 포인트입니다.

	1	2	3	4	5	6	7	8	9	10
C	67	92	0	27	26	56	0	74	92	90
M	40	75	0	0	13	65	25	21	73	88
Y	0	0	5	35	1	71	23	24	50	58
K	0	0	0	0	0	16	0	0	10	39
R	91	27	255	198	197	121	249	43	27	35
G	135	72	254	226	211	90	208	156	74	39
B	198	157	247	184	236	72	189	182	100	63
	#5C87C6	#1B489D	#FFFEF7	#C6E2B8	#C5D3EC	#795A48	#F9D0BD	#2B9CB6	#1B4A64	#23273F
	베이스			우아한			베리에이션			포인트

SAMPLE

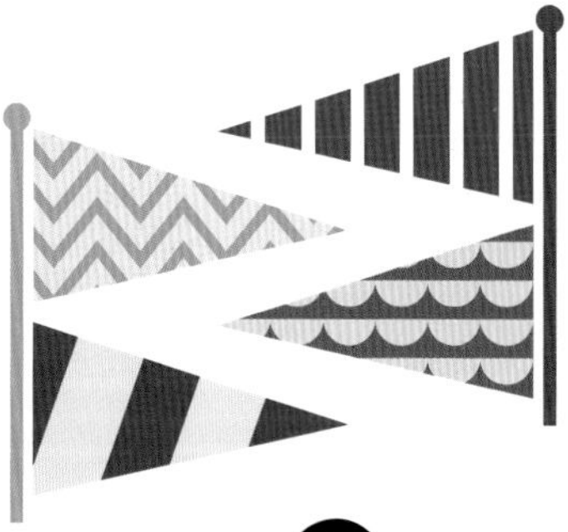

2 배색 pattern

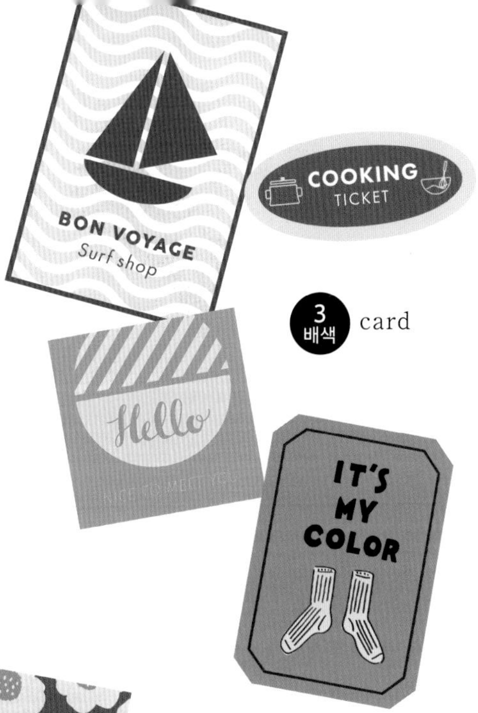

3 배색 card

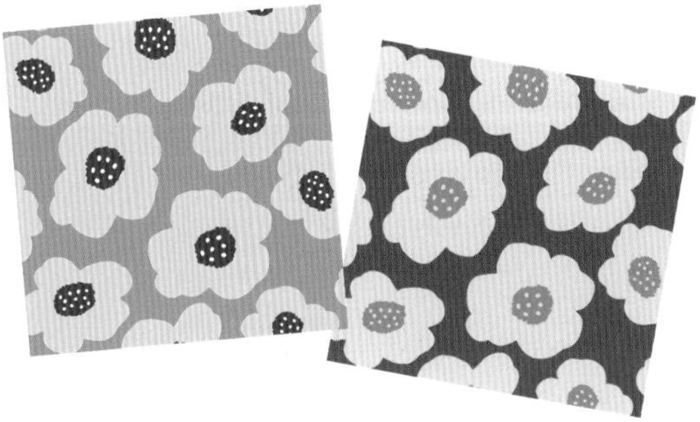

4 배색 flower

5 배색 web

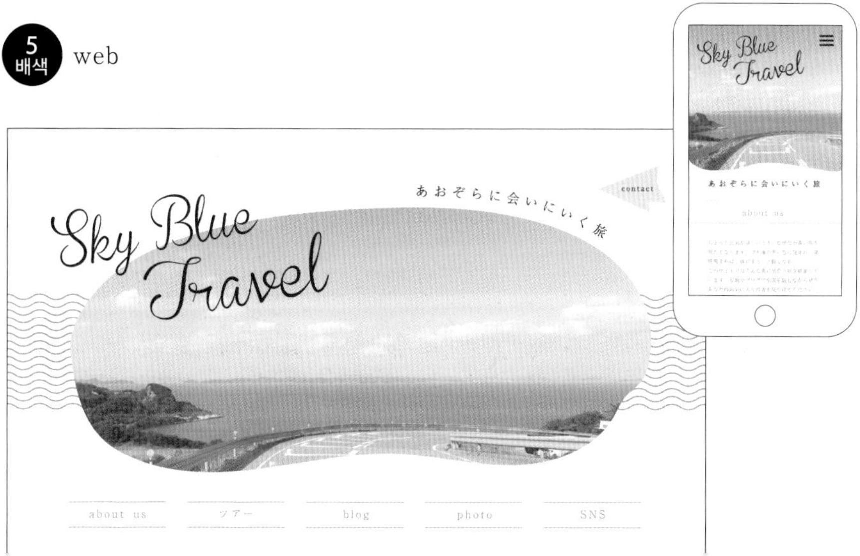

2배색

9/6 3/4 2/6 10/3 10/8

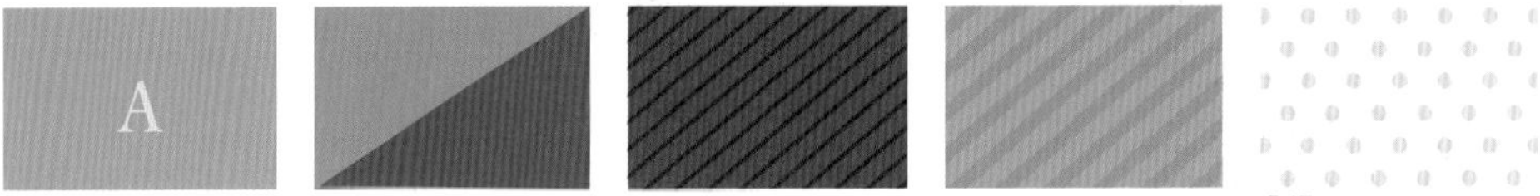

8/4 1/2 9/10 8/1 3/7

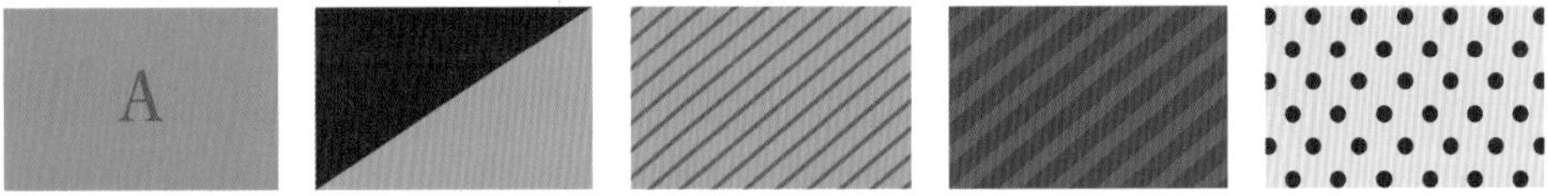

1/6 10/8 8/6 6/9 7/10

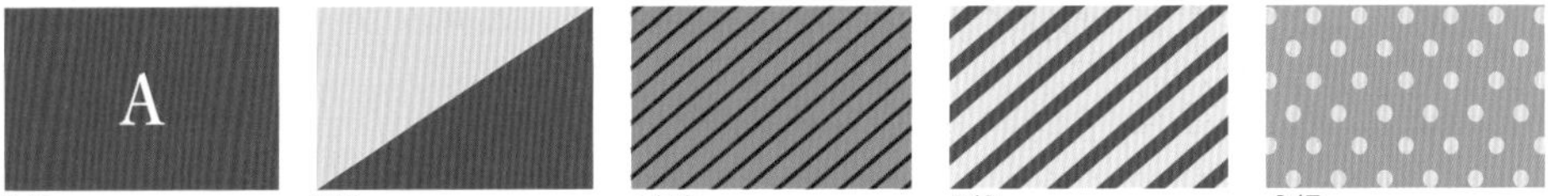

2/3 7/2 1/10 5/2 8/7

3배색

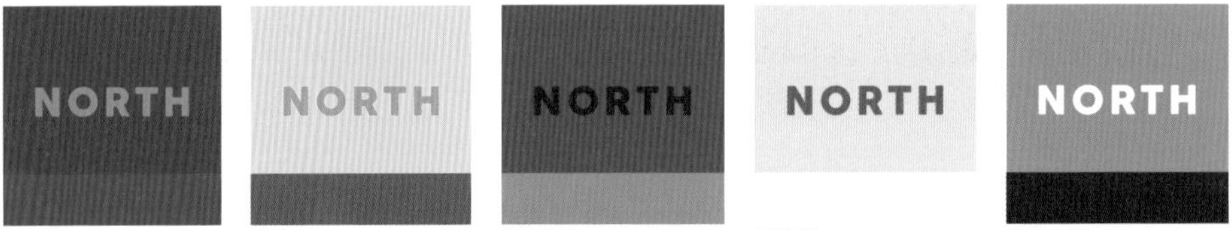

9/2/1 7/6/8 2/1/10 4/3/6 1/10/3

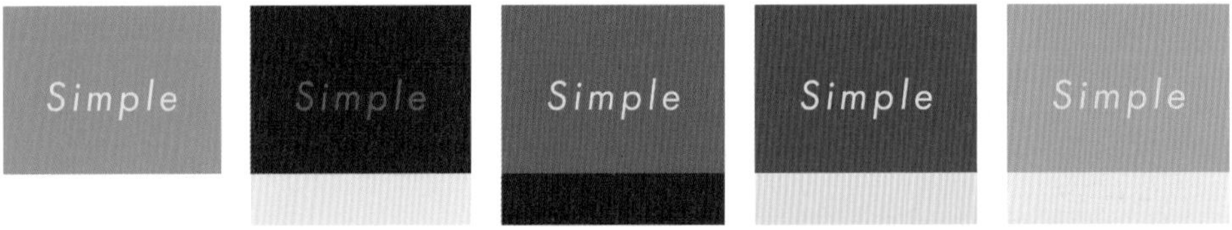

1/3/5 10/5/6 6/10/5 9/7/5 8/5/4

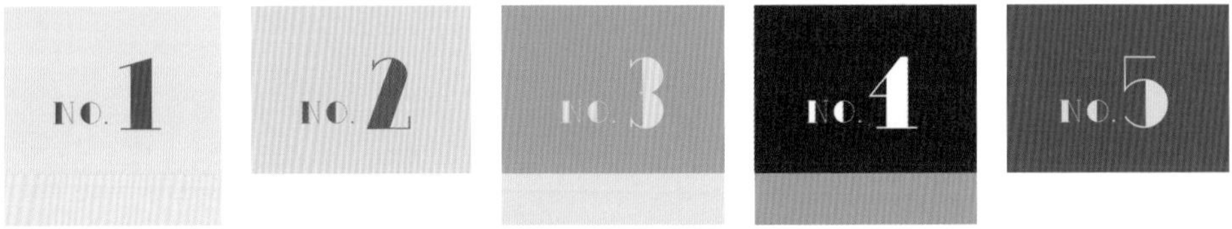

4/5/2 7/3/6 8/4/7 10/8/3 2/3/4

4배색

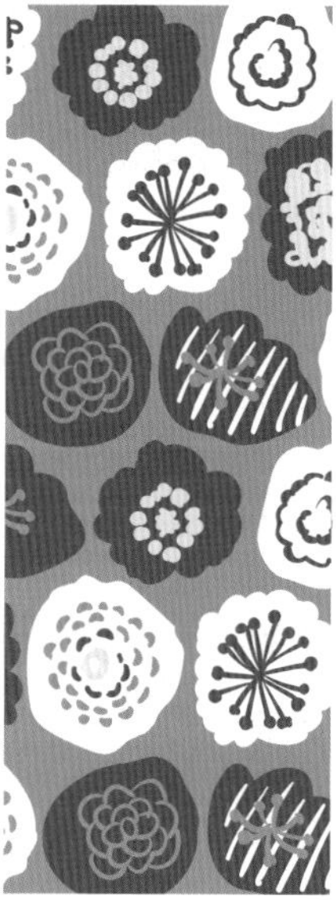
1/2/3/5

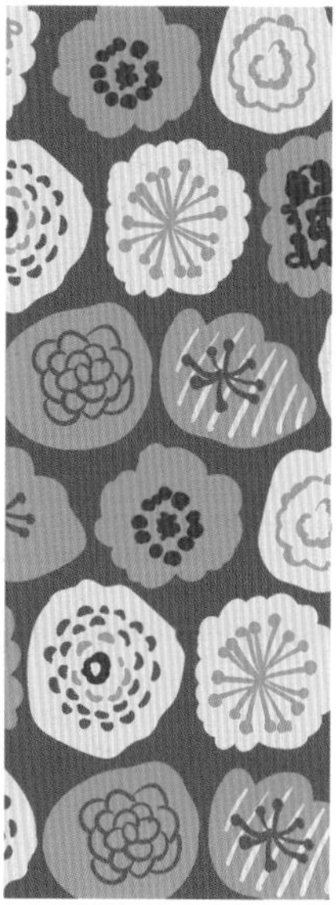
6/7/8/9

1/3/5/10

3/4/6/9

5배색

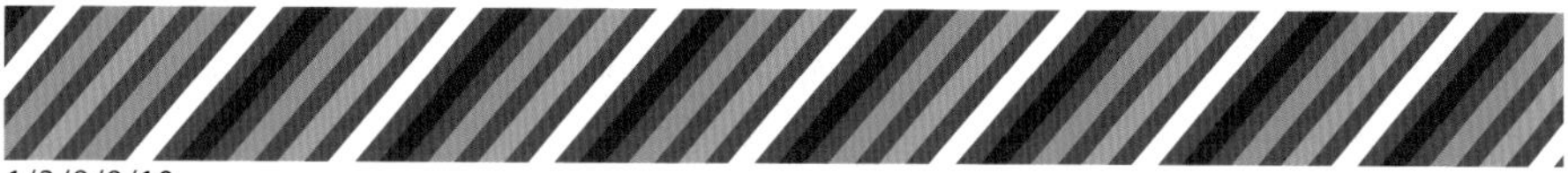
1/3/8/9/10

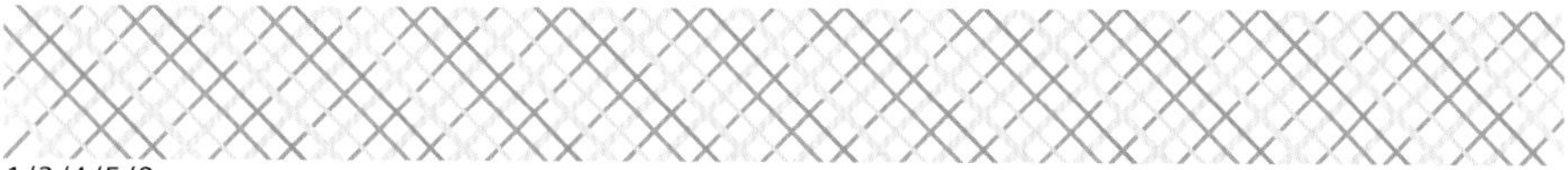
1/3/4/5/8

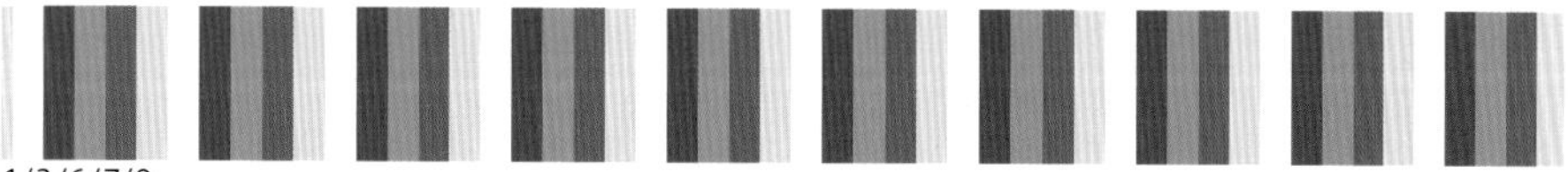
1/3/6/7/9

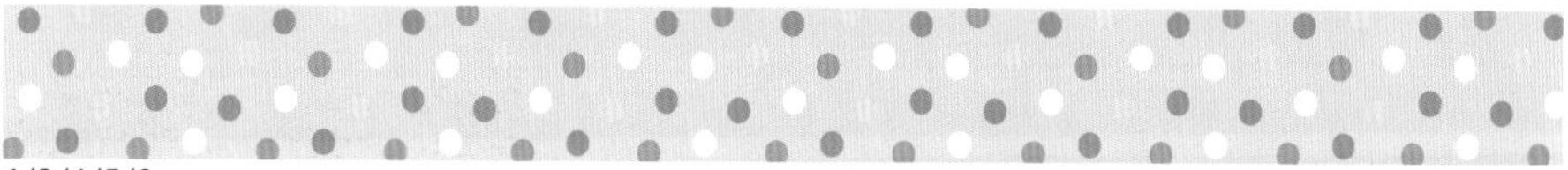
1/3/4/5/8

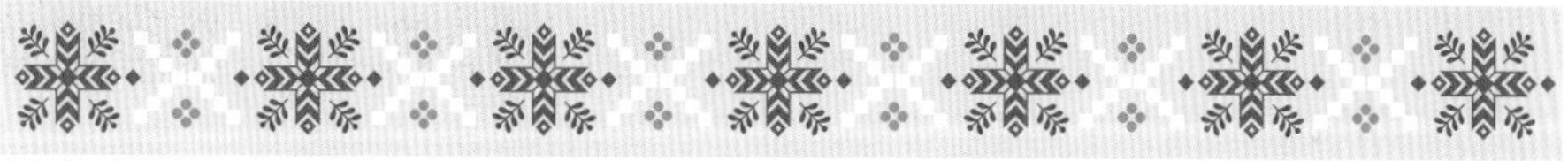
1/2/3/5/6

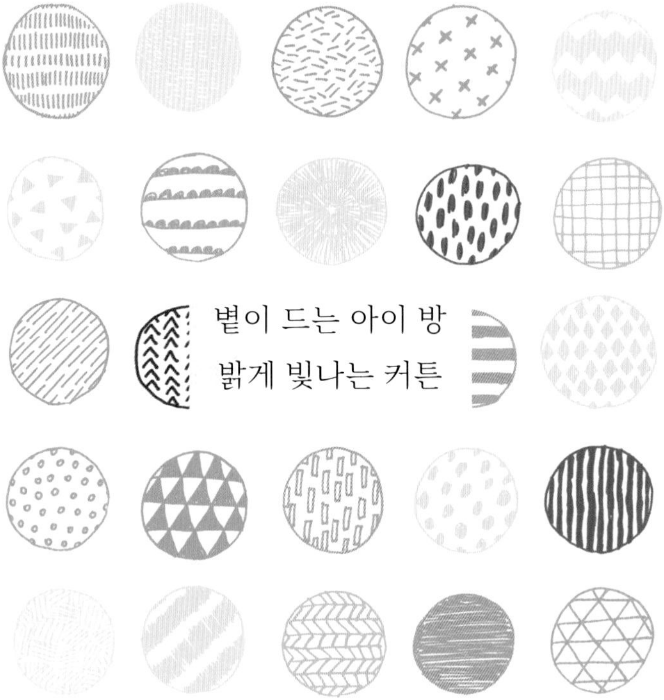

볕이 드는 아이 방 밝게 빛나는 커튼

#가을

북유럽

모던

개성적

대비

온기가 있는 색이면서도 반대색을 짜 맞춤으로써 대비가 두드러집니다.
그레이와 블랙으로 잡아 주고, 빨간색의 포인트로 강약을 한층 더했습니다.

구분	번호	C	M	Y	K	R	G	B	HEX
베이스	1	14	11	29	0	226	222	190	#E2DEBE
베이스	2	14	7	57	0	229	224	132	#E5E084
베이스	3	22	37	91	0	208	165	40	#D0A528
우아한	4	74	9	56	0	39	167	135	#27A787
우아한	5	55	0	47	0	120	196	157	#78C49D
우아한	6	12	51	54	0	222	147	110	#DE936E
베리에이션	7	0	0	0	40	181	181	182	#B5B5B6
베리에이션	8	73	58	58	9	85	99	98	#556362
베리에이션	9	77	72	76	51	49	48	42	#31302A
포인트	10	11	90	85	0	216	57	44	#D8392C

SAMPLE

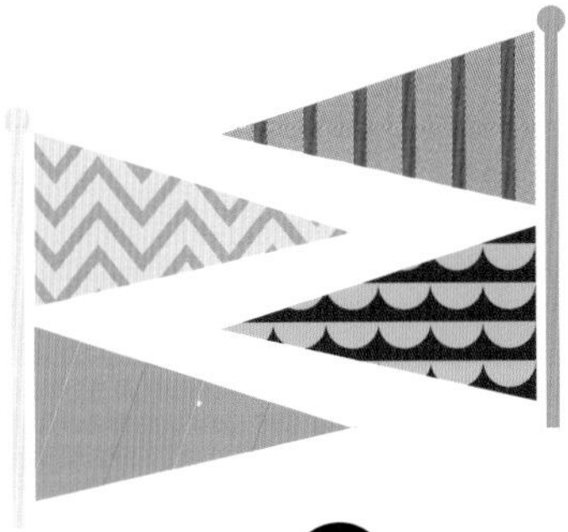

2 배색 pattern

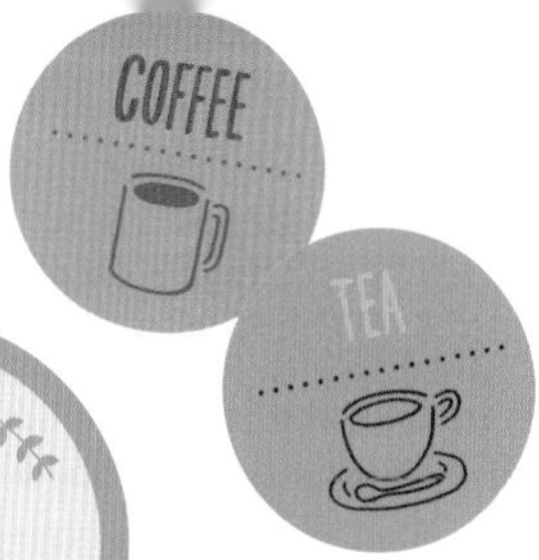

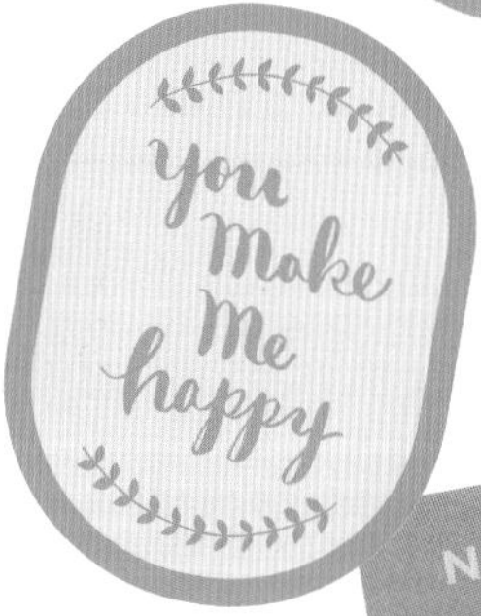

3 배색 card

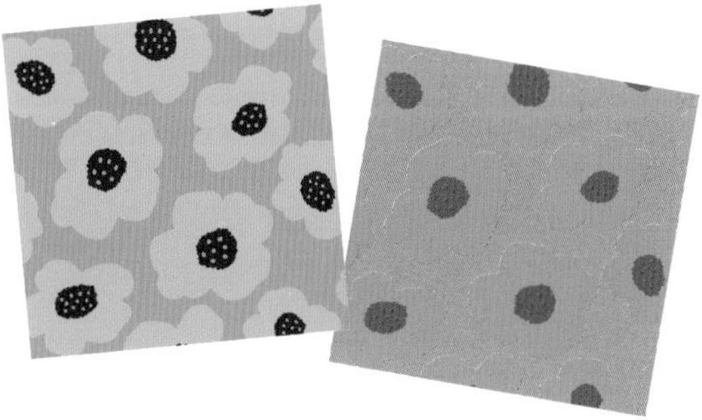

4 배색 flower

5 배색 web

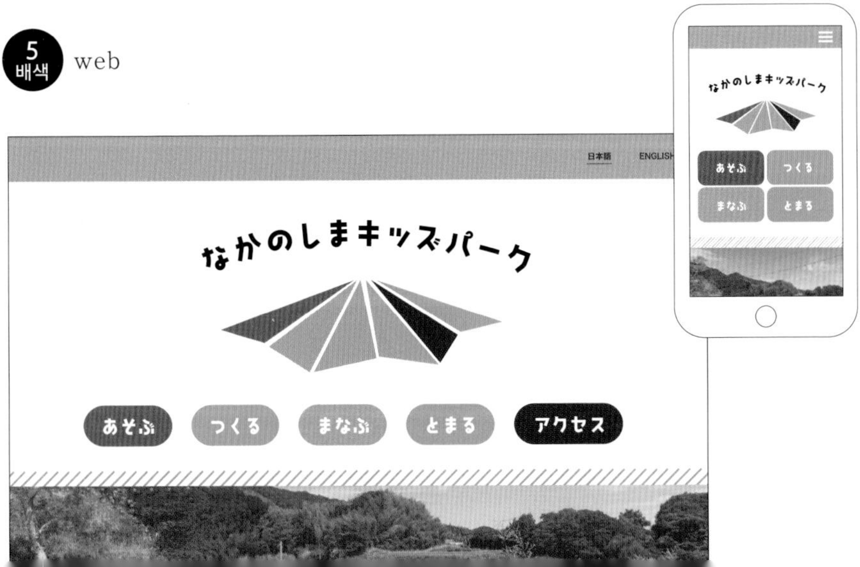

2배색

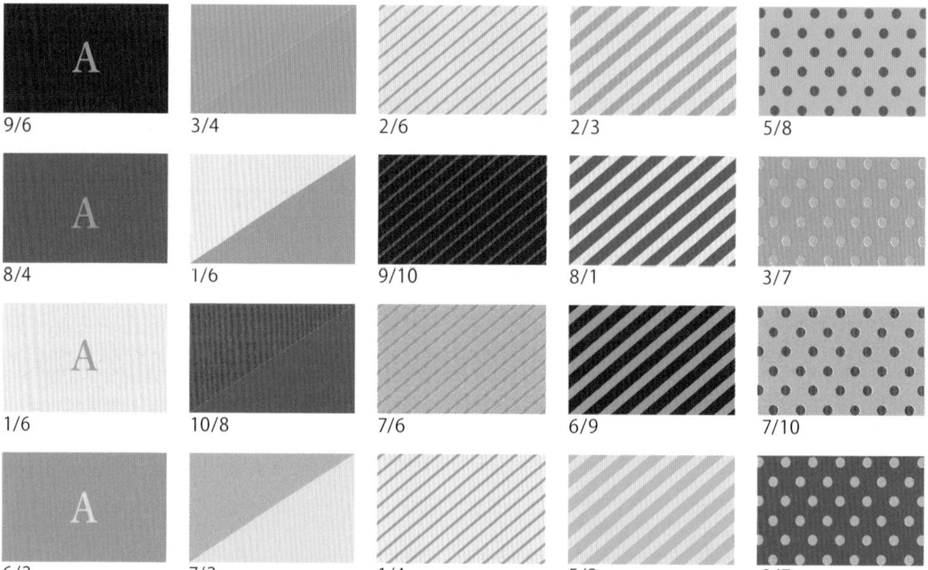

9/6 3/4 2/6 2/3 5/8

8/4 1/6 9/10 8/1 3/7

1/6 10/8 7/6 6/9 7/10

6/2 7/2 1/4 5/2 8/7

3배색

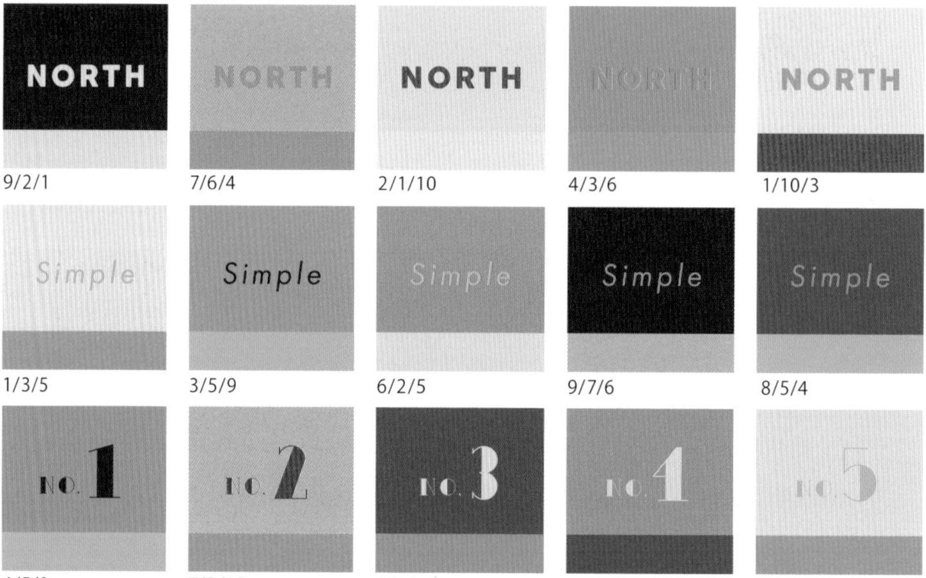

9/2/1 7/6/4 2/1/10 4/3/6 1/10/3

1/3/5 3/5/9 6/2/5 9/7/6 8/5/4

4/5/9 7/3/10 8/4/1 6/8/2 2/3/5

4배색

1/3/4/8

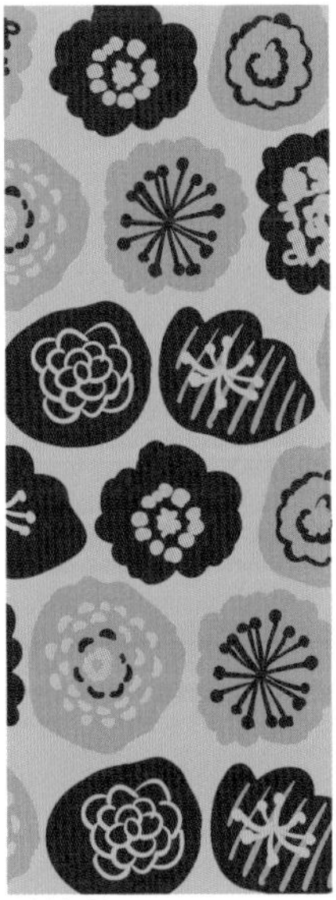

5/6/7/9

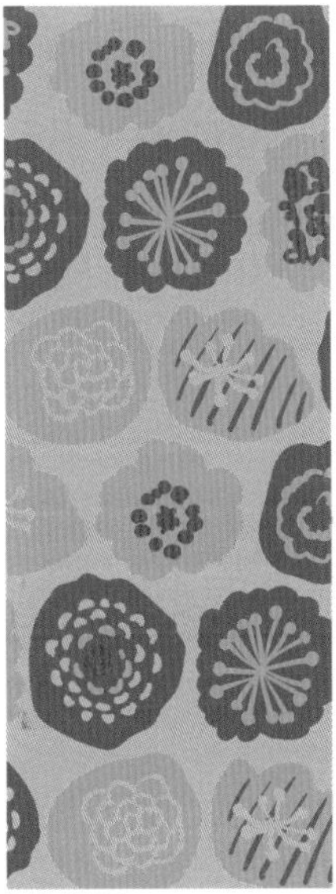

3/7/8/10

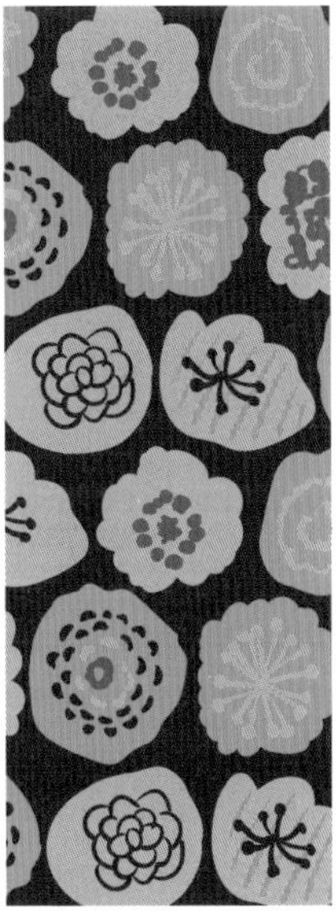

4/7/8/9

5배색

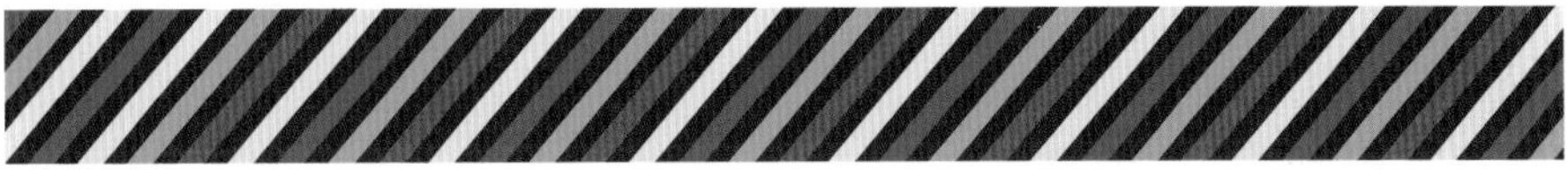

1/3/8/9/10

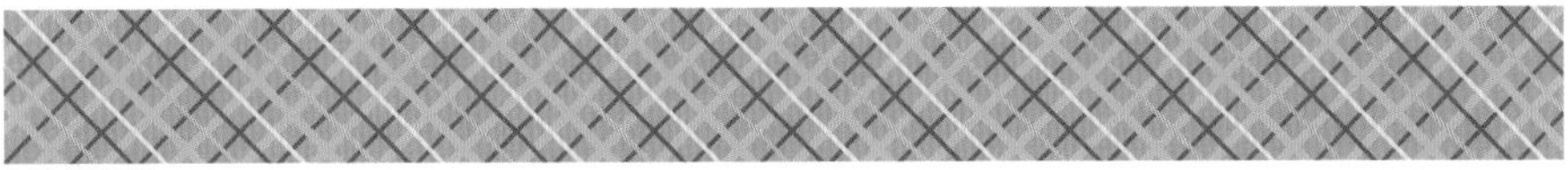

1/3/5/7/8

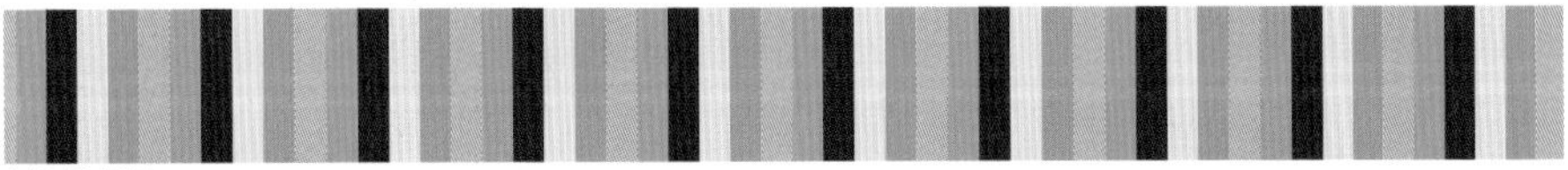

1/3/6/7/9

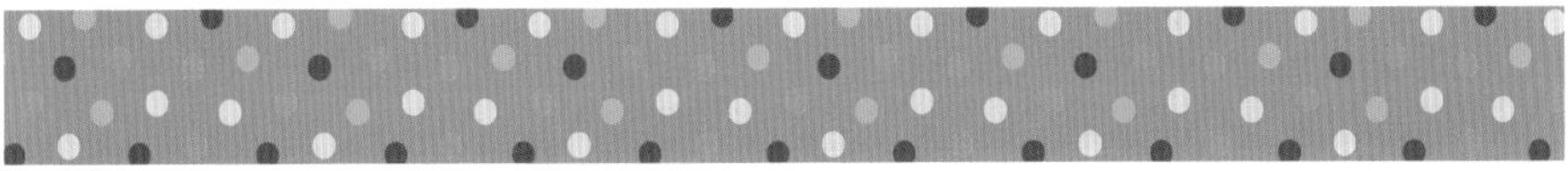

1/3/4/5/8

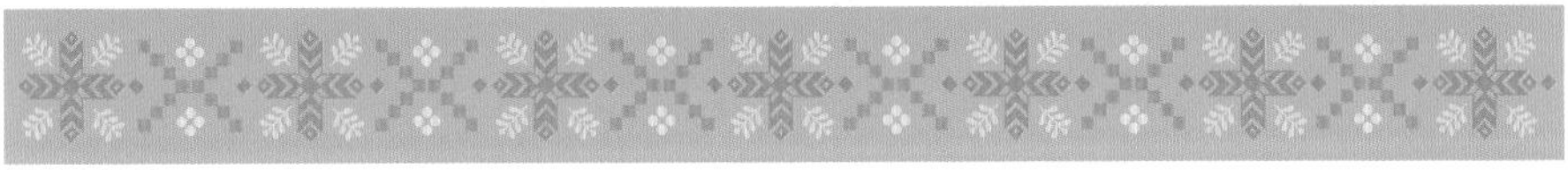

1/2/3/5/6

Column 귀여운 색의 발상에 대해

나는 여행, 카페 가기, 외국의 작은 잡화나 액세서리 모으기, 세련된 호텔의 인테리어와 행복한 리조트, 컬러풀한 텍스타일이나 도기, 옷 보러 가기, 예쁜 화초, 세월에 따라 변화하는 자연의 풍경을 멍하니 바라보는 것을 좋아합니다.

디자인 책을 만드는 일을 하면서 오사카에서 카페도 운영하고 있습니다. 가게에서 만드는 홍차나 과자 포장, 평소 귀여운 색을 가진 오리지널 상품과 카페 음식을 만드는 데노 노움이 됩니다. 귀여운 색은 많은 손님들이 좋아해 주시고, 나도 귀여운 배색을 선보이면 행복해집니다. 여행하다 만난 귀여운 색으로부터 나만의 색도 만들어진다고 생각합니다.

CAFE

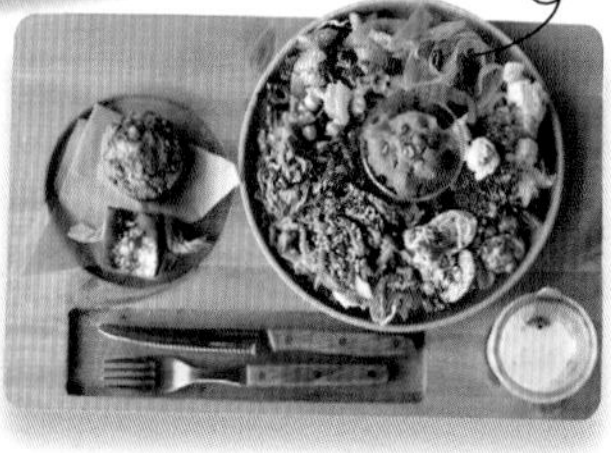

오렌지색, 보라색, 빨간색, 노란색, 채소가 컬러풀한 런치 플레이트

6+E UNITED cafe

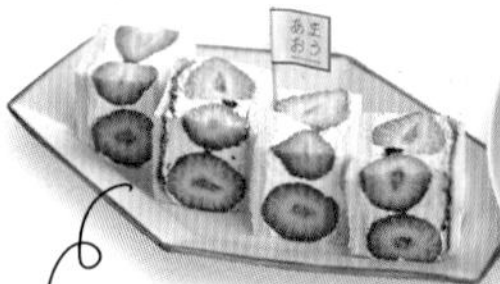

새빨간 딸기를 돋보이게 하는 새파란 라인이 둘러진 접시는 보색 관계.

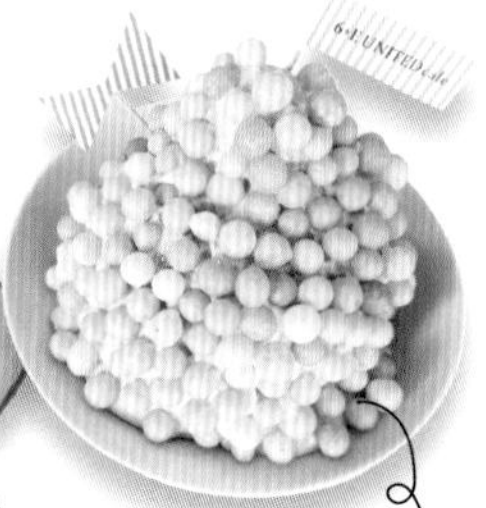

부드러우면서 달콤한 색의 구슬들이 듬뿍 올려져 있는 팬케이크

ROCCA & FRIENDS TEAROOM

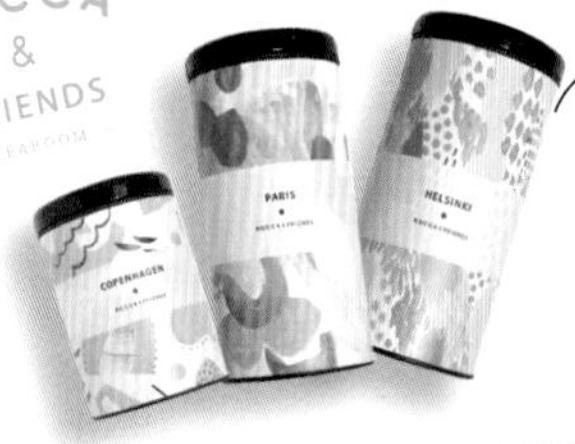

오리지널 브랜드의 홍차 캔은 귀여운 색으로 무늬를 만들었습니다.

TRAVLE

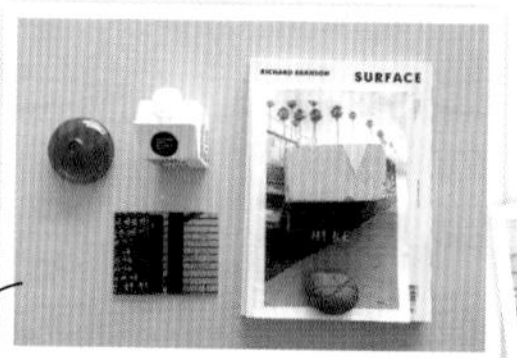

아무렇게나 올려 놓은 잡지와 잡화로부터도 영감을 받습니다.

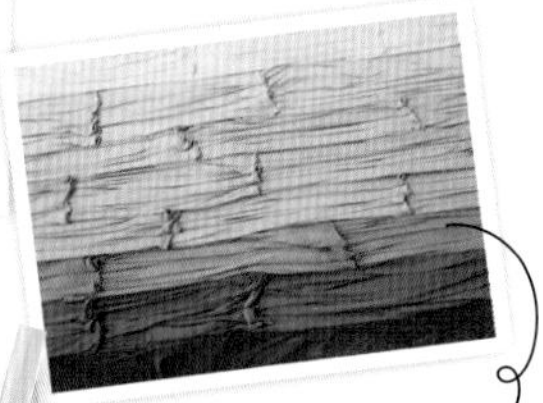

LA 호텔의 천장은 T셔츠의 옷감으로 만들어진 보라색의 그러데이션.

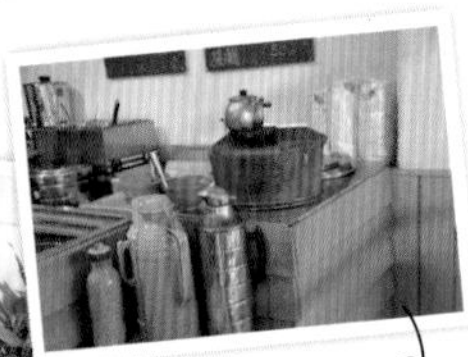

대만의 어느 가게. 비비드한 벽과 주전자가 귀여운 느낌을 줍니다.

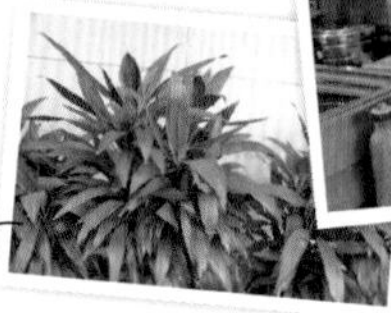

진분홍의 가장자리가 귀여운 식물.

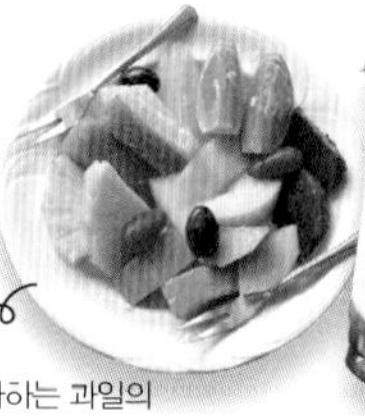

좋아하는 과일의 예쁜 색!

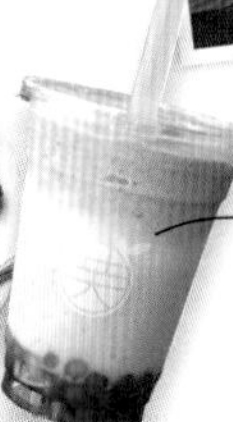

이런 드링크를 만들고 싶다고 생각한 이유 역시 색 조합이 귀여웠기 때문입니다.

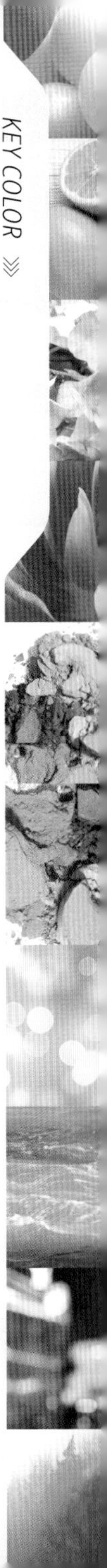

색으로 검색!

KEY COLOR
배색 팔레트

'핑크 계열 배색을 하고 싶다'와 같이
키 컬러가 정해져 있을 때 보면 편리한
배색 팔레트입니다.
소프트 / 따스한 / 팝 / 모던의 네 가지 테마로
나누어져 있습니다.

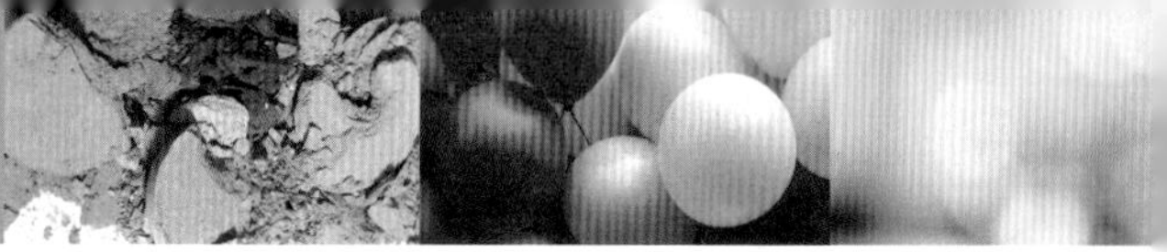

소프트

①

C	0	0	0
M	35	23	14
Y	9	0	9
K	0	0	0
R	246	249	252
G	190	215	230
B	202	230	226
	#F6BECA	#F9D7E6	#FCE6E2

②

C	0	20	23
M	33	30	0
Y	19	0	8
K	0	0	0
R	247	209	205
G	193	186	233
B	188	218	237
	#F7C1BC	#D1BADA	#CDE9ED

③

C	0	1	0	25
M	22	2	13	0
Y	0	19	12	20
K	0	0	0	0
R	250	254	252	201
G	217	250	232	230
B	231	219	222	215
	#FAD9E7	#FEFADB	#FCE8DE	#C9E6D7

④

C	0	10	0
M	14	0	11
Y	0	15	17
K	0	0	0
R	252	236	253
G	232	244	235
B	240	227	215
	#FCE8F0	#ECF4E3	#FDEBD7

⑤

C	0	7	0
M	28	0	8
Y	7	50	19
K	0	0	11
R	248	244	236
G	204	242	223
B	213	153	199
	#F8CCD5	#F4F299	#ECDFC7

⑥

C	0	0	0	30
M	33	17	0	15
Y	11	14	11	4
K	0	0	0	0
R	247	251	255	188
G	194	224	254	204
B	201	214	236	228
	#F7C2C9	#FBE0D6	#FFFEEC	#BCCCE4

따스한

①

C	0	0	0
M	29	22	45
Y	0	17	22
K	0	0	12
R	247	250	224
G	203	214	155
B	223	203	157
	#F7CBDF	#FAD6CB	#E09B9D

②

C	0	16	16
M	41	0	0
Y	20	20	44
K	0	7	37
R	244	213	164
G	176	228	172
B	177	207	122
	#F4B0B1	#D5E4CF	#A4AC7A

③

C	0	0	15	10
M	35	20	32	20
Y	9	12	30	46
K	0	0	4	0
R	246	250	215	233
G	190	219	180	207
B	202	214	165	149
	#F6BECA	#FADBD6	#D7B4A5	#E9CF95

④

C	0	0	0
M	30	6	19
Y	0	5	32
K	0	18	38
R	247	223	182
G	201	216	158
B	221	213	130
	#F7C9DD	#DFD8D5	#B69E82

⑤

C	0	0	16
M	39	22	70
Y	7	12	54
K	0	0	0
R	245	250	211
G	181	215	105
B	200	212	97
	#F5B5C8	#FAD7D4	#D36961

⑥

C	14	0	0	15
M	49	23	10	12
Y	7	0	11	20
K	0	0	0	0
R	218	249	253	223
G	152	215	237	220
B	185	230	227	206
	#DA98B9	#F9D7E6	#FDEDE3	#DFDCCE

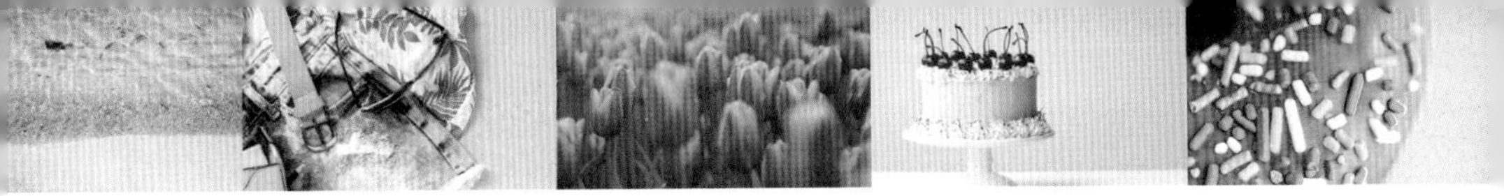

팝

①

C	0	0	0
M	61	23	40
Y	9	0	9
K	0	0	0
R	238	249	244
G	132	215	179
B	167	230	195
	#EE84A7	#F9D7E6	#F4B3C3

②

C	0	0	60
M	90	29	0
Y	0	0	35
K	0	0	0
R	230	247	98
G	46	203	192
B	139	223	180
	#E62E8B	#F7CBDF	#62C0B4

③

C	0	48	11	14
M	54	7	13	25
Y	22	50	19	34
K	0	0	0	25
R	240	145	231	185
G	147	194	222	163
B	159	148	207	140
	#F0939F	#91C294	#E7DECF	#B9A38C

④

C	0	47	0
M	57	21	0
Y	36	0	100
K	0	0	0
R	240	144	255
G	140	180	241
B	134	223	000
	#F08C86	#90B4DF	#FFF100

⑤

C	0	0	21
M	32	83	0
Y	14	39	28
K	0	0	0
R	247	233	212
G	195	75	232
B	197	105	200
	#F7C3C5	#E94B69	#D4E8C8

⑥

C	0	0	0	26
M	83	59	33	0
Y	64	3	19	89
K	0	0	0	0
R	233	238	247	205
G	77	137	193	219
B	72	178	188	45
	#E94D48	#EE89B2	#F7C1BC	#CDDB2D

모던

①

C	0	0	16
M	45	22	14
Y	22	16	0
K	0	0	0
R	243	250	219
G	167	214	218
B	169	205	237
	#F3A7A9	#FAD6CD	#DBDAED

②

C	0	0	20
M	33	10	0
Y	17	9	0
K	0	10	9
R	247	237	199
G	193	223	224
B	191	216	237
	#F7C1BF	#EDDFD8	#C7E0ED

③

C	0	0	0	24
M	18	33	11	0
Y	6	17	17	17
K	0	0	16	12
R	251	247	226	188
G	223	193	210	213
B	227	191	193	204
	# FBDFE3	#F7C1BF	#E2D2C1	#BCD5CC

④

C	0	0	10
M	18	10	0
Y	6	11	0
K	0	3	45
R	251	249	156
G	223	233	165
B	227	223	170
	#FBDFE3	#F9E9DF	#9CA5AA

⑤

C	0	0	30
M	29	22	29
Y	17	50	27
K	16	32	66
R	222	194	90
G	180	162	84
B	176	108	84
	#DEB4B0	#C2A26C	#5A5454

⑥

C	6	0	0	73
M	38	8	52	32
Y	0	3	20	0
K	0	0	0	44
R	234	253	241	33
G	181	242	152	97
B	210	243	164	142
	#EAB5D2	#FDF2F3	#F198A4	#21618E

소프트

①

C 0	C 0	C 21
M 0	M 18	M 0
Y 26	Y 11	Y 15
K 0	K 0	K 0
R 255	R 251	R 210
G 251	G 223	G 234
B 207	B 218	B 225
#FFFBCF	#FBDFDA	#D2EAE1

②

C 0	C 0	C 27
M 0	M 0	M 9
Y 27	Y 80	Y 0
K 0	K 0	K 0
R 255	R 255	R 194
G 251	G 243	G 217
B 205	B 63	B 241
#FFFBCD	#FFF33F	#C2D9F1

③

C 0	C 0	C 16	C 15
M 0	M 16	M 0	M 15
Y 43	Y 43	Y 53	Y 0
K 0	K 0	K 0	K 0
R 255	R 253	R 225	R 221
G 249	G 222	G 233	G 217
B 170	B 158	B 145	B 236
#FFF9AA	#FDDE9E	#E1E991	#DDD9EC

④

C 0	C 0	C 22
M 0	M 0	M 0
Y 34	Y 71	Y 10
K 0	K 0	K 0
R 255	R 255	R 208
G 250	G 244	G 234
B 190	B 95	B 234
#FFFABE	#FFF45F	#D0EAEA

⑤

C 0	C 0	C 27
M 0	M 0	M 0
Y 71	Y 10	Y 33
K 0	K 0	K 0
R 255	R 255	R 198
G 244	G 254	G 226
B 95	B 238	B 189
#FFF45F	#FFFEEE	#C6E2BD

⑥

C 0	C 0	C 26	C 42
M 0	M 28	M 0	M 0
Y 72	Y 26	Y 0	Y 18
K 0	K 0	K 0	K 0
R 255	R 248	R 197	R 156
G 244	G 202	G 231	G 213
B 92	B 181	B 250	B 215
#FFF45C	#F8CAB5	#C5E7FA	#9CD5D7

따스한

①

C 0	C 0	C 21
M 8	M 61	M 38
Y 72	Y 69	Y 52
K 14	K 18	K 35
R 233	R 210	R 156
G 210	G 114	G 125
B 82	B 66	B 93
#E9D252	#D27242	#9C7D5D

②

C 0	C 23	C 52
M 0	M 27	M 12
Y 64	Y 8	Y 52
K 15	K 0	K 23
R 232	R 203	R 113
G 221	G 189	G 156
B 105	B 209	B 119
#E8DD69	#CBBDD1	#719C77

③

C 0	C 19	C 20	C 0
M 3	M 0	M 13	M 24
Y 54	Y 51	Y 0	Y 52
K 0	K 10	K 17	K 35
R 255	R 204	R 187	R 187
G 243	G 216	G 192	G 154
B 141	B 141	B 211	B 100
#FFF38D	#CCD88D	#BBC0D3	#BB9A64

④

C 0	C 0	C 30
M 3	M 32	M 0
Y 60	Y 14	Y 29
K 0	K 0	K 0
R 255	R 247	R 190
G 242	G 195	G 224
B 126	B 197	B 196
#FFF27E	#F7C3C5	#BEE0C4

⑤

C 0	C 0	C 35
M 13	M 10	M 15
Y 72	Y 17	Y 55
K 14	K 8	K 56
R 231	R 241	R 101
G 203	G 225	G 111
B 81	B 205	B 74
#E7CB51	#F1E1CD	#656F4A

⑥

C 0	C 0	C 42	C 0
M 0	M 0	M 21	M 54
Y 65	Y 16	Y 18	Y 52
K 0	K 0	K 0	K 6
R 255	R 255	R 160	R 232
G 245	G 253	G 183	G 140
B 113	B 227	B 197	B 107
#FFF571	#FFFDE3	#A0B7C5	#E88C6B

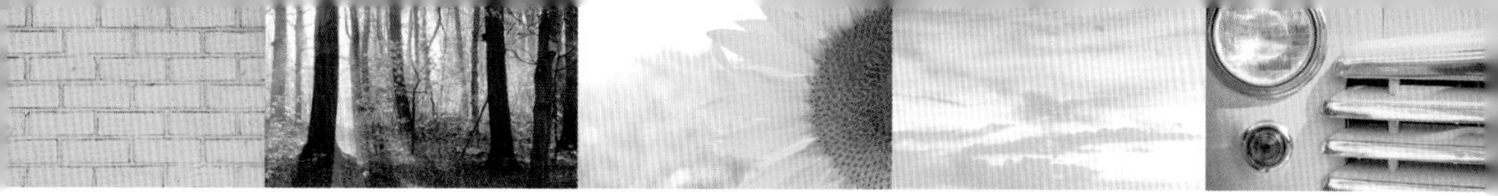

팝

①

C	0	0	0
M	0	46	60
Y	100	38	11
K	0	0	0
R	255	243	238
G	241	164	134
B	0	142	166
	#FFF100	#F3A48E	#EE86A6

②

C	0	0	0
M	31	9	0
Y	100	86	14
K	0	0	0
R	250	255	255
G	189	228	253
B	0	35	230
	#FABD00	#FFE423	#FFFDE6

③

C	0	0	49	0
M	0	0	22	35
Y	100	0	1	15
K	0	14	4	0
R	255	232	135	246
G	241	232	173	189
B	0	232	216	192
	#FFF100	#E8E8E8	#87ADD8	#F6BDC0

④

C	0	34	50
M	0	58	0
Y	100	0	27
K	0	0	0
R	255	178	133
G	241	123	203
B	0	179	197
	#FFF100	#B27BB3	#85CBC5

⑤

C	0	0	3
M	0	0	50
Y	100	0	0
K	0	13	0
R	255	233	237
G	241	234	157
B	0	234	194
	#FFF100	#E9EAEA	#ED9DC2

⑥

C	0	42	67	0
M	10	0	0	66
Y	100	26	49	0
K	0	0	0	0
R	255	157	71	236
G	255	212	184	120
B	0	200	153	171
	#FFE100	#9DD4C8	#47B899	#EC78AB

모던

①

C	0	57	0
M	13	25	0
Y	100	17	10
K	0	0	71
R	255	118	111
G	220	165	110
B	0	192	102
	#FFDC00	#76A5C0	#6F6E66

②

C	0	36	20
M	5	41	36
Y	100	100	14
K	0	22	0
R	255	153	209
G	234	128	174
B	0	16	190
	#FFEA00	#998010	#D1AEBE

③

C	0	0	28	0
M	13	20	32	0
Y	90	19	18	16
K	8	7	21	56
R	243	240	166	146
G	210	209	151	144
B	0	194	162	130
	#F3D200	#F0D1C2	#A697A2	#929082

④

C	7	23	69
M	0	37	60
Y	79	0	17
K	0	0	0
R	246	202	99
G	237	171	104
B	71	208	156
	#F6ED47	#CAABD0	#63689C

⑤

C	0	0	38
M	16	49	51
Y	89	40	49
K	0	0	61
R	255	242	90
G	216	157	67
B	16	136	60
	#FFD810	#F29D88	#5A433C

⑥

C	0	0	0	23
M	0	0	24	0
Y	49	90	71	0
K	0	0	35	0
R	255	255	188	204
G	248	242	153	234
B	155	0	64	251
	#FFF89B	#FFF200	#BC9940	#CCEAFB

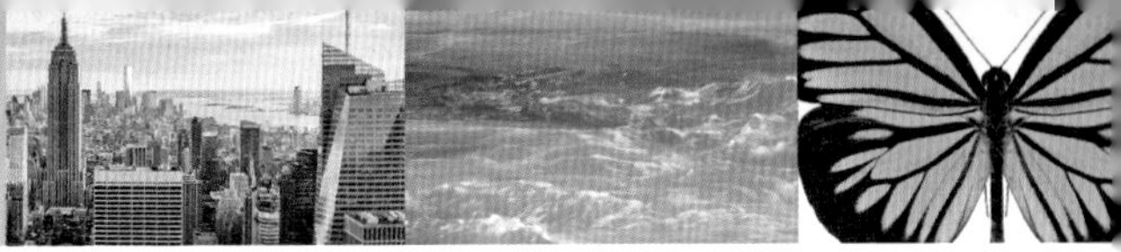

소프트

①

C	M	Y	K	R	G	B	HEX
29	2	0	0	189	226	248	#BDE2F8
39	0	12	0	164	217	227	#A4D9E3
29	25	0	0	190	189	222	#BEBDDE

②

C	M	Y	K	R	G	B	HEX
28	12	0	0	192	211	237	#C0D3ED
21	0	0	0	209	236	251	#D1ECFB
0	12	13	0	253	233	221	#FDE9DD

③

C	M	Y	K	R	G	B	HEX
33	10	0	0	179	210	238	#B3D2EE
27	0	9	0	195	229	235	#C3E5EB
14	0	16	0	227	241	224	#E3F1E0
44	0	20	0	151	211	211	#97D3D3

④

C	M	Y	K	R	G	B	HEX
34	0	10	0	177	222	231	#B1DEE7
17	16	4	0	217	214	229	#D9D6E5
2	10	20	0	251	235	210	#FBEBD2

⑤

C	M	Y	K	R	G	B	HEX
20	0	0	0	211	237	251	#D3EDFB
30	15	8	0	188	204	221	#BCCCDD
3	24	0	0	244	211	228	#F4D3E4

⑥

C	M	Y	K	R	G	B	HEX
34	0	0	0	176	223	248	#B0DFF8
0	0	0	20	220	221	221	#DCDDDD
2	0	27	0	253	250	205	#FDFACD
20	17	0	0	210	210	233	#D2D2E9

따스한

①

C	M	Y	K	R	G	B	HEX
58	40	15	0	121	142	180	#798EB4
22	0	37	11	195	214	169	#C3D6A9
25	27	0	0	198	188	220	#C6BCDC

②

C	M	Y	K	R	G	B	HEX
39	7	24	5	162	200	194	#A2C8C2
18	0	7	0	217	238	240	#D9EEF0
25	35	31	0	200	172	164	#C8ACA4

③

C	M	Y	K	R	G	B	HEX
62	45	25	0	113	131	161	#7183A1
33	11	20	0	182	206	204	#B6CECC
22	17	8	0	206	207	221	#CECFDD
51	52	23	0	142	126	157	#8E7E9D

④

C	M	Y	K	R	G	B	HEX
53	22	14	0	129	173	200	#81ADC8
31	21	28	0	188	192	181	#BCC0B5
20	17	63	0	214	203	114	#D6CB72

⑤

C	M	Y	K	R	G	B	HEX
41	22	2	0	161	184	221	#A1B8DD
27	27	35	0	197	184	164	#C5B8A4
49	18	27	0	141	181	183	#8DB5B7

⑥

C	M	Y	K	R	G	B	HEX
62	44	20	0	112	133	169	#7085A9
18	0	0	10	202	224	236	#CAE0EC
13	23	13	0	225	204	207	#E1CCCF
39	25	15	0	168	180	198	#A8B4C6

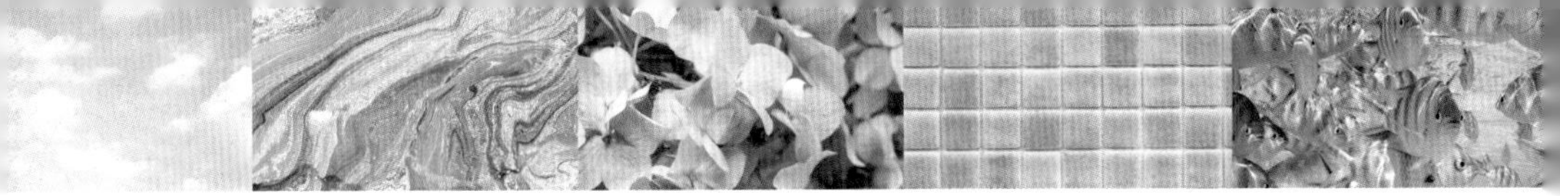

팝

①

C	67	88	11
M	11	37	8
Y	20	20	0
K	0	0	0
R	70	0	231
G	174	127	233
B	198	173	245
	#46AEC6	#007FAD	#E7E9F5

②

C	50	81	0
M	0	43	62
Y	20	14	36
K	0	0	0
R	131	31	238
G	204	123	128
B	210	176	129
	#83CCD2	#1F7BB0	#EE8081

③

C	63	38	1	46
M	28	0	51	0
Y	1	12	0	39
K	0	0	0	0
R	97	167	239	147
G	156	218	155	206
B	211	227	192	174
	#619CD3	#A7DAE3	#EF9BC0	#93CEAE

④

C	42	84	4
M	0	0	0
Y	11	16	100
K	0	0	0
R	155	0	253
G	214	171	238
B	228	210	0
	#9BD6E4	#00ABD2	#FDEE00

⑤

C	51	7	0
M	0	30	60
Y	0	0	56
K	0	0	0
R	122	235	239
G	205	196	132
B	243	220	99
	#7ACDF3	#EBC4DC	#EF8463

⑥

C	31	79	1	0
M	1	61	80	0
Y	11	0	34	0
K	0	0	0	26
R	185	66	232	209
G	224	97	83	209
B	230	172	114	210
	#B9E0E6	#4261AC	#E85372	#D1D1D2

모던

①

C	50	47	13
M	18	0	23
Y	0	12	30
K	0	0	22
R	134	139	192
G	182	208	172
B	226	225	152
	#86B6E2	#8BD0E1	#C0AC98

②

C	21	52	21
M	0	42	53
Y	0	0	52
K	10	36	10
R	196	101	193
G	221	105	130
B	235	148	106
	#C4DDEB	#656994	#C1826A

③

C	41	0	25	0
M	3	0	21	0
Y	7	0	84	0
K	0	8	0	92
R	158	242	204	57
G	212	242	190	51
B	233	243	62	50
	#9ED4E9	#F2F2F3	#CCBE3E	#393332

④

C	25	4	62
M	5	10	41
Y	0	0	17
K	0	0	15
R	199	245	99
G	225	236	124
B	145	244	159
	#C7E1F5	#F5ECF4	#637C9F

⑤

C	89	0	0
M	83	23	0
Y	0	16	0
K	0	0	70
R	51	250	114
G	60	212	113
B	149	204	113
	#333C95	#FAD4CC	#727171

⑥

C	72	20	25	40
M	45	8	34	83
Y	0	11	84	32
K	0	10	0	38
R	78	185	202	122
G	125	196	169	47
B	191	197	61	85
	#4E7DBF	#B9C4C5	#CAA93D	#7A2F55

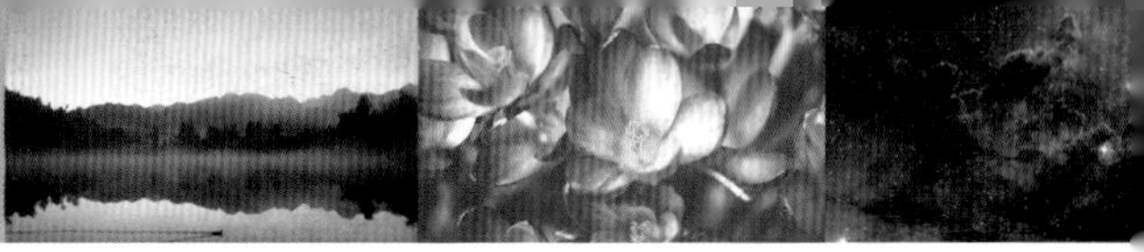

소프트

①

C	15	1	21
M	31	3	0
Y	0	20	11
K	0	0	0
R	219	254	210
G	188	248	235
B	217	217	232
	#DBBCD9	#FEF8D9	#D2EBE8

②

C	17	1	21
M	34	27	20
Y	0	0	6
K	0	0	0
R	214	247	208
G	181	206	203
B	213	225	221
	#D6B5D5	#F7CEE1	#D0CBDD

③

C	24	35	34	0
M	34	32	17	0
Y	0	0	0	26
K	0	0	0	0
R	200	176	177	255
G	176	172	198	251
B	212	213	230	207
	#C8B0D4	#B0ACD5	#B1C6E6	#FFFBCF

④

C	6	27	0
M	32	34	15
Y	0	0	20
K	0	0	0
R	236	194	252
G	193	174	227
B	218	211	205
	#ECC1DA	#C2AED3	#FCE3CD

⑤

C	24	33	28
M	0	47	20
Y	30	0	8
K	0	0	0
R	205	181	193
G	229	145	197
B	195	194	216
	#CDE5C3	#B591C2	#C1C5D8

⑥

C	27	23	2	17
M	26	5	30	39
Y	0	0	1	0
K	0	0	0	0
R	194	204	244	213
G	188	227	200	171
B	221	246	220	206
	#C2BCDD	#CCE3F6	#F4C8DC	#D5ABCE

따스한

①

C	59	54	13
M	73	50	2
Y	24	12	32
K	0	0	24
R	127	134	191
G	86	128	198
B	135	174	161
	#7F5687	#8680AE	#BFC6A1

②

C	56	23	34
M	70	14	47
Y	27	10	60
K	0	0	0
R	133	205	182
G	92	211	143
B	135	220	105
	#855C87	#CDD3DC	#B68F69

③

C	42	13	5	47
M	48	28	14	27
Y	19	0	1	18
K	0	0	0	17
R	163	223	242	131
G	139	195	228	151
B	168	221	239	170
	#A38BA8	#DFC3DD	#F2E4EF	#8397AA

④

C	49	62	7
M	81	67	19
Y	51	37	35
K	0	1	10
R	150	120	224
G	75	95	199
B	97	124	162
	#964B61	#785F7C	#E0C7A2

⑤

C	27	8	33
M	40	11	34
Y	18	0	15
K	0	0	0
R	194	237	182
G	162	230	169
B	179	242	190
	#C2A2B3	#EDE6F2	#B6A9BE

⑥

C	57	56	20	28
M	74	26	22	28
Y	29	26	70	23
K	0	10	6	0
R	132	115	206	194
G	85	153	187	183
B	129	167	92	184
	#845581	#7399A7	#CEBB5C	#C2B7B8

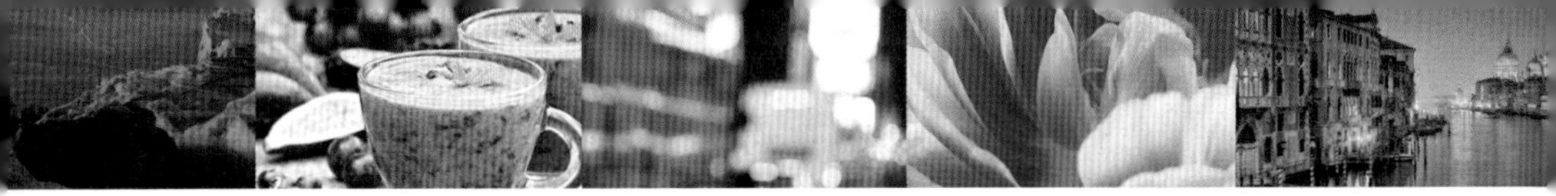

팝

①

C	43	56	5
M	78	10	48
Y	0	2	0
K	0	0	0
R	160	110	234
G	78	187	160
B	154	230	196
	#A04E9A	#6EBBE6	#EAA0C4

②

C	61	3	3
M	66	63	26
Y	0	0	75
K	0	0	0
R	120	233	246
G	96	126	198
B	167	175	77
	#7860A7	#E97EAF	#F6C64D

③

C	59	14	10	56
M	79	8	75	0
Y	0	13	0	36
K	0	0	0	0
R	127	226	218	114
G	72	229	93	196
B	153	223	158	179
	#7F4899	#E2E5DF	#DA5D9E	#72C4B3

④

C	76	19	6
M	71	29	7
Y	0	0	82
K	0	0	0
R	83	211	246
G	82	189	228
B	161	219	59
	#5352A1	#D3BDDB	#F6E43B

⑤

C	21	0	57
M	40	21	0
Y	0	31	30
K	0	0	0
R	205	251	108
G	166	214	196
B	205	178	190
	#CDA6CD	#FBD6B2	#6CC4BE

⑥

C	35	0	0	54
M	49	0	9	0
Y	0	63	0	0
K	0	0	0	0
R	176	255	253	111
G	140	245	240	201
B	191	119	246	243
	#B08CBF	#FFF577	#FDF0F6	#6FC9F3

모던

①

C	59	10	40
M	63	57	16
Y	1	35	30
K	0	0	0
R	124	224	166
G	102	136	192
B	171	136	181
	#7C66AB	#E08888	#A6C0B5

②

C	73	26	23
M	76	1	6
Y	29	24	10
K	0	0	0
R	95	199	204
G	77	227	208
B	127	206	218
	#5F4D7F	#C7E3CE	#CCD0DA

③

C	39	0	47	0
M	83	20	48	12
Y	3	0	0	22
K	0	0	0	21
R	168	250	150	217
G	68	220	135	199
B	146	233	191	176
	#A84492	#FADCE9	#9687BF	#D9C7B0

④

C	64	37	0
M	56	43	11
Y	14	0	17
K	0	0	0
R	110	172	253
G	113	151	235
B	164	198	215
	#6E71A4	#AC97C6	#FDEBD7

⑤

C	34	5	28
M	52	40	0
Y	0	37	21
K	0	0	0
R	178	237	194
G	135	174	227
B	187	150	212
	#B287BB	#EDAE96	#C2E3D4

⑥

C	22	34	0	0
M	31	25	11	0
Y	0	14	65	0
K	0	0	0	76
R	204	180	255	99
G	183	184	228	98
B	216	201	109	98
	#CCB7D8	#B4B8C9	#FFE46D	#636262

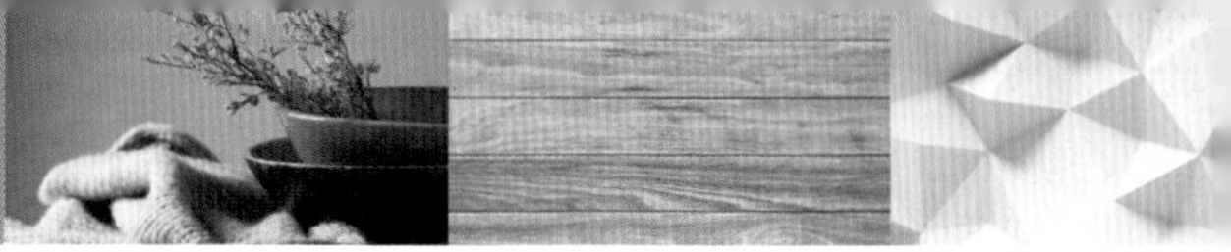

소프트

①

	1	2	3
C	0	18	6
M	0	0	11
Y	0	0	0
K	14	14	14
R	232	196	219
G	232	217	211
B	232	229	221
	#E8E8E8	#C4D9E5	#DBD3DD

②

	1	2	3
C	0	0	0
M	0	0	0
Y	7	3	21
K	28	18	0
R	205	224	255
G	205	224	252
B	197	221	217
	#CDCDC5	#E0E0DD	#FFFCD9

③

	1	2	3	4
C	6	0	18	0
M	0	0	0	12
Y	0	0	0	25
K	23	14	0	0
R	205	232	216	253
G	211	232	239	232
B	215	232	252	198
	#CDD3D7	#E8E8E8	#D8EFFC	#FDE8C6

④

	1	2	3
C	0	19	0
M	0	0	13
Y	0	16	11
K	32	0	0
R	197	215	252
G	198	236	232
B	198	223	223
	#C5C6C6	#D7ECDF	#FCE8DF

⑤

	1	2	3
C	10	18	0
M	0	0	17
Y	0	0	6
K	22	8	0
R	199	205	251
G	210	227	225
B	216	239	228
	#C7D2D8	#CDE3EF	#FBE1E4

⑥

	1	2	3	4
C	0	0	16	0
M	0	0	17	16
Y	0	0	0	16
K	13	29	0	0
R	233	203	219	252
G	234	204	213	226
B	234	204	234	211
	#E9EAEA	#CBCCCC	#DBD5EA	#FCE2D3

따스한

①

	1	2	3
C	0	0	0
M	0	0	21
Y	13	16	0
K	28	59	27
R	205	139	203
G	204	137	178
B	188	123	189
	#CDCCBC	#8B897B	#CBB2BD

②

	1	2	3
C	0	0	34
M	0	0	23
Y	0	13	0
K	28	79	27
R	205	92	145
G	206	89	156
B	206	81	184
	#CDCECE	#5C5951	#919CB8

③

	1	2	3	4
C	0	0	0	0
M	0	0	23	82
Y	0	0	55	72
K	44	87	43	23
R	172	71	171	197
G	173	67	142	65
B	174	66	86	50
	#ACADAE	#474342	#AB8E56	#C54132

④

	1	2	3
C	0	21	0
M	0	0	7
Y	0	37	57
K	33	18	33
R	195	187	195
G	196	204	180
B	196	160	101
	#C3C4C4	#BBCCA0	#C3B465

⑤

	1	2	3
C	0	0	0
M	0	71	37
Y	14	22	50
K	43	3	20
R	175	231	213
G	173	105	157
B	159	137	111
	#AFAD9F	#E76989	#D59D6F

⑥

	1	2	3	4
C	11	16	0	0
M	0	61	0	0
Y	0	0	0	27
K	26	33	18	18
R	190	163	224	225
G	202	95	225	221
B	208	137	225	181
	#BECAD0	#A35F89	#E0E1E1	#E1DDB5

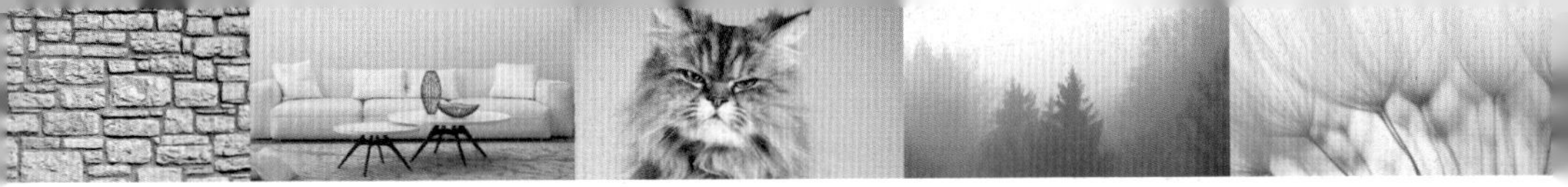

팝

①

C	18	0	0
M	12	0	74
Y	0	0	23
K	70	13	13
R	95	233	215
G	97	234	91
B	107	234	124
	#5F616B	#E9EAEA	#D75B7C

②

C	27	26	73
M	21	26	0
Y	0	0	0
K	40	0	0
R	138	196	0
G	140	189	182
B	162	221	238
	#8A8CA2	#C4BDDD	#00B6EE

③

C	27	7	0	0
M	21	0	25	78
Y	0	0	76	59
K	60	25	0	0
R	104	199	251	234
G	105	206	202	90
B	123	211	74	82
	#68697B	#C7CED3	#FBCA4A	#EA5A52

④

C	16	0	0
M	0	18	84
Y	8	15	12
K	22	0	0
R	188	251	232
G	204	222	70
B	204	211	135
	#BCCCCC	#FBDED3	#E84687

⑤

C	0	77	0
M	0	53	0
Y	0	0	100
K	29	0	0
R	203	66	255
G	204	110	241
B	204	181	0
	#CBCCCC	#426EB5	#FFF100

⑥

C	0	0	37	0
M	0	0	0	88
Y	0	0	13	33
K	45	79	0	0
R	170	92	170	231
G	171	90	219	59
B	171	90	225	108
	#AAABAB	#5C5A5A	#AADBE1	#E73B6C

모던

①

C	14	0	25
M	0	36	0
Y	0	30	0
K	60	0	10
R	120	246	186
G	130	185	217
B	136	166	234
	#788288	#F6B9A6	#BAD9EA

②

C	0	0	0
M	6	5	0
Y	0	76	19
K	24	0	66
R	212	255	123
G	205	236	121
B	209	78	105
	#D4CDD1	#FFEC4E	#7B7969

③

C	10	19	0	45
M	0	9	41	47
Y	0	0	17	6
K	22	35	0	14
R	199	160	244	141
G	210	169	176	126
B	216	183	182	169
	#C7D2D8	#A0A9B7	#F4B0B6	#8D7EA9

④

C	0	0	0
M	0	0	0
Y	15	8	0
K	31	0	87
R	199	255	71
G	198	254	67
B	180	242	66
	#C7C6B4	#FFFEF2	#474342

⑤

C	12	0	0
M	10	72	0
Y	0	40	0
K	11	55	88
R	213	138	68
G	213	55	64
B	226	63	63
	#D5D5E2	#8A373F	#44403F

⑥

C	0	0	0	41
M	0	0	25	49
Y	4	8	14	38
K	14	33	0	52
R	232	195	249	100
G	231	195	209	81
B	227	186	205	84
	#E8E7E3	#C3C3BA	#F9D1CD	#645154

디자인과 언어의 컬러 북

귀여운 배색

초판 인쇄일 2018년 10월 4일
초판 발행일 2018년 10월 10일

지은이 ingectar-e
발행인 박정모
등록번호 제9-295호
발행처 도서출판 **혜지원**
주소 (10881) 경기도 파주시 회동길 445-4(문발동 638) 302호
전화 031) 955-9221~5 **팩스** 031) 955-9220
홈페이지 www.hyejiwon.co.kr
블로그 blog.naver.com/hyejiwon9221
페이스북 www.facebook.com/hyejiwon9221

기획 · 진행 최춘성, 박혜지
표지 디자인 김보리
본문 디자인 전은지
영업마케팅 김남권, 황대일, 서지영
ISBN 978-89-8379-971-5
정가 16,000원

이 도서의 국립중앙도서관 출판예정도서목록(CIP)은 서지정보유통지원시스템 홈페이지(http://seoji.nl.go.kr)와 국가자료공동목록시스템(http://www.nl.go.kr/kolisnet)에서 이용하실 수 있습니다.(CIP제어번호: CIP2018030501)